話頭禪 要訣

李 秀 鏡 居士 著

경서원
2004

머 리 말

이번에 출판하는 '화두선 요결'은 나의 첫번째 저서(著書)인 '화두 융합과 초점'의 중편(中篇)으로 세상에 나간다. '화두 융합과 초점'을 상편(上篇)으로 본다면 아직도 하편(下篇)이 남아 있는 셈이다.

그사이 나는 '무문관의 새로운 해석'이라는 무문관 해설서를 한권의 책으로 엮어낸 바 있지만, 지금에 와서 돌이켜보면 그 또한 그다지 흡족하다는 느낌이 들지는 않는다. 뭔가 중요한 비의(秘義)를 어지간히는 담아내어 세상에 내보냈다는 느낌이 들지를 않는다는 말이다.

이에 나는 화두선(話頭禪)에 대한 보다 확실한 지침서(指針書)같은 작품을 다시 내보내지 않을 도리가 없다는 결론에 이르렀다. 그래서 이 졸저(拙著)를 만드느라 다시 한 몇 달을 소비해야만 했었다.

이론적으로 본다면 중편(中篇)인 '화두선 요결'은 상편(上篇)인 '화두 융합과 초점'보다도 정밀해진 것이 사실이다. 하지만 나는 똑같은 소리를 그대로 반복하지는 않았다. 화두를 붙잡고 고생하는 사람들은 읽어보면 알게 될 것이다.

특기할 사항이 있다. 나는 이 책에서 세상에 널리 알려진 몇 개의 공안을 집중적으로 그리고 다각적으로 다루게 된다. 무문관 48개 칙(則) 중에서 '조주구자', '정전백수', '마삼근(동산삼근)', '간시궐(운문시궐)', '수산죽비', 등을 여러번 반복해서 다루었다. 선문염송의 '와자(瓦子)'를 수없이 인용하면서. 왜인가?

이 책의 이름이 '화두선 요결'이다. 선문염송에 나오는 공안도 중요하지만 화두선에 관한한 무문관의 조주구자, 정전백수, 마삼근, 간시궐, 수산죽비, 등의 구성이치를 정밀하게 해설함으로서 충분하다는 판단에서였다. 뿐만아니라 공안을 바라보는 선문(禪門)의 시각(視角)이 옳지 못함에 있어서랴. 이 중대한 문제에 관해서 선문(禪門)은 실수를 저지르고 있다. 세상에 알리고 고쳐야 한다.

화두를 들고 뼈를 깎는 사람들이 나의 저서인 '화두선 요결'을 참고하게 되면 반드시 도움을 받고 화두에 대한 안목(眼目)을 열게 되리라 확신한다. 그렇다. 나는 '반드시'라고 선언할 수 있기에 그렇게 말하는 것이다. 되지도 않는 논리(論理) 따위를 두리뭉실 뭉쳐서 책을 저술하는 짓거리를 나는 하지 않았다.

불자(佛子)야! 이와같이 알아야 하리로다.

화두(공안)란 실로 무서운 것이라고 말이다. 모름지기 화두를 잡고 그 이치를 낚아챌 일이로다. 화두의 이치가 열리면 구경(究竟)을 체득(體得)하고 따라서 생사(生死)문제는 일시에 해결된다. 믿어 의심치 말라. 천년(千年)이 넘는 세월을 통하여 무수한 인물들이 화두(話頭) 하나를 해결하여 생사(生死)의 문제에서 유유히 벗어났다.

불교서적을 알아보는 안목(眼目)에 관한한 경서원(經書院)은 여타 출판사(出版社)의 추종을 불허하는 독특한 경지에 오른지 오래일 것이다. 이번에도 경서원을 통해 졸고(拙稿)를 출판하게 되었음이 크나큰 영광이다. 경서원 사장(社長)이신 이규택 거사(居士)님의 노고에 심심한 감사를 드린다.

나무아미타불 관세음보살
문수보살 문수사리보살
남방화주 대원본존 지장보살 지장보살 지장보살.

2003년 8월
    경주에서 토함산인(吐舍山人)

                  李 秀 鏡 識

차 례

　　머리말

1. 요(腰)와 규(毅)에 대하여. 15
2. 개(狗)의 뻘겋게 벌려진입. 35
3. <이뭣고?>는 바늘구멍이다. 40
4. 이(理)를 위하여. 46
5. 겨울 밤하늘의 삼태성(三台星). 47
6. 덕산탁발(德山托鉢)의 규(毅). 49
7. 역전(逆轉)의 법칙. 51
8. 마음이 끊어지면서 공안은 이어지는도다. 66
9. 지장보살께서 애절하게 눈물을 홀리시며. 71
10. 초점형공안과 응집형(凝集形)공안. 72
11. 초점형(焦點形)공안 약설(略說). 74
12. 응집형(凝集形)공안 약설. 81
13. 간절해지는 것은 화두이지 마음이 아니다. 88
14. 냄새나는 시체(屍體)를 껴안고 눕지 말라. 91
15. 화두가 뭉치면 이(理)로 돌아가나니. 92
16. 새까만 머리와 하얀 화두융합체(話頭融合體). 94
17. 시작되는 찰나에 끊어버린다. 96
18. 구자무불성(狗子無佛性), 그 단절의 이치는 어디로
　　돌아가는가? 98
19. 어디를 끊는다는 것인가? 103

20. 공안의 허리 끊어지되 결코 두동강이나는 것은 아니라. · 107
21. 이(理)와 '시소'의 중심점(中心點)과 '아마륵과'. 110
22. 구경(究竟)에서는 모든 일이 한바탕 허사(虛事)가 된다. .. 113
23. 산꼭대기에서 일어나는 하얀 파도 116
24. 고기를 먹는 업(業)도 살생업(殺生業)이다. 118
25. 제8식. 125
26. 단멸공(斷滅空)이 되어볼래야 되어볼 도리가 없다. 127
27. 집지식(執持識)과 종자식, 장식(藏識), 이숙식, 무몰식의
    관계. 129
28. 제2조 혜가(慧可)대사의 경우를 어떻게 보겠는가? 131
29. 나무닭 우는 소리여! 135
30. 수산죽비(首山竹篦)를 예로 들어 무자화두(無字話頭)라는
    바보수작을 비판한다. 142
31. 축생(畜生)의 중음신(中陰身). 149
32. 좌청룡(左靑龍)과 우백호(右白虎). 152
33. 선문염송 제254칙 오진(吾眞)의 착시현상. 158
34. 정공법(正攻法)과 편법(便法). 161
35. 수산죽비, 파초주장 그리고 남전참묘 163
36. 그러므로 반어법(反語法)이 아니고 대법(對法)으로 볼
    일이다. 166
37. 또다시, 반어법과 대법에는 차이가 있기는 있다. 168
38. 자기봉쇄형(自己封鎖形)이 가능한 근거. 172
39. 중음천(中陰天)에서도 동업자(同業者)들끼리 모인다. 174
40. '아라야식'이 부모의 정혈(精血)에 기착(寄着)하는 순간
    출생(出生)이 결정된다. 177
41. 왼쪽 손(手)이 들어가서 오른쪽 발(足)이 되어 나오는
    이치. 180
42. 이른바 무자화두(無字話頭)는 이런 이치에서 조작되었다. 183

43. '뜰앞의 잣나무'와 같은 무딘 물건으로는 안된다. 187
44. 좌청룡(左靑龍)이 희미하게만 느껴지는 못말리는 고뇌. ... 192
45. '아마륵과'가 토해내는 우스꽝스런 물건들. 196
46. 선문염송의 와자(瓦子)와 무문관의 황룡삼관(黃龍三關). .. 201
47. 7분의 1의 공덕(功德). 203
48. 공안에 대한 비유와 실상(實相)의 체득(體得)은 별개의
    것이다 208
49. 끊어진 것인가, 이어진 것인가? 210
50. 삼 계(三界). 213
51. 사왕천(四王天). 216
52. 뻐꾸기 새끼와 노랑할미새 새끼에 대하여. 219
53. 목숨뿌리와 구경(究竟)과 문제의식(問題意識). 226
54. 도리천(忉利天). 236
55. 화두의 양쪽 날개는 식(識)이요, 규(竅)는 이(理)로다. 239
56. 이율배반(二律背反)과 문제무의식(問題無意識)에 대하여. . 241
57. 화두지규(話頭之竅)의 만상지중독로신(萬像之中獨露身). ... 246
58. 이해(理解)가 체득(體得)으로 바뀌는 기묘한 전이(轉移)
    에 대하여. 255
59. 규(竅)와 무의식(無意識)의 5가지 정신작용. 267
60. 중음신(中陰身)의 실상(實相). 270
61. 규(竅)의 심리단절과 자기봉합(自己縫合). 275
62. 요(腰)의 봉합과 구경(究竟). 283
63. 백설(白雪)같은 피부와 요(腰)의 봉합. 285
64. 화두지규는 식심(識心)을 한바퀴 둥근 태허(太虛)의
    달(月)로서 그려보인다. 291
65. 적멸하는 인형(人形)과 논리(論理)의 침묵. 296
66. 적멸(寂滅)하면서 연결되고, 연결되면서 적멸한다. 299
67. 화두의 요(腰)는 식심(識心)의 출구(出口)다. 303

68. '수산죽비'에서 요(腰)는 청옥(靑玉)처럼 박혔다. 313
69. 요(腰)와 식심(識心)의 봉합은 동시에 이루어진다. 320
70. 부모와 자식간의 기이한 인과관계. 323
71. 이치는 통해도 심리단절에는 시간이 걸린다. 326
72. 부처님 손이 들어가서 당나귀 다리가 나온다. 332
73. 성자(聖者) '프랜시스'를 위하여. 337
74. 아귀(餓鬼)와 잡귀(雜鬼). 344
75. '파조타' 화상. 348
76. 토지신(土地神). 351
77. 배상국(裵相國) 도려내기. 352
78. 삼천리(三千里)는 무엇을 의미하는가? 358
79. 누가 덕산탁발화(德山托鉢話)를 4등분(四等分)하는가? 368
80. 풀 그림자. 375
81. '버들꽃' 공안. 387
82. 임제의현의 오도(悟道)의 기연(機緣). 398
83. 나의 기억에 오래도록 남아있거니, 저 강남 3월의 날들이. 404
84. 야마천(夜摩天). 408
85. 도솔천(兜率天). 411
86. 화락천(化樂天). 412
87. 타화자재천(他化自在天). 413
88. 마신천(摩身天). 414
89. 색계천(色界天). 415
90. 무색계천(無色界天). 417
91. 아수라(阿修羅)의 세계. 421

話頭禪 要訣

1. 요(腰)와 규(竅)에 대하여

1. 요(腰)란 무엇인가.

요(腰)는 화두지요(話頭之腰)를 말함이다. 즉 화두의 허리다. 화두는 화두의 허리, 즉 요(腰)만 보면 끝난다. 요(腰)는 없는듯이 있고, 있는듯이 없다. 요(腰)는 자물쇠 아닌 자물쇠와도 같다고나 해야 할까.

요(腰)만 보면 식심(識心)은 요(腰)에 의해 한덩이로 묶인다. 식심(識心)이 요(腰)를 목격하면 이런 현상이 일어난다. 식심에 의하여 목격되는 요(腰)가 식심을 끊되 끊는 그 순간 그 자리에서 식심을 묶어버린다. 한치의 착오도 없이.

2. 요(腰)는 존재하지도 않았다.

그렇다면 화두의 요(腰)는 어디로 사라지는가. 그렇다 요(腰)는 지워져서 사라진다. 요(腰)는 본래부터 존재하지도 않았기 때문이다. 존재하지도 않았던 요(腰)가 존재한다고 여겼던 것일 뿐이다.

대부분의 공안이 요(腰)를 중심으로 좌우(左右)의 말씀이 역설(逆說)을 이룬다. 역설(逆說)은 어디까지나 역설인 까닭에 마침내 무너져 흔적없이 사라진다. 마침내 무너져 흔적없이 사라지되 요(腰)를 중심하여 무너지고 사라진다. 이 점이 중요하다.

요(腰)를 중심으로 해서 역설로서의 전반부와 후반부의 말씀이 무너진다. 무너지기는 무너지되 반드시 요(腰)를 향하여 빨려들어간다. **빨려들어가** 지워진다. 지워지듯이 사라진다.

3. 요(腰)가 식심(識心)의 출구(出口)로 작용한다.

이러한 일련의 정신작용을 거치고 그때 되돌아보라. 되돌아보면 화두의 요(腰)는 애초에 존재하지도 않았다는 느낌이 강하게 다가온다. 요(腰)가 존재하지도 않았다면 나머지 말씀들도 일시에 물거품과 같은 것이 된다. 물거품과 같은 것이 되어 사라진다.

결국 무엇인가. 말씀으로서의 공안은 존재하지도 않았다는 결론에 이른다. 이와같은 결론에 이르면 식심(識心)은 한덩이로 묶인다. 화두의 요(腰)가 식심의 출구(出口)로서 작용해왔기 때문이다.

4. '억지소리'는 그 성질이 물거품과 같다.

예컨데 무문관 제43칙 수산죽비(首山竹篦)를 보자.

수산성념이 죽비를 들고 말했다.

"이것을 죽비라고 불러도 안되고 / 죽비라고 부르지 않아도 안된다."

여기서 < / >부분이 요(腰)이기는 하되 존재하지는 않았다는 뜻이다. 요(腰)를 중심하여 전반부와 후반부의 말씀이 역설(逆說)을 이루었다. 역설은 쉽게 풀이해서 '억지소리'다. '억지소리'는 물거품과 같다. 물거품은 일시에 무너져 사라진다.

단지 이것은 유의해야 한다. '억지소리'인 공안이 무너져 사라지되 반드시 요(腰)를 향하여 무너지고 요(腰) 속으로 흡수되면서 공안의 전체가 흔적을 남기지 않게된다. 만일 요(腰)가 공안의 전반부와 후반부의 말씀 전체를 흡수한다는 사실을 놓치면 그것은 말씀이 흩어지고 요(腰)없는 무기공이라 한다. 반드시 요(腰)가 공안의 말씀 전체를 삼키지 않으면 안된다.

5. '억지소리'와 요(腰).

예를들자면 무문관 제4칙 호자무수(胡子無鬚)는 '억지소리'의 전형이다. 아주 볼만하다. 혹암사체가 말하였다.

"서천의 호자가 / 어째서 / 수염이 없느냐?"

서천의 호자는 달마스님이요 달마스님은 수염이 많기로 유명하다. 수염텁썩부리를 가리켜 저사람이 왜 수염이 없느냐고 물었다. 이것은 억지소리라도 보통 억지가 아니다. 세상에 이런 억지소리도 있다.

<어째서> 좌우(左右)의 말씀은 명백한 이율배반(二律背反)이다. 이율배반(二律背反)하는 두가지 말씀 '서천의 호자'와 '수염이 없느냐?'는 연결되지 못한다.

이율배반하는 까닭에 서로 이어지지 못하는 두 조각의 말씀 '서천의 호자'와 '수염이 없느냐?'는 <어째서>속으로 무너지듯 빨려들어 모두 함께 사라진다. 이로써 식심(識心)의 출구는 지워지고 식심은 묶여나온다. 호자무수의 경우에는 요(腰)가 '어째서'에 박혀있는 셈이다.

6. 물거품과 무기공(無記空).

이때 알아보라. 이 억지소리가 물거품과도 같다는 사실을. 물거품은 무너진다. 단지 이것 하나는 명심하라. '호자무수'가 무너지기는 무너지되 <어째서>를 중심하여 무너진다는 것. <어째서> 좌우(左右)의 말씀은 <어째서> 속으로 빨려들면서 <어째서>와 함께 흔적을 남기지 않게 된다.

만일 <어째서> 좌우의 말씀이 <어째서> 속으로 빨려들어간다고 알아보지 못하면 그때는 화두가 흩어지고 따라서 요(腰)

없는 무기공(無記空)이 된다. 화두가 흩어지면 무기공일뿐더러 무기공인 까닭에 화두의 요(腰)를 놓친 것은 물론이다.

7. 규(竅)에 대하여.

규(竅)는 '구멍'을 뜻한다. 화두는 요(腰)만 보면 끝난다. 그런데 규(竅)를 언급하는 이유는 무엇인가?

요(腰)에는 본래 규(竅)가 없다. 규(竅)가 아니고 요(腰)인 까닭에 물거품같은 공안은 요(腰)에서 끊어져 흔적없어진다 하였다. 요(腰)에서 끊어진다는 뜻은 요(腰)를 중심하여 좌우(左右)의 말씀이 '억지소리'로서 양립하지 못하기 때문이다. 요(腰)를 중심하여 좌우의 억지소리는 불시에 무너져 요(腰)속으로 흡수된다. 이런 현상을 가리켜 공안이 요(腰)에서 끊어진다고 말하는 것이다.

이와같이 '시소놀이'의 중심점(中心點)과 같은 요(腰)는 규(竅)와 같은 성질의 것이 아니다. 규(竅)를 적시(摘示)하는 이유는 요(腰)를 요(腰)로서 기민하게 바라보는 안목(眼目)이 부족한 경우를 대비하여 설정(設定)한 것이다.

8. 요(腰)는 규(竅)가 아니다.

요(腰)는 규(竅)가 아님에도 왜 규(竅)를 말하는가. 요(腰)를 규(竅)로서 늘어지게 바라볼 수도 있기 때문이다. 나는 화두가 요(腰)에서 '끊어진다'는 언어를 수없이 구사한다. 요(腰)에서 '끊어지고' 요(腰)는 '끊어진다'고 나는 수없이 설한다.

이때 요(腰)를 바라보는 학인(學人)들의 시각이 조금만 빗나가면 그것은 규(竅)로서 성질이 바뀐다. '시소놀이'의 중심점(中心點)이 작용은 하지만 중심점이 실존(實存)하는가. '시소놀이'의 중심점은 작용하며 위치하되 실체(實體)는 없다. 존재하지 않는다는 말이다.

'시소놀이'의 중심점과도 같은 성질의 것이라고 기민하게 간파하지 못하면 자칫 요(腰)를 꿰뚫어보는 안목이 속도(速度)에 떨어지고 속도가 느려져 규(竅)로서 인식할 가능성은 언제나 있다. 이를테면 요(腰)가 자꾸만 늘어져 '틈새'나 '사이'로서 인식된다면 그것은 요(腰)에서 벗어난 규(竅)인 셈이다.

9. '억지소리'가 안 무너지는 데에야 어찌하랴.

속도(速度)에 떨어져 요(腰)를 놓치견 공안이 아무리 가공(可恐)할 '억지소리'라 할지라도 무너지는 법은 없다. 속도에 떨어져 요(腰)가 규(竅)로서 인식되면 아무리 '거짓말'이요 '허튼수작'으로서의 공안(公案)이라 할지라도 안 무너지는 데에야 어찌겠는가.

이때는 규(竅)라는 구멍 혹은 '틈사'를 인위적으로라도 매꾸어야 한다. 규(竅)를 바라보되 규(竅)가 아니고 요(腰)라고 바라보는 안목의 기민성(機敏性)을 길러야 한다.

예를들자면 공안의 규(竅)를 마음속으로 그려보고 지우면 그것이 요(腰)인 셈이다. 이와같이 규(竅)로서 인식되다가 어느날 문득 요(腰)로서 전변(轉變)하면 공안은 요(腰) 속으로 쩌억 빨려들어 종적을 감추고 식심(識心)은 봉쇄를 당한다.

10. 규(竅) 지우기.

규(竅)란 무엇인가? 규(竅)는 구멍이다. '지운다'는 말의 의미는 예컨데 칠판에 분필로 글씨를 쓴 다음에 칠판지우개로 지우는 행위와 거의 같은 의미라고 봐도 무방할 정도다.

화두지규(話頭之竅), 즉 화두의 '구멍'이라는 표현이 마음에 드는 것은 아니다. 화두의 요(腰)에는 구멍이나 '틈새'나 '사이'

가 없기 때문이다.

하지만 칠판에 쓴 분필글씨를 칠판지우개로 지우는 일을 여기에다 비유하는 일이 어느 선(線)까지는 일리(一理)가 있다고 느껴지므로 약간의 무리와 부작용이 따른다 할지언정 규(竅) 즉 '구멍'이라는 표현을 구사하기로 작심(作心)했다. 그렇더라도 규(竅=구멍)이라는 표현은 여전히 부담스럽다.

11. 규(竅)의 출몰에 대하여.

내가 화두지규(話頭之竅)라는 어휘를 구사하는 데에는 화두의 이치가 주로 단절융합(斷切融合)에 있다고 바라보기 때문이다. 화두의 허리, 즉 화두지요(話頭之腰)를 중심으로 해서 화두의 전반부와 후반부가 서로 비틀리며 끊어지든 어떻게 끊어지든간에 끊어져서 뭉친다고 바라보는 견해를 가리켜 화두의 단절융합이라고 나는 칭하고 있다.

이때 끊어지는 찰나와 지점(地點)이 화두의 구멍, 즉 화두지규(話頭之竅)다. 엄밀히 말해서 화두지규는 화두지요(話頭之腰)다. 규(竅)가 아니고 요(腰)란 말이다. 한데 독자들의 이해를 돕기 위하여 요(腰)를 비틀어 끊어버리는 찰나에 그야말로 규(竅)의 찰나적인 출몰(出沒)이 있다고 나는 해설하고 싶은 것이다.

12. 규(竅)의 출(出)과 몰(沒)은 동시(同時)에 이루어진다.

여기에서 출몰(出沒)은 동시(同時)로서 이시(異時)가 아니다. 화두지규(話頭之竅)는 열리는 순간이 곧 닫히는 순간이다. 열리는 찰나가 닫히는 찰나다. 칠판글씨에 비유하자면 글씨가 나타나는 순간이 곧 글씨가 사라지는 순간이다.

하지만 이런 규(竅)는 억지로 지우면서 고생할 필요조차 없다. 가만히 내버려두어도 그 출몰이 가히 상상을 초월하여 번개같은 속도라도 따라잡지 못한다. 세상에는 이런 부류의 규(竅)도 존재(?)한다.

13. 규(竅)라고 인식하면 '억지소리'는 더 잘 흩어진다.

화두의 허리, 즉 화두지요(話頭之腰)를 비틀어 끊든 어떻게 끊든간에 끊는 찰나에 규(竅)는 출몰(出沒)을 완료한다. 전술(前述)한 바와 같이 이러한 규(竅)란 구멍이기는 구멍이로되 그다지 적절한 비유가 아니라고 했다.

여하튼 규(竅)를 '구멍'이라고 본다면 화두는 어찌되는가? 한마디로 화두에 '틈새(規竅)'가 끼어드는 바람에 전반부와 후반부의 '억지말씀'은 흩어진다. 그러지 않아도 '억지소리'로서의 역설(逆說)인데 얼마나 잘 흩어지겠는가. 화두는 산개(散開)하여 문자 그대로 화두산개(話頭散開)가 되고만다. 이것이 조심해야할 화두없는 무기공(無記空)이다.

어찌할텐가? 규(竅)로서 바라보는 느린 안목을 가다듬어 요(腰)로서 보아야 한다. 요(腰)가 아니고 규(竅)로서 인식되는 동안에는 무기공이다.

14. 규(竅)와 선(線).

규(竅)는 화두의 이치를 단절론(斷切論)에서 바라볼 때 뚜렷하게 인식되는 논리(論理)지만 화두의 실상(實相)은 아니다. 단절론(斷切論)이라? 단절이 궁극에 이르면 융합(融合)이다. 융합(融合)이 궁극으로 치달으면 그것은 단절이다. 단절이 곧 융합이요, 융합이 곧 단절이다.

예컨데 화두의 허리를 갈라칠 때, 그 갈라지는 선(線)이라 하자. 물론 화두지규(話頭之竅)를 선(線)에 비유한다는 일은 얼토당토 아니한 바보짓이지. 하지만 선(線)이라 가정해보자. 선(線)

에 무슨 면적이 있는가? 수학(數學)에서 선(線)은 면적이 없다. 규(竅)의 이치도 그와같다. 그러므로 규(竅)는 규(竅)가 아니고 요(腰)인 것이다.

순수하게 이러한 논리를 밟는다 하더라도 화두없는 무기공(無記空)에 추락하는 염려는 들어도 좋으리라. 그러기에 규(竅)는 규(竅)가 아닌 것이다. 선(線)이라는 비유도 어이없는 수작이거늘 하물며 규(竅)이겠는가?

15. 식심(識心)의 규(竅).

어떻게 설명하면 요(腰)가 전체(全體)임을 납득시킬 수 있을까. 어떻게 하면 화두의 요(腰)가 곧 전체요, 전체작용(全體作用)임을 납득시킬 수 있을까. 화두의 요(腰)가 곧 전체(全體)요 전체작용이다.

앞서 해설한 바와 같이 화두의 규(竅)는 출몰과 열리고 닫히는 개폐(開閉)가 이시(異時)가 아니고 동시(同時)다. 화두의 규(竅)가 존재하고 개폐가 존재한다 할지라도 개폐가 동시(同時)라는 이치에 깊이 깊이 눈밝다면 규(竅)의 존재는 설정(設定)과 동시에 붕괴의 운명을 맞게된다.

규(竅)의 이치에 눈열리면 눈열리는 찰나에 규(竅)는 흔적도 없이 사라지고 흔적도 없이 증발한다. 규(竅)의 개폐가 동시라면 규(竅)는 지워진다. 이것이 요(腰)다. 그러므로 요(腰)를 전체요 전체작용이라고 알아보는 것이다. 규(竅)는 식심(識心)의 규(竅)였던 것이다. 식심의 규(竅)라는 말은 식심의 출구(出口)라는 말이다.

16. 요(腰)와 전체(全體).

화두의 규(竅)는 결국 식심(識心)의 규(竅)였던 것이다. 규(竅)

가 식심의 출구(出口)요 '숨구멍'인 셈이다. 규(竅)를 지우면 그것이 요(腰)인데 이미 출구(구멍)이 지워졌으니 이것이 다시 무엇인가. 문자 그대로 규(竅)가 지워졌으니 이미 전체(全體)요 전체작용이다.

화두의 규(竅)의 이치에 눈열리는 찰나에 규(竅)는 흔적도 없이 사라지면서 삼계(三界)가 대번에 한덩이로 묶여나온다. 규(竅)는 있지만 규(竅)의 이치에 통하게 되면 규(竅)는 신기루인 듯 무너져 종적을 못찾게 된다. 바로 이 순간이 하나로 묶이는 순간이다. 전체가 뽑혀나온다. 식심(識心)은 이때 규(竅)의 통과를 완료한 셈이라고 말해도 된다. 사람들은 아마도 나의 이야기를 못믿을 것이다.

17. 봉합(縫合)의 원리.

그보다도 이런 쪽의 견해가 더 타당하리라는 느낌도 든다. 규(竅)가 열리면서 동시에 닫히는 찰나에 봉쇄(封鎖)가 완료되고 더불어 봉인(封印)이 찍히되 봉인(封印)의 흔적은 어디에서도 찾아볼 수 없게 된다고. 왜인가? 규(竅)란 개폐(開閉)가 동시이기 때문이다. 그러므로 봉인(封印)을 못찾게 되는 것이지. 이렇게 식심(識心)은 봉합된다.

식심(識心)은 이때 규(竅)의 통과를 완료한 셈이라고 말해도 무방하다 하였다. 그러므로 화두의 규(竅)를 설정(設定)하고 식심(識心)을 온통 기울이다싶이 해서 화두의 규(竅)를 통과해서 빠져나가는 것은 절대로 아니다. 낙타가 바늘구멍을 통과하듯이 빠져나가는 것은 결코 아니다.

18. 마음속으로 그린 다음에 지워도 알 수 있다.

연필로 글씨를 쓰고 지우개로 지우듯이 하면 된다. 화두의 규(竅)를 마음속의 눈앞에서 그린 다음에 마음속의 눈앞에서 슬쩍 지우기만 하면 식심(識心)이 규(竅)를 통과하는 일은 완료되는 셈이다. 화두의 규(竅)를 마음속에서 그린 다음에 마음속에서 마음대로 지우고나면 마음(심식心識)은 이미 화두의 규(竅)를 통과한 것이다.

이때 돌이켜보면 화두의 규(竅)는 마음에 봉인(封印)을 찍고 흔적도 없이 사라진 다음의 일이라는 뜻이다. 화두의 규(竅)는 마음에 봉인을 찍기는 찍되 그 흔적을 남기는 법이 절대로 없다.

마음속에 화두의 규(竅)를 그린 다음에 슬쩍 지우고나면 규(竅)는 흔적조차 남기지 않는다고 말하지 않았던가. 종이에 글씨를 쓴 다음에 지우개로 지우면 그 흔적이 남던가? 이와같이 규(竅)는 마음을 몽땅 묶어내고 사라진다. 이치만을 따진다면 아주 간단하다. 이 얼마나 용이한 방법인가!

19. 그러므로 규(竅)의 설정(設定)은 필연적이다.

지금껏 설해온 바에 의하면 규(竅)는 성질이 요(腰)임에 분명하다. 규(竅)의 설정은 얼핏 요(腰)를 잡아내는 안목(眼目)이 속도에 떨어지는 데에서 연유하는 불가피한 착시(錯視)현상인듯이도 여겨진다. 착시현상이란 판단이 옳다.

하지만 이 착시현상을 거쳐서 규(竅)를 봉합(縫合)한다는 이론(理論) 또한 옳다는 생각이다. 식심(識心)의 봉합(縫合)에 성공한다면 그것은 지당한 논리라는 인식을 어찌 틀렸다 하겠는가. 규(竅)에서 시작된 인식(認識)이 요(腰)에 도달하면서 식심봉합(識心縫合)이 이루어진다고 바라보면 명료하여 좋다.

이런 일련의 논리과정을 거친 결과 화두의 규(竅)를 요(腰)와 구별하지 않고 혼용(混用)해도 별다른 지장은 없으리란 결론이 자연스럽게 나온다. 오히려 규(竅)를 설정한 후에 규(竅)를 폐쇄(閉鎖)하는 과정에서 자연스럽게 전체로서의 요(腰)를 체득(體得)하게 된다고 해설하면 이해가 빠를 것임에 틀림없다. 하여 지금부터는 요(腰)와 규(竅)를 혼용한다.

20. 규가 사라지면 적멸의 출현이다.
이런 이야기가 있다.
"꿰맨 곳이 없어 둥글고 또 둥글다."
규(竅)라는 봉인이 사라지면 바로 이렇게 된다. 왼쪽으로 휘젓고 다니고 오른쪽으로 휘젓고 다녀도 걸리는 거라고는 없어진다. 왼쪽으로 넘어지고 오른쪽으로 넘어져도 무애자재하기만 하여 도무지 걸림이 없으리라.
어디에서든 봉인(封印)의 흔적을 찾아볼 수 없게된다. 봉합이 완료된 것이다. 이것이 적멸의 출현이다.

21. 교묘한 화두놀이
한가지 예로서 출몰이 동시인 화두의 규(竅)를 비유하기를 칠판에 분필로 글씨를 쓰고 즉시 지우는 일에 비유했다. 바로 그대의 눈 앞에서 일어나는 일이다. 글씨를 썼지. 분필로 쓴 글씨를 그대로 지우듯이 하면 된다. 어려운 일이 아니다.
그와같이 눈앞에 화두의 허리인 규(竅)를 생각하되, 그 규(竅)는 선(線)과 같이 실체(實體)가 없는 것이라는 방식으로 이치를 닦아나가면 어느듯 그렇게 된다. 어느듯 규(竅)의 흔적은 지워지고 마음이 한덩이로 묶였음을 깨닫게 된다. 이것이 지금의 설명처럼 쉬운 작업도 아니지만 특별히 어려운 일도 아니다.
이치는 우스꽝스러울만치 간단하다. 아주 아주 간단하다. 내가 만일 독자들의 앞에서 칠판에 규(竅)의 이치를 그려보인다면 독자들은 어쩌면 어지간히 납득할른지도 몰라. 우스꽝스럽다는 말은 그냥 우습다는 뜻만은 아니다. 그 이치가 참으로 사람을 놀리는듯이 교묘하기 때문에 우습다는 것이다. 그래 화두의 규(竅)의 이치는 사람을 놀리는듯 교묘하다. 교묘하기는 한데 절대로 어렵지 않다. 그러니까 다시 우습지 뭐. 별것있나 뭐.

22. 규(竅)라는 꺾쇠와 구자무불성(狗子無佛性).

무문관 제1칙 조주구자는 규(竅)의 이치를 해설하기 위하여 태어났다. 규의 이치를 해설하는데 구자무불성(狗子無佛性)공안을 앞서는 공안은 없다. 나는 그렇게 단언하고 싶다.

<있느냐?>고 물었지. 그런데 <없다>고 대답했지. <있느냐?>의 꼬리가 <없다>에 의해 잘리기는 잘렸으되 잘린 흔적이 어디에 남아있기라도 한가. 어디에 남아있기라도 할듯한가. 자, 조주구자의 규(竅)가 어디에 있나. 없다.

그와같이 알아보면 닫히는 규(竅)에 의해 식심의 문(門)은 닫힌 것이다. 규가 식심의 출구작용을 해왔기 때문이다. 규(竅)의 폐쇄는 식심의 숨구멍의 폐쇄를 의미한다. 그때 식심의 봉쇄는 완료되고 봉합은 완료된다.

조주구자의 규(竅)는 이와같이 열리면서 닫혔다. 닫히는 것과 동시에 전체(全體)가 묶여나오는 까닭에 전체 혹은 전체작용이 그대로 '조주구자'의 지워진 규(竅)라는 사실을 알아차릴 수 있다. 규(竅)라는 꺾쇠가 식심을 한덩이로 묶으면 풀리는 법이 없다.

식심을 한덩이로 묶는 규(竅)라는 꺾쇠가 화두다. 규라는 꺾쇠에 의해 한덩이로 묶이는 식심(識心)의 전체(全體)가 다시 화두다. 그러므로 규로서의 화두는 분실의 우려가 없어진다. 규(竅)없는 무기공의 염려는 없어진다.

심력(心力)을 기울여 애쓰는 고된 수행(修行)과는 거리가 있어도 너무 있다. 조금이라도 심력(心力)을 쓰면 그것은 불교(佛敎)가 아니라 했다. 이렇게 해서 대도(大道)의 문(門)이 열리다니 어처구니없는 가운데서도 참으로 어처구니없는 일이 아니면 그 무엇이라 하겠는가?

23. 규를 지우면 전체가 드러난다.
"서천의 호자가 어째서 수염이 없느냐?"
이 표현을 바꾸면,
"저 수염텁썩부리가 어째서 수염이 없느냐?"
이렇든 저렇든 <어째서=왜>가 한가운데 끼어드는 화두는 <어째서>가 격심하게 비틀어지면서 끊어진다고 여겨진다. 왜인가? <어째서>를 가운데 두고 좌우(左右)의 말씀이 심한 역설(逆說)을 이루고 있기 때문이다. 수염텁썩부리를 가리키면서 하는 말씀이 저 사람이 왜 수염이 없느냐고 묻고 있지 않는가!
그러기에 <어째서>는 스스로 비틀리며 끊어질밖에. 비틀리며 끊어지든 어찌 끊어지든 거기가 '호자무수'의 규(竅)이리라. '호자무수'의 규(竅)를 살피는 이치는 똑같다. 끊어지기는 끊어지되 규(竅)의 흔적이 남아있다고 여겨져서는 안된다. 이를테면 끊어지는 것과 동시에 닫히고만 것이다. 이때 시방세계와 이 몸과 이 마음이 그대로 한덩이로 묶여 몽땅 드러난다.
출구(出口)로서 작용하는 화두의 규(竅)가 사라지면 사라지는 즉시 전체파악이 가능해진다. '호자무수'도 규(竅)야말로 나의 전체작용이라고 알아보지 못하면 못하는한 풀리지 않으리라.

24. 무문관 제5칙 향엄상수
향엄지한이 말하였다.

"가령 사람이 나무에 올라가서 입으로 나무가지를 물었으나 손은 가지를 잡지 않았고 발은 가지를 딛지 않았다. 이때 나무 아래로 또 어떤 사람이 와서 조사서래의(祖師西來意)를 묻는다. 대답하지 않으면 질문하는 사람의 기대를 저버리는 것이요, 입을 열어 대답하면 떨어져 죽는다. 자, 어찌할 것인가? 말해보라."

향엄상수화(香嚴上樹話)를 보는 방법도 뻔하다. 향엄지한이 무어라 말하던가?

"대답을 해도 안되고 / 대답을 하지 않아도 안된다."

이야말로 뻔한 수작이다. <대답을 해도 안되고>와 <대답을 안해도 안된다>가 서로를 쥐어짜듯이 비틀다가 끊어지고만다. 그 끊어지는 순간과 지점(地點)에서 규(竅)의 출몰(出沒)이 완료된다. 그때 심식(心識)은 규(竅)의 통과를 완료한다. 규(竅)라는 봉인(封印)은 열리자말자 닫혔다. 열리자말자 닫히는 봉인은 영원히 사라진다. 그와같이 사라지는 규라는 봉인에 의해 식심은 영원히 봉쇄된다. 여기서부터 심식(心識)은 전체작용을 일으키며 탈출구(脫出口)가 지워진 무루심(無漏心)으로 무애자재하게 운용(運用)된다. 이런 말씀이 있다.

"제8부동지 보살은 무공용(無功用)의 지혜로 저절로 살바야의 바다로 흘러든다."

한가지 덧붙인다.

<대답을 해도 안되고>의 꼬리를 <대답을 하지 않아도 안된다>가 싹둑 잘라버렸다고 보면 어찌되는가? 마찬가지다. 잘라버리는 찰나에 규(竅)의 출몰(出沒)은 완료되고, 이때 식심(識心)의 규(竅)의 통과 또한 완료된 것이다. 규(竅), 즉 봉인(封印)이 식심의 봉쇄(封鎖)를 끝낸 다음에는 흔적없이 사라진다. 한덩이로 묶인 식심은 이때부터 태허(太虛)로서 작용하고 환화(幻

化)로 떨어진다. 이런 이치로 살핀다면 무문관 제1칙 조주구자와 결과는 똑같아서 다르지 않다.

25. <덜떨어진 인간>과 <잘떨어진 인간>의 사이가 규(竅)다.

무문관 제11칙 주감암주.

조주가 발길 흐르는대로 흐르다가 한 암자에 이르러 암주를 불렀다.

"있느냐? 있느냐?"

그러자 암자(庵子)의 방문이 삐거덕 열리며 왠 싱거운 암주(庵主)가 불끈 쥔 주먹을 조주에게 들어보였다 한다. 그 꼴을 목격하고 조주가 말했다.

"덜떨어진 녀석이다."

그러고서 조주는 또 흘렀다. 흐르다가 또 하나의 암자에 이르러서 암주를 불렀다.

"있느냐? 있느냐?"

그러자 이번에도 암자의 방문이 삐그덕 열리며 왠 싱거운 암주가 불끈 쥔 주먹을 조주에게 들어보였다 한다. 그 꼴을 목도하고 조주가 말했다.

"잘떨어진 녀석이다."

그러면서 조주는 코가 깨지도록 절까지 했다든가 그랬다 한다. 주감암주화(州勘庵主話)를 조주의 도박(賭博)이라고 다소 역설(逆說)적인 해설을 가한 적이 있기는 하다.

그런데 이 공안의 규(竅)는 어딘가? 똑같이 주먹을 들어올렸음에도 불구하고, 첫번째 암주는 덜떨어진 녀석이라 했고, 두번째 암주는 아주 잘떨어진 녀석이라 했지. 그야말로 이유를 알

수 없는 괴이쩍은 비평이기는 하지만 이 공안의 규(竅)는 <덜 떨어진 녀석>과 <잘떨어진 녀석>의 사이다.

<덜떨어진 인간>과 <잘떨어진 인간>이라 조주가 평했을 때, 그때 비틀리며 끊어졌다고 바라보든 그냥 단 한번에 싹둑 끊어 졌다고 바라보든간에 그 사이(틈새)가 날카롭게 끊어지고 닫히 면서 규(竅)의 출몰(出沒)이 완료되었다고 보아야 한다.

왜 <덜떨어진 인간>과 <잘떨어진 인간>의 사이가 비틀려 끊 어지는가. 똑같이 불끈 쥔 주먹을 들어올리는 똑같은 풍경화(風 景畵)를 대하고 조주가 뭐라고 지꺼렸나? 하나는 덜떨어졌고, 하나는 잘떨어졌다고 했다. 그러니 조주의 말씀은 역설(逆說)이 다. 이율배반(二律背反)의 이른바 '억지소리'다. '억지소리'는 '억지부리는' 까닭에 물거품과 같다. 물거품은 반드시 무너진 다. 어떻게 무너지나. 이율배반(二律背反)은 서로 비틀리듯 끊 어진다. 이때 규(竅)는 나타났다 사라진다. 규의 출몰을 목격하 면 그것이 봉합의 완료라고 알아본다.

이러한 정경을 마음속에서 연필로 그림 그리듯이 하고 다시 지우면 그것이 바로 규(竅)의 출몰(出沒)이 되고, 그때 규라는 마음의 출구(出口)는 정확하게 지워진다. 물론 출구(出口)가 지 워진 마음은 무루심이 되고 태허(太虛)가 된다.

26. 암두가 덕산의 귀에 뭐라고 속삭였다는 지점(地點)과 순간에 유의하라.

무문관 제13칙 덕산탁발. 마찬가지다. 진절머리나도록 방법 은 똑같다.

덕산이 어느날 식사시간도 아닌데 밥그릇을 들고 어슬렁거리 며 나오다가 제자 설봉의 눈에 띠었다. 설봉이 지꺼렸다.

"저 노인네가 어찌된 일인고?"

중얼대는 제자의 목소리를 알아듣고 덕산은 고개를 숙인채 방장실로 돌아갔다. 설봉이 스승의 이런 괴이한 거동을 암두에게 전했다. 암두가 선언했다.

"저 늙은이가 끝까지는 모르는구나!"

암두의 이 말이 전해져 다시 덕산의 귀에까지 들어갔다. 덕산이 암두를 불렀다.

"네가 나를 인정하지 않는다는 거냐?"

덕산의 추궁을 받고 암두는 아무말 없이 덕산의 곁으로 다가가더니 덕산의 귀에 대고 뭐라고 속삭였다 한다. (이 화두는 이곳이 화두의 눈이요, 화두의 규(竅)다.) 그러자 덕산의 표정이 풀렸다는 것이다. 뿐만아니라 그 다음날 덕산이 법상에 올라 설법을 하는데 과연 보통 때와는 다른 점이 있었다 한다.

덕산의 이런 작태를 확인하고 암두는 승당(僧堂)앞으로 나아가 모두들 들어라는듯이 손뼉치며 가라사대,

"나의 기쁨 한량없네. 우리 덕산스님이 끝까지 꿰뚫었도다. 이후로는 아무도 우리 스님을 어쩌지 못하리로다."

하였다는 것이다.

덕산탁발화(德山托鉢話)는 선문(禪門)의 수수께끼로 알려져있다.

이야기 도중에 잠시 언급한 바와 같이 '덕산탁발화'의 규(竅)는 암두가 덕산의 귀에 무어라고 속삭이는 순간이다. 바로 이 지점(地點)에서 화두는 예리하게 끊어지면서 규(竅)의 출몰(出沒)이 완료된 것이다. 암두가 덕산에게 무어라 속삭였는지는 모를 일이다. 하지만 속삭임의 내용에는 신경쓰지 말 일이다. 속삭임의 내용은 조금도 중요하지 않을뿐만 아니라 알아낼수도 없다. 정작 중요한 것은 그렇게 속삭였다는 불가사의한 순간이

다. 그 순간이야말로 규(竅)다. 그 순간에 초점을 맞추라.

바로 이 지점(地點)에서 화두의 규(竅)는 식심(識心)의 봉쇄를 완료하고 봉인(封印)을 찍기는 찍었는데 <규(竅)라는 봉인>은 열리자말자 닫혀서 지워지는 성질의 것이기에 봉인의 흔적도 찾지 못하게 된다. 이를테면 식심(識心)은 자기자신도 알아차리지 못하는 사이에 화두의 규(竅)에 의하여 봉쇄를 당하면서 한 덩이로 묶여나와 그때부터 전체작용이 일어나는 것이다.

아주 쉽다. 화두의 규를 마음속으로 그리되 다시 지워보라. 규의 출몰은 그때 완료된 셈이다. 마음은 그 순간 봉쇄를 당하고 끊겨져나온 것이다. 아주 쉽다. 물론 미세한 이치는 수행을 거듭하면서 터득해야 하겠으나, 아까도 해설한 바와 같이 연필로 선을 긋고 지우개로 지우는 이치와 같은 것이기에 상상을 불허(不許)할 정도로 쉬운 것도 사실이어서 속일 도리가 없다 하리라.

27. 무문관 제26칙 이승권렴.

어느 승(僧)이 법안문익을 찾아뵈었다. 법안문익이 손으로 발(簾)을 가리켰다. 그러자 그때 방안에 앉아있던 두명의 승(僧)이 일어나 발을 말아올렸다. 이 정경을 지켜보던 법안문익이 말했다.

"하나는 옳고 / 하나는 틀렸다."

이승권렴화(二僧卷簾話)는 제11칙 주감암주화(州勘庵主話)와 어슷비슷하다. 쌍둥이라 해야 할까. 여하튼 똑같이 행동하는 두명의 제자를 가리키면서 하나는 옳았고, 하나는 틀렸다고 비평했겠다. 아시겠는가?

<하나는 옳고>와 <하나는 틀렸다>가 서로 비틀리며 끊어지는데, 그때 규(竅)의 출몰(出沒)이 있었다. 찰나의 시간소요도 없었다. 이와같이 규(竅)의 출몰이 완료되었다고 바라보게 되

면, 그때 식심(識心)의 출구(出口)는 지워지고만 것이다. 식심(識心)의 출구가 지워지고난 다음의 상황이 어떠한가?

식심(識心)은 한바탕 두리둥실한 보름달로 떠오르는 것이지 뭐. 별것있나 뭐. 규(竅)라는 출구(出口)가 지워지고나면 그뿐, 한덩이 둥글고 둥근 보름달로 휘영청하니 밝아오는 식심(識心)이라 하니 어떤 사람들은 의심(疑心)하리라. 설마 그럴라고 하면서 의심할 것이 틀림없어. 의심 안하면 그건 사람이 아닐게야.

하지만 마음속에 그려보고 지우는 화두의 규(竅). 마음속으로 화두의 규를 그려보고 지운 뒤에는 마음의 출구가 봉쇄되면서 무루심이 출현하는 이치를 외면(外面)할 수가 없어지는 것을! 어째서 규를 그려보고 지우는가? 규(竅)란 출몰(出沒)이 동시라고 밝히지 않았던가? 그러므로 규(竅)라는 존재는 그려진 다음에는 당연히 지워지게끔 되어있는 것이다.

이와같이 화두의 극미세한 규(竅)의 이치를 알아차리기만 한다면야 대장부(大丈夫) 큰 일을 순식간에 이룰 수 있다는 뜻이다.

<하나는 옳고>의 꼬리를 <하나는 틀렸다>가 끊어버렸다고 바라보아도 결과는 마찬가지로서 규(竅)의 출현과 함몰(陷沒)이 뚜렷하여 조금도 흐릿하지 않다. 모름지기 규의 출현과 함몰을 머리속에서 그려보고 지우는 일로써 규의 이치를 어느 정도 알아차릴 수 있으리라. 어느 정도 알아차린 다음에는 더욱 애써 규(竅)의 이치를 살펴나가면 그 통쾌함이야 어디에 비교하겠는가.

28. 무문관 제43칙 수산죽비.

수산성념이 선방(禪房)에서 사용하는 죽비(竹篦)를 들고 말하였다.

"이것을 죽비라 부르면 집착이요, 죽비라 부르지 않으면 등돌리는 것이다. 자, 말하라. 무어라 하겠는가?"

뻔하다. <죽비라 불러도 안되고>와 <죽비라 부르지 않아도 안된다>가 서로 격렬하게 비틀리다 끊어진다. 이때 규(竅)의 출몰(出沒)은 완성되고 동시에 식심(識心)도 규(竅)에 의하여 도려냄을 당하면서 몽땅 드러나 전체작용이 시작된다.

수산죽비의 규(竅)가 열리는 찰나에 닫히고마는구나. 이렇게 알아볼 수만 있다면야 큰일은 그로써 어지간히 끝나는 셈이지만 그렇다 하여 그일이 그토록 쉽기만 하겠는가? 나는 입만 열리면 규(竅)를 그려보고 지우는 것이 이 일의 이치인 까닭에 아주 아주 쉽다고 중얼대지만, 이 일을 미세하게 살피는 혜안(慧眼)은 반드시 필요하다.

<죽비라 불러도 안되고>의 꼬리를 <죽비라 부르지 않아도 안된다>가 잘라버린다고 바라보아도 규(竅)의 출몰(出沒)은 분명하여 속일 도리가 없으리라. 모름지기 마음속으로 화두의 허리가 끊어지는 찰나에 닫히고 만다고 관찰해보라. 화두의 허리는 끊어지면서 닫히고, 닫히면서 사라진다. 그때 마음은 몽땅 봉쇄를 당하여 오도 가도 못하는 신세가 되고만다.

어처구니없을 정도로 우스꽝스런 이치에 의하여 마음의 출구(出口)는 닫히고, 출구 닫힌 마음은 그때부터 출구가 사라진 까닭에 새어나감이 없어진 무루심(無漏心)이라 불린다.

이밖에 그 이치를 규(竅)의 이치에서 바라볼 수 있는 화두는 무진장하다. 여기에서는 그 중에서 몇개를 보기로 들어보였을 뿐이다. 참고하라.

2. 개(狗)의 뻘겋게 벌려진 입

1. 중생전도(衆生顚倒) 미기축물(迷己逐物).

중생의 마음이 완전히 뒤집힌 까닭에, 자기자신은 내버리고 바깥 경계(境界)만을 따른다.

대혜종고가 말하였다.

"병이 치유되고 약이 필요없다면 변함없는 원래의 인간(人間)일 뿐이다. 만약 이와 다르게 깨닫는 인간이 있고, 이와 다르게 깨닫는 법(法)이 있다면 그것은 악마(惡魔)와 외도(外道)의 견해(見解)다."

방(龐)거사는 말하였다.

"깨닫고보면 이것은 성현(聖賢)이 아니라 일을 끝낸 범부(凡夫)다."

대혜종고가 말하였다.

"만약 조금이라도 심력(心力)이나 기력(氣力)을 사용하면 이는 사법(邪法)이지 불법(佛法)은 아니다."

현사사비가 말하였다.

"심사(心思)의 통로는 끊겨있다. --- 본래 고요한 그것이다. 움직이고 말하고 웃는 데 이르러 티끌만큼의 의심(疑心)도 없어 본래 그대로 부족하지 않다."

대혜종고가 말하였다.

"도(道)를 배우는 사람이 치구심(馳求心)을 쉬지 않는다면 비록 이마와 이마를 맞대고 이야기하여도 무슨 이득이 있겠는가?"

2. 일 끝낸 범부(凡夫)에 대하여.

몇가지 말씀을 끌어들여 도출하고자 하는 결론은 온전한 천연(天然)의 자기(自己)회복이 이루어진다면 이야말로 도(道)가 열리는 것이요, 이야말로 도(道) 그 자체라는 뜻이다. 천연(天然)의 자기자신에게로 회귀(回歸)하면 도(道)는 일목요연해진다. 그밖에 달리 구한다면 오직 수고로움을 더한다는 사실을 깨닫는다.

그러기에 공연히 이건가 저건가, 여기 저기를 기웃거리며 찾아헤매는 헛수고를 단절하는 작업이 절실하게 요구된다. 치구심(馳求心)을 쉬고 움직임을 멎게 하지 않으면 안된다. 어찌해야 이 일이 가능해지는가? 맹세컨데 아무렇게나 한다면 99%는 실패한다고. 반드시 화두의 이치를 사용하여 마음을 통째로 도려내지 않으면 안된다고.

현사사비는 말하지 않았던가. 심사(心思)의 통로는 완전히 끊겨있다고. 현사사비의 말씀처럼 심사(心思)의 통로를 끊기 위해서는 화두의 이치를 사용하여 식심(識心)을 몽땅 도려내지 않으면 안된다.

3. 사람들은 이상하게 생각하리라.

어째서 말끝마다 화두가 나오는가 하고 말이다. 그러나 어찌하랴. 화두가 아니고서는 그 어떤 이치나 물건이나 방법을 동원해봐도 심식(心識)을 몽땅 도려내어 한번에 쉬어버리는 일이 불가능한 것을. 제아무리 치구심(馳求心)을 쉬고 싶어도 망망(茫茫)한 마음 그대로 끊임없이 찾아헤매는 치구심이 쉬어지지를 않는 것을. 화두가 아니고서는 또다른 깨달음을 찾아 헤매는 식심의 움직임을 멎게 할 방법이 없는 것을.

삼가 모름지기 알라. 화두가 문(門)을 닫는다는 사실을! 화두가 식심(識心)의 문(門)을 닫으니 여기서부터 식심이 새는(漏)

일이 없어지고 이런 이치를 가리켜 무루지(無漏智)라 일컫는다는 사실을.

　사람들은 그냥 일반적으로 이렇게들 알고 있으리라. 무루지(無漏智)란 마음에 번뇌 혹은 번민(煩悶)없는 상태를 의미한다고. 이러한 가르침이나 이해는 참으로 어중간하기만 하여 이것도 저것도 아니라고 나는 평한다. 솔직히 말해서 무루지가 뭔지 그들은 전혀 모른다.

　4. 여하튼 화두는 식심의 문(門)을 어떻게 닫고 식심(識心)을 어떻게 도려내는가?
　한마디로 화두의 허리 즉 화두지요(話頭之腰)가 식심(識心)의 문(門)으로 작용하다가 문(門)을 닫고 사라지면서 식심(識心)을 도려낸다. 이런 이치를 굳이 어디에다 비유한다면 글쎄 이런 이야기가 어떨까 싶은 생각이 들기는 든다.

　5. 지금에 와서는 어느 선사(禪師)의 이야기였던가는 기억에서 지워지긴 하였으나, 이것이 내가 읽었던 실화(實話)다. 밤마다 개(狗)가 따라다니며 뻘건 입을 벌리고 자기를 삼키려든다는 공포스런 꿈 이야기를 제자가 스승(禪師)에게 하였다. 제자의 기이한 꿈 이야기를 듣고 지혜스럽기 짝이없는 스승은 제자에게 일렀다.

　"다음에 또 그런 꿈을 꾸게 되면 얼른 그 개의 뻘건 입속으로 뛰어들어가도록 해라."
　이와같이 가공(可恐)할 지시를 스승은 제자에게 내렸다. 가공(可恐)스럽기는 하였으나 제자는 스승의 지시를 따르기로 명심한다. 그날밤 꿈속에서 다시 그 개가 나타나 시뻘건 입을 벌리고 자기를 삼키려들자 제자는 대뜸 그 입속으로 뛰어들었다.

그 찰나에 제자는 깨달음을 얻었다는 것이다.

　6. 이 이야기는 실화(實話)지만 중요한 것은 실화라는 사실이 아니다. 화두의 허리 즉 화두지요(話頭之腰)가 식심(識心)의 문(門)을 닫고 식심탈출의 길을 지워버리는 이치가 이 실화(實話)의 이치와 비슷하다고 할 수 있다는 점이다.
　제자가 뛰어든 순간 개의 뻘겋게 벌려진 입이 닫히되 닫히는 개의 입이 대번에 제자의 마음을 묶어내어 마음 주머니(낭囊)로 만들어버린 사건. 이렇게 주머니(낭囊)로 묶여진채 바로 코 앞에 매달려 달랑거리는 마음. 이 마음이 달아나기는 어디로 달아나는가. 꼼짝달싹 못하는 법이다.
　이를테면 개(狗)의 시뻘겋게 벌려진 입이야말로 화두의 규(竅)에 해당하는 셈이다. 화두지규가 마음을 몽땅 도려내는 이치는 이 꿈 이야기와 매우 흡사하다 할 수 있으므로 화두를 하는 사람들은 자세히 연구해보기 바란다.

　7. 식심(識心)의 출구(出口)로서 작용하는 화두지규가 닫히고나면 마음이 새는(漏) 일이 없어진다. 앞의 개 이야기에서처럼 식심(識心)이 개의 시뻘건 입, 즉 화두지요를 몽땅 통과하는 찰나에 식심의 주머니(낭囊)를 화두지요가 묶어버린 형국이 되고나서는 식심이 어디로 탈출할 것이며 식심이 어디로든 조금이나마 새어나갈 것인가?
　마음에 새는 일이 없어지는 까닭에 무루지(無漏智)라고 일컫는다 하지 않았던가. 마음에 새는 일이 없어지는 까닭에 비로소 요요(曜曜)하게 출현하는 적멸(寂滅)이라 일컬어도 무방하다 하리라.
　만일 누가 이 마음의 주머니(낭囊) 이외에 또다른 법(法)을 구하고자 한다면 그의 견해는 악마(惡魔)와 외도(外道)의 견해라고 대혜종고도 설하였다.

8. 불조(佛祖)의 골수(骨髓)라는 무문관 제1칙 조주구자(趙州狗子)를 보기로 들어서 약설(略說)하리라. 나는 앞으로 걸핏하면 무문관 제1칙 '조주구자'를 들먹일테다.

모두들 아시는 바와 같이 <---있는가?>라는 질문에 뒤이어 나타난 <없다>라는 대답이 <있는가?>의 꼬리를 잘라버린 것이다. 이를테면 잘려나가는 찰나가 '개(狗)의 시뻘겋게 벌려진 입'으로서 화두지규(話頭之竅)에 해당된다.

여기에서 강조하는 바는 한 순간이다. 규(竅)는 한 순간 모습을 나타내고 모습을 나타내는 것과 동시에 닫힌다. 이때 식심(識心)이 규(竅)를 몽땅 통과하고 말았다는 사실을 명료하게 알아보는 안목이 요구된다.

이러한 사실(事實)인식에 철두철미하다면 그는 바야흐로 '일 끝낸 범부(凡夫)'에 틀림없을 뿐만 아니라 영겁(永劫)에 걸쳐 조주구자(趙州狗子)공안의 규(竅)와 함께 하게된다. 조주구자 공안이 없어지지 않는다는 뜻이다. 공안이란 '화두지규(話頭之竅)'에 지나지 않기 때문이다. 규(竅)에 의하여 주머니(囊)로 묶이는 식심(識心)이 규를 벗어나는 일은 없다.

만일 그것이 그렇지를 못해서 규(竅)가 없든가 아니면 있다 하더라도 사라졌다 나타났다 하는 성질의 규(竅)라면 그것은 조주구자 공안의 규가 아니다. 뿐더러 그는 불조(佛祖)의 골수(骨髓)인 조주구자 공안의 비의(秘義)에서 빗나갔다고 알아야 하며, 조주구자 공안의 화두지규에서 빗나간 까닭에 쓰레기와 같은 엉뚱한 물건을 붙잡고 애지중지하는 얼토당토 않는 짓거리에 몰두하고 있다는 점도 자각해야 마땅하다.

3. <이뭣고?>는 바늘구멍이다

1. 단락 (2)번의 <개(狗)의 벌려진 입>과 관련있는 이야기를 소개하고자 한다. 다름이 아니다. <이뭣고?>라는 화두는 바늘구멍에 지나지 않는다는 논설(論說)을 나는 풀어놓고 싶은 게야. <이무꼬?>가 어째서 바늘구멍인가? 예를 들어보리라.

2. 선문염송 제291칙 허공(虛空)을 찾아가보자.
서산(西山)의 양좌주(亮座主)가 24종의 경론(經論)을 강설하였는데, 어느날 마조(馬祖)를 찾게 되었더라. 마조도일이 물었다.
"들자하니 대덕(大德)이 많은 경론을 강의했다던데 사실인가?"
양좌주가 답했다.
"변변치 못합니다."
마조도일이 거포(巨砲)의 포신(砲身)을 들어올려 '변변치 못한' 양좌주(亮座主)를 향하고는 포문(砲門)을 열었다.
"무엇으로 강의를 하는가?"
내친김에 좌주도 배수진(背水陣)을 쳤다.
"마음으로 강론합니다."
"마음은 교묘한 배우(俳優)같고, 뜻(意)은 장단치는 자(者)와 같거늘, 그것들이 어떻게 경론을 강설하는가?"
"마음이 강(講)하지 못하면 허공(虛空)이 강의합니까?"

"허공이 강설한다."

마조도일의 포격(砲擊)에 양좌주의 배수진(背水陣)은 일시에 초토화(焦土化)되고 말았다. 패장(敗將)은 말이 없는 법, 좌주가 분연히 일어나 소매를 뿌리치고 나가거늘 마조도일이 좌주를 불렀다 한다.

"좌주(座主)여!"

마조도일이 양좌주를 부르매 양좌주가 걸음을 멈추고 고개를 돌리자 마조가 사람을 통째로 삼키는 '바늘구멍'을 던졌다.

"그 무엇인고?"

이 말끝에 좌주가 대오(大悟)하고 온몸에 땀을 흘렸다.

좌주는 절로 들어오자 대중에게 선언하였다.

"나의 평생 공부를 따라잡을 자(者) 없으리라 여겼더니 오늘 마조의 한마디 질문을 받고 나의 평생의 공부가 얼음 풀리듯 풀리고 말았노라."

이어서 좌주는 강의를 폐하고 곧장 서산(西山)으로 들어가 영원히 소식이 끊기었다.

3. 이번에는 선문염송 제293칙 일언(一言)이다.

오설산(五洩山)의 영묵(靈默)선사가 석두희천에 이르러 말하였다.

"한마디가 서로 계합(契合)하면 머무르겠거니와, 한마디가 계합하지 않으면 떠나겠소"

석두희천이 자리에 버티고 앉거늘 영묵이 소매를 떨치고 떠나가려 하였다. 이에 석두희천이 영묵을 불렀다 한다.

"대덕(大德)이여!"

영묵이 등뒤에서 부르는 석두희천의 소리에 걸음을 멈추고 고개를 돌렸다. 석두희천의 입에서 거룩한 말씀이 흘러나왔다.

"태어나서부터 늙어 쪼그라지기까지 그저 그렇고 그런 친구이거늘 고개를 돌리거나 머리를 돌린다한들 무슨 소용있으리오?"

이 말씀끝에 영묵이 깨달았다.

4. 선문염송 제291칙과 제293칙은 오늘날의 선문(禪門)에서도 그 위력을 유감없이 떨치는 이른바 <이뭣고?>화두에 해당하는 공안들이다. 그런데 오늘 나는 이 두개의 공안을 예로 들어 <이무꼬?>공안이 영낙없는 '바늘구멍'이라는 이치를 설하고, <이무꼬?>로 향하는 독자들의 눈을 열고자 한다.

5. 앞에서 예로 들어보인 두개의 공안 '허공(虛空)'과 '일언(一言)'은 거의 똑같은 공통점을 갖추었다. 양좌주(亮座主)는 마조도일의 말씀을 뿌리치고 분연히 일어나 방장실(方丈室)을 나가려 하였고, 영묵(靈默)선사는 석두희천의 행동을 뿌리치고 분연히 일어나 방장실을 나가려했다는 점이 그것이다.

이것이 무엇을 의미하는지 알겠는가? 양좌주는 마조도일의 그물에 걸려들었고, 영묵선사는 석두희천의 그물에 꼼짝없이 걸려들었음을 의미한다.

6. 마조도일이 양좌주를 부르매 양좌주가 고개를 돌린다. 그때 마조도일은 무어라 뇌까렸던가?

"그 무엇인가?"

이때 양좌주는 마조도일이 던진 <이뭣고?> 그물속에 머리부터 꼬리까지 몽땅 끌려들어갔고 마조도일은 쾌재(快哉)를 부르며 양좌주가 걸려든 <이뭣고?> 그물의 입구(入口)를 봉쇄(封鎖)하고 말았던 것이다.

3. <이뭣고?>는 바늘구멍이다 43

거짓말 하나 보태지 않고 말한다. 양좌주는 바늘구멍보다 더 작은 <이무꼬?>의 그물속으로 찰나간에, 그렇지, 찰나간에 빨려들어갔다. 그리고 마조도일은 바늘구멍보다 훨씬 더작은 <이뭣고?>의 그물속으로 양좌주가 속절없이 빨려들어가는 가련한 모습을 물끄러미 지켜보았다.

엄밀히 말하면 이렇다. 바늘구멍보다 형편없이 더작은 <이뭣고?>의 구멍속으로 양좌주가 찰나간에 빨려들어가자마자 <이뭣고?>의 바늘구멍은 즉시에 그것도 자동적으로 닫히고 말았던 것이지. 마조도일이 수고스럽게 달고 말고 한 것은 아니다. 이를테면 자동문(自動門)인 셈이다.

7. 석두희천이 던진 <이뭣고?>의 그물속으로 영묵선사가 속절없이 빨려들어가는 모습도 양좌주(亮座主)와 흡사하다.

분연히 자리를 떨치고 일어나서 걸어나가는 영묵선사를 부르자 걸음을 멈추고 되돌아보는 영묵(靈默)선사의 면전(面前)에다 내던진 석두희천의 말씀이 어떠하였던가?

"태어나서부터 늙어가는 나이에 이르도록 그저 그렇고 그런 친구에 불과하거늘 고개를 돌리거나 머리를 돌린들 무슨 소용 있으리오?"

이 말씀이 바로 <이뭣고?>에 해당되는 줄 알아야 한다. 석두희천의 이 말씀을 굴려서 달리 표현한다면 이런 형상을 띠리라.

"고개를 돌리는 그 물건이 무엇인고?"

혹은,

"그 무엇인고?"

여기에서 영묵선사가 깨달았다 전해오는 바이니 영묵선사가 석두희천의 투망(投網)질에 걸려들어 통째로 뽑혀나왔던 역사(歷史)는 속일 도리가 없어졌다. 다른 공안도 그렇기는 하지만,

이 <이뭣고?>공안도 마음이 걸려들고 걸려든 마음이 통째로 빨려들어가면 빨려들어가는 즉시 봉쇄(封鎖)를 끝낸다.

8. 봉쇄는 찰나간에 완료된다. 순경(巡警)이 변하여 밤도둑이 된다는 법안종(法眼宗)의 가풍(家風) 이야기가 회상되는가? 그와같다.

식심(識心)을 통째로 뽑아내어 밀봉(密封)하는 공안의 봉쇄는 찰나간에 마무리되면서 입구(入口)가 어디였는지, 봉쇄구(封鎖口)가 어디였는지를 찾아내는 일이 사실상 불가능해진다. 그러기에 내가 무어라 지껄였던가? <이무꼬?>는 바늘구멍이라고 뇌까리지 않았던가? 어째서 바늘구멍인가?

공안의 바늘구멍은 바늘구멍인 까닭에 찾아내기도 지극히 어렵거니와 용케도 찾아내어 통과하고나면 뚫고들어온 그 구멍은 어느새 지워지고 없어진다.

9. 이렇게 되면 식심(識心)전체가 공안이요, 이렇게 획득된 공안은 영겁(永劫)에 걸쳐 잃어버릴 수가 없어진다는 나의 이야기에 수긍이 갈 것이다. 아울러 깊은 잠에 들어서도 공안이 있다는 오매일여(寤寐一如)를 인정하게 된다. 공안이란 식심(識心)을 묶어내는 규(毅)에 지나지 않기 때문이다.

10. 조사(祖師)들은 이러한 경지, 즉 봉쇄가 완료된 상태에서 출구(出口)를 찾을 수 없는 경지(境地)를 가리켜 비유하기를,
  "꿰맨 데가 없어 둥글고 둥글다."
하였다. 이른바 대원경지(大圓鏡智)를 의미한다.

11. 앞에서 들어보인 양좌주(亮座主)와 영묵(靈默)선사는 각

각 마조도일과 석두희천이 내던진 <이뭣고?>의 투망(投網)질에 꼼짝 못하고 빨려들어간 사람들이다.

그렇다면 <이뭣고?>화두를 혼자서 시작한 사람이라면 그것은 자기가 자기자신에게 <이뭣고?>의 투망(投網)질을 시도하고 있음을 의미하겠지. 만일 <이뭣고?>화두를 이용하여 문득 자기 존재를 뿌리까지 세밀하게 뽑아내는 경지에 이르런 사람이 있다면 그는 다음의 두가지 사실을 알게된다.

<이뭣고?>의 바늘구멍을 용하게도 통과하였다는 첫번째 사실과, <이뭣고?>라는 화두와 영겁(永劫)의 세월에 걸쳐 함께하게 된다는 사실 말이다.

불자(佛子)야! 만일 깨달았다 해도 끝내 화두(공안)의 규(竅)가 없다면 그것은 깨달음이 아니라는 사실을 명심해야 한다. 깨달았다 해도 화두의 규가 없다면 그것은 무기공(無記空)일뿐 결단코 깨달음이 아니다. 그때는 화두의 규를 처음부터 끝까지 정밀하게 되살피지 않으면 안된다.

4. 이(理)를 위하여

  이(理)가 두 개 존재할 수 없을 것이요, 하물며 이(理)가 존재할 리도 없다. 이러한 이치(理致)는 맑은 하늘의 태양과도 같아서 속일 도리가 없으리라. 화두(話頭)의 이치(理致)는 섭리(攝理=理)로 돌아간다.
<1>. 소(牛)의 뿔이 두 개라 하여 이(理)조차 둘일 수는 없는 법.
<2>. 화두는 섭리(攝理)로 돌아갈 수 밖에 없는 법.
<3>. 더구나 섭리(攝理) 즉 이(理)는 존재할 도리(道理)조차 없는 법.
  화두의 이치(理致)를 찾아 너무 멀리, 너무 엉뚱한 방향으로 각도(角度)를 잡아 헤매이지 말라. 이(理)의 세계를 멀리 벗어나 화두의 세계가 따로 존재할 수가 없노라. 화두의 세계와 이(理)의 세계는 정확하게 일치하여 오직 하나일 따름이다. 화두는 이(理)로서 이(理)로 돌아갈 도리 밖에는 없는 법.

5. 겨울 밤하늘의 삼태성(三台星)

　오매일여(寤寐一如) 즉 잠들었거나 깨어있거나 움직이거나 무슨 짓거리를 하고 있거나 간에 화두(話頭)는 이(理)인 까닭에 우리들의 새까만 머리에서 떨어져나가, 흑요석(黑曜石)인듯 우리들의 머리통보다 더 새까만 겨울 밤하늘의 삼태성(三台星)으로 존재하노라. 그래, 한번 두드리면 쩡- 길게 길게 울리며 갈갈이 찢어져나갈듯한 겨울밤 하늘에 박혀 새파란 세개의 눈알을 빛내는 삼태성(三台星)인듯.
　화두의 이치(理致)가 열리면서 머리로 굴리는 가짜화두, 즉 화두의 허상(虛像)이 떨어져나가고 진짜화두가 삼태성(三台星)인듯 스스로 눈을 뜨는 계절. 화두가 된다든가 한다면 이는 이미 오매일여(寤寐一如)의 경지(境地)로 접어들었다는 뜻이요, 환언하여 오매일여의 경지로 접어들었을 때에야 비로소 처음으로 화두의 이치(理致)가 열렸다는 뜻이라.
　그러하다면 오매일여 이전의 화두놀이는 화두의 허상(虛像)을 고생스럽게 붙잡고 있음이요, 분별망상(分別妄想)에 사로잡혀있음이요, 잔머리 굴리고 있음이라. 오매일여 이전의 화두는 망상(妄想)에 불과하다. 왜인가? 화두는 이(理)요, 화두는 구경(究竟)이기 때문이다.
　그러하다 하여 오매일여 이전의 공부를 무조건 헛수고라고는 치부할 수 없으리라. 오매일여 이전의 뼈를 깎는 헛수고로서의 수행과정을 시행착오로서 무수히, 그렇지 무수히 체험하고나서야 화두는 오매일여라는 깊고 깊은 이(理)로서 존재한다는 진리를 알아차릴 수 있기 때문이라.

　모름지기 이와같이 알라. 오매일여를 성취하기 이전에 우리들이 마음을 가지고 붙잡고 있는 화두는 망상(妄想)에 불과하여 화두와는 아무런 상관도 없는 괴물이라는 사실을 말이다. 머리로 잡고있는 화두는 화두가 아니고 괴물(怪物)일 뿐이야. 화두는 마음이 아니요, 더군다나 마음의 소유물(所有物) 따위가 아니기 때문이다.

6. '덕산탁발'의 규(竅)

　예컨데 무문관 제13칙 덕산탁발(德山托鉢).
　이 덕산탁발의 허리는 암두전활이 그의 구린내나는 입술을 덕산선감의 귀에 갖다대고 무언가를 속삭인다는 부분이다. 뭐라고 속삭였을까? 물론 지금에 와서는 영영 아무도 알 수 없는 사실이 되고 말았다. 그러나 여하튼 뭐라고 속삭였을까? 그러나 해결이 절대 불가능한 상태로 내던져진 그 이야기의 사연이 중요한 것은 아니다. 전혀 중요하지 않다.
　이른바 화두의 규(竅)는 암두가 덕산의 귀에 대고 뭔가를 속삭인다는 순간과 지점(地點)이다. 무문관 제13칙 덕산탁발의 화두지규(話頭之竅)는 암두전활이 입술을 덕산선감의 귓전에 대고 무어라고 속삭인다는 부분인데, 이 부분이 더할나위없이 예리하게 마음에 스며든다고 느껴지는 사람이 있다면.
　그렇다면 그런 사람이 만일 자기의 심중(心中)을 파고드는 <그 더할나위없이 예리함>으로 하여금 더욱더 예리해지도록 전력(全力)을 집중하여 갈고 다듬는다면. <더욱 예리해진 그 더할나위없이 예리함>이 그 사람의 마음을 너끈히 끊어주는, 경천동지(驚天動地)하는 날이 반드시 도래(到來)한다.
　오매일여(寤寐一如)의 숭고한 경지(境地)로 진입하기 위한 전제조건이 바로 면도날보다 더한 예리함으로 심층심리를 파고드는 화두의 규(竅)를 골라잡는 일이다. 이 일에 우선 성공한 다음에는 그 예리하기 짝이 없다고 느껴지는 화두의 규를 갈고 다듬는 일이 남는다.

  이는 마치 백살 먹은 노인(老人)이 쇠뭉치를 갈아서 바늘 만드는 과정인듯 생각해보라. 쇠뭉치를 갈아서 바늘 만드는 일만큼이야 어찌 어렵겠는가. 그런 일보다야 훨씬 쉽지. 한번 용기를 내어볼 일이 아니겠는가?

7. 역전(逆轉)의 법칙

1. 대법의 이치에서 벗어나는 화두는 고르지 말라.

대법(對法)의 이치를 벗어나는 화두는 긴장도(繁張度) 제로(0)를 의미한다. 이게 무슨 말인가? 대답은 간략하다. 대법(對法)의 이치에서 벗어나는 화두는 고르지 말라는 뜻이다.

선문(禪門)에서 걸핏하면 학인(學人)에게 던져주는 화두가 있다. 무자화두(無字話頭), 뜰앞의 잣나무, 마삼근, 마른똥 막대기, 등등이 있다. 이런 만인(萬人)의 입에서 입으로 오르내리는 몇 개의 공안은 공안의 한쪽 부분을 냉큼 잘라내고 다른 한쪽 부분만 앙상하게 마른 나무가지인듯 남았다. 이렇게 되면 대법(對法)의 법칙을 일탈한 것이다. 대법을 일탈하면 화두는 안 풀린다.

이런 부류의 공안을 잡으면 실패할 가능성이 너무 높고 위험부담율이 너무 높다. 안되도록 되어있다고 단언한다면 너무 가혹한 말인가. 여하튼 이런 화두를 잡고 성공했다는 사람들이 더러는 존재하였다는데, 내 생각에는 참으로 기이하다는 것이지. 왜인가?

대법(對法)에서 벗어나게끔 인위적(人爲的)적으로 조작된 이런 종류의 기이한 공안을 잡으면 공안이 본래 소유한 시퍼런 긴장도(繁張度)가 떨어지되 어느 선(線)까지 떨어지느냐 하면 제로(0)수준까지 떨어진다는 말이지. 이것도 너무 가혹한 말인가?

긴장도(緊張度) 제로의 이런 공안을 잡고 성공했다는 이야기를 전해듣고 의아(疑訝)해 하지 않는 사람이 있다면 그 사람 또한 의아(疑訝)한 사람임에 분명하다.

2. 예컨데 무문관 제14칙 남전참묘(南泉斬猫).

남전보원이 저녁 늦게 외출에서 돌아온 조주(趙州)에게 묻는다. 그날 낮에 벌어졌던 참묘(斬猫)의 광란(狂亂)을 들려주며 묻는다.

"조주여, 그대가 만일 그때 거기에 있었다면 어떻게 했겠느냐?"

스승인 남전보원의 질문을 받자말자 조주는 신고있던 짚신을 벗어 머리위에 얹고 문밖으로 나갔다는 일화(逸話).

3. 역전(逆轉)의 법칙에 대하여.

남전참묘화(南泉斬猫話)를 어떻게 보겠는가. 덕산탁발화(德山托鉢話)만큼이나 난해하여 어지간히 공부한 사람이라 할지라도 손 못댄다.

포인트는 역전(逆轉)의 법칙, 반전(反轉)의 법칙에 있다. 역전의 법칙이 반전의 법칙이다. 또한 역전의 법칙이 대법(對法)이기도 하다. 이율배반형(二律背反形)공안의 그 이율배반(二律背反)의 의미가 역전이기도 하거니와 이율배반형 공안의 구조가 한결같이 요(腰)를 중심하여 좌우의 말씀이 역설(逆說)을 이루었음을 우리는 익히 관찰해왔다.

이율배반형 공안은 요(腰)에서 끊어져 공안전체의 말씀이 요(腰)를 향해 빨려든다. 이때 요(腰)는 분명 규(竅)의 성질을 유감없이 발휘한다. 규(竅)가 공안의 말씀을 삼킨 후에는 봉합이 완료된다. 봉합의 완료는 전체작용의 시작이다. 전체작용이 시작되면 부분에 떨어지는 일은 없어진다. 부분이란 예컨데 요(腰)를 중심해서 바라볼 때 요(腰) 좌우의 말씀이다.

구자무불성화(狗子無佛性話)에서 요(腰)가 눈에 띠면 그때부터는 '있다'든가 '없다'든가 하는 시비(是非)에 떨어지는 일은 없어진다. 요(腰)는 봉합을 의미한다. 봉합으로 식심(識心)은 갈 곳이 없어진다. 한덩이로 묶여나온다는 말이다.

4. 역전(逆轉)의 법칙과 허약한 요(腰).

'남전참묘화'에도 역전의 법칙은 적용된다. 그러나 선문(禪門)이 '남전참묘화'를 다루어온 이래 <역전의 법칙>이나 <역전의 법칙>의 적용을 이야기한 명안지사(明眼之士)는 없었다. 뿐만아니라 '남전참묘화'를 거론하는 사람조차 드물었다. 이를테면 남전참묘화는 일종의 불가사의로 인식되어왔던 것.

남전참묘화(南泉斬猫話)도 역전의 법칙 위에서 보아야 풀린다. 하지만 남전참묘화는 일견 그 요(腰)가 너무나 허약(虛弱)해 보이는 결함이 있다. 요(腰)가 허약하다고 느껴지는 예를들면 '덕산탁발화' 같은 공안도 마찬가지다. 외견상 요(腰)가 허약하다는 말은 요(腰)를 중심하여 공안의 전반부와 후반부가 역설(逆說)을 이루어 반전(反轉)에 성공하고 있다는 느낌이 들지 않음을 의미한다. 공안의 전반부와 후반부가 각각 따로 놀면서 이율배반(二律背反)의 구성으로 인식되지 않는 데에야 어쩌는가.

5. 광란(狂亂)과 짚신.

참묘(斬猫)의 광란에서 <짚신 벗어 정수리에 올리는 행위>로의 연결이 어찌 반전(反轉)으로 인식될까. 예를들어 '구자무불성화'는 역전(逆轉)의 법칙, 반전(反轉)의 구조가 아주 뚜렸하다.

'수산죽비화'도 역전의 머리 되돌림이 아주 깨끗하여 나는 틈 만나면 '수산죽비화'를 쳐들어 공안의 역전구조(逆轉構造)에 대한 해설을 기도한다.

다시 '남전참묘화'는 그 풍미(風味)가 어떤가. 구자무불성화나 수산죽비화는 씹으면 아싹아싹하는 맛이 난다. 남전참묘화는 아무리 씹어도 씹히지 않는다. 지독하게 질긴 맛만 있다. 물어뜯지를 못하겠다. 아예 이빨이 들어가지 않는다. 쇳덩어리다. 이와같이 <참묘의 광란>에서 <짚신 벗어 머리위에 올리는 행위>로의 연결이 반전(反轉)의 징후로 여겨질 기색은 안보인다.

그러니까 이야기는 길어진다. '남전참묘화'는 참묘(斬猫)의 살생업(殺生業)만 저지르지 않았다면 사실말이지 심심하던 판에 제법 볼만한 구경거리를 제공하였다. 동당(東堂)과 서당(西堂)의 스님들이 떼거리로 몰려나와 삿대질에 목줄기의 혈관을 벌럭거리며 고래고함을 내지르며 편가르기 싸움판을 펼치는 정경은 상상만 해도 그럴듯하다. 한마리 가련한 고양이를 사이에 두고. 그때 방장(方丈)인 남전보원조차 슬슬 끼어들었다지. 끼어들어서 가여운 고양이를 베었다지. 이게 말이 되는 짓들인가?

아이들 싸움보다 더 못난 짓을 했다. 아이들은 아이들이니까 으레 싸움질이라 치고. 그런데 어른들이 싸움이라니. 편가르기 싸움으로 한판 대판으로 붙다니. 그것도 수행하는 승가(僧家)에서 고양이를 자르는 무참한 살생업(殺生業)을 저지르면서까지. 못나도 분수가 있지. 이건 말 안된다.

6. 충격요법(衝擊療法)과 바보 '이반'의 광대놀이.

인생살이 구비구비마다 사연(事緣)에 얽혀들고 설켜들긴 한다. 한데 어지간한 일에 몰두하고 있었다 치더라도 '불구경'만

7. 역전(逆轉)의 법칙 55

은 안 놓칠거다. 예를들어 주먹다짐을 주고 받으며 싸움질에 열중하던 인간들이라 하더라도 근처에 큰불이나 났다 하면 싸움질 그만두고 그쪽으로 쫓아갈거다. 이를테면 충격요법 말이다.

'남전참묘화'는 인간들의 이런 심리(心理)에서 해결의 실마리를 구함이 지당하다. 남전보원은 낮에 제자들과 한판벌인 참묘(斬猫)의 우행(愚行)으로 적잖게 심란(心亂)해져 있었다. 저녁무렵에 조주가 외출에서 돌아왔다. 남전보원은 조주를 보자 저으기 반가웠다. 자신의 괴로운 심경을 털어놓을만한 사람이라고는 조주 밖에 없었다. 그래서 조주에게 묻기를, 너라면 어떻게 했겠느냐고 물었다. 스승의 질문에 더하여 내보인 조주의 반응이 바로 <신벗어 머리위에 얹는> 기기한 행태였다.

솔제니친의 소설(小說) '이반 이바노비치의 하루'에 멀쩡한 바보 '이반'의 이야기가 나온다. '남전참묘화'에 등장하는 조주의 모습도 바보 '이반'과 특별히 다른 점은 없어보인다. 스승 남전보원이 낮에 벌인 한판의 웃지못할 '해프닝'에 비견하여 바보스런 광대놀이를 해보이는 조주도 과연 그럴싸하다는 생각이 든다.

보라. 스승과 제자가 얼마나 잘 어울리는지를. 스승 남전보원이 한낮에 보여준 한심한 활극(活劇)이 고심(苦心)끝에 나온 자충수(自充手)였다면 제자 조주가 꺼내든 카드는 동문서답(東問西答)이다. 스승의 이야기에 개의치않는듯 조주는 엉뚱한 광대짓을 한다. 이것이 사람들의 이목을 끌어 다른데로 돌리는 불장난이요, 충격요법이다. 내가 지금 가리켜보이는 곳이 어딘지 짐작가는가?

고양이 문제로 한판 대판으로 붙어 삿대질에 고함질까지 터져나오는 상황에서 인근에 큰불이 났다는 급보(急報)가 날아들었다면 반응이 어떠했겠는가? 아마 싸움질 그만두고 화재(火災) 현장으로 달려갔을테지. 불을 꺼야겠다는 일념(一念)이든 불구경을 염두에 두었든간에 질주해갔을테지. '남전참묘화'의 이치는 여기에 있다.

한손에 고양이를 움켜쥐고 다른 한손에 삭도(削刀)를 나눠잡은채 제자들에게 어서 한마디해보라고 으름장놓으며 험악한 얼굴로 무조건 앞으로 내지르는 남전보원이었다 해도 거 좀 머쓱해져 제동(制動)이 걸렸으리다. 그때 조주가 신벗어 머리에 얹고 나타났더라면 싸움에 제동이 걸리며 멈칫했으리다. 그리고 별안간 신벗어 머리위에 얹고 흔들거리며 걸어나가는 조주를 꽤나 해괴하고 진기한 괴물(怪物)이라고 여기며 물끄러미 구경했으리다.

조주의 연극이 끝난 다음에는 스님들의 '고양이 싸움'이 불시에 시들해졌으리다. 그렇게 대가리터지도록 싸울만한 사건은 아니었다는 자기성찰의 기회를 우연찮게 가지면서. 신벗어 머리 꼭대기에 얹고 나가는 바보 '이반'의 꼬락서니를 목격하고 가가대소(呵呵大笑)할 정도는 아니었다 해도 여하튼 싸움질을 계속하고 싶은 흥미나 욕구가 한풀 꺾였음을 모두 느꼈으리다. 그래서 모두들 머쓱해진 얼굴로 대충대충 흩어졌으리다. 남전보원이나 여러 스님들이 머쓱해진 쭈글쭈글한 얼굴로 제각기 처소(處所)로 돌아들갔으리다.

'남전참묘화'에서 조주가 보여준 행위를 스님들의 싸움질과 관련지어 재구성(再構成)해본다면 이상과 같은 소설(小說) 정도로 그려질테지.

7. 그만한 핑계거리도 없었으리라.

지금까지 무슨 이야기에 매달렸는가. 화두의 요(腰)가 허약

(虛弱)한 까닭에 요(腰)가 있는지 없는지조차 구별이 안될 지경이라면 화두를 바라보는 각도의 전환이 요구된다. '남전참묘화'의 경우는 조주의 행태가 충격요법의 형태를 띠고 나타난다는 내막을 꿰뚫지 못하면 천년의 세월이 흘러도 이게 도대체 무슨 소린고 싶을거다.

전술한 바와 같이 조주의 행태는 바보 이반의 광대놀이일뿐이다. 늦은 저녁이 되어서야 외출에서 돌아온 조주. 신벗어 머리에 이고 나가는 조주. 조주의 이런 괴이쩍은 바보짓에 그제서야 남전보원은 고개를 끄덕이며 때늦은 후회를 한다. 고양이를 베려던 광란의 현장에 만일 조주가 있었더라면 문제는 참으로 싱겁게 해결됐을텐데 탄식하면서.

남전보원은 생각할수록 그랬다. 고양이를 베려는 어처구니없는 입장에 처하여 조주와 같이 덜떨어진 괴짜 하나만 있었더라면. 덜떨어진 괴물(怪物) 한놈쯤이 적당히 나타나서 미친 수작 한번만 해보였더라면. 그것을 기화로 삼아 비실비실 웃거나 말거나 하면서 이죽거리면서 사건을 적당히 수습할수도 있었을텐데.

한놈 안나타나나싶던 판에 그 미친놈을 구실로 삼고 그 미친놈을 빙자하여 고양이를 내던져 살려주고 방장실로 뒤뚱뒤뚱 걸어갔을텐데. 고양이를 베려던 사건을 유야무야하면서 적당히 덮고 없었던 것으로 적당히 얼버무리고 방장(方丈)으로 슬그머니 되돌아가는 핑계거리로 삼기에는 그만한 구경거리도 없었을텐데. 때늦은 후회만 밀물처럼 밀려들었다.

8. 이해(理解)는 공안참구에 결정적으로 기여한다.

나의 해설을 듣고 뱃속이 시원하게 뚫리는가? 아닐 터이다. 시원해졌다면 그것은 뻔한 거짓말이다. 해설을 듣고 공안에 대한 안목이 일사천리(一瀉千里)로 끝까지 열리는 사람은 드물다. 더욱 야릇한 일은 설혹 공안에 대하여 일목요연한 안목이 열리는 경우라도 대부분의 경우는 가짜이기 마련이라는 사실이다.

좀 알듯도 하다면 그것은 이해(理解)다. 좀 알듯하다면 그것도 소중하기는 하지만 끝까지 소중하지는 못하다. 이해(理解)라는 물건은 새털구름같은 존재다. 돌아서면 흩어지는 새털구름. 내가 해설을 한다고 하였으나 사실상 그당시 조주의 뱃속에 무엇이 들었던가 하는 수수께끼는 어디까지나 수수께끼로 남는다. 안풀린다는 말이다.

그러므로 모름지기 알라. 공안을 꿰뚫어보고 뱃속까지 시원하고자 원하는 사람은 기필코 공안의 규(竅)를 얻어야 한다는 진실을. 바르게 공안을 잡아 공안을 참구하고 규를 획득하지 않으면 안된다는.

공안에 대한 이해(理解)는 공안의 규를 규명하는 과정에 결정적인 도움을 주는 조력자(助力者)다. 공안에 대한 이해가 새털구름같은 성질의 것이기는 하나 한편으로 공안의 참구에 크게 기여하고 결정적으로 기여한다. 공안에 대한 이해를 극력 금지하는 사람은 공안의 이치를 모르는 사람이다.

선문(禪門)에서는 공안에 대한 이해를 막무가내로 차단하려는 풍조(風潮)가 만연되어 있다. 하여 처음으로 화두를 하려는 사람들은 뭘 어찌해야 할지를 몰라 우왕좌왕하며 방향감각을 상실하고 심하게 고민한다. 하지만 그런 풍조는 공안에 대하여 몰지각(沒知覺)한 소치에서 기인하는 어리석은 풍조다. 그런 사람들의 이야기에 귀기울이지 마라.

9. 요(腰).

이제서야 남전참묘화의 요(腰)가 분명해진다.

7. 역전(逆轉)의 법칙 59

　　<1>. 남전보원이 양쪽손에 각각 고양이와 삭도(削刀)를 하나
씩 움켜쥐고 말한다. 누가 그럴싸한 한마디만 하면 고양이를
살려준다.
　　<2>. 이때 조주가 문득 신벗어 머리에 이고 나가버렸다.
　　요(腰)가 어디냐. 물론 <1>과 <2>의 사이다. <1>과 <2>는 지
끔까지 설해온 이치에 의해 비틀리며 끊어진다. 끊어지는 규
(竅)는 즉시 봉합(縫合)되어 지워지고 흔적없이 사라진다. 끊어
지는 요(腰), 즉 규(竅)를 정확하게 잡기만 하면 공안의 나머지
이야기는 모두 부질없는 수작이 되어 저절로 규(竅) 속으로 소
리소문없이 스며들고 스며들어 소멸한다. '남전참묘화'도 규를
획득해야 풀린다.

　　10. 규(竅)가 잡혀들기 위한 선행조건.
　　단지 조건이 선행(先行)한다. 남전참묘화의 규(竅)가 뚜렸하
게 인식되는 사람이 존재한다면 그는, 그에게 있어서는 이 '남
전참묘화'가 참으로 기막히는 불가사의로 다가오지 않으면 안
된다는 조건.
　　남전참묘화가 더할나위없을 정도는 아니라 하더라도 어지간
한 공안보다는 좋아보이는 경우 이미 '남전참묘화'의 요(腰)가
분명할 것이다. 그런 경우 남전참묘화를 잡고 규(竅)를 그린 다
음에 규(竅)를 지우는 일이 그다지 어렵지는 않으리라. 규(竅)만
또렸하다고 여겨지면 공안의 해결은 쉽다.
　　문제는 남전참묘화처럼 공안의 요(腰)에 대한 인식이 명료하
지 않고 지극히 흐릿하다는 점이 문제다. 요(腰)가 희미하게 여
겨지는 공안을 잡으면 대체로 고생길이 훤하게 열리는 셈이다.
요(腰)가 희미하게 느껴지는 공안은 잡지 말라는 충고다. 누구
나 마찬가지이긴 하지만 모든 공안이 다 흥미진진한 재미를 던

져주는 것은 아니다. 그런 와중에 화두의 요(腰)마져 흐릿한 화두를 취한다면 평생 부분(部分)에 떨어져 고생만 하게 된다.

11. 전체작용과 부분집착(部分執着)에 대하여.

공안의 규(竅)를 낚아서 규(竅)를 지우는 일에 성공하면 일은 대충 끝난 것이라 할수있다. 그때까지 식심(識心)의 출구(出口) 역할하면서 열려있던 규(竅)를 지우면 식심은 대번에 하나로 묶인다. 하나로 묶인채 오도가도 못하는 식심이야말로 공안의 지워진 규(竅)라는 사실에 눈어두우면 그것은 규(竅)를 놓친 무기공(無記空)이다.

아무튼 공안의 지워진 규(竅)로서의 작용을 시작한 식심(識心)의 입장에서 전체작용 이외에 부분에 국집하는 부분작용이란 절대로 없다. 언제나 전체작용일뿐이다. 생활을 영위하면서 일일이 분별하고 낱낱이 계산하는듯이 타인의 눈에 비쳐도 그것은 전체작용일뿐 부분작용은 절대로 아니다.

'남전참묘화'도 공안의 허리인 규(竅)가 확실해지고 규가 식심을 묶어내는 경지에 도달한다는 가정하(假定下)에서는 <신벗어 머리에 이고 나가는 조주의 행위> 따위는 안중(眼中)에도 없다. 규의 획득에 성공하면 그로써 그만이다. 전체작용이 있을 뿐이다. 나머지 이야기는 부분이다. 신벗어 머리에 이고 나가는 조주의 이야기 따위는 적멸하여도 누가 건져줄 사람조차 없어진다. 규(竅)를 성취한 지인(至人)에게 있어서 규(竅) 이외의 나머지 이야기 따위는 사실상 적멸한다. 어떤 관심도 끌지 못한다.

식심(識心)의 전체로서 작용하는 <지워진 규(竅)>의 입장에서 바라보면 어떤 사연(事緣)도 이미 물건너간 이야기요 한물간 이야기다. 한개의 공안을 해결하면 그밖의 모든 공안에 대한 의심(疑心)이 화창한 봄날의 잔설(殘雪)처럼 녹는다. 잔설처럼 녹는 이유가 여기에 있다. 어떤 사연(事緣)을 간직한 공안이나 수수께끼도 모두 부질없는 수작으로서 하등의 관심도 끌지 못한다. 창밖을 스치는 풀잎 그림자인듯. 전체작용이 이루어지면 부분작용에 떨어지고 부분집착에 떨어지는 법이 없다는 해설이 머금은 내용은 이런 성질의 것이다.

12. 선문(禪門)이 저지르는 오류.
거듭하거니와 선문에서는 이와같은 대법(對法)의 이치(理致)를 놓치고 있다. 이를테면 "조주야, 네가 만일 거기에 있었다면 어떻게 했겠느냐?"고 묻는 남전보원의 질문을 공안을 살피는 안목의 결여로 인하여 놓치고 있다는 뜻이다.
그리고는 <신벗어 머리위에 얹는 조주>라는 부분(部分), 즉 경계(境界)에 떨어지고 말았다는 뜻이다. 화두의 규(竅)는 전체작용이다. 화두의 규(竅)를 중심한 좌우의 말씀은 한결같이 부분이요 경계(境界)와 대상(對相)이다.

13. 규를 놓치면 공안의 탄성(彈性)은 멸각된다.
대체로 공안은 그 허리부분을 못보고, 그 허리부분을 간과하면 일촌의 광음(光陰)이 아까운 세상에 그야말로 세월만 날린다. 공안이란 그 허리부분을 찾으면 허리부분을 중심점(中心點)으로 해서 전반부와 후반부로 나뉜다. 공안의 전반부와 후반부의 이야기는 별다른 의미가 없다. 무의미(無意味)하다고 해도 그만이다.
공안의 전반부와 후반부는 공안의 허리부분, 즉 공안지요(公案之腰)로 빨려들어간다. 이것이 공안융합이요, 화두융합이다.
화두지요(話頭之腰)를 중심으로 해서 화두를 전반부와 후반부로 나누어보는 이치는 그런 까닭에 대법(對法)이다. 대법의 이치를 벗어나면 화두가 지닌 긴장도(緊張度)가 제로(0)로 떨어지고 탄성(彈性)은 멸각된다. 탱탱하게 당겨진 고무줄의 가운데가 끊어져 쓸모없어지는 경우와 유사(類似)하다고나 할까. 예를 들어 <신벗어 머리에 이고 나가는 조주의 행태> 따위는 가운데가 끊어져 쓸모없어진 고무줄과 같은 존재다. 아무짝에도 소용없다.

화두에 있어 서로를 잡아당기는 두개의 융합익(融合翼) 구비는 필수적인 요건이다. 서로의 꼬리를 물고 서로를 바짝바짝 조여대며 규(竅)로 함몰(陷沒)해 들어가는 태극융합(太極融合)의 이치를 나타내보임이 필수적이다. 화두에 있어 두개의 융합익이 바로 전반부와 후반부다. 그러나 규(竅)를 놓치는 경우, 전반부와 후반부의 말씀 그 자체는 무용지물이다.

14. 규가 무의식을 도려낸다.

이치가 이러하다면 무문관 제14칙 남전참묘 또한,

<1>. "조주여, 그대는 어찌 했겠느냐?"는 <남전보원의 질문>과

<2>. '신벗어 머리에 이고 나가는' <조주의 행위>

이 두개 조문(條文) 사이의 규에 유의하면서 이 두개 조문을 규로 밀어넣어 바라보는 대법(對法)이야말로 순리(順理)다.

<남전보원의 질문>과 <조주의 행위> 사이에서 열리는 규는 <남전보원의 질문>과 <조주의 행위>를 삼킨다. 삼키면서 무의식을 도려낸다. 무의식의 세계로 넘어가지 못하는 화두는 망상(妄想)이며 설혹 무의식(無意識)의 세계로 넘어가 무의식에 사무치는 화두라 할지라도 망상에 불과하다. 왜인가? 화두의 규는 무의식조차 넘어간 구경(究竟)이기 때문이다.

7. 역전(逆轉)의 법칙

화두의 규가 무의식으로 넘어갔다 할지라도 망상에 지나지 않을진대 하물며 의식(意識)의 세계에서 부단히 출몰(出沒)하는 화두가 어찌 망상이 아닐까보냐.

15. 규(竅)가 없는 공안.

규가 없다는 말은 선문(禪門)에서 공안의 전반부(前半部)를 떼어 내버리고 후반부(後半部)만 들어서 추천하기 때문에 하는 말이다. 공안 그 자체에 결함이 있어 규가 없다는 말은 아니다.

공안의 전반부는 잘려나가고 후반부만 살아남아 선문을 떠도는 우스운 본보기는 너무나 유명하다. 거론할 필요조차 느끼지 않으나 확실히 할 것은 확실히 짚고 넘어가야 하겠기에. 무자화두(無字話頭), 뜰앞의 잣나무, 마삼근, 마른똥 막대기, 등이다.

16. 마삼근(麻三斤)은 어떻게 보느냐.

해답은 이렇다. "마삼근?"을 보기는 보되,

"말씀해주소서." / "불법이 무엇입니까?" / "진리를 묻습니다." / "진리를 열어보여주소서."

따위의 앞서는 대구(對句)와 결합하고 짝지어서 보라는 뜻이다. 그렇게 해야만 화두지요(話頭之腰)가 열리면서 두개의 대구(對句)를 흡수하고 마침내는 화두지요(話頭之腰)의 획득에 성공한다.

'마삼근?' 그 자체는 무의미하다. 무의미할뿐만 아니라 몇년 몇십년을 질질 끌어도 모른다. 이치를 생각하고 요령을 획득함이 어느 면에서는 경박한 처사(處事)가 아닐까 싶기도 하겠지만 그렇지 않다. 이치와 요령에 통해도 화두는 좀처럼 안풀린다. 하물며 아무것도 모르는 새하얀 백지(白紙)상태에서랴.

17. '뜰앞의 잣나무? 마른똥 막대기?'도 그렇다.

'뜰앞의 잣나무?' 혹은 '마른똥 막대기?'를 잡기는 잡되,

"조사서래의(祖師西來意)? / 말씀해주소서." / "불법이 무엇입니까?" / "진리를 말씀해주소서."

등등의 선행(先行)하는 대구(對句)와 결합하고 짝지어서 보라는 뜻이다. 그래야 두개의 대구(對句) 사이에서 열리는 화두지요(話頭之腰)가 두개의 대구(對句)를 흡수하면서 화두지요가 또렷해진다.

18. 화두지규와 무기공

이론(理論)이 이와같고 화두의 정체(正體)가 이러할진대, 그렇다면 "마삼근?"이나 혹은 "뜰앞의 잣나무?" 따위의 말씀 그 하나만 잡아서 죽자살자 참구(參究)해본들 그것을 어찌 진정한 참구라 하겠으며, 나아가 그런 방식의 참구가 무슨 선물을 가져다주겠는가?

요약컨대 공안선(公案禪)에서 공안의 허리, 즉 규(竅)를 못보면 끝내 화두없는 무기공(無記空)이라 칭한다고.

19. 별볼일없고 한없이 아둔한 물건

"마삼근?"이나 혹은 "뜰앞의 잣나무?" 혹은 "마른똥 막대기?" 그것 자체만으로는 한없이 아둔한 물건인 셈이다. 아둔하기 짝이없다.

선행(先行)하는 대구(對句)가 <그렇고 그런> 희미한 말씀처럼 느껴진다면 그때는 다음과 같은 현상인식도 뒤따라야 한다. 그렇게 희미한 존재로 느껴지는 그 선행(先行)하는 말씀만큼 그 뒤를 따라 나타나는 말씀인 "마삼근?"이나 "뜰앞의 잣나무?"나 "마른똥 막대기?"나 "무(無)?" 역시 그만큼 별볼일없는 존재라

는 인식(認識)말이다.

<불법을 말씀해주소서>만큼 <마삼근>이나 혹은 <뜰앞의 잣나무>도 시시하고 별볼일없는 존재야. 그럼 뭐가 중요하냐구? 그야 물론 화두의 규(竅)다. 촌철살인(寸鐵殺人)이라고 하지 않았던가? 화두지규 이외의 어떤 물건도 무의식을 꿰뚫기에는 적합하지 못하리라.

"마삼근?" 혹은 "뜰앞의 잣나무?" 혹은 "마른똥 막대기?" 혹은 "무(無)라?" 하는 따위의 물건 하나만 가지고 설친다면 알아야 한다. 그런 물건 자체만으로는 몹씨도 둔한 물건이라고. 그렇게 둔한 물건이 무의식을 꿰뚫기는 역부족(力不足)이야. 그토록 아둔한 물건을 가지고 마음을 끊어보겠다는 발상(發想) 자체가 무리야.

20. 밥속의 모래알

대구(對句)와 대법(對法)의 이치는 육조단경에도 설해져 있으니 참고하라. 대법(對法)의 궤적(軌跡)에서 벗어나 화두를 본다면 화두는 밥속의 모래와 같이 언제나 머리(의식)속에서 알찐거리며 맴돌기만 하고, 맴돌면서 부단히도 학인(學人)을 괴롭힌다.

마주보는 대구(對句)에서 홀로 떨어져나와, 대구(對句)를 만나지 못하고, 대구(對句)를 만나 융합하지 못하는 화두는 모두 밥속의 모래와 같이 그대를 괴롭히게끔 되어있다. 예를 들면 '삼서근?', '뜰앞의 잣나무?', '무(無)?', '마른똥 막대기?' 같은 괴물들을 지극히 경계하여 가까이 하는 일이 없도록 해야 할 것이다.

8. 마음이 끊어지면서 / 공안은 이어지는도다

1. 가나데바 존자.

'가나'는 외눈(편목:片目), '데바'는 하늘(천:天)이라는 의미를 가지고 있는데 그는 세일론의 바라문계급 출신으로 학식과 변재(辯才)가 출중한 청년이었다. 이 인물이 멀리서 거룩한 용수보살의 명성을 듣고 찾아왔다.

가나데바가 위의(威儀)를 단정히 하여 용수보살이 거주하는 방장실(方丈室)로 들어서니 첫눈에 그 비범한 자질을 간파한 용수보살이 정중하게 그를 맞았다. 피차 인사도 나누기 전에 용수보살은 가나데바의 면전(面前)에서 곁에 놓여있던 물주전자를 들어 쇠발우에 물이 철철 넘치도록 따루었다.

이러한 정경을 또한 묵묵히 지켜보던 가나데바존자는 선뜻 품에서 바늘 하나를 꺼내어 그 쇠발우의 청수(淸水)속으로 던져넣었다. 이 순간 용수보살의 안색은 깊은 유열(愉悅)로 빛났다. 그로부터 현묘한 법론(法論)이 전개되었다.

가나데바존자는 용수보살의 정법(正法)을 이어받아 전통 제15조가 되었으며 중남부 인도의 외도(外道) 및 소승교파를 변파(辯破)하여 대승불교를 크게 일으켰으나 외도의 원한을 사서 비장하고 성스런 순교(殉敎)를 하였다 전한다.

2. 바늘과 화두지요

용수보살과 가나데바보살의 만남의 인연설화(因緣說話)를 꺼낸 이유는 물론 화두선의 밀핵(密核)을 설하기 위함에 있다.
　화두선의 비의(秘義)는 화두(공안)의 허리에 있다는 사실을 알아야 하리로다. '화두의 허리'에 대한 이야기는 이 책의 처음부터 끝까지를 일관(一貫)한다. 용수보살과 가나데바존자의 만남의 인연설화와 <화두의 허리>는 또한 무슨 인연을 가지는가?
　<화두의 허리>는 청수(淸水)가 철철 넘치도록 따루어지는 쇠발우, 그 쇠발우의 청수 속으로 던져넣어지는 바늘과 같다는 비의(秘義)에 눈뜨지 않으면 안된다. 함몰(陷沒)하는 화두의 허리는 털끝만큼의 저항도 받지 않고 쇠발우의 청수(淸水)속으로 파고드는 바늘과 같다.
　마음을 쇠발우속에 담긴 청수라고 하자. 예리하게 끊어지는듯 이어지는 <화두의 허리>를 바늘이라 하자. 예리하게 끊어지는듯 끊어지지 않는 <화두허리>라는 바늘은 한점의 저항도 받지 않고 마음의 청수(淸水)속으로 가라앉아 쇠발우의 밑바닥에 닿는다.

　3. 끊어지는듯 이어지는 화두의 허리.
　화두의 허리는 끊어지는듯 마침내 끊어지지 않는다. 그러기에 끊어지지 않는 예리하기 짝이없는 화두의 허리는 청수(淸水)속으로 가라앉는 바늘인듯 마음속으로 스며들어 마음을 끊는다. 마음이 끊어진다.
　그때, 화두의 허리에 의하여 마음이 끊어지는 그때, 화두허리가 갈데까지 가다가 마음을 끊어버리는 그때, 마음이 끊어지면서 도리어 화두의 허리는 이어진다는 사실을. 이어져서 지워진다는 사실을. 이것이 봉합이다. 화두의 허리가 이어진다는 사실은 무엇을 의미하는가? 화두의 허리가 이어진다는 사실은 규(竅)의 식심봉합(識心縫合)을 의미할뿐.

4. 화두지요 단절현상의 극복.

무문관 제37칙 '뜰앞의 잣나무' 공안을 예로 들어보자.

누가 조주스님에게 물어보았다.

"달마대사께서는 어째서 동쪽 땅으로 오셨습니까?"

조주스님이 대답하셨다.

"뜰앞의 잣나무."

보통사람들의 일반적인 상식을 가지고서는 풀리지 않는 이야기가 '뜰앞의 잣나무'같은 수수께끼다. 질문과 대답이 완전히 어긋난채로 불협화음(不協和音)을 일으키면서 삐걱거린다. 질문과 대답이 어긋난 정도가 아니라 아예 끊어져 있다. 이를테면 공안의 허리가 끊어진듯이 여겨진다. 여기에 주목하지 않으면 안된다. 얼핏 끊어진듯이 여겨지는 공안의 허리는 결코 끊어진 것이 아니다.

무문과 제37칙 '뜰앞의 잣나무' 공안의 허리는 <달마대사께서 왜 동쪽으로 오셨는가?>와 <뜰앞의 잣나무> 사이의 일견(一見) 끊어진듯이 보이는 틈새(사이)다.

<달마대사께서 왜 동쪽으로 오셨는가?>를 공안의 전반부(前半部)라 하면 <뜰앞의 잣나무>는 공안의 후반부(後半部)다. 전반부와 후반부 사이는 이론적인 단절현상(斷切現狀)이 발생하여 아주 예리하게 끊어졌다. 그 예리한 단절현상은 정도를 지나쳐 상상(마음)을 초월하였기에 이미 마음의 구경(究竟)에 닿았다.

5. 구경(究竟) = 화두지규(話頭之竅).

그러나 전반부와 후반부 사이의 이론적인 단절현상에 의하여 마음이 끊어지고, 마음이 갈데까지 가다가 끊어지는 구경(究竟)

에서 공안 전반부와 후반부의 단절현상은 오히려 극복되고 전반부와 후반부는 능히 이어진다.

논리(論理)에 의하여 지배를 당하는 마음이 끊어지면 그곳이 구경이요, 마음이 끊어져 다하는 구경에서는 비논리(非論理)도 도리어 하등의 거리낌없이 이어지기 때문이다. 논리가 끊어지면 그곳이 구경이요, 논리가 끊어지는 구경에서는 다시 비논리(非論理)도 하등의 방해도 받지 않고 홀연히 이어지기 때문이다.

6. 비논리(非論理)를 통과시키는 구경(究竟).

구경에서는 어떤 형식의 비논리적인 구성(構成)도 아무런 장애없이 연결되고 무사통과한다. <달마대사께서 동쪽으로 오신 까닭이 무엇인가?>라는 질문에 대하여 <뜰앞의 잣나무>라는 답변이 거침없이 이어져서 전혀 장애가 없게 되는 것이다.

그러나 또한번 머리 되돌려 생각해야할 문제는 남는다. 구경(究竟)이란 무엇인가? 구경이란 마음이 갈데까지 가서 다한 상태를 뜻한다. 구경에 이르러서도 공안의 전반부이든 후반부이든간에 언어(言語)같은 물건이 남아있어 어떤 역할을 하리라 오해해서는 안된다. 마음이 다하는 상황에서 무엇이 남겠는가. 이것이 다시 비논리(非論理)의 통과논리가 되는 셈이다.

구경에서 일체(一切)는, 일체라고 해봤자 마음에 지나지 않지만, 일체는 적멸(寂滅)한다. 적멸하기에 모든 것이 털끝만큼의 저항도 받지 않고 구경을 통과하게 되는 것이다. 예를 들자면,

"조사서래의(祖師西來意)?"

라는 질문이 구경(究竟)으로 들어가는 것을 보았는데 나올 때 보니까,

"뜰앞의 잣나무."

라는 물건이 구경(究竟)에서부터 거침없이 튀어나오는 것이다. 전혀 거리낌없이. 그 어떤 종류의 물건이라도 삼켜서 그 어떤 다른 종류의 물건으로 뒤바꾸어 내보내도 전혀 거침없는 존재(?) 아닌 존재가 바로 구경지(究竟地)야.

7. 마음이 끊어지면서 공안은 이어진다.

정리해보자. 논리적으로 도저히 이어질 수 없는 관계의 공안의 전반부와 후반부. 그러므로 아득히 끊어져 함몰하는 공안 전반부와 후반부의 사이 즉 공안의 허리. 끊어져 함몰하는 공안의 허리는 마음의 구경에 이르러 도리어 이어진다. 이어지면서 공안은 언어로서의 기능과 일생을 마친다. 언어로서의 일생을 마치면서 문득 이(理)로서 화현(化現)한다.

끊어지는듯 도리어 이어져서 이(理)로서 화현(化現)하는 공안의 허리를 쇠발우의 청수(淸水)속으로 떨어지는 바늘에 나는 비유하였다. 이 이(理)가 마음을 끊어면서 도리어 이어지는 '공안의 함몰하는 허리'였던 것이다. 그렇다. 마음이 끊어지면서 공안은 이어진다.

이어질 가능성이 없어 보이던 공안의 전반부(前半部)와 후반부(後半部)가 구경(究竟)에서 만나 이어지니 이것은 곧 공안이 풀린 것을 의미함이다. 불멸(不滅)의 수수께끼로서의 공안이 이어지고 풀리면서 구경이 드러나니 이것은 끊어지는 마음이 환화(幻化)로 떨어짐을 의미함이라.

9. 지장보살(地藏菩薩)께서 애절하게 눈물을 흘리시며

그때 생각으로 추측할 수도 없고 헤아릴 수도 없고 말로 다 할 수도 없는 백천만억 무량아승지 세계에서 몸을 나타내시다가 도리천궁(忉利天宮)으로 모이신 지장보살의 분신(分身)들이 한몸을 이루셨다. 한 몸을 이루신 지장보살께서 애절한 마음으로 눈물을 흘리시며 서가여래께 아뢰었다.

"세존이시여, 제가 아득하고 머나먼 겁(구원겁久遠劫)으로부터 여래(如來)의 인도를 받아 가히 생각할 수도 없는 신통력과 대지혜를 갖추었사옵니다.

저는 저의 분신(分身)으로 하여금 갠지스강의 모래알같이 많은 세계마다 무량무수한 몸을 나타내어 무량무수한 중생을 제도하고 삼보(三寶)에 귀의하게 하여 영원히 생사(生死)의 고통을 여의고 열반의 기쁨에 이르도록 하겠나이다.

그리고 여래께서 가르치신대로 생활하되 털끝 하나만큼, 물방울 하나만큼, 모래알 하나만큼, 티끌 하나만큼이라도 착한 일을 하게되면 제가 점차 교화하고 제도하여 큰 이익을 얻도록 하겠나이다.

세존이시여, 오직 바라옵건대 후세(後世)에 악업(惡業)을 저지를 중생에 대해서는 염려를 마시옵소서. 염려를 마시옵소서."

10. 초점형(焦點形)공안과 응집형(凝集形)공안

　무문혜개의 저서(著書)인 무문관(無門關)은 화두선(話頭禪) 제일의 지침서(指針書)가 분명하다. 화두선에 입문하는 학인(學人)이라면 마땅히 잡아야 할 청옥(靑玉)같은 공안을 많이도 실었다.
　이론적으로 그다지 매끄러웠다고 할 수는 없었으나, 나는 첫번째 저서(著書)인 '화두융합과 초점'에서 공안의 분류를 시도한 적이 있다. 지금에와서 본격적인 공안의 재분류(再分類) 작업에 손대려는 바는 아니지만 우선 이것 하나는 대충 살펴보고 넘어가야 하지 않겠나 싶어서 밝힌다. 이렇게도 볼 수 있으리라. 들어보라.
　무문관을 예로 들어볼 때, 이런 시각(視覺)에서 바라보는 공안의 이분(二分)도 가능하리라는 의도를 설하리라.

　1. 초점형(焦點形)공안
　제1칙 조주구자(趙州狗子), 제11칙 주감암주(州勘庵主), 제13칙 덕산탁발(德山托鉢), 제18칙 동산삼근(洞山三斤), 제21칙 운문시궐(雲門屎橛), 제26칙 이승권렴(二僧卷簾), 제35칙 청녀이혼(倩女離魂), 제37칙 정전백수(庭前柏樹), 제43칙 수산죽비(首山竹篦), 제44칙 파초주장(芭蕉拄杖), 등등.

　2. 응집형(凝集形)공안

10. 초점형(焦點形)공안과 응집형(凝集形)공안   73

  제4칙 호자무수(胡子無鬚), 제8칙 해중조차(奚仲造車), 제16칙 종성칠조(鐘聲七條), 제20칙 대력량인(大力量人), 제38칙 우과창령(牛過窓櫺), 등.

  이와같이 대충 뽑아보았다. 세설(細說)하리라.

11. 초점형(焦點形)공안 약설(略說)

1. 초점형공안과 그네놀이.

화두의 허리를 나는 화두지요(話頭之腰)라고 부른다. 초점형 공안은 화두지요가 섬약(纖弱)하면서도 참으로 날카롭다. 화두지요가 아주 깨끗하여 참으로 인상적이다. 심요(心要)를 찌르고도 남음이 있다.

하지만 유의해야 할 사항도 있다. 화두지요가 섬약(纖弱)한만큼 화두의 양쪽 날개인 융합익(融合翼)이 화두지요를 따라서 빨려들어가는데 어려움을 느끼는 일이 있지 않겠느냐는 문제다.

화두의 허리를 중심으로 해서 바라볼 때, 화두의 양쪽 날개인 전반부(前半部)의 말씀과 후반부(後半部)의 말씀이 의식(意識)에 걸린채로 삐걱거리며 화두지요를 따라서 빨려들어가기를 거부할 수도 있다는 의미다. 실제로 초점형공안은 이런 문제의 가능성을 안고 있다. 화두지요(話頭之腰)에 대한 학인(學人)의 인식이 대체로 철저하지 못하기 때문이다.

화두지요의 의미를 알아차렸다 해도 철저하지 못하게끔 되어 있는 까닭에 화두지요가 심요(心要)까지 일거에 꿰뚫기는 사실상 어렵고, 화두지요가 심요를 꿰지 못하고 무의식(無意識)쯤의 깊이에 어중간하게 박혀있는 까닭에 의식(意識)에 걸려있는 융합익(融合翼)이 화두지요에 빨려들기는커녕 도리어 화두지요를 뽑아올리는 역(逆)작용을 일으킨다.

11. 초점형(焦點形)공안 약설(略說)

 이는 마치 그네를 타는 사람이 허공(虛空)속으로 확 빨려들어가지 못하고 그네줄에 걸린채로 앞뒤로 왔다갔다하기만 하는 형국(形局)과 비슷하다. 여기에서 그네를 타는 사람을 화두지요(話頭之腰)에 비유한다면 사람을 실은채로 잡아당기는 그네줄은 화두지요를 중심으로 한 공안 전반부와 후반부의 말씀에 비유된다.

 이를테면 그네줄은 그네줄 위에 실린 사람을 잡아당김으로써 허공(虛空)속으로 빨려들어가는 일을 적극적으로 방해한다고도 볼 수 있다. 여기에서 허공(虛空)은 심요(心要)요, 구경(究竟)이다. 어째서 이런 일이 일어날까? 전술(前述)한대로 화두지요에 대한 학인(學人)의 인식이 제대로 자리잡지 못한 데 그 이유가 존재한다.

 화두지요에 대한 인식이 극도로 날카롭게 다듬어지기까지는, 표층심리에 걸려있는 화두의 양쪽 융합익(融合翼)인 전반부와 후반부의 말씀이 심요(心要)를 지향(志向)하고 심요에 꽂히려는 화두지요를 자꾸만 표층심리(表層心理) 즉 의식(意識)쪽으로 잡아당겨올리고 뽑아내려는 역(逆)작용을 그치지 않는다.

 그러므로 초점형공안의 화두지요에 대한 인식이 제대로 되었다 하더라도 화두지요를 중심으로 한 전반부와 후반부의 말씀을 의식적(意識的)으로라도 구경(究竟)으로 향하는 화두지요(話頭之腰)쪽으로 밀어넣는 작업을 아주 간절하게 병행해야 함이 옳다. 이 부분의 해설을 명심하라. 화두의 융합익(融合翼)을 화두지요(話頭之腰)쪽으로 억지로라도 구겨넣고 꾸겨넣어라는 말이다. 이러한 심리현상을 이름하여 화두융합이라 칭한다.

 만일 내 말에 귀기울이지 않고 멋대로 해보아라. 그러면 화두는 언제나 의식(意識)의 영역을 맴돌고 의식(意識)의 영역을 벗어나지 못하는, 계속 미끄러지기만 하는 한낱 '참기름'참선을 면하지 못하게끔 되어있다. 만일 화두가 머리속에만 머문다면, 의식(意識)의 영역을 벗어나지 못한다면 천년(千年) 만년(萬年)을 해본들 헛수고를 못면한다. 이 어찌 두려운 일이 아니리오!

2. 초점형공안을 찾아서.

[1]. 제1칙 조주구자
구자무불성(狗子無佛性)은 선문(禪門)의 얼굴인듯 행세해온 터라, 이를 먼저 다룬다.
<있는가?>라는 질문의 꼬리가 <없다>에 의하여 잘리면서 화두지요가 형성되고, 이 화두지요가 심요(心要)를 향한다. 심요를 향하여 함몰하는 화두지요(話頭之腰)쪽으로 <있는가?>와 <없다>를 함께 밀어넣어 흔적을 남기지 않는다.

[2]. 제11칙 주감암주
어떤 암자(庵子)를 지나가면서 암주(庵主)를 부르는 조주. 암자에 앉은채 삐쭘히 문(門)열어 내다보며 주먹(拳)만 들어보이는 암주(庵主). 이에 조주는 평하였다.
"틀렸다."
또 어떤 암자를 지나면서 조주는 암주를 불렀다. 암주는 암자에 앉은채로 삐쭘히 문열어 내다보며 주먹 하나 들어보였다. 이에 조주가 평하였다.
"옳다."
제11칙 주감암주에서 <틀렸다>의 꼬리를 뒤이어 나타난 <옳다>가 잘라버린다. 여기가 명명백백한 화두지요다. 심요(心要)를 지향하는 화두지요(話頭之腰)쪽으로 화두지요 앞뒤의 이야기를 밀어넣는다.

[3]. 제13칙 덕산탁발

 덕산탁발의 화두지요는 암두전활이 그 입술을 덕산선감의 귓전에 대고 속삭이는 부분이다. 이때 주의해야 할 것이 있다.

 "암두전활이 무슨 이야기를 했을까?"

하는 방식으로 의문을 불러일으켜서는 절대로 안된다는 점이다. 덕산탁발의 화두지요는 절대로 그런 성질의 것이 아니다. 그럼 어떤 것인가? 이런 것이다.

 <---암두전활이 그 입술을 / 덕산선감의 귀에 대고--->

 앞의 문장에서 끊어지는 가운데 부분 즉 < / >이 화두지요(話頭之腰)인데, 이는 "암두전활이 무슨 이야기를 했을까?"라는 문장 전체가 응결(凝結)된 것이라고 생각하는 사람도 있으리라. 그런 생각이 틀렸다기보다도 생각을 그런식으로 하게되면 속도(速度)가 떨어지고, 속도에 떨어져서, 속도를 따라잡지 못하고, 속도를 극복하지 못하게 된다. 그 결과 화두지요를 못보고 놓친다는 뜻이다.

 화두지요는 언어(言語)나 언어가 연결된 문장(文章) 따위의 응결체(凝結體)가 아니다. 화두지요는 구경(究竟)이다. 화두지요는 면도날로 자른듯이 예리한 것으로 알아차려도 오히려 이해(理解)의 속도가 늦다. 따라서 화두지요를 못보고 놓치는 형편에 하물며 언어나 문장이 엉겨든 물건(?) 따위로 알아본대서야 어느 세월에 화두지요를 잡겠는가?

 "암두전활이 그 입술을"

하는, 기술(記述)이 완료되는 시점(時點)에서 호흡이 탁 막힐듯해야 한다. 왜인가? 바로 이곳이 신랄한 화두지요(話頭之腰)이기 때문이다.

 "덕산선감의 귀에 대고---"

라는 부분으로 넘어가면 이미 화두지요는 놓친 셈이다.

자, 화두지요를 파악했다면 화두지요 전후(前後)에 늘어선 쓰레기같은 나머지 이야기 따위는 단번에 화두지요(話頭之腰)쪽으로 쓸어넣어 처리한다. 그러나 화두지규만 정확하게 꿰뚫으면 굳이 화두지규 쪽으로 쓸어넣지 않아도 저절로 소멸하는 부질없는 물건이 화두의 전반부와 후반부다.

[4]. 제18칙 동산삼근
누가 동산수초에게 불법(佛法)이 무어냐고 물었더니, 동산수초가 답하기를 "마삼근"이라 했다더라. 이치는 이렇다.
"불법이 무엇입니까? / 마삼근."
화두지요는 < / >부분이다. 따라서 화두지요(話頭之腰)인 < / >부분으로 "불법이 무엇입니까?"와 "마삼근"을 한참에 쓸어넣어 함몰시키면 그만이다. 함몰까지 시키지는 않아도 그만이다. 화두지규인 < / >만 정확하게 꿰뚫어보면 그로써 그만이다.

[5]. 제21칙 운문시궐
누가 운문문언에게 부처란 무어냐고 물었더니, 운문문언이 '마른 똥막대기'라고 답했다 한다.
"무엇이 부처입니까? / 마른 똥막대기."
화두지요는 < / >부분이다. 따라서 '무엇이 부처냐?'는 질문과 '마른 똥막대기'는 함몰하는 화두지요(話頭之腰)인 < / >쪽으로 구겨넣으면 그만이다. 구겨넣든 말든 화두지규인 < / >만 획득해도 그만이다.

[6]. 제26칙 이승권렴
청량국사(淸涼國師) 법안문익(法眼文益)이 방문(房門)에 걸린

발(렴簾)을 손으로 가리키니 두명의 제자가 동시에 일어나 발을 말아올렸다. 이에 청량국사가 말했다.

"하나는 옳고 / 하나는 틀렸다."

화두지요는 물론 < / >부분이다. < / >인 화두지요 앞뒤로 늘 어선 '하나는 옳고'와 '하나는 틀렸다' 따위의 말씀은 화두지요(話頭之腰)쪽으로 함몰시킨다.

아니다. 함몰까지는 시키지 않아도 그만이다. 화두지요인 < / >만 정밀하게 보면 그로써 그만이다.

[7]. 제35칙 청녀이혼

전등신화에 나오는 이야기다. 긴 내용은 생략한다.

<촉나라에서 돌아온 청녀>와 <고향에 머물렀던 청녀>가 만나자마자 한몸을 이루는데, 여기에서 규(竅)는 <촉나라에서 돌아온 청녀>와 <고향에 머물렀던 청녀>가 만나서 한몸을 이루기 직전(直前)의 찰나(刹那)다. 서로 만나서 한 몸을 이루려는 찰나에 <촉나라에서 돌아온 청녀>와 <고향에 머물렀던 청녀>의 사이가 비틀려져 예리하게 끊어지면서 규(竅)는 출몰(出沒)을 완료하고 동시에 식심(識心)을 도려낸다.

그 '찰나'를 비틀어 끊어지는 순간으로 생각하면 규(竅)가 열리면서 닫히는 셈이다. 규만 정밀하게 살피면 나머지 말씀은 저절로 규(竅) 속으로 흡수되어 소멸하게끔 되어있다. 제35칙 청녀이혼도 화두지요가 꽤나 깨끗한 공안이다.

[8]. 제37칙 정전백수

이 책에서도 여러번 언급되는 공안이다.

누가 조주에게 무엇이 조사서래의(祖師西來意)냐고 물었더니, 조주는 뜰앞의 잣나무라고만 답했다.

"어떤 것이 조사서래의(祖師西來意)입니까? / 뜰앞의 잣나무."

규(竅)는 < / >부분에서 출몰한다. 따라서 "무엇이 조사서래의입니까?"와 "뜰앞의 잣나무"는 < / >속으로 함몰시킨다. 함몰시키지 않아도 저절로 소멸된다. 함몰까지는 시키지 않아도 그만이다. 화두지요인 < / >만 정확하게 보면 그로써 그만이다.

[9]. 제43칙 수산죽비
수산성념이 죽비(竹篦)를 들고 말하기를,
"이것을 죽비라 부르면 집착이요 / 죽비라고 안부르면 반칙이다."

규(竅)는 < / >부분이다. 규(竅) 전후(前後)의 말씀을 화두의 규쪽으로 쓸어넣는 절차는 다른 공안과 동일하다. 쓸어넣지 않아도 저절로 소멸한다.

[10]. 제44칙 파초주장
파초혜청이 제자들에게 일렀다.
"너희에게 주장자가 있으면 내가 너희에게 주장자를 주고, 너희에게 주장자가 없으면 / 내가 너희의 주장자를 빼앗으리라."
다시 풀어본다.
"너에게 주장자가 없으면 / 내가 너의 주장자를 빼앗으리라."

화두지요인 < / >부분을 중심으로 해서 전반부와 후반부의 말씀이 격렬하게 비틀렸다. 어쨋든 화두지요(話頭之腰)쪽으로 "너에게 주장자가 없으면"과 "내가 너의 주장자를 빼앗으리라"는 말씀을 함몰시킨다. 물론 화두지규만 꿰뚫어보고 화두지규만 획득한다면야 함몰까지 시키지는 않아도 저절로 소멸의 운명을 밟는 전반부와 후반부의 말씀이라고 이미 밝히기는 밝혔다.

12. 응집형(凝集形)공안 약설(略說)

1. 응집형공안과 강철같은 탄성(彈性).

응집형(凝集形)공안이란 초점형(焦點形)공안과 마주세워볼 필요에서 설정되었다. 초점형공안의 허리끊어짐 즉 화두지요(話頭之腰)가 참으로 또렸하다고 여겨지는 반면에 응집형(凝集形)공안은 도리어 그 허리가 강철(鋼鐵)인듯 강렬하게 느껴져서 도저히 끊어보리라는 염두(念頭)조차 일어나지 않는다.

사실이 그렇다. 예컨데 제4칙 호자무수(胡子無鬚)를 보자.

"서천의 호자가 어째서 수염이 없느냐?"

서천(西天)은 인도(印度)를 가리킴이요, 호자는 수염텁석부리 달마스님을 가리킨다.

"저 수염텁석부리가 / 어째서 / 수염이 없느냐?"

표현을 바꾸면 이 정도의 의미를 지닌 공안이 되겠다.

여기에서 공안의 허리에 해당되는 <어째서>라는 언어는 강철(鋼鐵)같은 강도(強度)와 탄력성(彈力性)을 지닌채 이율배반(二律背反)의 "저 수염텁석부리가"와 "수염이 없느냐?"를 사정없이 비틀어댄다. 비틀어대면서 <저 수염텁석부리가>와 <수염이 없느냐?>를 한입에 쩌억 빨아들인다. 빨아들이면서 구경(究竟)에 꽂힌다. 이와같은 해설이 가능하다. 물어보자. 그야말로 어째서 이런 일이 가능한가?

그것은 이런 원리로 인하여 가능해진다. <어째서>라는 언어는 자의식(自意識)이라는 자기봉쇄체(自己封鎖體)요, 자기탈출

불가체(自己脫出不可體)에서 저절로 우러나오고 저절로 터져나오는 자기정의(自己定義)의 원시적(原始的) 표현방식이라는 나의 생각이다. 따지고보면 그렇다. <어째서?>라는 언어만큼 자의식(自意識)이라는 해괴한 존재의 불가사의를 그럴듯하게 상징하는 언어가 또 있을 수 있을까?

이러한 연유로 나는 <어째서>라는 언어에 블랙홀적인 정의(定義)를 부여했다. 예컨데 제4칙 호자무수에서 <어째서>라는 언어는 <어째서>의 좌우(左右)에 늘어선 '서천의 호자는'과 '수염이 없느냐?'를 단숨에 쩌억 빨아들이는 동시에 <어째서>라는 언어 자체도 무시무시한 속도로 쩌억 쪼그라진다고. 쪼그라져서 식(識)의 구경(究竟)에 박히고 식(識)의 구경을 가리킨다고.

하지만 초점형공안은 어떠했던가? 초점형공안은 그 <허리끊어짐>이 결코 허리끊어짐이 아니어서 마침내는 도리어 단절융합체(斷切融合體)를 이룬다 하였다. 단절융합(斷切融合)이란 단절(斷切)이 문자(文字) 그대로 단절이 아니요, 결국에는 융합(融合)의 뜻으로 돌아가는 까닭에, 그리고 융합의 범주를 벗어나지 못하는 단절인 까닭에 단절융합체(斷切融合體)라는 묘(妙)한 이름을 나는 부여했다. 초점형공안에서의 화두지요는 단절로서 끝나는 것이 아니요, 단절이 궁극에 이르러 융합체(融合體)를 이루고만다는 뜻이다.

한편, 응집형공안도 그런 의미에서는 마찬가지 이치의 길을 밟는다. 응집형공안에서 강철인듯 강렬한 허리가 얼핏 생각하기에 융합체(融合體)로서 끝날듯하겠지만 사실은 그렇지 못해서 탈이라면 탈이다. 왜인가? 융합이 궁극으로 치달으면 이윽고는 단절이기 때문이다. 환언하자면 융합단절체(融合斷切體)를 이루고만다는 뜻이다.

단절이 궁극으로 치달으면 이윽고 융합이요, 융합이 궁극으로 치달으면 이윽고 단절이다. 그러므로 화두에서는 단절이 곧 융합이요, 융합이 곧 단절이다.

2. 단절융합체와 융합단절체

이상의 해설에서 초점형(焦點形)공안에서는 단절융합체(斷切融合體)를 얻고, 응집형(凝集形)공안에서는 융합단절체(融合斷切體)를 얻는다는 결론이 도출된다. 그렇기는 하지만 같은 성질의 화두지요를 각각 다른 방향에서 바라본다는 것이므로 관점(觀點)의 차이가 결론에서 충분히 극복된다.

화두지요(話頭之腰) = 단절융합체 = 융합단절체.

이것이 결론이다. 다시 물어보자, 이것이 무슨 말인가? 화두지요에 해당하는 공안의 허리를 단절(斷切)로만 알아본다면, 이는 곧 화두없는 무기공(無記空)에 떨어지는 것이다. 더불어, 공안의 허리를 융합체(融合體)로만 알아본다면, 이는 곧 화두의 허리끊어짐(화두지요)를 획득하지 못했음을 의미한다. 규(竅)는 단절이요 융합이며, 융합이요 단절의 성질을 동시에 갖춘 물건(?)이라는 정의설정(定義設定)도 가능하다.

그렇기는 해도 학인(學人)이 단절로만 알아보아 화두없는 무기공에 떨어지는 경우를 예방하기 위하여 단절은 단절이로되 융합의 범주를 벗어나지 못하는 단절로 정의한다. 사실이 또한 그러하다.

3. 남십자성(南十字星)화두와 표면장력(表面張力)공안

응집형(凝集形)공안은 내가 졸저(拙著) '무문관의 새로운 해설'에서 일명(一名) 표면장력공안으로 거듭거듭 그 이치를 밝힌 바 있는 일군(一群)의 공안을 일컫는다. 또한 졸저(拙著) '화두융합과 초점'에서는 무문관에 등장하는 5개 가운데서 3개를 들어보이며 남십자성(南十字星)공안이라 일컬었던 선례(先例)가 있다.

　응집형공안의 풍미(風味)는 참으로 독특한 까닭에 인간이 소유한 어떤 수수께끼도 이 일군(一群)의 공안과 비교되면 무색해진다. 아주 무색해지는데, 이유는 공안의 중앙에 끼어든 해괴할 정도로 특이한 <어째서=왜>라는 언어(言語)존재 때문이다.

4. 응집형공안 약설(略說)

[1]. 제4칙 호자무수
혹암사체가 말하였다.
"서천의 호자는 / 어째서 / 수염이 없느냐?"

[2]. 제8칙 해중조차
월암선과가 말하였다.
"수레 만들기를 수백대나 한 해중(奚仲)이 / 어째서 / 저렇게 바퀴를 빼내고 축(軸)까지 빼내는고?"

[3]. 제16칙 종성칠조
운문문언이 말하였다.
"세계가 이리도 광활한데, 종소리 울린다고 / 어째서 / 칠조 가사는 입는고?"

[4]. 제20칙 대역량인
송원숭악이 말하였다.
"대역량인이 / 어째서 / 다리를 들고 일어서지 못하는고?"

[5]. 제38칙 우과창령
오조법연이 말하였다.
"소가 창밖을 지나간다. 머리와 뿔과 네개의 발굽까지 모두 지나갔는데 / 어째서 / 꼬리가 지나가지 못하는고?"

[6]. 화두융합체(話頭融合體)라는 아둔한 물건에 대하여.
이상의 5개 공안은 공안의 전체에 표면장력이 일어나 공안전체를 휩쓸어 응결하되, <어째서>를 중심으로 해서 뭉쳐 공안의 흔적조차 찾을 방법이 묘연해지는 지경이 이르므로, 이를 지칭하여 나는 무문관 5대(五大) 표면장력(表面張力)공안이라 하였다. 특히 제38칙 우과창령의 경우를 보면 대단히 지독하다는 생각이 든다.
<어째서>의 좌우에 늘어선 두 조각의 말씀들이 이어질 수 없는 까닭에 <어째서>를 사이에 두고 서로 몸을 비틀어대며 서로를 거부하고 절대로 함께할 수 없다는 몸짓을 취하는 정경이 첫눈에도 잡힌다.
<어째서>를 사이에 두고 대치한 두 조각의 말씀들은 절대로 나란히 사이좋게 나아갈 수 없다. 역설(逆說)이다. 나란히 나아갈 수 없는 역설(逆說)이므로 반드시 무너지고 융합하게끔 되어있다. 게다가 <어째서>라는 언어(言語)의 맛은 어떠한가? 이 또한 괴물이 아니면 무엇이겠는가? 그래서 사람 환장한다고들 하지 않았던가?
이 <어째서>라는 언어는 자의식(自意識)을 언어로 나타낸다면 이런 음(音)으로 나타날 것이 아닌가? 하고 여겨질 정도로 자의식에 대한 언어적(言語的) 표상(表象) 가운데서 가장 적절한 언어(言語)임에 분명하다. 그래서 그 소리가 "어째서?"인 것이다.

그런데 자의식이란 그 정체(正體)가 자기봉쇄체(自己封鎖體)요, 자기탈출불가체(自己脫出不可體)다. 자기(自己)로부터의 탈출이 절대로 불가능한 불가사의(不可思議) 그 자체다. 이와같이 자의식에 대한 언어적 표상(表象)인 <어째서>가 공안에 뛰어들었는데 그냥 빈둥거리며 지낼듯한가?

자의식의 언어적 표상인 <어째서>는 자의식의 자기봉쇄지향성(自己封鎖志向性)을 유감없이 발휘한다. 유감없이 발휘하여 쩌억 쪼그라진다. 쩌억 쪼그라지면서도 그냥 쩌억 쪼그라지지는 않는다. <어째서>의 좌우에 늘어선 말씀들을 탐식(貪食)한다. 맛있게, 그것도 찰나간에 먹어치우면서 블랙홀인듯 쪼그라진다. 쪼그라지면서 식(識)의 구경(究竟)을 찌른다.

여하튼 이런저런 이유로 인하여 강렬한 의미를 소유한 <어째서>가 공안의 가운데 끼어들어 스스로를 찌그러뜨리는 동시에 공안 전체를 흡수한다. 이때 이런 현상을 융합(融合)으로만 바라볼 것인가? 하는 문제가 올연히 남아서 돌아온다. 돌아와서 어두워가는 섣달의 창유리에 새하얀 성에꽃으로 밤새 피어난다.

만일 융합현상으로만 바라본다면 공안의 이치는 끝내 열리지 않게끔 되어있다. 될듯될듯하면서도 끝내 이치는 안열린다. 화두융합체(話頭融合體)라는 아둔한 물건(?)을 이용하여 심요(心要)를 찌르는 일은 사실상 불가능하다. 내가 내세우는 이론이 이른바 '화두융합론'이 아니던가? 그런데 그 화두융합체인가 뭔가를 가지고는 심요(心要)를 찌르지 못한다니? 이 무슨 청천벽력(靑天霹靂)같은 소린고? 이제와서 말을 바꾸자는 겐가? 하하하. 그건 물론 아니지. 아니고 말고. 그럴리 있나.

화두융합체(話頭融合體)이기는 하지. 한데, 화두단절체(話頭斷切體)는 또 어떤가? 융합이 궁극에 이르면 이가 곧 단절이요,

12. 응집형(凝集形)공안 약설(略說) 87

단절이 궁극에 이르면 이가 곧 융합이다.

　화두융합체가 이윽고는 화두단절체라는 사실을 알아챘다면 그 사람은 반드시 심요(心要)를 얻으리라. 심요란 이(理)다. 그림자같은 존재다. 심요, 즉 식(識)의 구경(究竟)이 이와같은 것일진대 융합체(融合體)와 같은 둔하고 무딘 물건으로 때려맞출 듯한가? 어림없는 바보수작이지. 당치도 않는 수작이고말고.

　그러므로 단절체(斷切體)의 성질을 함께 갖춘 융합체(融合體)만이 아득한 식(識)의 세계를 헤치고 나가 정확히 구경에 도달한다. 아까도 설하지 않았던가? 단절이 궁극에 이르면 이가 곧 융합이요, 융합이 궁극에 이르면 이가 곧 단절에 다름 아니라고.

　화두융합체 = 화두단절체.

　이와같은 성질을 갖춘 <어째서>라는 언어(言語)인 줄 알아야 하리로다. 즉 <어째서>가 그 주위의 말씀들을 먹어치우며 융합하되 융합으로 끝나면 안된다는 말이다.

　제38칙 우과창령 이외의 4개 응집형(凝集形)공안의 응집(융합)이치도 '우과창령'과 똑같아서 조금의 차이점도 없기 때문에 번거로움을 피한다는 의미에서 여기에서는 그 해설을 생략한다.

13. 간절해지는 것은 화두이지 마음이 아니다

'간절한 심정으로 화두를 든다'는 표현의 의미를 살펴보자. '간절하다'는 말의 의미는 화두가 뭉쳐서 심층심리(深層心理)로 파고들되 맹금(猛禽)류의 부리처럼 사뭇 꼬부라지듯이 파고드는 현상을 이름이다. 이를테면 화두가 예리하기 그지없는 물건이 되어 심층심리로 파고들어야 한다는 말이지.

그것이 그렇지를 못하여 억지로 화두를 잡고 애써 애써 의심(疑心)을 일으키려 하는 수준의 공부라면 그런 심리(心理)를 지칭하여 간절하다는 표현을 쓰는 것이 아니다. 그렇게 알면 오해다.

아무리 간절하고 간절한 심정으로 화두를 잡으려 해봐도 화두의 눈(眼)이 또렷해지지 않으면, 화두가 뭉치면서 예리하기 짝이없는 예봉(銳鋒)을 형성하여 심리(心理)속으로 스며들지 않으면 그것은 헛수고에 지나지 않을 뿐더러, 화두의 예리한 예봉없이 심리가 단독(單獨)으로 간절해질 수는 없는 일이다.

'간절하게'라는 표현은 화두가 무너지고 뭉쳐 날카로운 예봉(銳鋒)을 형성하는 경우의 상황을 가리켜보임이요, 화두를 잡는 마음의 상태를 의미하는 바가 아니다. 화두를 잡는 마음이 따로 제아무리 노력하고 애써도 간절해지기는 어려운 노릇이다.

물론 마음의 입장에서는 지극정성으로 화두를 잡기는 잡아야겠지. 화두를 잡기는 잡아야겠으나 화두선에서 애용(愛用)하는 용어로서의 '간절하다'는 어구(語句)는 화두쪽의 일이다. 화두의 규(竅)가 정월 어느날 새벽의 서릿발인듯 쩡쩡하게 일어서는 형편을 이름이요, 누구에게도 하소연해볼 길 없는 심리(心理)쪽의 답답하고도 막막한 상황을 가리킴이 아니라는 지적이다. 마음은 간절해진다기보다도 답답해지거나 막연해지는 법이지. 연인(戀人)이 그리워질 때, 간절해지는 것은 연인(戀人)의 얼굴이나 모습같은 것이지 자기자신의 마음은 아닌 것과 같은 이치다.

덧붙이는 바이지만 심리(心理)란, 마음이란 원체 흐리멍텅하고 멍청한 존재다. 스스로를 뭉치거나 뭉쳐서 예봉(銳鋒)을 형성해본다거나 하는 작업을 성취하는 따위의 일을 감당하기에는 너무나 벅차다. 대체로 누구나 다 그럴 거다. 시간만 나면 꾸벅꾸벅 조는 버릇같은 것 말이지. 이와같이 흐리멍텅하여 못말리는 존재가 심리(心理)야.

그래서 권하는 물건이 화두야. 화두선에서 이 정도라면 어지간한 경지에 이르렀다손 치더라도 화두를 놓아버리면 대번에 퇴전(退轉)하여 수중(手中)에 남아있던 그 알량한 몇푼의 재산(財産)마져 다 날아가버린다는 사실쯤은 누구나 알고있다. 화두를 제법같이 해본 사람은 누구나 알고는 있을 게다.

바로 이런 사실이 증명하는 셈이야. 간절해지거나 혹은 그렇게 간절한 상태를 유지하는 일이 심리(心理)쪽의 몫은 아니라는 사실 말이지. 틈만 나면 꾸벅꾸벅 졸아대는 아둔한 심리는 짐승들쪽의 사정(事情)과 비슷하여 특별히 다른 점이 없다 해도 지나친 말은 아닐 게야. 그러기에 화두를 하라는 게지.

화두를 놓아버리고 조금 세월을 지내보노라면 그때까지 얻은 경계(境界) 혹은 소득(所得) 따위가 그야말로 쥐도 새도 모르게 날아가버린다. 아주 노골적으로 달아나버리고 줄행랑쳐버린다고. 못말리는 친구들인 셈이지.

우물의 물을 퍼낼 때에는 바닥이 완전히 드러날 때까지 퍼내야지, 그렇지를 못하여 중간에 잠시라도 휴식을 취하다보면 어느 사이에 우물의 물은 소리소문없이 불어나 본래 상태로 되돌아간다. 화두가 간절해지는 시절을 만나면 그때부터는 아둔한 심리(心理)에 더욱 더 채찍질을 가하여 휴식을 허락하지 말아야 하리로다.

14. 냄새나는 시체를 껴안고 눕지말라

그대, 일어나라. 냄새나는 시체를 안고 눕지말라.
여러 가지 더러운 물질이 결합된 몸을 일컬어 사람이라 이름하였는데
중병에 걸린 몸에 화살이 박힌 것처럼
모든 고통이 모였으니 어찌 잠을 자고 있겠는가.
사람이 묶이어 이제 죽음을 향하여 끌려가듯이
재앙이 거의 닥쳐와 있나니 어찌 잠잘 수가 있으랴
번뇌라는 도적은 없어지지 않고 재해(災害)는 아직도 제거되지 않아
마치 독사(毒蛇)와 함께 방에서 살고 있는 것과도 같고
또한 흰 칼들이 뒤섞이는 전쟁터에 임한 것과도 같으니
이러한 때에 어찌할 것이며, 그래도 잠을 잘 것인가.
수면(睡眠)은 정신을 몹씨도 어둡게 하고, 보이는 것을 없애나니
매일 사람을 속이고 사람의 깨달음을 빼앗아간다.
따라서 수면은 마음을 덮는다.
이와같이 큰 손실이 있는데 어찌 잠을 자고 있을 것인가.

---천태(天台) 지관좌선법(止觀坐禪法)에서---

15. 화두가 뭉치면 이(理)로 돌아가나니

　　화두는 융합하여 이(理)로 돌아간다. 내가 왜 여러 차례 반복한 이런 구절을 다시 거론하는가? 화두가 뭉쳐서 융합화두 혹은 태극융합체(太極融合體)를 이룬다고 표현은 하건만 끝내 어떤 실체(實體)가 존재하는 것은 결코 아니라는 점을 강조하기 위함이다.

　　화두는 뭉쳐서 분명 태극융합체를 이룬다. 하지만 오로지 알아차려야 하나니, 태극융합체는 이치(理致)에 불과하다는 사실을 말이다. 이(理) 즉 이치에 지나지 않는 까닭에 그러므로 태극(太極)이요, 태극융합체라 일컫나니. 화두가 뭉치면 이것이 곧 이(理)라. 이(理)는 어디까지나 이치(理致)일 따름으로서 무슨 찌꺼기 같은 물건이 남는 것은 결코 아니라는 뜻이다.

　　생각해보라. 마음(識)이라는 물건이 본래 그런 것이 아니던가? 식(識)이라는 물건에 무슨 내용물(內容物)같은 것이 있던가? 식(識)이라는 이 허황한 물건조차 도무지 손에 잡힐만한 것은 없다. 하물며 식(識)이라는 이 허황한 물건이 잡고 참구(參究)하는 화두에 이르렀으랴!

　　하지만 말이다. 식(識)이라는 물건이 몽환(夢幻)이라면 식(識)이 잡고 참구하는 화두는 구경(究竟)이니. 그러므로 몽환의 식(識)이라 하여 화두조차 몽환이라 함부로 지껄이고 가벼히 지껄이는 일이 있어서는 안될지로다. 화두는 구경이기 때문이다. 환화(幻化)의 식(識)이라 칭한다 하여 화두조차 환화의 물건이라 칭하지 말라.
 "영겁에 뻗쳐 어둡지 않는 한가지 사실(事實)이 있다."
 이와같이 천동산(天童山) 굉지정각(宏智正覺)은 말하였노라. 여기에 내가 덧붙여 말한다.
 "화두란 영겁에 뻗쳐 어둡지 않는 한가지 사실이다."
 그렇기는 해도 또 한번 말을 되돌린다. 진공묘유(眞空妙有). 즉 없음은 없음이로되 <묘하게 있음>의 없음이요, 있음은 있음이로되 <묘하게 없음>의 있음이라는 뜻이다. 이런 연유로 정신 차릴 일이 있나니.
 화두융합체 = 태극융합체 = 묘하게 있음의 없음 = 묘하게 없음의 있음 = 이(理).
 아시겠는가?

16. 새까만 머리와 하얀 화두융합체(話頭融合體)

화두를 찾아 아득히 아득히 더듬어가면 더듬어갈수록 그만큼 화두는 까마득하니 멀어진다. 그것은 처음부터 끝까지, 한결같이 제6의식(意識)의 '화두찾기놀이'이기 때문이다. 아이들이 소풍가서 하는 '보물찾기놀이'처럼. 아이들은 '보물'을 찾아내지만, 의식은 몇십년을 찾아도 '화두찾기놀이'에서 성공하지 못하나니. 의식을 가지고, 의식을 사용하여 화두를 짓거나 화두를 찾기 때문이다.

잡힐듯 잡힐듯 하면서도, (사실은 잡힐듯하다는 '생각'에 불과하지만), 화두융합체(話頭融合體)는 잡히지 않는다. 화두융합체는 이(理)로서 실체가 없기 때문이다. 식(識)의 강(江)을 건너간 화두융합체는 이미 구경(究竟)이기 때문이다. 구경이란 식(識)이 끝나는 지점(地點)에서 출현하나니. 그러므로 식(識)의 입장에서는 그 확인이 안되는 기묘한 경지(境地)다.

알아차릴지로다. 새까만 머리를 굴려 <하얀 머리>를 찾으려 해서는 안된다는 사실을. 새까만 의식(意識)과 무의식을 굴려 <하얀 화두융합체>를 찾으려 해서는 안된다는 사실을. 화두융합체는 이미 구경이기 때문이다. 마음이 다할 때에야 슬슬 얼굴 내미는 구경(究竟)으로서의 화두를 마음이 무슨 재주로 잡아볼꺼냐.

"화두는 없다. 그와같이 화두는 있다."

이런 해설이 어떤가? 생각하라. 제아무리 마음을 깊이 쓴다 하더라도 그것 역시 마음이다. 마음을 가지고 마음이 다하는 곳을 잡아내기나 할듯한가? 불가(不可)하다. 안된다는 말이다. 이와같이 구경(究竟)으로서의 화두를 찾아야 할지로다.

17. 시작되는 찰나에 끊어버린다

"화두는 없다. 그와같이 화두는 있다."
　한개의 공안을 해결하고나면 1700공안이 일시에 격파된다. 어째서인가? 화두는 없고, 그와같이 존재하는 화두는 1700이라는 불멸(不滅)의 수수께끼가 머리를 들고 나타나는 찰나에 그 머리를 잘라버리기 때문이요, 그 머리가 잘려나가기 때문이다.

　눈덮인 겨울 나무숲.
　겨울 나무숲 위로 아득하니 떠올라 가물거리는 한점의 방패연(防牌鳶).
　아차! 하는 사이에 팽팽하니 당겨진 연실이
　문득 끊어지며 연(鳶)은 떨어지고
　연실이 끊어진 연(鳶)은 그 머리를 좌우(左右)로 간들거리며
　겨울 창공(蒼空) 너머로 멀리 멀리 사라져갔나니.

　구경(究竟)으로 확인되고 구경으로 서릿발인듯 찬란하게 살아서 일어서는 화두의 규(竅)가 1700공안의 머리를 일거(一擧)에 잘라버리나니. 그 잘려나가는 1700공안의 신세나 형상을 어디에다 비유하여 묘사할 수 있을까? 글쎄, 굳이 어디에다 비유를 하자면 겨울창공 너머로 가물거리며 떨어져간 방패연(防牌鳶)과 같은 성질의 물건이라고나 할 수 있을지 몰라.
　1700공안이 수수께끼로서 작용할 찰나적인 여유도 주지 않

고 잘라버린다는 뜻이다. 1700공안에 나타나는 말씀 말씀이 낱낱이 적멸(寂滅)한다고 표현하는 이유가 여기에 있다.

18. 구자무불성(狗子無佛性), 그 단절(斷切)의 이치는 어디로 돌아가는가?

1. 태고보우의 말씀에 이런 글귀가 남아있다.

"점점 더 오매일여(寤寐一如)의 경지(境地)로 들어가더라도 끝까지 화두를 추적하여 놓치지 말라."

화두의 본질을 꿰뚫어본 태고보우의 말씀으로서 화두를 하는 사람이라면 반드시 가슴에 새겨두어야 할 명언이다.

2. 무문관 제1칙 조주구자(趙州狗子) 즉 구자무불성(狗子無佛性)공안이 던지는 상징(象徵)이 있다면 무엇일까? 설하고 또 설해온 바와 같이 <있는가?>라는 질문을 <없다>로써 잘라버렸을 때 출현하는 단절(斷切)현상 곧 끊어짐현상이다. 이 단절현상은 무문관 제1칙 조주구자 공안으로 전해오는 이야기의 이치로서 아무도 부인하지 못하게끔 되어있다.

이 단절의 이치는 무문관(無門關)이라는 참선(參禪)을 위한 제일의 지침서(指針書) 속에 천년(千年) 이상을 숨어 지내왔음에도 불구하고 그 진의(眞義)를 규명하되 속시원히 규명한 명안지사(明眼之士)는 아무도 없었다. 이 정도면 나의 풍(風)이 좀 지나쳤나? 좀 과했던가? 마땅히 알라(이것도 또한 풍風인가?).

구자무불성(狗子無佛性)과 마주보며 대치(對峙)하며 원체 알 수 없는 기괴한 이야기라고, 기괴한 이야기에 분명하다고 깊고

18. 구자무불성, 그 단절의 이치는 어디로 돌아가는가? 99

 수심어린 생각에 잠기는 학인(學人)이라면 구자무불성이 던지는 하나의 상징으로서의 단절의 이치가 과연 어디로 돌아가는가를 똑똑히 인식하지 않으면 안된다.
 말하라. 구자무불성이 막바로 그대 면전(面前)에다 대고 내던진, 그대 코앞에다 대고 내팽개친 하나의 상징으로서의 단절의 이치는 어디로 돌아가고 있는가를. 하나의 상징으로서 역력히 작용하면서 구자무불성이 내비치는 단절의 이치.

 3. 그 단절의 이치를 명명백백하게 인식하게 될 때에야 비로소 단절이란 과연 무엇인가? 하는 관념적(觀念的)인 문제가 거세게 방향타(方向舵)를 역회전(逆回轉)시켜 뿌리없이 공허한 자의식(自意識)쪽으로 옮겨간다.
 이것은 소위 관념적이기만 했던 문제의식(問題意識)의 역전(逆轉)현상이다. 왜인가? 단절이 무엇인가 하는 문제를 붙잡아 골똘히 생각하다가 도리어 자기자신의 목숨뿌리를 내놓게 되는 진짜 단절을 획득하게 되나니 그것이 문제의식의 역전(逆轉)이요 전이(轉移)가 아니면 무엇인가?
 존재로서의 자의식(自意識)의 뿌리는 뿌리없음이다. 공허하기 이를데 없지. 이 공허하기 그지없는 자의식이라는 자기존재인식(自己存在認識)에 철두철미하여 100퍼센트 목표달성을 위해서는. 그러기 위해서는 단절의 이치를 들어보이다가 학인(學人)의 심근(心根)을 진짜로 단절해버리는 구자무불성(狗子無佛性) 같은 이야기에 심각하게 달라붙는 것이 상책(上策) 중에서도 상책이다.
 <있는가?>를 <없다>로써 잘라버린다는 공허한 먼 세상 이야기같은 이야기를 접하고, 지금껏 지어온 업(業)이 제각각 다르기에 사람에 따라서는 빠르고 더딘 차이야 있겠지만, 시선(視

線)의 방향이 자의식(自意識)쪽으로 옮겨가면서 자의식의 뿌리를 냉큼 잘라버린다는 이야기다.

4. 여기에도 망각해서는 안되는 유의사항이 있다. 상징으로 작용하는 구자무불성의 이치는 뿌리없는 자의식(自意識)과 뗄래야 뗄 수 없는 불가분(不可分)의 관계로 맺어져 있다는 점이다. 이 무슨 말인고 하면, 상징으로 작용한다 하여 구자무불성(狗子無佛性)의 이치는 내던져버리거나 아예 무시하고 되돌아서서 자기존재(자의식)의 확인작업에 몰입(沒入)한다는 의미는 아니라는 뜻이다.

만일 구자무불성(狗子無佛性) 이야기는 내던져버리고 자의식(自意識)의 뿌리없음 혹은 <뿌리 끊어져 있음>을 목격하려는 시도를 자행한다면 이른바 <화두없음>의 무기공(無記空)으로 추락할뿐만 아니라 자의식(自意識)의 <뿌리 끊어져 있음>을 목격하려는 의도(意圖)조차도 여의치 못하여 시들시들해진다.

화두를 놓아버리면 공부가 반드시 퇴전(退轉)의 절차를 밟게 된다는 뜻이다. 화두를 내던지면 그 즉시 공부는 퇴전한다. 반드시 그렇게 되도록 되어 있다. 그러기에 화두는 무서운 것이다. 앞에서 무어라고 속삭였던가? 점점 오매일여의 경지로 접어들었다 하더라도 화두는 절대로 놓치지 말라고 당부한 태고보우의 말씀이 그것이다.

제아무리 공부가 깊다 하더라도 화두(話頭)가 없는 공부는 알맹이 빠진 껍질이다. 그렇게 봐도 무방하다. 화두를 모르고, 화두에 관심이 없고, 화두를 해결하지 못한 사람의 수행을 수행이라고 부를 수는 없으렸다.

5. 뿐만아니라, 화두를 해도 목숨뿌리 끊어진 다음에까지

또렷또렷하지 않으면 안되는 존재가 화두의 규(竅)다. 아니다. 방금 뇌까린 나의 말에 어폐(語弊)가 있어 수정한다. 목숨뿌리 끊어진 다음에까지가 아니다. 목숨뿌리 끊어지는 순간부터, 목숨뿌리 끊어진 다음에야 비로소 청천백일(靑天白日)인듯 깨끗해지는 화두의 규(竅)라고 말해야 정확한 것이 된다. 이것이 안되면 그것은 진짜가 아니다.

구자무불성이 또렷또렷하게 들어보이는 <끊어냄의 이치>와 함께하는 동안에 <단절의 이치>야말로 <자기자신의 목숨뿌리 단절>이라는 사실을 통감하는 사람으로서 화두의 규(竅)없는 무기공(無記空)에 떨어질래야 떨어질 재주가 없으리라. 구자무불성화(狗子無佛性話)의 규는 목숨뿌리 단절 그 자체이기 때문이다.

6. 그러므로 또한 다음 사실에도 마땅히 눈밝아야 한다. 화두의 규(竅)는 이(理) 즉 이치(理致)인 까닭에, 화두공부를 한다고 하여 화두의 찌꺼기같은 것을 마음속에 심어둔다거나 새겨둔다거나 하는 짓거리가 아님도 명심하라는 말이다.

마음이란 본래 그런 것이라고 말했다. 어떤 일을 마음속에 새겨둔채로 보존하는 일은 처음부터 불가능하다. 아무리 애써서 화두를 마음속에 보관하려 해봐도 뜻대로 되던가? 안된다. 잠깐 졸기만 해도 화두는 천리만리 날아가버린다. 졸기는커녕 한눈만 팔아도 대번에 화두는 사라진다.

의식(意識)은 찰나생(刹那生)하고 찰나멸(刹那滅)하는 존재다. 그토록 허망한 존재인 의식에 실리는 화두가 어찌 한 순간인들 지속되며, 한 순간인들 마음 편히 머물 수 있으리오. 찰나멸(刹那滅)하는 의식과 더불어 운명을 같이 할 수 밖에 다른 방법이 있겠는가? 의식에 실리는 화두는 눈깜박이는 동안에도 줄행랑

친다.

7. 화두의 규(竅)는 구경(究竟)이다. 화두의 규는 구경(究竟)만을 가리켜보인다. 그러기에 화두는 다시금 구경이라 칭한다. 이 이야기도 벌써 몇번인가 중얼거렸지. 규(竅)는 마음이 다한 다음의 구경이기에 어떤 경우에도 존재(?)한다. 그렇지 않고서야 규가 무슨 재주로 깊이 잠들어도 존재하고 혼수상태(昏睡狀態)에 빠져도 존재할 수 있으리오.

불자(佛子)야! 내가 설하는 바와 같이 정확하게 보아서 화두없는 무기공에 떨어지는 일이 없어야 하리로다. 구자무불성(狗子無佛性)이 수근대는 단절의 이치를 곧 심근(心根)단절의 이치로 알아보아 한치의 오차도 없게 된다면 아무리 화두없는 무기공에 떨어지려고 애쓴다한들 어찌 그 일이 가능하겠는가?

마음뿌리 뽑혔다 해봐도 공안의 이치를 모르면 마음뿌리 뽑힌 것 아니요, 공안의 이치를 알았다 해봐도 마음뿌리 뽑히지 않았다면 공안의 이치를 알아낸 것 또한 아니다. 이와같이 여실히 알아보아야 하리로다.

19. 어디를 끊는다는 것인가?

이 단락을 단락 (18)번과 연결하려다가 그만두고 따로 독립시켰다. 원고를 요약한 시기가 다르고 내용이 유사하기는 하지만 단락 (18)번과 그냥 이어가기에는 글의 어조(語調)가 조금 다르기 때문이다. 이해를 바란다.

1. 무문관 제1칙 조주구자.
어떤 승려가 던진 <있는가?>라는 질문을 받고 조주는 <없다>는 대답으로 끊는다. 끊는데 실제로 끊어지는 것은 화두요(話頭之腰)가 아니라 '조주구자'를 바라보는 학인(學人)의 심층심리(深層心理)라는 기묘한 현상을 재론(再論)한다.
조주구자에서 단절(斷切)의 이치를 설하는데 어째서 엉뚱하게도 조주구자를 바라보는 학인(學人)의 목숨뿌리 끊겨져나가는가? 이 명제(命題)가 바로 지금 내가 해설로서 풀어놓으려는 '어디를 끊는다는 것인가?'라는 제하(題下)의 글이다. 나는 이 신묘(神妙)한 전이현상을 설하리라.

2. <있는가?>라는 질문끝에 <없다>는 대답이 응함으로써 뭔가 끊어졌다는 초기단계의 이해(理解). 이 초기단계의 이해가 분명 체득은 아니다. 무언가 끊어지는 이야기인듯 하기는 하지만 흐릿하고, 그럴듯하다는 수긍이 가기도 한다.
그것이, 그런 이해(理解)가 어쨌다는 것인가? 끊었고 끊어졌다는 이해가 어떠하다는 건가? <있는가?>라는 질문에 <없다>는 대답으로 잘라냈고 잘려나갔다는 이해가 어쨌다는 건가? 하는 방식으로 흐르는 조주구자 공안에 대한 미적지근한 이해(理解). 그런 미적지근한 이해와 그런 미적지근한 이해에 대한 불만을 끈기있게 끌고 나가다보면 세월의 흐름에 따라서 이런 날이 오게끔 되어있다. 그렇다. 모름지기 충고하나니 끈기있게 끌고만 나가면 문(門)열리는 시절이 반드시 온다.

3. 그렇다면 이 [끊는다]거나 [끊어진다]거나 [자른다]거나 [잘려나간다]거나 하는 구절의 진정한 의미가 무엇인가? 그런 의아심(疑訝心)이 머리를 쳐들고 거기에 따라서 조주구자 공안에 대하여 갖게되는 새로운 반성의 시간 말이다. 그때까지 학인(學人)은 [끊는다]거나 하는 표현을 코앞에 두고 심각한 문제의식에 사무쳐본다든가 그래본적이 없었다.

우연찮게 가지게 된 반성의 시간이라는 인연. 그렇다, 인연이다. 조주구자를 새로운 시각(視角)으로 다시금 바라보는 이 인연의 시간은 조주구자를 잡고 고생하는 모든 학인(學人)들이 필수적으로 만나지 않으면 안된다.

4. [끊는다]는 표현을 눈앞에 두고 누구나 단지 [끊는다]는 언어 그 자체만을 삼켰다가 내뱉을 뿐이다.

조주구자의 이치를 설하면서 내가 [끊었고 / 끊어졌다]고 외치더라도, 오랜 세월이 흘러가도 [끊어짐]이라는 언어(言語)에만 매달려 있을 뿐으로서 언어에서부터 떨어져나올 생각은 염두에도 없다. 이른바 언어의 암시기능에 붙잡혀 그 언어가 진실로 가리켜보이고자 하는 쪽으로 시선을 돌려야 한다는 발상전환의 문제에는 까맣게 눈멀어 있는 현상이다.

5. 도대체 조주구자의 [끊음]이 상징하는 바는 무엇인가, 그 말인가? 그야 물론 [끊음]이 순수한 언어(言語=화두話頭)로서의 [끊음]에 머물지 않고, 도리어 언어가 그 몸을 한번 비약시켜 학인(學人)의 무의식속으로 파고들면서 마음뿌리 [끊음]을 은연중에 의도하고 있었다는 뜻이지.

[끊음]이라는 언어는 예컨데 강철(鋼鐵)로 표면을 여러번 감싼 당의정(알약)과 같은 성질을 지녔다. [끊음]이라는 당의정을 삼키고 이것이 학인(學人)의 뱃속에서 녹는 과정을 거치면서 어느덧 학인(學人)의 목숨뿌리 끊는 전혀 엉뚱한 일에 몰두하고 있었음을 비로소 알아차리고 학인은 저으기 놀라는 것이다.

6. [끊어짐]이란 무슨 의미인가, 하는 방식으로 사고방식이 전환되고 발상전환이 이루어지는 사람을 찾아보기는 아마 어려울 것이다. 조주구자 해결의 실마리가 바로 거기에 있는데 말이다. 선문(禪門)에서는 모두들 어떤 작업에 매달리고 있을까? 모두들 한결같이 무(無)?무(無)?무(無)? 하고 얼빠진 사람들인양 중얼대고 있나니!

7. 무지개의 빛깔전이는 빨강에서 시작하여 주황, 노랑, 초록, 파랑, 남색을 거쳐 보라색으로 귀결된다. 마찬가지다. 조주구자 공안이 내비치는 이치도 처음에는 이해(理解)로 시작하였으나 어느날엔가는 마침내 체득(體得)으로 결과지어진다. 어찌해야 이런 체득이 가능해지는지?

[끊음]이란 무엇인가? 도무지 무슨 이치, 무슨 현상을 가리켜며 [끊음]이라는 용어(用語)를 구사하는가? 이렇게 [끊음] 혹은 [끊어짐]이라는 언어 그 자체의 의미를 심각하게 심사숙고하는

시절인연과 필연적으로 마주치지 않으면 안된다. 그래. [끊음]이라는 언어(言語) 그 자체가 지닌 끈적끈적한 암시기능에서 벗어나 [끊음]이라는 언어가 상징하는 방향으로 시선을 바꾸는 시절인연(時節因緣)말이다.

20. 공안의 허리 끊어지되 결코 두동강이나는 것은 아니라

1. 무문관 제43칙 수산죽비(首山竹篦) 공안에서 수산성념이 죽비를 들고 지엄한 명(命)을 내렸다.

"이것을 죽비라고 부르면 집착이요, 이것을 죽비라고 부르지 않으면 등돌리는 것이다. 자, 말해보라. 이러한 상황에서 그대들은 어떻게 하겠느냐? 그대들은 어떤 구멍이라도 찾아서 달아나려 해서는 안된다. 달아날 곳은 어디에도 없다."

죽비(竹篦)란 대나무로 만들어진 물건인데 불교사원에서 좌선할 때 "딱" "딱" 소리를 내어 신호용으로 사용하며, "이것을 죽비라 부르지 않으면 등돌리는 것"이라는 말씀은 그 물건을 죽비라고 부르기로 약속하고 오늘날에도 그렇게 부르고 있기 때문이라.

수산죽비 공안도 그렇다. 무문관 제1칙 조주구자 공안과 똑같다. 다른 점이라고는 눈씻고 찾아봐도 없다. 대법(對法) 즉 반어법(反語法)의 이치에서 벗어나는 공안은 거의 없다 해도 무방하다.

대법이나 반어법이란 질문(質問)에 대한 답변(答辯)이 질문을 완전히 뒤집어엎거나 혹은 질문과는 전혀 관계없어보이는 얼토당토 아니한 형식을 취하고 나타나서는 더 이상의 질문이 계속되는 일을 아예 차단해버리는 어법(語法)이라 정의할 수 있다. 각설하고.

2. 향엄지한이 무심결에 집어든 기와쪽을 던진다고 던진 것이 대나무를 때리고 이어서 훤칠하게 일어서는 "따악" 하는 대나무 소리(죽성竹聲)를 듣는 찰나에 향엄지한이 오도(悟道)한다는 죽성화두. 칠흑같은 섣달밤에 백장회해가 부젓가락으로 화로를 마구 휘젓어 찾아낸 사위어가는 불씨를 목도(目睹)하는 순간에 위산영우가 해탈한다는 불씨화두. 이와같이 죽성화두와 불씨화두 등 몇 개의 공안이 반어법(대법)이 생략된채로 공안의 눈(안眼)만 드러나 있을 뿐이다. 어쨋든.

   3. 수산죽비는 예리한 면도날을 이용하여 백지(白紙)를 일직선으로 잘라버리는듯한 인상을 강하게 풍긴다. 백지의 한가운데를 수직선으로 그어버리는듯하다. 잘리는 부분을 수학적으로 정의하면 직선(直線)을 이룬다고 하겠지. 일직선으로 잘려버린 그 '직선'에 면적이 존재하는가. 수학적인 정의에 의하면 면적은 존재하지 않는다. 면적없는 일직선이다.
   끊어지는 일직선에는 면적이 없는 까닭에 결코 끊어짐 현상이 발생하지 않는다. 단절현상이 일어나지 못한다는 뜻이다. 끊어지는 일직선은 면적이 존재하지 않는 까닭에 단절로 종결되지 못한다.
   <1>. 이것을 죽비라 부르면 집착이요
   <2>. 이것을 죽비라 부르지 않아도 반칙이 된다
   <1>과 <2>의 사이는 인정사정없이 잘려나갔다. 그와같이 잘려나갔다고 이해되기는 하지만 그렇다고 <1>과 <2>가 두동강이나서 흩어진 것도 아니다. 두동강이나서 흩어지고 말았다고 이해하면 그것은 화두없는 무기공(無記空)이라. 나는 그런 사실을 누누히 설해왔다. 앞에서 일직선을 수학적으로 정의한 이유

가 여기에 있다.

4. 수산죽비 공안에 대한 이해가 자칫 옆으로 살짝 빗나가서 <1>과 <2>의 사이(틈새)가 잘려나가되 두동강이났다고. 두동강이나서 <1>과 <2>가 따로따로 흩어지고 말았다고 본다면 그것이 소위 화두산개(話頭散開)로서 화두없는 무기공이라고. 그와 같이 명명백백하게 설파한다.

5. <1>과 <2>의 사이가(틈새가) 예리하게 잘려나가되 결코 끊어지지 않는 까닭에 수산죽비 공안이 더할나위없이 날카로운 예봉(銳鋒)을 형성하면서 우리들의 심중(心中)을 파고드는 것. 우리들의 8식(八識)을 가차없이 끊어버리고 호리만큼의 어긋남도 없이 마음의 근원인 이(理)와 일치하고 이(理)를 증명한다.

끊어지되 결코 두동강이나지 않는 공안의 허리이기에 공안의 허리는 날카로움을 극(極)하는 날카로움으로 자의식(自意識)을 파고든다. 자의식을 파고들어 자의식의 구경(究竟)을 찌른다.

21. 이(理)와 시소의 중심점과 아마륵과

1. 시소를 보아라.

자의식(自意識)의 근원인 이(理)는 어찌보면 시소의 중심점(中心點)과도 같다고나 할 수 있을까. 끊어지되 결코 두동강이 나지 않는 무문관 제43칙 수산죽비 공안의 예리함을 극(極)하는 허리는 시소의 중심점과도 같은 자의식의 근원 즉 이(理)를 때려맞춘다. 이때서야 비로소 시소의 중심점과도 비슷한 이치로서 작용하는 이(理)가 드러난다고나 할까.

이(理)는 아이들이 놀이터에서 타고 노는 시소의 중심점. 시소의 중심점의 이치와도 일맥상통하는 기묘하기 그지없는 물건(?)이다. 그러기에 고금(古今)을 통하여 천하(天下)의 도인(道人)들이 손바닥 위에 올려놓고 이리 궁글 저리 궁글 굴리고 논다는 '아마륵과'라고 일컫는 것이라. 아마륵과를 얻게되면 세상에 불가능한 일이 없어진다. 예를 들어보자.

2. 아마륵과는 세상일을 주제(主帝)한다.

이를테면, 쇠나무에도 꽃이 피게끔 된다.

<쇠나무에 + 꽃핀다>

이런 일이 일어난다는 말이지. 화두를 해결하여 아마륵과가 그 몸(?)을 드러내면(?) 그때부터는 아마륵과가 세상일을 주제(主帝)한다. 아마륵과의 뜻을 모르신다는 말인가? 아마륵과는 이(理)를 의미한다. 그런데 아마륵과로서의 이(理)는 이치일 뿐

이다.

아마륵과가 이치(理致)일 뿐이라는 의미는, <쇠나무>에서 시작하여 아마륵과를 경유하고 <꽃이 핀다>로 넘어가는데, 넘어감에 있어서 추호의 간극(間隙)도 없음을 뜻한다. 그러기에 <쇠나무>에서 <꽃이 핀다>로 거침없이 넘어가서 전혀 장애가 없는 것이다.

3. 허세부리지 말라.

혹자(或者)는 콧방귀를 콧구멍으로 밀어내면서 이렇게 내뱉을른지도 모르지. 그런 일이라면 누구나 가능하지 않겠느냐고. <쇠나무 + 꽃핀다> 정도의 일쯤은 누구나 눈한번 껌벅이지 않고 거침없이 해치울 수 있다고 말이지. 이 되먹지못하고 덜떨어진 구질구질한 세상도 세상이라고 지금껏 이렇게 끈질기게 비벼대면서 끈질기게 매달리면서 살아왔건데 말장난에 불과한 그까짓 우스꽝스런 헛수작 한번 해치우는 일이 무어 그리 대수라고 모가지에 힘주면서 제법같이 뻐기느냐고 말이지.

하지만 누군가가 그런 허세를 부린다 하더라도 그것은 어디까지나 허세에 불과하리라. 누구보다도 그런 허세를 부리는 사람 자신이 너무나 뼈저리게 느끼게 되리라. <쇠나무>에 <꽃핀다>를 이어주는 일이 가능하지 못하다는 사실을.

아마륵과를 거머쥐지 못하고서는 <쇠나무>에 <꽃핀다>를 연결하는 일은 불가능하다고 단언한다. 그럼 예의 그 시소놀이나 다시 해볼까.

4. 이 세상 모든 일의 존립요인.

설명하리라. <쇠나무>가 아마륵과를 통과하여 <꽃이 핀다>로 이어질 때, 아마륵과를 통과하기는 하되 아마륵과는 '이치

(理致)'일 뿐이니 <쇠나무>에서 <꽃핀다>로 넘어감에 있어 털끝만큼의 간격도 없는 것이다. 털끝만큼의 간격도 없기에 털끝만큼의 장애(障碍)도 없는 것이 되는 것이라. 그러기에 '쇠나무'에서 '꽃이 핀다'로 자유자재하게 넘어가서 조금의 장애도 없다고 설명하는 바이라.

시소놀이를 보자. 오른쪽에서 왼쪽으로, 왼쪽에서 오른쪽으로 넘어갈 때. 중심점(中心點)을 통과하기는 하되 중심점은 시소놀이를 성립시키고 가능하게 해주는 존립요인(存立要因)으로 작용(作用)하기만 할 뿐, 위치나 존재가 없는 까닭에 시소놀이에 털끝만큼의 방해(장애)요인으로는 작용하지 않는 이치와 무슨 다른 점이 있겠는가.

<쇠나무에 꽃피우기>놀이도 시소놀이와 이치는 똑같다. 단지 마음이 끊어지고 이(理)로서의 아마륵과가 훤칠하게 드러나고, 절묘하기 이를데없는 아마륵과의 불가사의한 작용에 의해서만 가능한 일이지만.

만일 공안을 해결하여 공안의 예리한 허리로 자의식(自意識)을 끊고 자의식을 끊어서 아마륵과로서의 이(理)를 드러내지 못하면 <쇠나무에 꽃피우기 놀이>를 성공시키려고 제아무리 애써본들, 제아무리 약은 꽤를 짜내본들 100퍼센트 무위(無爲)로 돌아가게끔 되어있다. 제아무리 자기는 쇠나무에 꽃을 피웠다고 주장해도 그것은 불을 보듯 뻔한 거짓말이다. 왜인가?

22. 구경(究竟)에서는 모든 일이 한바탕 허사(虛事)가 된다

자의식의 세계에서는 <쇠나무>와 <꽃핀다>는 결코 이어지지 못한다. 결단코 이어지지 않게끔 되어있다. 자의식(自意識)의 세계에서는 <쇠나무>와 <꽃핀다>는 이어지지 못하고 반드시 끊어지게끔 되어있다.

자의식이 아무리 한쪽 눈을 질끈 감고 못본채 <쇠나무에 꽃핀다>를 용인해주려고 발버둥쳐봐도 <쇠나무>와 <꽃핀다>는 절대로 이어지는 법이 없다. 이어지는 법이 없이 마침내 끊어져 꼴사납게 서로 용납하지 못하고 연신 삐거덕거린다. 연신 삐거덕거리며 불협화음을 낸다.

<쇠나무에 꽃핀다>는 비논리(非論理)다. 의식(意識)의 세계는 논리(論理)의 세계다. <쇠나무에 꽃핀다>는 비논리는 논리의 세계인 자의식(自意識)에 도무지 발붙일 재주가 없는 것이다.

그러나 자의식이 드디어 다한다면, 마음이 드디어 갈데까지 가다가 다한다면 그곳이 구경(究竟)이다. 구경에서는 서로 끊어지고 끊어진채로 삐거덕거리던 <쇠나무>와 <꽃핀다>가 거침없이 이어진다. <쇠나무>와 <꽃핀다>가 이어지면 그때까지 그토록 사람을 괴롭히던 화두(공안)는 풀리고 구경(究竟)이 드러나니 이것이 곧 구경각(究竟覺)이다.

구경이라. 마음이 다하였다면, 마음이 다한 후라면, 마음이

다하여 드러나는 구경지(究竟地)에서 바라본다면, 무슨 이어지고 말고 할 그런 장애요인 따위는 일시에 소멸한다. 이어지고 말고 해야할 그런 쓰레기같아서 거추장스러운 디디부리한 물건들은 길바닥에 내던져버리나니 그런 문제는 아예 염두에서 모습을 감춘다. 그따위 곰팡이같고 옷소매에나 걸려서 지저분하게 달라붙는 거미줄같은 문제는 내팽개쳐진지 오래되었을 터이다.

그러니 이때 만일 누군가가 지금 논하고 있는 바의 "쇠나무에 꽃피는" 이야기를 들고왔설랑 진지하고 고집스럽게 다루어 보겠다고 설친다면 상황이 어떻게 돌아갈까? 이때 구경지에 이른 사람의 태도가 어떨까? 그야 뭐 이런 반응이 나올테지.

"어허!"

라든가 아니면,

"그럴 필요없다."

든가, 아니면 최소한 30개의 방망이를 그의 정수리에 퍼붓고 쫓아내든가.

불자(佛子)야, 또한 다음 사실에도 유의하여라. <쇠나무>와 <꽃핀다>가 이어지면 이것이 무엇인고? <쇠나무>와 <꽃핀다>가 이어지니 이것이 화두융합이다. <쇠나무>와 <꽃핀다>가 마침내 끊어지듯 마침내 이어지니 이것이 이른바 내가 주창(主唱)하는 화두의 단절융합(斷切融合)이요, 단절융합체(斷切融合體)이다.

<쇠나무>와 <꽃핀다>가 서로 쥐어짜대듯이 비틀리다가 끊어지고, 쥐어짜듯이 비틀리다가 끊어지듯이 마침내 이어지면서 아마득과 즉 이(理)를 때려맞추고 이(理)를 꺼집어내나니 이것이 구경각이다.

끊어지되 결코 두동강이나지 않는 공안의 예리함을 극(極)하

22. 구경(究竟)에서는 모든 일이 한바탕 허사가 된다 115

는 예리한 규(劌). 규는 자의식을 끊어버리고 이(理)와 일치하고. 이(理)가 드러나면 드러나는 이(理)는 쇠나무에도 거뜬히 꽃을 피운다.

시소놀이에서 중심점(中心點)의 작용으로 우(右)에서 좌(左)로, 좌(左)에서 우(右)로 넘어가되 중심점이 시소놀이를 전혀 장애하지 않을 뿐더러 중심점의 신묘한 작용 덕택에 시소놀이가 성립되듯이. 그와같이.

23. 산꼭대기에서 일어나는 하얀 파도

<1>. 바다밑에서 + 흙먼지가 일고
<2>. 산꼭대기에서 + 하얀 파도가 일어난다.

이 두 줄기 문장의 맛은 또한 어떠한고! 이 두개의 문장에서도 전반부(前半部)와 후반부(後半部)의 연결이 심의식(心意識)의 영역에서는 불가능하다. 그러나 심의식이 다하고 심의식의 근원인 이(理)가 드러나면 아마득과인듯 찬란하게 살아 움직이는 이(理)가 <1>과 <2>, 두개 문장의 전반부와 후반부를 거침없이 이어준다. 이때 '억지소리'로서의 전반부와 후반부의 말씀은 무너져 물거품이 된다.

<바다밑에서> + <흙먼지가 일고>는 '억지소리'인 까닭에 양립하지 못하고 요(腰)에서 비틀려 예리하게 끊어진다. 이때 공안의 규(竅)가 출몰을 완료하고 식심은 봉합된다.
<산꼭대기에서> + <하얀 파도가 일어난다>는 '억지소리'인 까닭에 양립(兩立)하지 못하고 요(腰)에서 비틀려 예리하게 끊어진다. 이때 공안의 규(竅)의 출몰은 완료되고 식심(識心)은 봉합된다.

화두의 전반부와 후반부가 비틀리며 끊어지는 곳이 요(腰)다. 그러나 비틀리며 끊어지는 요(腰)는 도리어 이어진다. 이어져서

흔적없이 사라진다. 딱지는 떨어지고 상처가 아문 것이다. 이것이 규의 출몰이다. 이로써 식심이 봉합된 것이다.

　규가 이어지면 지독한 역설(逆說)로서의 화두는 한점의 의심(疑心)도 남기지 않고 무너져 물거품이 된다. 바다밑에서 흙먼지를 날리고, 산정(山頂)에서 새하얀 파도를 일어킨다 해도 그런 말씀은 성립하자마자 물거품이 된다. 이른바 선문(禪門)에서 말하는 의심(疑心)의 타파(打破)인 셈이다.

24. 고기를 먹는 업(業)도 살생업(殺生業)이다

    이 단락의 글을 쓰면서 정신적인 갈등을 겪었다. 저 바다가 어째서 저리도 푸르고 깊은가? 이런 문제에 이르면 살생업 때문이라는 회한과 참괴(慙愧)의 심정을 지우거나 우회해갈 도리가 없다. 어느 누가 자신이 저질러온 인과법(因果法)을 소멸시킬 수 있으리오.
    하지만 나는 우리 인간들의 형제인 짐승(축생)들을 생각하면 이 단락의 글을 싣지 않을 수 없었다. 오히려 반드시 말해야 한다는 생각이 들었다. 이해하기 바란다.

    업(業) 가운데서 가장 무거운 업은 살생업(殺生業)이다. 살생업만 짓지 않아도 임종(臨終) 후에 사왕천(四王天)에는 태어난다는 말씀이 그것을 증명한다.
    살생업은 굳이 스스로의 손으로 다른 생명체의 목숨을 끊는 행위만을 의미하는 바는 아니다. 살생업이라면 예컨데 축생(畜生)의 목숨을 끊는 업(業)만을 의미하는 줄로 알고있는 사람이 아마도 대다수일 것이다.
    하지만 살생업의 실상(實相)은 그렇지 않다. 축생(畜生)의 목숨을 빼앗는 도살업(屠殺業)을 짓는 행위뿐만 아니라. 목숨 끊어진 그 축생(畜生)의 살점(고기)를 먹고 먹어대는 행위도 살생업과 같아서 조금도 다르지 않다. 조금도 다르지 않다. 왜인가?
    이유를 묻는가? 뻔하지 않는가. 수요(需要)가 있으니 공급(供

24. 고기를 먹는 업(業)도 살생업(殺生業)이다

給)이 있는 법. 수요공급의 법칙을 모르시는가. 수요가 있으니 공급이 있다는 말이다. 고기를 먹는 사람이 있으니 짐승의 목숨을 끊는 사람이 존재한다. 고기를 먹는 사람이 있으니 짐승을 죽여 그 고기를 공급하는 사람이 나타난다는 말이다.

인과법(因果法)이 이러할진대, 도살업(屠殺業)에 종사하는 사람과 도살(屠殺)된 축생의 고기를 먹는 사람은 그 축생의 살생업을 나란히 나누어 가지지 않을 도리가 없으며, 나누어 가지게 마련이다. 아무리 발버둥치며 살성업에서 벗어나고 빠져나오려해본들 소용없다.

이 세상에 어느 누가 인과법(因果法)을 벗어나리오. 이치가 이와같이 불을 보듯 너무나 환한데 고기를 먹으면서 살생업에서 벗어나기를 바라는 일은 무망(無望)한 노릇이요 부끄러움을 모르는 후안무치한 수작이라. 예를 들어보자.

우리나라의 경우 나라경제가 좋아지면서 외국의 유명한 '패스트 푸드' 업체(業體)가 여럿 들어왔다. 맥도날드, 롯데리아, 케이에프씨, 같은 정확히 표현하여 축생(畜生)의 도살업체(屠殺業體)들이 도시의 번화가(繁華街)에 큼직큼직하고 화려한 간판을 내다걸고 들어앉아 햄버거니 치킨버거니 하는 무서운 식품을 팔아 지중(至重)한 업(業)을 지으면서 수많은 사람들로 하여금 그런 나쁜 식품을 사먹게 유혹하고 도살업에 동참하게끔 만든다.

사람들이 맥도날드, 롯데리아, 케이에프씨 가게에 앉아 우아한 자세로 우공육(牛公肉)과 돈공육(豚公肉)으로 만들어진 '햄버거'를 베어물 때, 그들은 알지를 못하는듯하다. 그들의 시꺼먼 목구멍으로 꾸역 꾸역 넘어가는 고기조각이 눈뜨고는 볼수 없었을 참혹한 도살(屠殺)과정에서 몸부림치며 죽어갔을 우공(牛公)과 돈공(豚公)과 계공(鷄公) 등의 축생(畜生)의 몸뚱이었다는 사실을 거의 느끼지 못하는듯이 보여진다. 이것은 하나의 보기에 불과하다.

축생의 살점을 먹는 사람이 있으니 축생을 죽이는 사람이 존재한다. 그러므로 마땅히 알라. 고기를 먹는 사람은 짐승을 죽이는 무섭고도 기괴한 업(業)을 짓는 도살업체(屠殺業體)의 도살음모자(사업주事業主) 및 도살집행자(회사원)와 불가분(不可分)의 관계로 꽉 엉겨붙어있다는 사실을! 인과법(因果法)을 어느 누가 벗어나리오.

이러한 이치는 또한 다음의 이야기와도 일맥상통(一脈相通)한다 하리라.

주식시장이나 경마장 등에서 돈을 버는 사람들은 돈을 날리고 애통한 눈물을 줄줄이 흘리거나 심지어 파산지경에까지 이르는 사람들과 불가분(不可分)의 인과율(因果律)로써 꽉 엉겨붙어 한덩어리가 되어있다는 사실을 눈치채지 못한다. 무슨 재주를 부리더라도 거기에서 빠져나오지는 못하게끔 되어있는 이치가 바로 인과법(因果法)이다.

말하자면 고기를 즐겨 먹어대는 사람들도 짐승들의 목숨을 모질게도 끊어대는 사람들과 마찬가지로 <모질게 짐승들의 목숨을 끊어대는> 인과율(因果律)에서 벗어나지 못하므로 그들의 정신에 무섭고도 기괴(奇怪)한 살생업이 스며들어 지워지지를 않는 법이다.

이와같이 고기를 먹는 무섭고 기괴한 입으로 불보살(佛菩薩)의 성호(聖號)를 부르는 경우를 생각해보자. 축생의 고기를 먹음으로 인하여 살생업을 저지르는 그 무섭고 기괴한 입으로 감히 어떻게 염불(念佛)을 하며 염불(念佛)을 한다고 해서 그것을 어찌 염불이라고 하겠는가. 고기를 먹는 입으로, 고기를 먹는 정신으로 제아무리 기도니 뭐니를 한다 해본들 어찌 영험(靈驗)

이 있겠는가. 이치가 그렇게 되어있지 않겠는가.

 즐겨 고기를 먹는 정신으로 기도를 하여 영험(靈驗) 따위를 얻었다면 마땅히 알라. 그것은 영험이 아니고 죽은 다음에도 고기를 즐겨 찾아다니는 잡귀(雜鬼)나 잡신(雜神)에게 걸려든 것이라고. 아울러 밝혀둔다.

 풍어제(豊漁祭)나 동제(洞祭), 산신제(山神祭), 그리고 일반적인 제사(祭祀) 등에 반쯤 잘려진 돼지머리를 쓰는 풍경이 텔레비젼 등에 방영되는 경우를 목격할 때마다 그야말로 경악을 금치 못한다. 어느 못된 놈들이 제사(祭祀)에 그런 잔인하고 잔악하기 짝이없는 물건을 사용하도록 가르쳤는가를 생각하면 가슴 속에서 노기(怒氣)가 끓어올라 참지를 못하겠다.

 거기에 한술더떠서 반쯤 잘려진 돼지머리의 입에 만원짜리 천원짜리 지폐를 몇 장씩이나 물려놓고 복(福) 받겠다고 제사(祭祀)인가 뭔가를 지내는 어지러운 정경을 보느라면 깊고 깊은 한숨이 저절로 터져나온다. 이야말로 돼지보다 더 못한 인간들이 아니고 그 무엇이랴? 그리고 어찌된 판인지 텔레비젼 방송은 그런 야만적이고 야성적인 짓거리를 우리민족 고유의 미풍양속이나 되는듯이 아주 진지하게 생방송하기도 한다. 이야말로 '돼지문화'보다 더 저질적인 텔레비젼 방송문화가 아니고 그 무엇이랴?

 사람들은 흔히 역지사지(易地思之)라는 말을 잘 쓴다. 입장을 바꾸어놓고 상대방의 입장에서 생각해보자는 뜻이지. 그래 잘 되었어. 사람과 돼지의 입장을 서로 바꾸어놓고 생각해보자. 만일 돼지가 사람을 그 지경으로 만들었다면 기분이 어떻겠는가? 그래서야 되겠는가. 더불어 한가지 덧붙이지 않을 수 없어 말하고자 한다.

 사람들은 흔히 활어회를 좋아한다. 하지만 활어횟집에 들락거리기 전에 다음과 같은 비정한 일을 반드시 생각해보도록 하라.

활어횟집에 들어간 손님이 식탁에 앉아 활어회를 주문하면 횟집의 사람은 펄쩍펄쩍 살아 날뛰는, 말하자면 살려고 몸부림치는 생선(生鮮)을 수족관에서 거물로 건져올려 도마 위에 놓는다. 그리고 도마 위에 놓인 생선을 기절도 시키지 않은채 회칼로써 생선의 꿈틀거리는 살점을 떠낸다.

생선(生鮮)은 자기자신의 생애(生涯)에서 한번도 겪어보지 못했던 지극한 고통속에서 자기자신의 살점이 생선가게의 회칼에 의하여 거침없이 잘려나가는 참혹한 정경을 몸부림치며 지켜보는 것이다.

생선은 지극하고도 지극한 고통에 못이겨 입을 쩍쩍 벌리고 자신의 살점이 베어져나가는 쪽으로 그 몸을 활등처럼 굽힌다. 칼날이 파고드는 쪽의 근육을 조금이라도 더 단단히 함으로써 칼날을 밀어내려는 의도(意圖)에서 나오는 몸짓이다.

이런 참혹한 정경을 대하노라면 이런 느낌마져 든다. 저것이 혹 무슨 착오에 의하여 원시인(原始人)들의 텔레비젼 방송국에서나 방영되었을 프로그램이 지금 재방영되는 것은 아닌가 하는 느낌 말이다. 그렇게 느껴질 정도로 잔악무도한 현대인들의 텔레비젼 방송을 통해서 우리들은 인간들이 저지르는 비리(非理)의 현장을 여러번 목격했으리라.

생선의 한쪽 살점을 통째로 떠낸 사람이 이번에는 그 생선을 뒤집어놓고 반대쪽 살점도 통째로 떠낸다. 척추를 중심으로 해서 이미 그 몸뚱이의 한쪽면 살점을 잃은 생선은 단말마의 고통으로 또다시 몸부림친다. 몸부림치며 살점을 파고드는 회칼을 조금이라도 밀어내려는듯 사력(死力)을 다하여 그 몸을 또다시 활등처럼 굽히는 것이다.

24. 고기를 먹는 업(業)도 살생업(殺生業)이다

　활어회를 즐기는 사람들은 잊지말라. 사람의 허벅지 살점을 베어내는 고통에 견주어 조금도 덜하지 아니할 고통과 고뇌를 생선들도 체험한다는 사실을! 생선이라고 다른 줄 아는가? 기독교 성직자(聖職者)들 가운데에는 짐승들은 영혼(靈魂)이 없다고 가르치는 정신 빠지고 미친 놈들이 많이 있다지?

　예를들어 목축업(牧畜業)이나 양어장(養魚場)을 경영하는 사람들도 생각해야 한다. 가능하면 그런 일에는 손을 대지 않는 것이 좋다. 지금 현재 가축(家畜)이나 물고기를 기르는 사람들은 가축이나 물고기가 자연사(自然死)할 때까지 돌봐주고 그 이후로는 그런 일에서 멀리 떨어져나가야 한다. 그것이 그나마 재앙을 줄일수있는 최선의 방법이다.

　하물며 인간의 가장 충직한 친구인 개(犬公)야 두말할나위조차 없다. 개가 주인을 믿고 따르는 모습을 보면 진실로 눈물겹다 눈물겹다. 자세히 들여다보아라. 주인을 대하는 개의 눈에는 언제나 충직한 신의(信義)의 미소로 가득차있다. 개를 기르는 사람들은 누가 뭐래도 그 개가 천수(天壽)를 다할 때까지 지켜줘야 한다. 반드시 그래야 하며 그렇게 하면 반드시 복(福)을 받게끔 되어있으니 더욱 그래야 한다.

　도축업자(屠畜業者)에게 돈을 받고 팔아넘기든가 함으로써, 만일 인간의 형제자매인 짐승들의 목숨을 보전해주지 못하고 빼앗는 일에 가담하게 되면 재앙을 부른다. 그 짐승들의 목숨을 보전해주는 댓가로 치르는 비용과는 비교가 안되는, 엄청나게 더 큰 재앙(災殃)을 부르게 되어있다. 인과법(因果法)이 그렇게 되어있는 것을 누가 어찌하는가.

　반면에, 기르던 짐승들을 불쌍히 생각하여 천수(天壽)를 누리도록 보살펴주면 그 일에 들어가는 비용보다 몇천배, 몇만배 되는 복덕(福德)을 쌓게끔 되어있다. 그밖의 모든 짐승들도 인간의 형제자매라는 사실을 잊어서는 안된다. 새와 물고기와 곤충이 모두 인간의 형제다.

　남창(南窓)을 통해 바라다보이는 남천(南天)에 하얀 양떼구름 한가롭게 흐르기를 바라는 마음에서 이런 글을 의도적으로 쓰게 되었을 따름이다.

25. 제 8 식

집지식(아다나식), 이숙식, 함장식(장식=아라야식), 종자식, 무몰식, 등은 제8식(第八識)의 여러가지 성질에 따라서 붙여진 이름이다. 그 의미를 새겨보면 다음과 같다.

안식(眼識), 이식(耳識), 비식(鼻識), 설식(舌識), 촉식(觸識), 의식(意識), 말나식(제7식)이라는 일곱개의 식(識)은 윤회(輪廻)를 거듭하면서 끊임없이 이어지는 무량한 식(識)이다. 이 일곱개의 무량한 식(識)이 고스란히 제8식에 저장된다.

<1>. 이 일곱개의 식(識) 전체를 종자(種子)로서 거두므로 종자식(種子識)이요,
<2>. 종자식으로 거두어 저장하므로 장식(藏識함장식)이요,
<3>. 종자식으로 거두어 저장하되 잃어버리는 법이 없으므로 집지식(執持識아다나식)이요,
<4>. 집지하여 소멸하지 않으므로 무몰식(無沒識)이요,
<5>. 소멸하지 않되 다르게 변해서 익는데(변이이숙變異而熟) 때를 달리해서 익고(이시이숙異時而熟) 종류를 달리해서 익으므로(이류이숙異類而熟) 이숙식(異熟識)이라.

그런데 아다나식(집지식)으로서의 제8식은 부처님의 과보(果報)에 이르러도 존속한다. 왜인가? 그리고 아다나식으로서의 제8식은 부처님의 과보에 이르러도 존속한다는 말의 의미는 무

엇인가? 지금부터는 이 일을 간결하고 명쾌하게 밝히고, 한가지 실례(實例)를 들어보이고자 한다.

26. 단멸공(斷滅空)이 되어볼래야 되어볼 도리가 없다

　만법유식(萬法唯識) 혹은 만법유심(萬法唯心)의 도리(道理)에 아직도 이르지 못했는가? 아직도 이르지 못했다면 그대는 도리없이 최소한 유물론(唯物論)의 영향을 받고있는 셈이다.
　그대가 아무리 자기자신은 유물론(唯物論)쪽의 사람이 아니라고 강변한다 하더라도 만법유식(萬法唯識)의 이치에 도착해 있지 못하다면 그대는 유물론의 영향을 어느 정도는 받게 마련이다. 그러니 너무 섭섭하게 생각할 이유는 없다. 대체로 그렇게 되어 있으니까.
　내가 여기에서 언급하는 유물론은 그대가 그대의 마음이요, 그대의 마음의 그림에 불과한 대상(對相) 또는 경계(境界)에 사로잡혀 대상(경계)이 실제로 존재하는 것으로 착각하고 있다는 뜻이다.
　그러나 그대가 인정하고 또 거기에 매달리는 대상 또는 경계는 사실 그대의 전5식(前五識:안식, 이식, 비식, 설식, 촉식)에 불과하다는 사실에 눈뜨지 않으면 그대는 대상(경계)를 인정하는 유물론자가 되지 않을 도리가 없는 것이다. 그대가 인정하는 대상(對相)은 그실 그대의 전5식에 불과한데도 말이다. 내가 여기에서 언급하는 유물론은 바로 이런 성질의 유물론이니 별다른 오해는 없어야 하리라. 이와같이.

존재한다면 오로지 일곱개의 식(識)이 존재할 따름이요, 일곱개의 식(識)을 저장하여 잃어버리는 일이 없는 제8식이 존재할 따름이라. 이와같이. 깊은 이해에 도달하게 되었다면 그대는 인정하게 되리라, 제8식은 결코 무너질 수 없는 성질의 것임을.

제8식은 무너질래야 무너질 재주가 없는 물건(?)이다. 그렇다면 끊어져 아무것도 없어지고, 아무것도 없어지는 공무(空無)로 돌아간다는 소위 단멸공(斷滅空)이 되어볼래야 되어볼 도리가 없음을 그대는 이제서야 이해하게 되었는가?

물론 제놈들이 죽으면 영원한 단멸(斷滅)로 돌아가리라 상상하면서 단멸공을 주장하는 놈들 뿐만 아니라, 한걸음 더 나아가 제놈들이 죽어 소멸해도 물질로서의 우주는 영원히 존재하리라 상상하는 유물론자들도 한없이 멍청한 놈들이라는 사실이야 더이상 논(論)해본들 무엇하리.

27. 집지식과 종자식, 장식, 이숙식, 무몰식의 관계

이와같이, 그러고보니 내가 '이와같이'라는 용어도 꽤나 좋아하는 편인가? 껄껄껄.

(어쨋든간에) 이와같이 제8식에 대한 이해도(理解度)가 높아졌다면 종자식(種子識)과 장식(藏識)과 이숙식(異熟識)으로서의 제8식은 공(空)해져도 집지식(執持識)으로서의 제8식은 결코 무너질 수 없다는 사실에 눈떠야 할 단계가 되었노라. 집지식으로서 무너질 도리가 없는 제8식이므로 그 이름이 다시 무몰식(無沒識)이라 불리는 것.

어째서 종자식과 장식과 이숙식으로서의 제8식은 비어져서 공(空)해져도 집지식으로서의 제8식은 끝내 무너지지 못하는가?

대답은 의외로 간단하다. 식(識)의 체성(體性)이 공(空)하여 체성(體性)이라고 부를만한 것이 없기 때문이다. 그렇다면 결국에는 환화(幻化)와 다름없는 식(識)의 앙상한 껍질같은 것만 남는다고 해야 할까. 바로 이 앙상한 껍질같은 환화(幻化)의 제8식을 일컬어 바로 집지식(아다나식)이라 이름한다.

마음이 갈데까지 가다가 끊어져서 돌아오는, 앙상한 껍질같은 제8식. 이 지경에 이르면 종자(種子)로서의 종자식(種子識)의 성질이나, 저장(貯藏)한다는 장식(藏識)으로서의 성질이나, 다르게 변해서 익는다는 이숙식(異熟識)으로서의 성질 따위는 이미 비어져서 공(空)해진지 오래된 것이다. 그렇다고 하여 오해해서는 안된다.

　구경각(究竟覺)에 이르면 제8식의 종자식이나 장식이나 이숙식으로서의 성질이나 작용이 공(空)해진다 뿐이지. 종자식이나 장식이나 이숙식으로서의 성질(性質)이나 작용(作用) 그 자체(自體)가 없어진다는 의미는 아니라는 말이다.

　구경각에 이르러도 종자식이나 장식이나 이숙식으로서의 제8식의 성질이나 작용에는 전혀 변화가 없다. 다른 점이 있다면 종자식이나 장식이나 이숙식으로서의 제8식의 성질이나 작용이 공(空)해진다는 차이가 있을뿐. 내 말의 뜻을 오해하지 말라.

　그러기에 이런 성질, 저런 성질, 모두 다 비어서 공(空)해지고 남아 돌아오는 것은 앙상한 껍질에 다름없는 환화(幻化)의 집지식(執持識)이라 일컫는다.

28. 제2조(第二祖) 혜가(慧可)대사의 경우를 어떻게 보겠는가

한마디로 인과법(因果法)은 무너지지 않는다는 것이요, 인과법은 다름 아닌 마음의 법(일심법:一心法)이라는 것이다. 거꾸로 마음의 법은 인과법이요, 이러한 인과법은 무너지지 않는다는 뜻이다. 이 마음의 법이 다시 이숙식이요 집지식이라.

동토(東土)의 제2조 혜가대사의 일화(逸話)를 보기로 들어서 종자식(種子識)이요 장식(藏識)이며 이숙식(異熟識)이요 집지식(執持識)으로서의 인과법의 실상(實相)을 살펴보리라.

이조혜가(二祖慧可)대사가 달마대사의 정법(正法)을 받아서 삼조승찬대사에게 전한 후에 말했다.

"이제 나는 업도(鄴都)로 가서 묵은 빚을 갚으리라."

그리고는 업도를 향하여 떠났다. 업도에서 이조혜가는 형편에 따라서 설법도 하고 하다가 삼사년이 지난 뒤에는 드디어 자취를 감추고 겉모양을 바꾸었다. 겉모양이 바뀐 이조혜가는 술집에도 드나들고 거리의 잡담도 익히고 품팔이도 하면서 처소를 가리지 않았으니 그 생활이 자유자재했다. 사람들이 이상하게 생각하여 물었다.

"스님께서는 도인이신데 굳이 왜 이런 생활을 하십니까?"

이조혜가 스님이 답하였다.

"내 마음을 조복시키고자 함이요, 다른 뜻은 없다."

그 당시 업도에서 가까운 안현(安縣)의 광구사(匡救寺)에는 변화(辯和)법사가 있어 열반경을 강의하였다. 마침내 흐름한 행색을 한 혜가스님이 광구사의 삼문(三門)밖에 와서 무상정법(無上正法)을 설하니 광구사에서 변화법사의 열반경강의를 경청하던 대중이 모두 일어나 혜가스님의 법석(法席)으로 가버리고 변화법사의 강석(講席)에는 사람이 거의 없다시피 되었다. 변화법사는 속으로 어찌나 화가 났던지 끓어오르는 노기를 참지 못하고 현령(縣令)인 적중간(翟仲侃)에게 무고를 했다.

"저 중은 제정신을 가진 인간이 아닙니다. 그냥 내버려두면 앞으로 불법(佛法)에 해독을 끼치고 세속 사람들에게도 큰 해악을 미칠테니 살려두어서는 안됩니다. 저놈은 나의 강석도 무너뜨렸습니다."

이에 현령인 적중간은 거짓말에 속아 사실을 자세히 살피지도 아니한채 혜가대사를 목베어 죽였다 전한다. 그것이 서기 593년의 일이었고 혜가스님의 당시 세수는 107세였다.

자, 그렇다면 비명에 세상을 떠난 이조혜가는 빚을 갚는다고 했으니 빚을 갚았다고 해야 될 것인가? 이 문제에 대해서는 이전부터 많은 논란이 있었다.

세월이 흐른 후세(後世)에 와서 호월공봉(晧月供奉)이 유명했던 장사경잠에게 물었다.

"이조 혜가스님이 빚을 갚았다 하니 혜가스님은 업장(業障)이 본래 공(空)한 것을 몰랐을까요?"

"그대야말로 업장이 본래 공함을 모르는구료."

"어떤 것이 본래 공(空)합니까?"

"업장이 본래 공합니다."

"어떤 것이 업장입니까?"

28. 제2조(第二祖) 혜가대사의 경우를 어떻게 보겠는가

"본래 공(空)한 것이 업장입니다."

이 문답은 일견 모순이라고, 어찌보면 순수한 말장난이라고 느낄른지도 모르겠으나 그렇지 않다. 장사경잠의 말씀은 정답이다. 인과법의 체성이 본래 공(空)하고, 본래 공한 체성(體性)의 인과법(因果法)이건만 결코 무너짐이 없다는 뜻을 설하고 있지 않는가. 공으로 돌아가는 인과법이 결코 인과법을 장애하지 않는다는 사실을 설하고 있지 않는가.

흔히들 말하기를 구경각을 성취하여 진여본성을 깨치면 자유자재한 해탈경계속에서 업장(業障)이든 인과법이든 무엇이든 모두 다 얼음덩이 녹아내리듯 없어진다고. 그러나 어찌하랴. 인과법이 녹아 없어지는 일은 결코 없다고 알아야 한다. 바로 앞에서도 말하지 않았던가. 공(空)으로 돌아가는 인과법이 인과법을 장애하지 않는다고.

오해해서는 안된다고 나는 누누히 설해왔다. 장식(藏識)이 공(空)해지고 이숙식(異熟識)이 공해지고 마지막에 앙상한 껍질과 다름없는 집지식(執持識 : 아다나식)만 남는다 하여도, 장식이나 이숙식의 성질(性質)이나 작용(作用) 그 자체가 소멸하는 것은 아니라고 나는 명료하게 설해왔다.

도를 얻은 도인(道人)이라 하더라도 빚이 있으면 갚지 않을 도리가 없다는 말이다. 굳이 혜가스님의 경우만을 지적하는 것은 아니다. 육조단경에도 육조혜능의 빚갚는다는 말씀이 나와 있고, 나아가 서가여래께서도 어느해의 하안거 동안에 말먹이 보리를 음식으로 드시면서 인과법은 회피할 수 없음을 설하셨다고 전해오지 않는가. 과보(果報)는 피할 수 없다.

구경각을 성취하여 공(空)해지는 자의식(自意識)이라 하여도 자의식 그 자체가 소멸하는 일은 결코 없다고 알아보아야 한다. 왜인가? 거듭거듭 자문(自問)해보자. 어째서인가? 존재한다면 오직 식(識) 곧 자의식(自意識)만이 존재하기 때문이다. 그래서 그 이름이 유식(唯識)이요 유식론(唯識論)이요 유식학(唯識學)이라.

29. 나무닭 우는 소리여!

　마조도일(馬祖道一)선사의 먼 친척되는 사람으로 설(雪)이라는 여인(女人)이 있었다. 여인은 관음상(觀音像)을 모시고 관세음보살 보문품(普門品)을 하루에 한번씩 독송(讀誦)하고 발원하되 이상적인 사람이 되어 이상적인 생활을 영위할 수 있도록 하여 주시옵소서 하고 날마다 기원하였다.
　이 여인(女人)이 어느날 시냇가에서 빨래를 하는데 울창한 산림(山林)을 헤치며 은은하게 밀려오는 사찰의 저녁예불 종소리를 듣고 문득 미증유(未曾有)의 불가사의(不可思議)를 감오(感悟)하게 된다.
　그날 이후로 여인의 관음경 보문품 독송은 중지되었다. 여인의 부친(父親)은 딸아이의 돌변한 생태(生態)를 눈치채고 말은 하지 않았으나 은연중 걱정이 되어 마조도일선사를 찾아 넌지시 사연(事緣)을 말씀드렸다.
　"---형편이 이러하니 어쩌면 좋을른지 모르겠습니다---."
　"허허허. 염려하실 것까지는 없습니다."
　마조도일은 빙그시 미소지으며 게송 한 수를 지어주고 가져가서 보여보라 일렀다. 그때 지었다는 게송에 '나무닭 우는 소리' 이야기가 나오기에 여기에 옮겨본다.

　"밤깊어 삼경인데 나무닭 우는 소리여
　　내 마음, 내 고향이 분명하구나

나의 집 앞 마당에 들어서니
버들은 푸르고 꽃은 붉어라."

설(雪)이라는 여인이 이 시(詩)를 대하더니 도인(道人)도 역시 그랬던가 혼자서 고개를 끄덕였으나, 시(詩)의 마지막 구절에서는 이것이 갑자기 무슨 소리인가 하는 의심(疑心)이 번쩍 일어났다. 애써 참구(參究)하여 여인은 마지막 구절의 의미도 알아차린다. 이어서 여인은 마조도일선사를 찾는다. 때마침 호암(湖岩)이라는 마조도일의 제자가 곁에 앉았다가 설(雪)에게 물어보았다.

"이 아이가 공부 잘 한다는 그 사람이로구나. 경(經)에 이르기를 겨자씨 안에 수미산(須彌山)이 들어가고 수미산 속에서 큰 돌을 쪼갠다고 하였으니 이 무슨 도리인고?"

호암의 말이 떨어지자마자 설(雪)이는 앞에 놓인 찻잔을 집어서 마루기둥을 향하여 휙 던졌다. 찻잔은 무어라 짤막하고 날카로운 파열음(破裂音)을 내뱉으며 산산조각났다. 이 광경을 시종 묵묵히 지켜보던 마조도일의 입에서 자못 만족스런 말씀이 새어나왔다.

"옳다 옳다. 공부를 많이 하였구나. 이번에는 내가 한번 물어보자. 인연(因緣)이라는 말이 있는데 이것을 너는 어떻게 생각하는가?"

"잘 알아듣지 못하였습니다. 다시 말씀해주시겠습니까?"

"인연에 대한 너의 의견을 듣고 싶다고 했어."

이에 설(雪)은 웃음을 머금고 공손히 머리숙이며 말씀드렸다.

"스님, 수고하셨습니다. 노고(勞苦)를 마다하지 않으시는 스님의 친절정념(親切情念)에 이와같이 감사를 드리지 않을 수 없군요."

순간 마조도일은 무릎을 쳤다.

"앗차! 내가 너한테 속았구나. 우핫핫핫."

하고, 감탄하는 마조도일의 얼굴에 기쁨의 물결이 넘실거렸다고 한다.

설(雪) 여인의 이야기는 여기서 끝낸다. 그렇다면 지금부터 이 스토리에 대한 간략한 점검에 들어가볼까.

1. {밤 깊어 삼경(三更)이라}

대상(對相)을 인정하는 유물론적(唯物論的)인 사고방식이 완전히 소멸되고 존재한다면 오로지 자의식(自意識)만이 존재한다는 유식(唯識)의 도리가 눈뜨면서 목숨뿌리 빠지는 현상이다. 육진(六塵)에 붙잡혀 있던 시선(視線)이 육진(六塵)이라는 대상(對相)에서 식(識)으로, 식(識)에서부터 다시 식(識)의 뿌리를 향해 깊이 들어감을 의미한다.

2. {나무닭 우는 소리여}

식(識)의 뿌리가 뽑히니 이것이 바야흐로 심체(心體)라고 불리는 구경(究竟)이다. 여기에 과연 무엇이 남아있으리오. 이 지경에 이르면 여전히 살아서 이것 저것 모두 분별하며 생활한다 할지라도 자기자신이 인형(人形)과 같은 존재임을 부정하지 않는다. 나무닭이 울든, 짚으로 만들어진 사람이 노래를 하든간에 이런 종류의 이야기는 한결같이 자기자신이 뿌리없는 존재라는 일목요연한 현상인식에서 비롯된 일종의 비유에 불과하다.

3. {버들은 푸르고 꽃은 붉다}

두두물물(頭頭物物)이 '비로자나'부처님이라는 표현이 있지. 만물(萬物)이 그대로 진리의 실상(實相)을 적나라하게 드러내고 있다는. 이런 이야기는 화엄철학(華嚴哲學)쪽의 말씀이라 본다면 정확하리라. 그건 그렇다 치고.

유식(唯識)의 도리에 정통(精通)하여 체득(體得)하는 경지에 이르지 못한 안목(眼目)에는 '버들이 제대로 푸르거나 꽃이 제대로 붉은' 일은 없으리라.

유식(唯識)의 도리에 정통하고 나서야 비로소 꽃은 100% 붉고 버들도 100% 푸른 완벽한 감수성(感受性)의 소유자가 되리라. 그 이전에는 꽃은 절대로 100% 붉을 수 없고, 버들도 100% 푸르지는 못하다고. 왜인가?

심체(心體)인 구경(究竟)을 체득하는 순간에 자의식(自意識)은 정화(淨化)되기 때문이다. 말이 나온김에 하는 말이지만 정화(淨化)라는 말을 쓴다면 이와같이 구경(究竟)이 출현한 경우에나 사용해야 하며 아무렇게나 사용하는 것이 아님을 알아야 한다. 그와같이 버들의 푸른빛도 꽃의 붉은빛도 자의식(自意識)에 불과할진대, 그 자의식이 정화되고 나서야 자의식에 불과한 푸른빛도 붉은빛도 완벽하게 정화된 푸름이요 붉음이 아니겠는가.

한편 "버들은 푸르고, 꽃은 붉다"는 이야기를 평등 그대로 차별이요, 차별 그대로 평등이라는 방식으로의 해설이 가능하다. 평등이 공(空)이라면 차별은 인과법(因果法)이다. 공(空)한 것이 인과법이요, 인과법이 곧 공(空)이다. 이런식의 풀이는 어디서든 많이 들어 익숙해져 있으리라. 흔하게 늘려있는 이야기는 생략한다.

4. {겨자씨 안에 수미산이 들어간다}

1. 겨자씨는 심체(心體)를, 수미산은 마음의 그림(화:畵)인 심상(心相)을 뜻한다고 보아도 무방하다. 마음이란 펼치면(열치

면) 삼천대천세계로 벌어지고 접으면 없어지는 법. 수미산이 겨자씨 속으로 들어가는 이야기는 이런 뜻이라. 따라서 이런 이야기도 일종의 비유에 불과하다.

2. 뿐만아니라 이렇게 보아도 무방하다. 쇠나무에 꽃핀다고 거침없이 외치는 이치와도 똑같다고 보아도 무방하다. '쇠나무에'와 '꽃핀다'가 전혀 아무런 불편없이 자유자재하게 이어져서 동거생활에 들어가듯이. 그와같이 '겨자씨 안에'와 '수미산이 들어간다'가 서로간에 하등의 불만없이 이어져서 아무 탈없이 지낸다.

어째서 이런 수작을 하면서도 눈썹 한 올 꿈틀거리지 않는가? 그것은 이렇게 말하는 사람의 마음의 구경(究竟)이 드러나 있기 때문이다. 드러난 구경(究竟)이 '쇠나무에'와 '꽃핀다'를 거침없이 연결해주고 '겨자씨 안에'와 '수미산이 들어간다'를 거침없이 연결해준다는 뜻이다. 일견 언어의 유희처럼 들리는 이런 부류의 이야기는 내가 시소놀이의 중심점의 이치를 하나의 비유로 삼아 정밀하게 해설한 바 있다.

아울러 아무리 이치를 밟아 이런식으로 이해한다고 해봐도 화두를 해서 구경(究竟)을 확인하지 못하는한 마음이 끝까지 시원해지거나 후련해지는 일은 결단코 없으리라는 사실이다. 이를테면 해설을 듣고 그런 것이었던가 하는 이해(理解)는 얻는다 해도 의심(疑心)은 여전히 그대르 남는다는 말이다. 그러기에 사람 환장하는 것이며 그러기에 화두를 하라는 것이지.

5. {수미산 속에서 큰 돌을 쪼갠다}
이치는 '겨자씨 안에 수미산이 들어간다'는 표현과 같은 맥락에서 살피면 된다. 먼저 겨자씨 안으로 거대한 수미산을 밀어넣지 않았던가. 그럼 수미산은 어찌 되었겠는가? 겨자씨보다 더 형편없는 존재가 되었던가?

　겨자씨보다 더 오그라진 극미(極微)의 수미산(須彌山)속으로 이번에는 큼직한 돌을 집어넣고 말았겠다. 껄껄껄.

　어떤가? 겨자씨 안으로 수미산을 밀어넣는 일이 쉽겠는가? 아니면 겨자씨보다 더 작아진 수미산 속으로 큼직한 돌을 집어넣어 쪼개는 일이 더 쉽겠는가? 수미산 속에서 큰 돌을 쪼갠다는 표현의 이치도 겨자씨 안으로 수미산이 들어가는 이치와 똑같음을 알아차렸으리라.

　6. {설(雪)이라는 여인이 찻잔을 던져 깨뜨린 이유}
　쨍그랑 소리내며 깨어지는 찻잔소리는 심체와 정확하게 일치하고 있다.

　수미산을 겨자씨 속으로 집어넣는다는 호암(湖岩)스님의 이야기도 그럴싸해보이기는 하지만 그렇다 하더라도 속아서는 안되리라. 그런 이야기를 주고받은 그때 그 상황속으로 처박혔다면 계급(階級)에 떨어지는 것이다.

　뿐만아니라 구경(究竟)을 확인하고 끝없이 적멸(寂滅)하면서 전체작용을 하는 지인(至人)으로서는 전체(全體)가 아닌 부분(部分)에 잡히는 일은 절대로 없다고 알아야 한다. 왜일까? 전체가 잡히면서 전체작용이 시작되는 찰나에 일체(一切)는 적멸하기 때문이요, 끊임없이 적멸하기 때문이다.

　예컨데, 아까 이야기한 '쇠나무에 꽃핀다'든가 '겨자씨 안으로 수미산이 들어간다'든가 하는 이야기가 나오면 보통 사람들은 대번에 "이 무슨 소린가?"하면서 그 이야기에 잡혀들어간다. 잡혀들어가 꼼짝달싹 못한다. 자석에 쇳가루가 달라붙듯이.

　연(然)이나 지인(至人)은 그렇지 않다. 쇠나무에 꽃피는 이야기라든가 겨자씨 안으로 수미산이 들어간다는 이야기 따위의 이야기가 다가와도 그런 이야기 따위는 낱낱이 적멸하고 만다. 구경(究竟)이 드러나 마침내 적멸하는 지인(至人)에게 있어서 그따위 지저분한 '파리'같은 이야기가 무슨 볼일이나 있을듯한가? 어느 누구는 말하기를, 파리가 온갖 냄새나는 곳이면 가리지 않고 날아가 앉지만 오직 화염(火焰) 위에는 앉지 못한다고 했던가 그랬었지.

하여, 여인(女人)이 찻잔을 집어던져 깨뜨림으로써 그때 그 상황을 산산조각내고 그때 그 상황이라는 수미산을 그야말로 겨자씨(심체)가 말끔히 삼켜버리게끔 허락한 것이다. 쨍그랑 소리내며 깨어지는 찻잔소리는 심체(心體)와 정확하게 일치하고 있는 줄 알아야 한다.

하여, 여인(女人)은 경계(境界)라는 심상(心相) 그대로 심체(心體)임을 참으로 잘도 설(說)했다.

7. {어찌된 까닭에 마조도일이 여인(女人)에게 속았다 했는가}

이 부분의 내용도 앞에 나온 <6>번의 구성(構成)과 비슷하다. 비슷하다 못해 아주 똑같다. 설(雪)여인은 마조도일로 하여금 헛소리를 반복하게 함으로써 "인연(因緣)에 대하여 한마디해보라"고 추근대며 수작걸어 계급(階級)의 진흙탕속으로 쳐박으려는 늙은 영감탱이 마조도일의 노회(老獪)한 손길을 단숨에 잘라버렸다 그말이지 뭐.

30. 수산죽비를 예로 들어 무자화두(無字話頭)라는 바보수작을 비판한다

  1. 무문관 제43칙 수산죽비(首山竹篦)공안의 이치는 앞의 몇 단락에서도 분석해보았다. 내가 왜 무문관 제43칙 수산죽비를 여러번 언급하는가? 그 이유는 다음과 같다.
  <수산죽비>야말로 공안의 '말씀' 그 자체, 공안의 언어(言語) 그 자체에는 절대로 떨어지지 말라는 옛 성인(聖人)들의 지엄한 명령과도 흡사하기 때문이다. 그러므로 예컨데 무자화두(無字話頭)와 같은 공부방식은 바보스럽기 그지없는 짓거리라고 나는 거리낌없이 평한다.
  만일 누군가가 내 이야기에 반기(反旗)를 들고나와 내 이야기를 부정하려든다면 그는 화두선(話頭禪)에 관한한 까맣게 눈먼 사람이라는 평가를 더불어 내린다. 지금도 선문(禪門)에서는 '무자화두'와 같은 눈먼 화두를 가지고 수많은 사람들의 눈을 멀게 하고 있다는 평가를 아울러 내린다.

  2. 공안 거의 대부분의 이치가 수산죽비와 동일한 선상(線上)에 서있다. 예컨데 만일 무문관 제1칙 조주구자를 구자무불성(狗子無佛性)으로 참구하는 절차를 밟는다면 그 공부원리는 제43칙 수산죽비와 똑같아서 차이라고는 전혀 없다. 그것이 그렇지를 못해서 무문관 제1칙 조주구자를 무자화두(無字話頭)로

다룬다면 그것은 바야흐로 아닌 밤중에 홍두깨와 다름없는 기괴한 물건의 출현에 버금가는 현상인 셈이다. 다음 이야기를 들어보라.

3. 수산죽비에서 수산성념이 죽비(竹篦)를 들고 죽이고 살리는 살활(殺活)의 명령을 내렸다.
 "이것을 죽비라 부르면 집착하는 것이요, 죽비라고 부르지 않으면 등돌리는 것이다. 자, 너희들은 이때 어떻게 하겠는가?"
 수산죽비의 전반부(前半部) <이것을 죽비라고 부르면 집착이요>와 후반부(後半部) <죽비라고 부르지 않으면 등돌리는 것이다>의 사이(틈새)를 공안의 허리라고 나는 말했다. 이와같이.
 예리한 면도날로 인정사정 두지않고 가차없이 잘라버리는듯 한 공안의 '그러나' 결코 끊어지지 않는 예리한 허리. 끊어지되 결코 끊어지지 않는 공안의 예리한 허리가 이번에는 도리어 예리함을 극(極)하는 예리함으로 우리들의 마음을 끊고 마음의 구경(究竟)을 노골적으로 드러내보여준다.
 끊어지되 결코 끊어지지 않는 수산죽비의 허리라고 알아본다면, 하다못해 어느 정도라도 이해가 된다면 그때 이미 <끊어지되 결코 끊어지지 않는 공안의 예리한 허리>가 그대의 심의식(心意識)에 깊이 파고들고 있다고.

4. 이와같은 원리에 눈뜬다면, 수산죽비의 원리에 눈뜬다면, 수산죽비의 전반부(前半部)와 후반부(後半部)라는 공안의 <말씀 그 자체>는 효용성이 다한 폐기물(廢棄物)로 전락함이 마땅한 까닭에 폐기처분해야 한다. 폐기처분하고 전반부와 후반부 사이에 해당하는 공안의 허리만을 집중적으로 살피는 혜안(慧眼)을 갖추지 않으면 허송세월하게 된다.

모든 공안의 구성원리가 그렇다. 중요한 핵심은 공안의 허리일뿐, 말씀 그 자체는 어처구니 없게도 아무런 쓸모가 없는 데에야 어찌하겠는가 그말이지 뭐. 한(漢)나라 개(狗)는 흙덩이를 쫓는데 사자(獅子)는 뒤돌아 서서 사람을 물어뜯는다고 했던가.

<있느냐?>는 질문에 <없다>고 대답했다는 무문관 제1칙 조주구자. 여기에서 <없다>는 말씀 그 자체만 끈질기게 물고 늘어지겠다는 늘어지고 말리라는 무자화두 공부방식을 고집하는 사람이라면 흙덩이를 뒤쫓는 한(漢)나라 개(狗)와 무슨 다른 점이 있으랴.

5. 예를들어 수산죽비 공안에서,
<1>. 이것을 죽비라고 부르면 집착이요
<2>. 죽비라고 부르지 않으면 반칙이라

에서, <1>과 <2>의 허리부분만을 유심히 살펴볼 일이요, <1>과 <2>의 말씀 자체는 아무런 쓸모가 없다고 알아보고 또 알아보아야 한다는 말이다.

공안의 끊어지되 끊어지지 않는 허리부분의 깊은 이치를 어느정도 터득하여 수긍하게 되었다 하더라도, 만일 <1>과 <2>의 말씀 그 자체가 뇌리에 박힌채로 남아있다면 공안에 대한 이치가 끝까지 열리지는 않게끔 되어있다. 왜일까?

<1>과 <2>의 말씀은 어디까지나 제6의식(意識)의 세계에 머문다. 의식(意識)의 세계에 머무는 말씀으로서의 공안 곧 <1>과 <2>는 의식(意識)의 세계에 억세게 박혀있으면서 <1>과 <2> 사이의 끊어져 함몰하는 허리부분을 도리어 끌어올린다. 공안 허리의 함몰(陷沒)을 방해하여 8식(무의식)에 박히려는 공안허리를 6식(의식)의 세계로 끌어올린다.

6. 이는 그네놀이를 떠올리면 간단히 이해된다. 그네를 타는 사람의 입장에서 바라본다면 그네줄은 창공으로 아득히 떠나가려는 사람을 꽉 붙잡아두는 꺾쇠같이 느껴진다. 여기에서 그네를 타는 사람은 화두의 허리 즉 화두지요(話頭之腰)이고 그네줄은 화두지요 좌우(左右)의 말씀을 이름이다. 그네줄 때문에 그네를 타는 사람은 그네에서 벗어나 창공(蒼空)으로 아득히 떠나갈 수 없는 것이다. 여기에서 창공은 구경(究竟)을 이름이다.

이와같이 기껏해야 의식(意識)의 세계에나 들락거리는 말씀으로서의 화두가 화두지요 혹은 화두지규(話頭之竅)의 구경(究竟)도착을 적극적으로 방해한다. 화두지규(화두지요)가 함몰하여 구경에 도달하는 일을 적극적으로 방해하는 물건이 <화두의 허리> 좌우의 전반부와 후반부라는 말씀 그 자체다. 화두허리 좌우의 말씀은 함몰하여 구경에 도달하려는 화두허리(화두지요=화두지규)를 의식(意識)의 세계로 끌어올리려는 시도를 부단히 지속하여 그만두는 법이 없다.

7. 이렇게 되어서는 안된다. 이렇게 되어서는 공안의 허리가 심의식에 깊이 박혀들어서 심의식을 도려내보일 재주가 없다. 그러기에 나는 '화두융합론'을 주창하는 것이다. 화두융합론이 무엇인가?

예를들어, 수산죽비의 허리가 끊어지듯 심의식 속으로 함몰하여 심의식을 도려낼 때, <1>과 <2> 즉 수산죽비의 전반부와 후반부도 끊어져 무의식(無意識) 속으로 함몰하는 수산죽비의 허리속으로 까마득히 휩쓸려들어 화두융합체(단절융합체斷切融合體)를 형성한다고 나는 설해왔다.

거듭거듭 설한다. 수산죽비의 허리 함몰하는 이치를 꿰뚫어 본다 하더라도 수산죽비의 양쪽 날개(翼)에 해당하는 전반부와 후반부의 말씀도 허리속으로 함께 휩쓸려들어간다는 식으로 알아보아야 한다. 함몰하는 화두지규(화두지요)속으로 공안의 전체 말씀이 휩쓸려들어가지 않으면 않는한 화두지규가 구경에 도달하여 구경과 합치는 일은 요원(遼遠)하다.

8. 아니면 이렇게 바라보아도 되기는 된다. 전술(前述)한 바와 같이, 허리에 대한 이치를 꿰뚫어보았으니 전반부와 후반부의 말씀은 이제 불필요한 물건이 되고말았다. 그러니 전반부와 후반부의 말씀은 이제 폐기처분한다고 선언해도 그만이다. 폐기처분하고 되돌아보지 않으면 된다. 그로써 합격이다. 다만 그때부터 화두지요(화두지규)에 대한 이치를 고도로 정밀하게 살피지 않으면 안되겠지만.

9. 화두지규만을 고도로 정밀하게 살피는 방법이 어떠하였던가? 기억나는가? 화두의 구멍, 즉 화두지규는 열림과 닫힘이 이시(異時)가 아니요 동시(同時)라고 했다. 화두지요에 해당하는 화두지규는 열리자 말자 닫힌다. 이를테면 화두의 허리는 끊어진듯 이어져 있다는 말이다. 이와같이 화두지규는 지워져서 어디에서든 흔적을 찾지 못한다. 이와같은 이치에 도달하면 문득 식심(識心)이 화두지규를 통과했다는 깨달음에 이를 것이요, 역(逆)으로 화두지규가 식심(識心)을 몽땅 도려내어 한덩이로 묶고 말았음을 깨닫는다.

그래서 내가 하던 말이 무엇이었던가? 마음속으로 화두지규를 그려보라. 그런 다음에 지우라고 하였다. 그러면 이미 식심(識心)은 있는 그대로 몽땅 뽑혀서 화두지규에 묶인 것이라고 했다. 물론 단 한번에 이치를 모두 소화하기에는 역부족일 것이다. 하지만 이런 이치가 그럴듯하다고 여겨지는 사람은 반드

30. 수산죽비를 예로 들어 무자화두라는 바보수작을 비판한다 147

시 깊이 연구해보기 바란다.

　대도(大道)의 문(門)이 너무나 우스꽝스러울만큼 쉬운 방법에 의하여 열릴 수도 있으니까. 그러나 그런 사람이라면 윤회를 거듭하면서 수행을 게을리하지 않았던 사람임에 틀림없다. 전생(前生)에서부터의 수행이 없었을 리 만무하다. 미진한 부분이 있다면 이 책 첫머리의 단락 제 (1)번을 참고하라.

　10. 이야기를 되돌리자. 하지만 화두지요 좌우의 말씀을 폐기처분한다 한들 그 말씀들이 어디로 가겠는가? 저 무변허공(無邊虛空)으로라도 증발하겠는가? 어디 따로 달아날 곳이라도 있나? 결국 마음속의 일이요, 그러기에 유식(唯識)이라 하지 않았던가. 그렇다면, 유식(唯識)이라면, 전반부와 후반부의 말씀들이 함몰하는 화두허리 속으로 휩쓸려들어 화두융합체(話頭融合體)를 형성한다는 화두융합론에 오류(誤謬)의 여지는 없게 마련인 것이다. 화두융합론에 오류는 없다고 잘라 말한다.

　11. 수산죽비 공안의 양쪽 날개인 <1>과 <2>도 끊어지는듯 함몰하는 공안의 허리속으로 밀어넣어 남겨두지 않는다는 식으로 이해해야 한다. <1>과 <2>를 의식(意識)이 끝까지 잡고 있으면 <1>과 <2>의 사이(틈새) 즉 수산죽비 공안의 함몰(陷沒)하는 허리는 <1>과 <2>가 끌어당겨올리는 인력(引力)의 역작용(逆作用)으로 인하여 그 함몰이 결코 완벽한 함몰이 되지 못한다. 따라서 함몰에서 생성되는 단절융합체(斷切融合體) 역시 완벽한 단절융합체를 이루지 못한다. <1>과 <2>를 의식이 꽉 붙잡고 있다면 꽉 붙잡고 있는 동안에는 수산죽비 공안의 이치 열리기를 바라기는 무망(無望)한 노릇이 되리라.

12. 이는 마치 무문관 제1칙 조주구자에서 <---있는가?>라는 질문이 앞서 나오고, 뒤이어 나타나는 <없다>라는 대답에만 필사적으로 매달리면서 "무?무?무?" 해대는 소위 무자화두(無字話頭) 공부방식을 되새김질하게 유도하면서 반성의 계기를 마련해준다. 강조하거니와 무문관 제1칙 조주구자를 해결하는 원리도 제43칙 수산죽비를 해결하는 원리와 동일하다는 사실을 망각하지 말라.

<1>. ---있는가?

<2>. 없다.

조주구자 공안에서의 전반부와 후반부에 해당하는 <1>과 <2>의 의무 및 역할은, 수산죽비 공안에서의 전반부와 후반부에 해당하는 <1>과 <2>의 의무 및 역할과 똑같다. 조주구자 공안을 풀어나가는 원리는 수산죽비 공안을 풀어나가는 원리와 똑같다. 그뿐만이 아니다. 수산죽비 공안을 풀어나가는 원리는 무문관에 등장하는 거의 대부분의 공안을 풀어나가는 원리와 동일하다. 조주구자를 무자화두로 변형시켜 풀어보겠다는 발상은 기괴하기 그지없는 수작이다.

13. "무?무?무?" 해대거나 혹은 "없다?없다?없다?" 해대거나 혹은 "어째서 없다 했을까? 어째서 없다 했을까? 어째서 없다 했을까?" 해대면서 평생을 두고 뼈를 깎듯이 밀어붙인다고 조주구자 공안의 이치가 열릴듯한가? 처음부터 방향을 잘못잡고 시작하는데 어찌 목표지점에 도달하겠는가. 고금(古今)을 불문하고 선종가문(禪宗家門)에서 가르치는 무자화두(無字話頭) 공부방법이야말로 그실 볼만한 구경거리를 세상일반에 제공하고 있는 셈이다.

31. 축생(畜生)의 중음신(中陰身)

 축생(畜生)은 짐승에서부터 벌레에 이르기까지 인간을 제외한 모든 동물을 통털어 축생이라 일컫는다. 본래 어리석은 성품(性品)으로 인하여 축생계(畜生界)의 몸을 받게 된 것이니, 어리석음이란 얼마나 어둡고 괴로운 성품인가를 능히 짐작하고도 남음이 있으리라. 축생의 업력(業力)은 그 종류가 무량하다. 어리석음과 번뇌의 종류가 무량무수하기 때문이다.
 이와같이 <어리석음>의 업력(業力)이 성취되면서 축생으로 태어나고, 축생의 세계에 태어난 후에도 나머지 업력으로 또다시 무량한 백천억(百千億)의 생사(生死)를 되풀이한다. 무서운 업력으로 인하여 축생으로서의 윤회(輪廻)를 끊고 보다 좋은 세계에 태어나는 일이 쉽지 않다는 뜻이다. 그런데 축생은 지옥과 아귀도(餓鬼道)에도 존재하므로 그 좋지못한 업력 때문에 지옥과 아귀(餓鬼)의 세계에 직접 태어날 수 있다.
 축생은 종류도 많고 삶의 길도 한없이 다양하다. 이들은 전생(前生)에 다른 사람의 진실한 가르침을 믿지 않고 어리석은 번뇌만 쌓아 모든 악업(惡業)을 조성(造成)하였기 때문이다.
 하지만 이런 무서운 업력도 소멸할 때가 있다. 이는 마치 오래고 오랜 세월에 걸쳐 큰 바닷물이 조금씩 증발하여 마침내는 고갈되는 것과도 비슷하나니, 축생들의 업의 바다(업해:業海)도 조금씩 조금씩 증발하여 없어질 때가 있다는 것이다.
 무량한 과거에 지었던 무명(無明)의 업해(業海)가 소멸되면 축생의 무의식(無意識) 깊고 깊은 곳에 파묻혀있던 아득한 과거세(過去世)의 선업(先業)이 서서히 나타나기 시작한다. 그리하여 그 축생은 축생으로서의 마지막 삶을 끝내고 죽은 후에 과거세(過去世)에 지었던 선업(先業)의 이끌음을 받아서 사왕천(四王天)과 삼십삼천(三十三天)에 태어날 수 있다고 한다.

그러나 축생이 천상(天上)에 태어난다는 것은 매우 어려운 일이라 한다. 경전(經典)에서도 말씀하시기를, 축생은 그 마음이 아둔하여 천상에 태어나는 것이 매우 희유(希有)한 일이라고 하였다. 왜냐하면 축생은 마음이 무지하고 또 계속하여 악업(惡業)을 짓기 때문이다.

축생은 한없는 생(生)과 사(死)를 되풀이하며 일겁(一劫) 내지 백천겁(百千劫) 동안 축생으로 태어나는 과보를 받게된다. 그러기에 경전(經典)에서 이르시기를, 차라리 지옥(地獄)이나 아귀(餓鬼)의 몸을 받아 태어날지언정 우치(愚痴)한 축생의 몸은 받지 아니함이 바람직하다 하셨다. 이러한 이유로 해서 축생의 몸을 벗고 천상계(天上界)에 태어나는 일은 극히 어렵다 말하는 것이다.

그렇지만 모든 중생은 깨달을 수 있고 착한 성품 내지 불성(佛性)이 있기 때문에 인간이 성불(成佛)할 수 있는 바와 같이 축생도 천국(天國)에 왕생(往生)할 수 있는 가능성은 있다.

축생으로서의 괴롭고 괴로운 과보(果報)가 다하면 아득한 전생(前生)에 지었던 선업(善業)이 떠오른다. 그 선업(善業)의 이끌음을 받아서 축생은 축생으로서의 마지막 임종(臨終)의 시간에 광명(光明)이 나타난다. 이때 과거의 어리석었던 마음은 점점 사라지고 그와는 반대로 그 축생이 본래부터 지녔던 지혜(본지:本智)가 조금씩 증가된다.

그 축생이 본래부터 갖추었으나 어리석은 성품에 뒤덮인채로 깊이 묻혀있던 본지(本智)의 힘에 의하여 마음이 점차 밝아지고 지혜로워지면서 좋지못한 환상에 속지 않고 광명(光明)을 향하게 된다.

그리하여 축생으로서의 마지막 임종(臨終)의 시간에, 그는 축생으로서의 무량한 삶을 통하여 보지 못했던 천상적(天上的)인 색상(色相)을 꿈에서 보듯이 목격하고 쫓아가는데 그곳이 바로 천국(天國)이다. 이때 그는 홀연히 천인(天人)의 몸을 받아 천국에 태어난다. 지혜의 힘에 의하여.

32. 좌청룡(左靑龍)과 우백호(右白虎)

1. 대법(對法)이라는 원리원칙.

나는 졸저(拙著) '화두 융합과 초점' 및 '무문관의 새로운 해석'에서 본의 아니게 화두융합론의 대맥(大脈)에서 벗어난 화두융합론을 설한 곳이 있음을 분명히 하고자 한다. 어느 선(線)까지는 논란(論難)의 소지를 남겨두고 있는듯한 화두선법(話頭禪法)을 소개한 것이 사실이다.

그런 부분이 여러군데 심심찮게 박혀있음을 사실대로 밝혀 화두선에 대한 독자들의 오해를 제거하고 화두선에 대한 독자들의 이해가 보다 정확한 것이 되게끔 이끌고자 한다. 거의 대부분의 경우에는 대법(對法) 즉 반어법(反語法)으로 풀어나가야 한다는 화두융합의 법칙에 예외(例外)를 인정한듯한 대목이 있었다는 말이다.

예를들어, 무문관 48개의 칙(則) 중에서 제3칙 구지수지(俱胝豎指), 제14칙 남전참묘(南泉斬猫), 제18칙 동산삼근(洞山三斤), 제21칙 운문시궐(雲門屎橛), 제37칙 정전백수(庭前柏樹), 제48칙 건봉일로(乾峰一路) 등이 있다.

무문관 48개의 칙(則) 가운데에서 6개의 공안을 예시(例示)하기는 하였으나 이 6개의 칙(則)도 다시 두가지로 분류하면서 그 구성이치를 뜯어보면 문제가 그다지 간단하지만은 않다는 결론에 이르게끔 되어있다.

먼저 제3칙 구지수지와 제14칙 남전참묘를 보리라.

2. 무문관 제3칙 구지수지(俱胝竪指)
금화산(金華山)의 구지금화(俱胝金華)는 누가 따지고 물어오면 언제나 오로지 손가락 하나를 들어보였다는 일화(逸話)에서 형성된 공안이다.

3. 무문관 제14칙 남전참묘(南泉斬猫)
고양이 한마리를 사이에 두고 제자들 간에 붙은 논전(論戰)을 넌지시 지켜보던 남전보원이 주책없이 공연히 끼어들었다가 드디어는 고양이를 삭도(削刀)로 잘라버리는 지경에 다달아서야 모두들 기가막힌채로 그리고 괴로워하면서 자기들의 방으로 되돌아갔다는 정신나간 사람들의 일화(逸話)에서 형성된 공안이다.

저녁무렵이 되어서야 외출에서 돌아왔다는 조주스님. 남전보원은 상수(上首)제자인 조주에게 낮에 벌어졌던 해괴망칙한 짓거리를 슬금슬금 털어놓은 후에 은근한 어투로 물어보았다.

"조주야, 네가 만일 그때 그 자리에 있었더라면 어떻게 했겠느냐?"

스승인 남전보원의 푸념어린 하소연이 끝나자 조주는 신고있던 짚신을 벗어 머리위에 얹었다. 그리고는 짚신을 머리위에 얹은 그 모양 그대로 되돌아서서 문밖으로 나갔다고 한다. 제자의 행위를 지극한 눈빛으로 지켜보던 남전보원의 입에서 탄식과 고뇌로 가득찬 말씀이 안타까이 흘러나왔다.

"그대가 만일 그때 그자리에 있었더라면 고양이의 목숨을 구할 수 있었을 것을!"

4. 어떻게 할 것인가?

자, 그러면 이쯤에서 문제를 제기해보자. 제3칙 구지수지와 제14칙 남전참묘. 이 두개의 공안도 예컨데 제43칙 수산죽비(首山竹篦)와 같은 방식으로 풀어나갈 것인가? 수산죽비 공안은 앞에서 자세하고도 자세하게 설(說)하였었다.

수산성념이 죽비를 들고 제자들에게 말한다.

"이것을 죽비라 부르면 집착이요, 죽비라고 부르지 않으면 반칙이다. 자, 너희들은 어떻게 하려느냐. 입이 있는 사람은 어디 한번 냉큼 나서서 지꺼려보아라."

대략 이런 내용을 머금은 제43칙 수산죽비 공안이다.

여기에서는 <이것을 죽비라고 불러도 안되고>와 <죽비라고 부르지 않아도 안된다>의 사이 즉 틈새를 공안의 허리라고 칭하면서 공안의 허리를 보라고. 수산죽비의 허리를 보라고 나는 세설(細說)하였다.

제3칙 구지수지와 제14칙 남전참묘. 이 두개의 공안도 제43칙 수산죽비와 같은 원리로 구성된 것일까?

5. 풍수지리설의 원용(援用)

풍수지리설(風水地理說)로 비유하자면 제43칙 수산죽비에서는 좌청룡(左靑龍)과 우백호(右白虎)가 대등한 세력으로 뚜렸하게 일어섰다고 여겨지는 반면에, 제3칙 구지수지와 제14칙 남전참묘는 그렇게까지는 느껴지지 않는다는 사실에 고민이 있다. 구지수지와 남전참묘의 경우에는 좌청룡(左靑龍)은 지리멸렬(支離滅裂)해보이고 우백호(右白虎)는 뛰어나게도 웅위하게 솟았다.

제3칙 구지수지에서의 좌청룡은 <누가 따지고 물어오면>에 해당되고, 우백호는 <오직 손가락 하나를 쑤욱 들어보였다>에 해당된다. 구지수지에서는 공안(公案)의 체중(體重)이 우백호(右白虎)쪽으로 쏠렸다는 인식(認識)이 당연히 머리를 쳐들게끔, 당연히 머리를 쳐들고 누구에게나 달려들게끔 되어있다. 좌청룡에 해당하는 <누가 따지고 물어오면> 따위의 이야기에 주의를 기울이는 사람은 아마도 거의 없으리라.

마찬가지로. 제14칙 남전참묘화(南泉斬猫話). 남전참묘에서 <조주야, 네가 그때 있었더라면 어찌 하였겠느냐?>라는 부분이 좌청룡이요, <조주는 신벗어 머리에 얹고 나갔다>는 부분이 우백호다. <조주야, 네가 그때 있었더라면 어떻게 했겠는냐?>의 좌청룡은 독자들의 시선(視線)을 끌기에 너무나도 지리멸렬한 모습이다.

반면에 <신벗어 머리에 이고 나갔다>는 우백호의 조주스님은 지금껏 기세등등하게 살아있다. 신벗어 머리에 이고 문밖으로 나가는 천년(千年)전의 조주스님을 붙잡아 무대(舞臺)아래로 끌어내릴만한 장사(壯士)는 천년이 지난 지금에 이르기까지 나타나지 않았다.

6. 희미해 보이는 좌청룡의 가치.

화두선문(話頭禪門) 천년 역사에서 남전참묘의 좌청룡에 주목했던 사람은 전무(全無)하였다. 제3칙 구지수지의 좌청룡에 주목했던 사람도 화두선 천년 역사에서 아무도 없었다. 구지수지와 남전참묘화.

예컨데 이 두개의 공안에서 어느 느구의 눈에도 좌청룡의 행색(行色)은 남루해보였고 그 역할은 미미해보였다. 그와는 반대로 우백호야말로 공안의 모든 것인양 여겨져왔었다. 사실은 그것이 아니었는데.

지금 내가 설하고 있는 내용 또한 화두선 1000년 역사에서 (내가 '천년'을 몹시도 좋아하는 친구라는 것쯤은 모두들 익히 알고는 있으리라. 헛헛헛) 아무도 살피지 못했던 것이다. 제3칙 구지수지와 제14칙 남전참묘에서 우백호(右白虎)와 견주어 조금도 못지않은 가치를 좌청룡(左靑龍)도 가지고 있다. 나는 그렇게 잘라 말한다.

설명하자면 구지수지와 남전참묘 공안을 풀어나가는 방법은 제43칙 수산죽비 공안을 풀어나가는 방법과 똑같다는 뜻이다. 수산죽비를 바라보는 이치대로 구지수지와 남전참묘도 바라보라. 그것이 정공법(正攻法)이다.

7. 예외

그렇다면 구지수지와 남전참묘에서 좌청룡을 무시하고 오늘날에 이르도록 우백호에만 죽자살자 매달려온 처사(處事)는 전혀 잘못된 행태인가? 결론부터 내놓는다면 그렇지만은 않다는 것이다. 그 이유가 무엇인가? 전술(前述)한 바와 같이 공안의 체중(體重)이 우백호(右白虎)에 몰려있다고 주장한다면 그 또한 부정할 도리가 없어보이기도 하기는 한다.

이 두개의 공안에서 좌청룡의 역할이 별볼일없다고 치부하고 우백호에만 집중해도 그만이라는 결론을 내려도 어쩌지 못한다. 어쩌지 못할 정도로 우백호에 공안의 체중이 치우쳤다고도 인정된다. 그렇다면 과연 "예외없는 법칙이 없다"는 이야기는 화두선에도 분명히 적용되는가?

8. 조주구자

나는 제1칙 조주구자(趙州狗子)를 여러번 길게길게 분석하면서 조주구자를 무자화두(無字話頭)로 바라보는 사람들의 잘못을 비판해왔다. 다양한 각도에서 비판해왔다. 제1칙 조주구자에서는 공안의 전반부(前半部)와 후반부(後半部) 즉 공안의 좌청룡과 우백호가 털끝만큼의 무게차이도 없이 마주보는 형국을 취하고 있다. 따라서 조주구자를 무자화두로 바라보는 잘못을 준열히 비판했던 것. 무자화두 한다고 하다가 평생을 헛날리고 패망(敗亡)한 사람들이 너무나 많았다는 불교역사가 나의 주장을 여실히 뒷받침하고 있는 터이다.

하지만 제3칙 구지수지와 제14칙 남전참묘의 맛은 조주구자의 맛에 비교해서 미묘한 차이가 존재한다. 이를테면 그 종류가 다른 것이다. 그 이유를 정밀분석해보리라.

33. 선문염송 제254칙 오진(吾眞)과 착시현상

　예컨데 선문염송 제254칙 오진(吾眞:나의 초상화)을 보리라. 반산보적(盤山寶積)선사가 임종을 앞두고 절안의 대중을 불러 모아 물었다.
　"누가 나의 초상화(肖像畵=오진)를 그릴 수 있겠는가?"
　반산보적의 말씀을 좇아 모두들 선사(禪師)의 초상을 그려 바쳤는데 선사(禪師)는 방망이 세례를 하사했을 뿐이다. 그때까지 지켜보고만 있던 보화존자(普化尊者)가 나서서 아뢰었다.
　"제가 한번 그려보이겠습니다."
　반산보적이 짐짓 못마땅하다는듯 심술궂은 어투로 뇌까렸다.
　"어째서 일찌기 나에게 보여주지 못했는가?"
　이에 보화존자가 벌떡 일어나더니 더넓은 선방(禪房)을 곤두박질치면서 나가버렸다.(이 무슨 해괴망칙한 짓거리였단 말인가! 으하하하하.) 자유자재하게 '아마륵과'를 굴리는 보화존자의 무애자재한 행태를 목격한 대중이 어리벙벙해져 있는데, 반산보적이 자못 감탄한듯 껄껄거렸다.
　"저 사람이 나중에 미치광이 짓을 하리라."
　반산보적의 말씀에도 언급되었던 바와 같이 보화존자는 그후 세상과의 인연이 다하여 타계(他界)할 때에 온몸으로 빠져나갔다 전한다. 그가 들어가 열반한 관(棺)을 열어보니 한줄기 찬란한 빛줄기가 관속에서부터 문득 뻗쳐나와 하늘을 향해 꽂혔는데, 그 서광(瑞光)을 따라서 딸랑딸랑 울리는 요령소리만 서서히 하늘로 올라갔다는 것이다(보화존자는 생전에 항상 요령을 흔들면서 거리의 대중을 교화敎化했음). 열려진 관속에는 그의 머리카락 한올도 없이 텅비어 있었다. 이른바 전신이탈(全身離脫)이다.

내가 여기에서 선문염송 제254칙 오진(吾眞) 이야기를 꺼낸 이유는 물론 무문관 제3칙 구지수지나 무문관 제14칙 남전참묘와 관련지어 해설하고자 함에 있다.

결론부터 앞세우자면 이렇다. 공안을 공부하는 사람들의 공안에 대한 착시현상(錯視現狀)이 심각할 정도라는 것이다. 쉽게 말해서 공안에 대한 사람들의 인식(認識)이 정확하지 못해 착각현상을 야기(惹起)하고 있다.

선문염송 254칙 오진(吾眞)에서도 사람들의 시선(視線)은 분명히 <선방(禪房)을 곤두박질치면서 나가는 보화존자>에게로만 쏠려있으리라. 그 무슨 연유로 곤두박질치면서 나가는 괴이하기 비길데없는 모습을 보였을까? 모든 사람들의 궁금증에 궁금증을 더해가는 의심(疑心)이라면 바로 이런 내용에 틀림없다. 이것이 착시현상이다. 왜인가?

공안의 허리를 살피라는 나의 지론(至論)에 의(依)할진데 무엇이 공안의 전반부와 후반부, 즉 좌청룡(左靑龍)과 우백호(右白虎)인가?

<1>. 어째서 좀더 일찌기 그대의 견해를 나에게 보여주지 않았던가?
<2>. 이에 보화존자가 곤두박질 치면서 나갔다.

선문염송 제254칙 오진(吾眞)에서는 <1>이 좌청룡이요 <2>가 우백호의 역할을 맡는다. <1>과 <2>가 각각 좌청룡과 우백

호의 역할을 떠맡아서 <1>과 <2>의 사이(틈새), 즉 오진(吾眞)이라는 공안의 끊어지는듯 이어지고 이어지는듯 끊어지는 규(竅)를 명명백백하게 적시(摘示)한다. 선문염송 제254칙도 끊어지는듯 이어지는 공안의 날카로운 규(竅=허리)를 봐나가는 이치가 정공법(正攻法)이다.

 이러한 이치에도 불구하고 사람들의 시선(視線)은 어찌된 까닭에 '곤두박질치면서 나가는' 보화존자에게로만 향하는가? 그것은 앞에서 여러번 해설한 바와 같이 선문염송에 나오는 '오진'의 좌청룡, 그 좌청룡의 세력이 너무나 미약하여 있으나 마나한 존재로 여겨지기 때문이다.

 그리하여 '오진'의 좌청룡, 즉 "어째서 일찌기 그대의 견해를 보여주지 않았던가?"라고 추궁하는 반산보적의 말씀은 마이동풍(馬耳東風)이 되고 봄바람이 되어 4월의 버드나무 가지끝에나 걸려있을뿐 걸려서 한들거릴뿐. '곤두박질치면서 나갔다는' 보화존자의 존재만 뚜렷하게 부각되는 착시현상이 도래한다.

 공안을 엉뚱한 각도에서 바라보게 되는 무문관의 구지수지, 남전참묘, 정전백수, 동산삼근, 운문시궐 등과 더불어 예컨데 선문염송에 나오는 오진(吾眞) 등이 야기(惹起)하는 착시현상. 이 착시현상은 한결같이 '있으나 마나 하다'고 도외시(度外視)하는 좌청룡(左靑龍), 좌청룡 그 자체에 이유가 있다고도 볼 수 있다.

34. 정공법(正攻法)과 편법(便法)

　자, 그렇다면 일은 크게 벌어지고 말았다. 선문염송 제254칙 '오진'에서는 펄떡거리듯 곤두박질치며 나가는 보화존자의 행태만이 기이하기 그지없을만큼 선명한 의심(疑心)으로 일어선다면 어찌할 것인가? 그런 부류의 의심 또는 의정은 잘못된 것인가?

　결론은 잘못이 아니라는 쪽의 손을 들어주게끔 되어있다. 예컨데 무문관의 구지수지, 남전참묘, 정전백수, 운문시궐, 동산삼근 등이나 선문염송의 오진(吾眞) 등의 공안에서 좌청룡은 무시하거나 간과(看過)한채 우백호만 바라보며 골똘히 의심으로 사무쳐도 그만이라는 뜻이다.

　이런 종류의 공안에서 우백호(右白虎)의 세력은 좌청룡(左靑龍)의 존재를 가려버릴만큼 강성(强盛)한 것이 사실이다. 아니, 사실이라기보다도, 그런식으로 느껴지는 체질(정신적인 체질)이라면 그렇게라도 공안을 바라보는 수밖에 다른 방도는 없다고 표현해야 할른지.

　나는 졸저(拙著) '화두 융합과 초점'에서 이런 종류의 공안은 자기봉쇄형(自己封鎖形)공안이라는 정의(定義)를 내려 독자들의 이해를 도우려고 애를 쓰기는 썼다. 더하여 나는 졸저(拙著) '무문관의 새로운 해석'에서도 이런 종류의 공안을 분명히 자기봉쇄형공안으로 풀어보였다.

　지금에 와서야 실토하는 바, 자기봉쇄형공안으로 풀어낸 그때 나의 논리가 정공법(正攻法)이 아니었다는 것쯤은 두말할 여지도 없다. 올바른 견해가 아니었다는 말이다. 좌청룡과 우백호로 풀어내는 공안의 대법, 즉 반어법(反語法)이야말로 정공법이기 때문이다. 이를테면 자기봉쇄형공안으로 공안의 이치를 바라보는 견해는 편법(便法)인 셈이다.

정공법이 아닌 편법이 어떻게 활개를 치게끔 내버려두는가 하는 질문인가? 아니면 그대의 이론이 궁지에 몰린 나머지 편법 따위를 들고나오는 것인가 하는 질문인가? 그 질문에 대한 답변을 다음 단락에서 내보낸다.

35. 수산죽비, 파초주장 그리고 남전참묘

1. 대법(對法)이라는 불변의 법칙.

수산죽비를 다시 보자. 수산성념이 죽비(竹篦)를 들고 제자들에게 말했다.

"이것을 죽비라고 부르면 집착이요, 죽비라고 부르지 않으면 현행법(現行法)에 위배되는 것이다. 자, 말해보라. 그대들은 무어라고 부를텐가?"

이것이 무문관 제43칙 수산죽비(首山竹篦)다.

<1>. 이것을 죽비라고 부르면 집착이요

<2>. 죽비라고 부르지 않으면 현행법을 위반하는 것이 된다

여기에서 <1>과 <2>, 즉 좌청룡과 우백호는 떼어놓고 바라볼래야 떼어놓고 바라볼수없는 그야말로 불가분(不可分)의 관계로 꽉 엉겨붙어있는 모습이 한눈에 들어온다. 수산죽비의 <1>+<2>의 이치는 아무도 부정하지 못한다.

수산죽비에서 "이것을 죽비라고 불러도 안되고" 하는 좌청룡은 내버리고 우백호(右白虎), 즉 "이것을 죽비라고 부르지 않아도 안된다" 하는 말씀 하나만 달랑 들고 용감도 무쌍하게 의심(疑心)을 불러일으키고 말겠다고 나서는 사람이야 없으리라. 그토록 무모한 사람이야 있을리 만무하다.

정리하면 무문관 제14칙 남전참묘와는 달리 자기봉쇄형공안으로 바라보아서는 절대로 안되는 이른바 자기부정형(自己否定形)공안이 분명히 존재한다는 정의가 내려진다. 자기부정형공안이란 대법(對法) 즉 반어법(反語法)의 형태를 갖춘 공안을 의미한다.

2. 무문관 제44칙 파초주장.

하나 더 살펴보자. 무문관 제44칙 파초주장(芭蕉拄杖)이다. 파초혜청(芭蕉慧淸)이 제자들에게 말했다.

"너희들에게 주장자(拄杖子)가 있으면 내가 너희들에게 주장자를 주고, 너희들에게 주장자가 없으면 내가 너희들의 주장자를 빼앗으리라."

이것이 파초주장 공안이다.

'너희들에게 주장자가 있으면 내가 너희들에게 주장자를 하나 더 주고' 하는 말씀도 우리들의 머리를 좀 띵하게 만들어주기는 하지만. 파초혜청(芭蕉慧淸)의 머리가 어찌어찌 잘못되어 어찌어찌 하다가 획까닥했다고 치자. 그런 것은 그럴수도 있으니까 그렇다 치자. 요약하여 무문관 제44칙 파초주장(芭蕉拄杖)에서는,

"너희들에게 주장자가 없으면 / 내가 너희들의 주장자를 빼앗으리라."

하는 부분이 문제화(問題化)하면서 과연 그럴듯한 얼굴을 쳐드는 모습이 아주 인상적이다 못해 우리들로 하여금 어지럼증을 일어키게 유도한다. 어쨋든 이부분만 집중적으로 살피리라. 사람의 머리를 띵하게 하거나 아니면 좀더 심하게 흔들어 사람의 머리를 획까닥 돌아버리게끔 만들어주는 이 말씀만 살피리라.

<1>. 너희들에게 주장자가 없으면
<2>. 내가 너희들의 주장자를 빼앗으련다

자, 여기에서 <1>과 <2>는 분명히 <1>+<2>의 형태를 취하고 있다. 떼어낼래야 떼어낼 도리가 없는 <1>+<2>에서 만일 좌청룡, 즉 "너희들에게 주장자가 없으면"을 내버리고 우백호, 즉 "내가 너희들의 주장자를 빼앗으련다" 이 하나만 가지고 파초주장(芭蕉拄杖)공안을 바라보려는 사람은 아마도 없으리라. 왜인가? <1>과 <2>는 명백하게 좌청룡과 우백호의 관계로 맺어져 있기 때문이다.

무문관 제44칙 파초주장 공안도 뚜렸한 반어법(反語法)으로 구성되어있다. 따라서 좌청룡과 우백호의 사이가 공안의 허리에 해당된다. 공안의 허리를 살피는 혜안(慧眼)이 요구되는 제44칙 파초주장이 분명하다.

3. 남전참묘는 어떤가?

무문관 제14칙은 남전참묘화(南泉斬猫話)다.

<1>. 조주여, 그대가 만일 그때 있었더라면 어떻게 했겠는가?

<2>. 이와같은 스승의 질문을 받자, 조주는 즉시 신고있던 짚신을 벗어 머리에 이고 문밖으로 나갔다.

자, 남전참묘화에서는 <1>과 <2>가 대법(對法) 즉 반어법(反語法)을 이루어야 한다는 공안구성의 이치에서 벗어나 있는가? 벗어나 있다고 여겨지는가? 단락을 바꾸어 논(論)해보리라.

36. 그러므로 반어법이 아니고 대법(對法)으로 볼 일이다

1. 그런 까닭에 반어법(反語法)이 아닌 대법(對法)으로 바라볼 일이라니? 이건 또 무슨 소린가? 설명하리라.

반어법(反語法)이란 문자(文字) 그대로 역설(逆說)로 구성된 공안의 어법(語法)을 의미한다. 반어법이라는 표현과 동일한 뜻으로 나는 대법이라는 표현도 끊임없이 구사해왔었다. 그간의 사정이 그렇다면 이제와서 무슨 까닭에 반어법과 대법을 새삼스럽게 논위하는가?

무문관 제1칙이 조주구자다. 이 조주구자를 예로 들어보자.

2. 누가 조주에게 물어보았다.
"개에게도 불성이 있습니까?"
조주가 답했다.
"없다."
조주구자에서 <있는가?>와 <없다>는 반대말이다. 따라서 조주구자를 반어법으로 바라보는 일에 무리는 없음이 확인되었다.

3. 이번에는 무문관 제14칙 남전참묘를 보자.
<1>. 조주여, 그대가 그때 그 자리에 있었다면 어떻게 했겠느냐?

36. 그러므로 반어법이 아니고 대법(對法)으로 볼 일이다

<2>. 이에, 조주는 신벗어 머리에 이고 나가버렸다.

여기에서 <1>과 <2>는 어법상(語法上) 반어법은 아니다. 그러나 자세히 보라. <1>과 <2>는 동문서답(東問西答)의 형태를 취하고 있다면 억지라고 우기겠는가? 그래, <1>과 <2>는 분명코 동문서답의 연결형태를 취하고 있다.

4. 동문서답의 형상으로 구성되는 공안의 <1>과 <2>, 즉 공안의 좌청룡과 우백호. 공안의 좌청룡의 꼬리를 우백호는 가차없이 끊어버리며 등장한다. 왜인가? 동문서답이란 곧 논리단절(論理斷切)을 뜻하기 때문이다.

이것이 대법이요, 대법의 원리가 이러한 것이라면 반어법도 대법의 범위 안에 포함되는 대법 그 자체라는 말에 무리가 없으리라. 왜인가? 반어법이 바로 논리단절을 뜻하기 때문이다. 내가 이 단락의 문두(文頭)에서 "그러므로 반어법이 아닌 대법으로 볼 일이다"라고 시작한 이유가 그실 대법이 곧 반어법이요, 반어법이 대법에 포함된다는 사실을 밝히려는 의도에 있었음을 알게 되었으리라.

5. 그러나 사람들은 반어법과 대법을 다른 것으로 보았다. 예를 들어 반어법으로 가장 대표적인 무문관 제43칙 수산죽비와 대법으로서의 선문염송 제254칙 오진(吾眞)을 성질이 상이(相異)한 공안으로 다루게 되었다는 말이다. 무문관 제43칙 수산죽비와 무문관 제14칙 남전참묘를 상이(相異)한 공안으로 보았다는 말이다.

그러나 천명하건데 사실은 절대로 그렇지 않다고. 오진, 남전참묘, 구지수지, 정전백수자. 운문시궐, 마삼근 같은 공안의 이치도 수산죽비의 이치와 조금도 다르지 않다고.

37. 또다시, 반어법과 대법에는 차이가 있기는 있다

1. 또다시, 반어법과 대법에는 차이가 있기는 있다니? 이건 또 무슨 소린가?
예컨데 수산죽비는 좌청룡과 우백호를 반드시 결부시켜 바라보아야 하는데 반하여, 정전백수자는 좌청룡을 떼어내고 우백호만 바라보는 일이 가능하다는 뜻이다.

누가 조주에게 물어보았다.
"조사서래의(祖師西來意)?"
조주가 답했다.
"뜰앞의 잣나무."

여기에서 좌청룡인 <조사서래의?>는 아무런 의미도 없다는 착각하에 우백호인 <뜰앞의 잣나무>에만 목숨을 내걸고 매달리는 공부방법 말이다. 어째서 이런 착시현상이 가능하며, 어째서 이런 공부방법이 가능한가?
<1>. 좌청룡=조사서래의?
<2>. 우백호=뜰앞의 잣나무.
여기에서 좌청룡인 <조사서래의?>가 사실상 별다른 의미없는 질문이기에 저절로 소멸했다 치고, 따라서 우백호인 <뜰앞

의 잣나무>만 사람들의 머리에 대뜸 잡혀든 것이다. 무문관 제37칙 정전백수(庭前柏樹)와 같이 자기봉쇄형(自己封鎖形)공안을 그야말로 자기봉쇄형공안으로 바라보게된 까닭이 존재하는 것이다.

2. 정신적인 체질이 그러해서 '뜰앞의 잣나무'만 보이는 사람에게 억지로 대법을 해설하고 반어법을 해설해보이며 이렇게 하지 않으면 안된다고 누누히 설득해서 뜻하는 바를 이룬다 하자. 뜻하는 바를 이룬다 할지라도 그 체질이 다른 사람의 시선은 여전히 '뜰앞의 잣나무'에만 머물러있다면 어쩌겠는가? 비둘기 마음은 콩밭에 있다고 말이지. '뜰앞의 잣나무'에만 잡혀들어 도저히 어찌해볼 도리가 없다고 푸념한다면 무어라고 하겠는가? 무어라 하기는 뭘 무어라 하겠는가. 그대로 두면 되지 뭐. 그런 경우에는 손대지 못하는 법이다.

3. 선문염송 제1413칙 '하고(何故)'를 보자.
오조법연(五祖法演)이 말했다. 자기자신의 손(手)을 제자들에게 내밀어 보이면서 말했다.
"어째서 손이라 하는가?"
이게 무슨 말인가? 이 공안은 먼저 사람의 시선을 손에다 붙잡아 놓는다. 시선을 손에 붙잡아놓고 죽도록 고민하게 만든다. 그런 다음 어느날 문득 손에 머무는 시선을 떼어내어 자기자신의 전체를 파악하게 유도한다. 성동격서(聲東擊西). 울리기는 동쪽을 울리다가 치기는 서쪽을 친다는 의미다.
손(手)이라는 부분(部分)에 잡혀있는 시선(視線)을 되돌려 일시에 그것도 불시에 전체(全體)를 보게 하려는 의도가 아주 짙게 깔려있다. 아주 짙게. 만일 누가 이 공안을 심각하게 받아들여 참구한다면 참구해서 알아차린다면 그의 입에서 이런 소리가 튀어나오리라 십중팔구.

"어째서 손이라 하는가? 나의 전체라 하지 않고!"

그러면서 그는 어허야꼬 낄낄거릴 것임에 틀림없다. 아주 노골적으로 낄낄거릴 걸. 왜냐구? '어째서 손이라 하는가?' 하는 수수께끼에 몰입하다보니 어느덧 자기자신도 모르는 사이에 자기자신의 전체가 잡혀들었기 때문이다. 전체작용이 시작된 것이지. 비로소 그는 부분에 떨어져 부분에 잡혀있던 시선을 거두어들일 수 있었던 것이다. 이때 해탈문이 열린 것은 두말하면 잔소리겠지.

4. '정전백수자'가 꼭히 선문염송 제1413칙과 성질이 같은 공안이라고는 할 수 없으나, 그렇다 해서 성질이 전혀 다른 종족이라고 할 수 없는 것도 마찬가지다. 누가 있어 만일 '뜰앞의 잣나무?'에 목숨을 걸어야 할만큼 (병이?) 위중(危重)한 지경에 아르러 도저히 '뜰앞의 잣나무?'를 손에서 떼어놓을 수 없게 되었다면, 그렇다면 그에게 있어서는,

"어째서 뜰앞의 잣나무라 하는가?"

하는 방식의 의문이 머리를 쳐든다 해서 그것을 정확하지 못한 방식이라고는 할 수 없다 하리라. 의심도 없는 막연한 상황에서 억지로 의심을 불러일으키느라 '어째서 뜰앞의 잣나무라 하는가?'가 아니고 말이다. 자연발생적인,

"어째서 뜰앞의 잣나무라 하는가?"

를 틀렸다고 생트집 잡지는 못하는 법이다. 그러다가 이 친구가 어느날,

"어째서 뜰앞의 잣나무라 하는가? 나의 전체라 하지 않고!"

하는 식의 괴물스런 언어를 구사하여 자기의 심정을 토로해온

다면 그것을 무슨 수로 옳지 않다고 트집잡겠는가. 이런 경우에는 무문관 제37칙 '정전백수자'에서 좌청룡(左靑龍)에 해당하는,
  "조사서래의(祖師西來意)?"
를 무시했다고 해서 그대의 공부는 기형적인 것이라 매도할 수 없는 것은 물론이다. 옳다는 말이다. 그러나 또다시 말하거니와 정전백수자와 선문염송 제1413칙 '하고(何故)'는 바라보아야 할 원리원칙과 바라보아야 할 각도(角度)가 분명히 다르다는 점은 간과하지 못한다. 정전백수자는 대법(對法)으로 푸는 것이 원칙이요, 또 이 원칙을 따르지 않으면 설혹 풀린다 하더라도 그것은 기적(奇蹟)에 가까운 일이라고 나는 평한다.

5. 하지만 수산죽비야 어디 그렇던가.
<1>. 이것을 죽비라고 불러도 안되고
<2>. 죽비라고 부르지 않아도 안된다
 여기에서 <1>과 <2>를 따로 따로 떼어서 바라보는 재주는 존재가 불가능하다. 철저하게 계산된 반어법이다.

38. 자기봉쇄형(自己封鎖形)이 가능한 근거

　무문관 제14칙 남전참묘 이야기는 조주가 신벗어 머리에 이고 나가는 장면으로 끝난다. 이 이야기는 이런 방식의 이해가 가능도 하다. 누가 뭐라고 물었든 혹은 누가 뭐라고 질문하지도 않았는데 어느날 조주가 문득 미친듯이 신고가던 짚신을 머리에 이고 갔을 수도 있다고 말이다.
　그런 일은 수수께끼를 세상에 던져놓으려는 조주의 속셈으로 얼마든지 가능했을 수도 있는 법. 그러므로 남전참묘화(南泉斬猫話)는 자기봉쇄형 공안으로의 이해에 무리가 따르지 않는다고 볼 수도 있다. 그러나 수산죽비나 파초주장 같은 경우는 사정이 여의치 못하다. 공안의 전반부와 후반부, 즉 공안의 좌청룡과 우백호는 절대로 떼어서는 생각해볼 재주가 없다.
　반어법의 틀에 묶인 수산죽비와 파초주장과는 달리 남전참묘, 운문시궐, 마삼근, 오진, 구지수지, 정전백수, 등은 이런 연유로 우백호만 따로 떼어서 바라보는 옆길 즉 편법이 열려있는 것이다.
　하지만 그러한 옆길 즉 편법(便法)은 어디까지나 이치에 어긋나는 편법일 뿐으로서 결코 정공법(正攻法)은 아닌 줄 알고 있기는 있어야 한다. 가능하면 대법으로 보아서, 가능하면 대법의 이치를 밟아서 바라보아야 공안의 이치를 꿰뚫고 공안의 문이 확 열리리라 단언한다. 편법으로 공안을 알아맞춘 사람이 있다면 그런 현상을 나는 서슴치 않고 기적(奇蹟)이라 부른다.

38. 자기봉쇄형(自己封鎖形)이 가능한 근거

환언하자면 이렇다. 내가 자기봉쇄형으로 분류한 공안도 반드시 대법형(對法形)공안으로 바라보지 않으면 않는한 좀처럼 공안의 이치는 열리지 않으리라는 나의 장담이다. 이건 틀림없는 진실이다. 자기봉쇄형공안도 반드시 대법형공안으로 바라보라.

그러나 그 자기봉쇄형공안이 그야말로 자기봉쇄형으로만 보인다면 그야 어찌 말리겠나? 도리없이 그런 방식으로 밀고나가야 하기는 하겠지. 그 사람의 정신적인 체질이 그런 걸 어떻게 말려보겠나? 아울러 그런 방식을 지적하면서 옳지 못한 방식이니 그만두는 게 좋지 않겠느냐며 몰아붙이는 일은 가능한 일이 못된다.

39. 중음천(中陰天)에서도 동업자(同業者)들 끼리 모인다

　중음신(中陰身)이 어떻게 몸을 받아 태어나는가? 중음신은 자기가 태어날 세계를 발견하게 되면 어떠한 현상이 전개되는가? 그 예를 들어보리라.
　만약에 어떤 사람이 평소에 짐승을 많이 죽이는 등의 살생업(殺生業)을 많이 지었다면 그 사람은 꿈속에서 조차도 짐승의 목숨 끊는 행위를 보고 좋아하게 된다.
　이와같이 중음신(中陰身)도 공간(空間)에서 업력(業力)에 의한 천안(天眼)으로 여러가지 세계를 투시(透視)할 때, 지옥이나 그 밖의 어떤 세계의 중생(衆生)이 짐승을 잡고 또 서로 죽이는 정경을 목격하게 되면 이를 흥미롭게 생각하며 이에 대한 애착심이 발동하여 결국에는 살상(殺傷)을 일삼는 세계에 가서 출생하게 된다.
　우리가 어려서 좋아하였던 것들은 꿈속에서도 좋아하게 마련이요, 이승에서 좋아하였던 것들은 죽어 중음신이 되어서도 좋아하게 되나니, 그 습성은 윤회(輪廻)를 거듭하면서 도리어 강화(强化)된다는 사실을 익히 알 수 있으리라.
　자신이 평소에 익힌 업(業)의 성질에 따라서 다음 세계가 스스로 결정되나니 선업(善業)은 선(善)의 세계로 나아가 태어나는 업보(業報)로 이어지고, 악업(惡業)은 악(惡)의 세계로 나아가 태어나는 업보로 고스란히 이어진다. 이는 평소에 익히고

훈습(熏習)한 업력(業力)에 따라서 나타나는 현상으로 어쩔 수 없는 인과법(因果法)이다.

그리하여 같은 세계에 태어난 중생(衆生)이 동일한 모습과 유사한 습관을 지녔다고 해서 이것을 가리켜 중동분(衆同分)이라 일컫나니, 업(業)이 같은 중음신끼리는 서로 좋아하고 끼리끼리 모이며, 서로 같은 업(業)을 도와서 서로의 업력(業力)을 증가시켜주나니, 마침내는 같은 세계로 나아가서 태어나는 업보(業報)로 결과지어진다.

만약 전생(前生)에 악업을 많이 지은 중음신이라면 비슷한 악업을 지은 다른 중음신과 업(業)을 같이 하나니, 서로의 업(業)을 돕고 세세생생(世世生生) 윤회하면서 익혀온 악(惡)의 습성(習性)을 더욱 무겁게 하여 아귀도(餓鬼道)나 지옥(地獄)에 같이 가서 출생하게 된다.

중음신이 머무는 세계 곧 중음천(中陰天)에서도 업(業)이 같거나 비슷한 동업자(同業者)끼리 서로 돕고 같이 행동한다는 현상이 일어나니, 이로 미루어보아 업력(業力)이 얼마나 무겁고 무서운 인력(引力)을 지니고 있는가를 또한 알 수 있으리라.

업력(業力)의 무서움에 대한 한가지 보기를 들면 이런 것이 있다. 천상(天上)에 태어날 중음신에게는 천상(天上)이 한없이 아름답게 보이며 지옥(地獄)에 가서 출생할 중음신에게는 지옥이 또한 좋게만 보인다는 것이다.

마음(자의식自意識)이란 무궁무진하고 한없는 가능성과 지혜를 갖추고 있다. 하지만 천상(天上)에 태어난 천인(天人)은 천인(天人)으로서의 힘을 발휘하고 신통자재하며, 사람으로 태어나면 사람으로서의 힘과 지혜가 나타나며, 모기와 하루살이로 태어나면 모기와 하루살이로서의 힘과 가능성을 발휘하게 된다.

그러나 이러한 한계현상(限界現狀)에 대한 타개책(打開策) 또한 있다. 자기가 현재 받아서 누리고 있는 몸(신체)에 구애됨이 없이 형체없는 가능성(可能性)을 후천적(後天的)으로 개발해가는 그 정도에 따라서 현재의 여건도 개선(改善)할 수 있다는 것이다. 이를테면 훈련을 잘 받은 개나 원숭이가 멍청한 사람보다 지혜롭다는 뜻과도 같다.

아무튼 각각의 중음신은 공간(空間)에서 신통자재하게 아무런 장애없이 다니다가 만약 자신의 업력(業力)과 생처(生處:태어날 세계)가 서로 화합(和合)하였을 때는 즉시 그 세계에 가서 태어난다. 그 세계로 들어가 태어나는 동시에 중음신으로서 그때까지 누리던 신통자재력은 사라지고 그 세계의 구애(拘碍)와 장애(障碍)를 받게된다.

말하자면 중음신의 몸은 사라지고 다음 생(生)의 세계로 돌입한 것이다. 그리하여 그 업보(業報)가 다할 때까지 그 세계에서의 삶을 살게된다.

그런데 중유(中有=중음신)에서 생유(生有=내생來生)로 들어갈 때에도 본유(本有=현생現生)에서 사유(死有=죽음)로 들어갈 때 목격하게 되는 바와 같은 찬란한 환상을 목격하게 된다.

아울러 중음(中陰)의 세계 즉 중음천(中陰天)에 머물면서 장차 자기가 가서 출생하게 될 세계의 유정(有情)들을 보면 즉시 동료(同僚)라는 느낌을 갖게 되며 동시에 그 세계를 동경하게 된다. 몹시 기뻐하면서 그곳에 가고싶은 생각이 충동적으로 일어나는데, 갈구(渴求)하는 것과도 같은 욕심이 불꽃처럼 일어난다.

그러면 자기가 그때까지 지어온 업력(業力)이 강렬하게 발동하여 자기자신도 모르는 사이에 그 세계로 들어가서 부모의 인연(因緣)을 만나고 이어서 그 세계의 중생(衆生)과 같은 몸(신체)을 받아 출생한다. 중음신이 부모의 연(緣)을 만나 출생하게 되는 윤회(輪廻)의 내력은 이러한 모습으로 그려진다.

40. '아라야식'이 부모의 정혈(精血)에 기착(寄着)하는 순간 출생이 결정된다

　중음신(中陰身)은 순전히 영적(靈的)인 존재로서 아무런 구애(拘碍)를 받지 않다가 부모(父母)를 만나 몸을 받으면 그것은 곧 업(業)의 과보(果報)이므로 그 과보라는 구속(拘束)에 따르게 된다. 어머니의 태중(胎中)에 의탁(依託)하여 몸을 받는 찰나의 상황을 살펴보자.
　만약 중음신이 과거세(過去世)에 악업(惡業)을 많이 지어 박복하고 하천한 곳에 태어날 업력(業力)을 지었다면 모태(母胎)에 들어갈 때 잡목과 대나무, 그리고 갈대속을 들어가는듯한 망견(妄見)을 가지게 됨과 동시에 여러가지 분잡한 소리만을 듣게된다.
　만약 다복하고 존귀한 가정에 태어날 중음신이라면 어머니 태내(胎內)에 들어갈 때 스스로 고요하면서도 아름답고 미묘하며 즐거운 소리만을 듣게된다. 또한 스스로 궁전 등에 올라 화려하고 마음에 드는 현상만을 보는듯한 망견을 일으킨다.
　이때에 중음신은 부모의 성행위(性行爲)에서 탐애(貪愛)로 유출된 부모의 정혈(精血)과 화합(和合)하면서 어머니의 태중으로 들어가 안주하게 되는데, 중음신의 아라야식(무의식)이 부모의 정혈과 화합하는 즉시 그때까지의 중음신이 갖추고 있던 중음신이라는 미묘한 영체(靈體)는 사라진다.

부모의 정자(精子)와 난자(卵子)가 결합한 정혈(精血)은 마치 우유가 끓어서 응결된 모습과도 같으며, 이곳에 아라야식이 기착(寄着)하여 인간의 형태를 이룬다. 이는 중음신의 업력(業力)과 부모의 업력이 서로 부합하지 않으면 불가능한 일이다.

아라야식은 소위 무의식(無意識)으로서 그 시초가 없는 아득한 전생(前生)으로부터의 일체의 식(識)의 저장체(貯藏體)다. 이 식(識)의 저장체인 무의식이 부모의 정혈과 화합하는 순간부터 저장식(貯藏識:장식藏識)으로서의 무의식이 가지고 있는 이숙식(異熟識)의 성질이 발동(發動)한다.

장식(藏識)은 부모의 정혈과 화합하는 순간부터, 장식(藏識)이 다르게 변하여 익되 시간을 달리해서 익고 종류를 달리해서 익는다는 이숙식(異熟識)의 성질을 유감없이 드러내나니, 이로 인하여 태아(胎兒)의 미세한 육체와 출생의 원인이 작동한다.

환언하면 무의식(無意識)이라는 총인(總因)이 어머니의 태중(胎中)에 의탁하는 순간부터 업력(業力)이 작동하여 미묘한 육체가 형성되니 이는 총보(總報) 위에 별보(別報)가 건설되기 시작함을 의미하는 것이라.

청정(淸淨)하거나 혹은 부정(不淨)한 업력에 따라서 별보(別報)는 구체적으로 나타난다. 예컨데 얼굴이 잘 생겼거나 밉거나 둥글거나 길고 또는 키가 커거나 작고 또 신체가 건강하거나 약한 따위와 수명(壽命)과 재산 그리고 이로 인한 괴로움과 즐거움의 발생 등으로 나타난다. 이러한 후천적인 환경과 여건은 '아라야식'이 반드시 이숙식의 성질을 드러내보이게끔 되어있는 이숙(異熟), 즉 <다르게 변하여 익는다>는 '아라야식'의 이숙(異熟)의 과정에 불과하다는 사실을 똑똑히 알아보아야 한다.

이상과 같이 태중에 출생하는 현상은 십이연기설(十二緣起說)에서 식(識)이 명색(名色) 즉 최초의 정신과 육체의 단계로 발전하는 과정에 비유할 수도 있다. 왜냐하면 대승(大乘)의 유식학(唯識學)에서는 십이연기설에 나오는 식(識)을 제8식(第八識=무의식)으로 보고 이 제8식이 부모의 연(緣)을 만나 최초의 육체를 형성하는 단계를 명색(名色)으로 보았기 때문이다.

부모의 정혈(精血)과 중음신의 무의식(아라야식)이 혼합하여 생겨나는 최초의 육체를 응활(凝滑)이라고 번역한다. 응활(凝滑)은 과거의 업력(業力)과 부모의 정혈이 만나고 화합하여 응고(凝固)된 상태를 뜻하는 것으로 이는 잘 보이지 않는 정신과 육체의 본질이며 총상(總相)인 셈이다. 이때부터 중음신이 가지는 신통자재하고 미묘한 형태는 자동적으로 소멸되고 응활(凝滑)의 세계에 해당하는 과보의 형태로 생활이 시작된다.

어머니의 태중(胎中)에 아라야식이 기탁하는 순간을 생유(生有)라 하며 이는 엄밀한 의미에서의 출생이다.

자업자득(自業自得). 자기가 짓고 자기가 받는 것이요, 부모의 탓도 아니요, 어느 누구의 탓도 아니다. 뿌린대로 거둔다. 그러므로 잘못된 것은 스스로 고쳐나가며 미래를 개선하는 일에 전력을 기울여 노력해야 함이 지당하다.

불교는 다른 종교와는 다르다. 조물주(造物主)의 존재를 인정하거나 아니면 조상(祖上)의 원죄(原罪)로 인하여 우리 후손들까지 그 죄(罪)의 댓가를 치르면서 고생한다는 따위의 교리(敎理)는 불교에는 없다. 아울러 인연(因緣)의 결과라고 단정하여 모든 현상을 운명(運命)으로 돌린다면 그 또한 인과법(因果法)의 진정한 의미를 모르는 데에서 기인하는 어리석기 짝이없는 사고방식이다.

41. 왼쪽 손(手)이 들어가서 오른쪽 발(足)이 되어 나오는 이치

선문염송 제221칙 '와자(瓦子)'를 보리라.

1. 남전보원이 어느날 밭일을 하다가 어떤 스님을 향해 기와쪽을 집어던져 때리니, 그 스님이 고개를 돌려 보는지라, 이에 남전보원이 발(足)을 들었다. 그 스님이 말이 없거늘 남전보원이 얼른 방장실(方丈室)로 돌아갔는데 그 스님이 뒤따라 들어가서 문안올리고 물었다.

"아까 기와쪽으로 저를 때리신 이유는 저로 하여금 게으르지 말고 수행하라는 뜻이 아니었겠습니까?"

남전보원이 답하였다.

"그렇다면 내가 발(足)을 들어올린 이유는 무엇인가?"

남전의 되물음에 그 스님이 다시 말이 없었다.

2. 그런 사연(事緣)이 있은 얼마후의 일이었다. 어떤 스님이 남전보원의 기행(奇行)을 들어 석상(石霜)에게 물었다.

"남전보원이 손으로 기와쪽을 집어던졌는데, 기와쪽으로 얻어맞은 승(僧)이 되돌아보자 어째서 엉뚱한 발(足)을 들어올렸을까요?"

그러자 이번에는 석상(石霜)이 손(手)을 들어올리면서 지꺼렸다.

41. 왼쪽 손(手)이 들어가서 오른쪽 발이 되어 나오는 이치

"이렇게 말인가?"
선문염송 제221칙 와자(瓦子) 이야기는 여기에서 끝난다.

3. 와자(瓦子)의 전반부인 {1}을 살펴보라.
들어갈 때에는 남전보원의 손이 들어가서 나올 때에는 남전보원의 발이 나왔다.
와자(瓦子)의 후반부인 {2}를 살펴보라.
들어갈 때에는 승(僧)의 발이 들어가서 나올 때에는 석상(石霜)의 손이 나왔다. 승(僧)의 발이 들어갔다는 이야기는 그 승(僧)이 남전보원의 '발 들어올린 사연(事緣)'을 슬슬 꺼냈기 때문이다. 누구든 다른 사람의 이야기를 입에 올리면 입에 올리는 순간 그것은 바로 자기자신의 일이 되고 마는 법이니까. 그러니 이번에는 그 승(僧)이 발을 들어올린 셈이 되는 것이지. 이해되시는가?

4. 패나 재미있는 이야기다. 패나 재미있을 뿐더러 나는 이책에서 이 선문염송 제221칙 '와자(瓦子)' 이야기를 모든 공안의 자물쇠를 여는 '열쇠'로서 수시로 들먹거리며 애용(愛用)하게 된다.
손으로 기와쪽을 집어던진 다음에 시치미 뚝 떼고 발을 들어보이는 남전보원도 남전보원이려니와, 남전보원이 왜 발을 들어보였을까를 궁금해하는 승(僧)의 질문에 이번에는 또다시 손을 들어보이는 석상(石霜)의 수작도 걸작이기는 마찬가지다. 손에서 발로, 발에서 손으로 마음대로 왔다 갔다 한 셈인가. 이 무슨 기괴한 행태인가.
불자(佛子)들이여, 잘 들어라. 나는 여기에서 선언한다. 세계 만방에 선언하고자 한다. 선문염송 제221칙 와자(瓦子)야말로 1

700공안의 자물쇠를 열 수 있는 열쇠라고 말이지. 와자(瓦子)야 말로 모든 공안의 비밀스런 문(門)을 훤칠하게 열어주는 열쇠라고 말이지.

5. '아마륵과'에는 손이 들어가서 엉뚱스럽게도 발이 되어 나오고, 발이 들어가서는 기상천외(奇想天外)하게도 손이 되어 나온다. 출입(出入)과 용처(用處)와 용도(用度)에 도무지 거침이 없다. 어째서인가? '아마륵과'의 작용이 자유자재하기 때문이다.

관자재보살(觀自在菩薩)을 아시는가? 관(觀)함이 자재(自在)하신 관자재보살. 그야말로 '아마륵과'는 관(觀)함이 자재(自在)하기 때문이다. 전지전능(全知全能)한 '아마륵과'가 눈(眼)을 뜨면 불가능한 일이 없어진다.

'아마륵과'를 통과한다는 전제조건(前提條件) 아래에서라면, 손(手)이 들어가서 나올 때에는 그 무엇이 되어 나오더라도 상관없어진다. 예컨데, 손이 들어가서 도깨비 대가리가 되어 튀어나온다 하더라도 전혀 장애(障碍)가 없어진다.

소(牛)의 머리가 빠지고 말(馬)의 머리가 되어 돌아오는 일(소머리가 빠지고 말머리가 돌아온다는 공안이 있음) 따위도 얼마든지 가능해진다. 가능한 정도가 아니라 그런 시시부리한 일이라면 여기저기 애써 찾을 것 없이 우리들 주위에 흔하게도 늘려자빠져있는 줄 알아야 한다.

공안집(公案集)에서 찾아보자. 이런 류(類)의 이야기가 선문염송 제221칙 '와자(瓦子)' 뿐일까? 물론 아니다. 예컨데 무문관 48개의 칙 대부분이 그 이치에 있어서는 선문염송 제221칙 '와자(瓦子)'와 똑같다. 예를 들어보자.

42. 이른바 '무자화두(無子話頭)'는 이런 이치에서 조작되었다

무문관 제1칙 조주구자.
1. 어떤 승(僧)이, 개도 불성(佛性)이 있다는 것쯤은 관념적으로 뻔히 알면서도 넌지시 여쭈어보았다.
"개도 불성이 있습니까?"
조주가 답하였다.
"없다."
조주의 대답은 의외(意外)의 것이다. 이것이 그것이다. 아시겠는가? 개(견공犬公)에게도 불성(佛性)이 있다는 불설(佛說)을 뒤집어엎고 조주는 이렇게 늠늠하게 뇌까린다.
"없다."
눈 한번 깜박이지 않고 태연하게 "없다"고 머리를 흔들어 부정해버렸다. 조주는 어찌된 까닭에 그런 무서운 대답을 태연자약하게 작(作)하고 말았을까? 바로 선문염송에 나오는 와자(瓦子)의 공식(公式)을 대입(代入)하면 그 비밀은 즉시 풀린다.

2. 들어갈 때에는 <---있는가?>가 들어가는데, 나올 때에는 엉뚱하게도 <없다>가 뻔뻔스런 얼굴을 내밀고 그것도 모자라서 뺑그시 웃으면서 뒤뚱거리며 걸어나왔겠다. 분명히 조주의 입에서는 <있다>는 대답이 나왔어야 했는데도 말이다. 그런데

도 불구하고 <없다>는 대답이 넉살좋게 히죽히죽 웃으며 비실비실 삐어져나왔겠다. 이것은 그당시 조주가 소유한 '아마륵과'의 거침없이 자유자재했던 한가지 작용에 불과했을 따름이다.

이 우라지게도 어렵게만 생각해왔던 공안(公案) 조주구자 이야기도 선문염송의 '와자(瓦子)'라는 공식(公式)을 적용해보면 그 이치는 훤하게 열린다. '아마륵과'만 통과(通過)한다면, 그 어떤 물건이 들어가서 그밖의 어떤 물건으로 얼굴을 바꿔치기 해서 달고 비틀거리며 불거져나온다 하더라도 조금도 이상할 것이 없어리라. 다만 한가지 조건은 있다. '아마륵과'를 경유하고 '아마륵과'를 통과한다는 조건 말이지. 그렇지. 아마륵과.

3. 그러므로 마땅히 알라. '아마륵과'를 얻기까지는 예컨데 무문관 제1칙 조주구자의 이치는 영원히 열리지 않는다는 사실을. 제아무리,

"아! 그런 이야기인가. 그런 이야기였던가!"

하고, 이제는 모두 알아버렸다는듯이 두 손 툭툭 털며 별볼일없다는 시늉을 지어보이더라도 그에게 있어서 예컨데 무문관 제1칙 조주구자 이야기는 여전히 오리무중(五里霧中)의 아득한 수수께끼로 남는 것을 어쩌지는 못하는 법이다. '아마륵과'를 얻기까지는.

4. 화두선문(話頭禪門)에서 오늘날까지도 성행하는 무자화두(無子話頭). 구자무불성(狗子無佛性)이라는 공안을 기이하게 변질시켜서 임의(任意)로 조작한 흔적이 역력한 '무자화두'. '무자화두'의 이치는 바로 선문염송 제221칙 '와자(瓦子)'의 이치에서서 바라보면 그래도 어느 선(線)까지는 이해가 가기는 한다.

선문(禪門)에서 끈질기게 고집하고 끈질기게 매달리는 반쪽

짜리 화두인 무자화두의 이치도 선문염송의 와자(瓦子) 즉 기와쪽 이야기를 참고해서 바라보면 비로소 어느 정도의 수긍이 된다는 말이다. 무슨 말인가?

아마륵과를 통과한다는 가정하(假定下)에서 바라본다면 <있는가?>가 들어가서 <없다>는 대꾸가 불거져나오는 일은 얼마든지 가능하지. 어찌 <없다>는 대답만 가능하겠는가? 그 어떤 대답이라도 나올 수 있다.

그렇다면 복잡하게 생각할 필요없이 <없다>는 대답만 따라서 파고들어가면 그 '아마륵과'를 언젠가는 낚아채지 않겠느냐는 계산이 나오기는 나온다. 왜인가? <없다>는 <있는가?>와 연결되어 있기는 하나 <있는가?>를 무시하고, <없다> 하나에만 죽자살자 매달리다보면 <없다>의 뿌리인 아마륵과를 거머쥐는 날이 다가오지 않겠느냐는 계산 말이다. 마치 고구마 넝쿨을 잡아당기면 넝쿨에 달린 고구마를 손에 넣을 수 있듯이.

5. 무자화두를 고집하는 사람들은 명심해야 한다. 절대로 무턱대고,

"무?무?무?"

하거나 혹은,

"없다?없다?없다?"

해대거나 혹은,

"어째서 없다 했을까? 어째서 없다 했을까? 어째서 없다 했을까?"

해대면 안된다.

무자화두를 끝까지 고집하겠다면 반드시 선문염송 제221칙 '와자(瓦子)'의 이치를 소화하라고. 선문염송 '와자'의 이치를 소화하게 되면 그때 그대는 거꾸로 깨닫게 되리라. 무문관 제1

칙 조주구자 공안은 절대로 '무자화두'로서 다룰 공안이 아니라는 사실을. 조주구자 공안은 <있는가?>와 <없다>를 반드시 연결하여 바라보아야 한다는 사실을. 뒤이어 그대는 짐작하리라. 무자화두는 본래부터 별로 이치에 닿지 않는 공부방법이었다는 사실을. 결국 어떤 이론을 따라가든 '무자화두'는 안된다는 결론에 이를뿐이다.

6. 결론은 이렇다. 조주구자 공안도 <있는가?>와 <없다>의 사이(틈새), 즉 공안의 허리를 살펴보아야 한다는 것이다. 공안의 허리가 무엇인가? 바로 '아마륵과'로서 시소놀이의 중심점(中心點)과도 같은 이치의 선상(線上)에 놓여있는 물건(?)임을 이미 세설(細說)하였다.

43. '뜰앞의 잣나무?'와 같은 무딘 물건으로는 안된다

다시 예를 들어 무문관 제37칙 정전백수(庭前柏樹).
1. 승(僧)이 물었다.
"조사서래의(祖師西來意)?"
조주가 답했다.
"뜰앞의 잣나무."
선문염송 제221칙 와자(瓦子)라는 척도(尺度)를 사용하여 무문관 제37칙 정전백수를 바라본다는, 바라보아야 한다는 이치에는 변함이 없다. 와자(瓦子)야말로 1700공안의 비밀스런 빗장을 열어주는 열쇠이므로.

2. 조사서래의(祖師西來意)?란 달마대사가 인도에서 중국으로 건너온 그 속깊은 뜻이 어디에 있는가? 하는 질문이다. 하지만 이런 질문을 보낸 그 승(僧)의 진의(眞意)가 조사서래의(祖師西來意) 그 자체에 있었던 것은 결코 아니었다는 짐작쯤은 누구에게나 가능한 일이다. 조사서래의(祖師西來意)?라는 질문은 "불법(佛法)에 대한 당신의 견해를 알고싶다"는 내용으로 해석해서 무방하기 때문이다.

여하튼 조사서래의(祖師西來意)?라는 그렇고 그런 별스럽지 못한 이야기가 들어가기는 들어갔는데, 나온다고 나온 대꾸가 뜰앞의 잣나무. 기껏해서 <뜰앞의 잣나무>였다는 말이지.

나는 이 지점에서 "기껏해서"라는 표현을 사용했다. "기껏해서"라는 표현의 의미는 <뜰앞의 잣나무>라는 어구(語句) 또한 실로 어처구니없을만큼 별볼일없는 그렇고 그런 언어였다는 뜻이다.

3. 무슨 연유로 이런 우스꽝스런 해프닝 아닌 해프닝이 연출되는가? 누가 무슨 질문을 던져봐도 '아마륵과'라는 전지전능(全知全能)한 보배구슬을 손아귀에 거머쥔 사람의 입에서는 무슨 언어(言語)이든간에 거침없이 쏟아져나온다. 이런 사람은 무슨 언어(言語)를 뱉어내어도 정답(正答)의 테두리를 벗어나지 않기 때문이다. 왜인가?

말하지 않았는가. 이런 사람이 내보내는 그 어떤 형식의 대답이든 대꾸이든 대응(對應)이든간에 그런 것들은 한결같이 이 사람이 거머쥔 <아마륵과>에서 쏟아져나오기 때문이다. <아마륵과>란 그러고보면 가공(可恐)할 위력을 지닌 물건(?)임을 독자 여러분은 눈치채고도 남았으리라.

4. 오등회원이라는 책에는 약간의 이야기를 더하고 있다.
승(僧)이 부탁했다.
"스승이시여, 경계(境界)를 가지고 말씀하시지는 마소서."
그러자 조주가 답했다.
"나는 경계를 가지고 대답한 것이 아니다."
승(僧)이 다시 여쭈었다.
"조사서래의?"
조주가 답했다.
"뜰앞의 잣나무."

이 대화의 내용에서 "뜰앞의 잣나무"를 내뱉는 조주는 어찌 된 영문인가? 조주는 자기가 경계(境界)를 가지고 답하는 것이 아니라고 잘라 말한다. 독자들이여, 그렇다면 조주는 무엇을 가지고 말하는가? 무엇을 가지고 말한다고 생각되는가? 조주는 분명코 '아마륵과'를 사용하여 답하고 있었던 것이다. 그러기에 그는 두번째 답변에서도 "뜰앞의 잣나무"를 굽히지 않았던 것이다.

5. 독자 여러분은 선문염송의 와자(瓦子)를 잊지 않았겠지. 남전보원의 손이 '아마륵과' 속으로 들어가더니 나올 때에는 엉뚱한 남전보원의 발이 '아마륵과'에서 튀어나왔다는 이야기 말이다. 똑같다.

승(僧)이 던진 조사서래의(祖師西來意)?가 조주의 아마륵과 속으로 들어가기는 들어갔는데 나올 때에는 무엇으로 변모(變貌)하여 나오는가 지켜봤더니 얼토당토않은 뜰앞의 잣나무가 아마륵과 속에서 도깨비 방망이인양 불쑥 불거져나오지 않았겠나 하는 그런 말이지 뭐.

6. 따라서 이런 결론이 도출된다. 두문관 제37칙 정전백수(庭前柏樹)도,

"뜰앞의 잣나무? 뜰앞의 잣나무?"

라고 중얼거리거나,

"어째서 뜰앞의 잣나무라 했을까? 어째서 뜰앞의 잣나무라 했을까?"

라고 중얼거리며 의심(疑心)을 불러일으키려 애쓴다면 그것은 지혜로운 공부방법이 못된다는 결론이다.

7. 그럼 어떻게 정전백수 공안을 보라는 말인가? 요령은 역시 공안의 허리를 살피지 않으면 안되리라는 내용이다. 정전백수 공안에서 공안의 허리는 <조사 서래의?>와 <뜰앞의 잣나무>의 사이(틈새)다. 그 사이 즉 틈새야말로 '아마륵과'에 해당된다.

그런데 문제는 '뜰앞의 잣나무'라는 공안이 너무 유명해져버린 데에 있다. 이건 또 무슨 소린가? 내 말은 '뜰앞의 잣나무'라는 공안이 너무 유명해져버린 까닭에 지금 내가 풀어보이는 올바른 공부방법을 알아들을 사람이 몇이나 되겠는가 하는 부질없는 걱정거리라고나 해야할까.

8. 뿐만 아니다. 들춰보면 또 있다. 뜰앞의 잣나무 공안에 따르는 유명세(有名勢)뿐만 아니다. 뜰앞의 잣나무 공안이 지닌 지나치리만큼 허약해보이는 좌청룡(左靑龍)에 결정적인 문제의 소지가 존재한다. <조사 서래의?>가 좌청룡이라면 <뜰앞의 잣나무>는 우백호(右白虎)다. 보통 사람들의 시선은 대번에 우백호인 <뜰앞의 잣나무>쪽으로만 날아가 박힌다. 날아가 코를 박은채 꼼짝달싹 못한다.

이런 의미에서 따지고 보면 무문관 제37칙 정전백수 공안은 치명적이라 불러도 무방할 정도의 고질(痼疾)을 안고 있는 형국이다. 아무리 화두선을 오랫동안 했다는 사람이라 할지라도 이런 고질을 이론적으로 알아본 사람은 전무(全無)할 것이다.

9. 따라서 무자화두로써 고생하는 사람들처럼 정전백수 공안을 파고드는 사람들도 언제 끝날지 모를 기약없는 고생길로 접어든 셈이다. 누누히 설해온 바와 같이 좌청룡과 우백호로 구성되는, 말하자면 대법(對法)으로 구성된 화두는 <아마륵과>에 해당되는 화두의 허리를 살피는 혜안(慧眼)을 갖추지 못하면

갖추지 못하는 한, 화두는 해결이 요원(遼遠)한 그야말로 영원한 수수께끼로 남을 가능성이 높다.

　이리저리 생각해보건데 화두선(話頭禪)이란 얼마나 험난한 도정(道程)으로 이루어질 정신작업이 될 것인가? 이런 자문(自問)에 무리가 없으리라.

　도대체 '뜰앞의 잣나무?'와 같이 무딘 물건을 가지고는 심요(心要)를 찌르기 어렵게 되어있는 줄 알라. '무(無)?' 혹은 '마삼근?' 혹은 '마른 똥막대기?' 같은 공부방법 또한 '뜰앞의 잣나무?'와 같은 공부방법이므로 공안의 이치는 쉽게 열리지 않게끔 되어있다. 어쩌다 천신만고(千辛萬苦) 끝에 이치를 획득하는 사람이 있기야 하겠지만.

44. 좌청룡(左靑龍)이 희미하게만 느껴지는 못말리는 고뇌

1. 좌청룡은 희미한 물건이 아니다.

대법(對法)으로 구성된 공안에서 좌청룡(左靑龍)이 희미하기 그지없어 보인다 하여 그 막중한 역할을 간과하고 우백호(右白虎)에만 전적으로 매달린다면 어리석기 짝이없는 수작이라 할 것이다.

희미하게만 여겨지는 좌청룡이 결코 희미한 좌청룡이 아니기 때문이다. 희미하게만 느껴지는 좌청룡이라면 그렇게 느껴지는 동안에는 자기자신이 공안의 이치에 아득하니 눈멀어 있다는 반증(反證)이기 때문이다.

반복하거니와 대법(對法)으로 구성된 공안은 기필코 공안의 허리를 살펴보라. 공안의 허리와 같이 예리한 물건이 아니고서는 절대로 심요(心要)를 가리켜보이지 못하게끔 되어있다. 예컨데 무문관 제37칙 정전백수 공안에서도 <조사서래의?>와 <뜰앞의 잣나무>, 즉 좌청룡과 우백호의 사이를 낚아채기만 하면 그 날카롭기 그지없는 공안의 허리는 즉시 마음뿌리를 뽑아내는 작업에 착수한다.

2. 그러나 만일 좌청룡인 <조사서래의?>가 별다른 의미없어 보인다는 심각한 착각(錯覺)에 힘입어 우백호인 <뜰앞의 잣나무>에만 죽자살자 매달린다면 미래(未來)는 장담 못한다. 왜인

가? 화두의 허리를 못보고 빗나가면, 빗나가서 무디기 짝이없는 우백호에만 쳐박히기 때문이다.

'뜰앞의 잣나무?' 이것 하나만으로는 너무나 무딘 무디어빠진 물건인 줄 알라. 무문관 제37칙 정전백수 공안(公案)에만 한정하는 것이 아니다.

화두지규(話頭之竅) 혹은 화두지요(話頭之腰)의 이치를 꿰뚫어본다면 넉넉히 쉬어가면서도 이룰 수 있는 도업(道業)을 <뜰앞의 잣나무?>라는 무디고 무딘 물건에만 의지하는 바람에 엎치락 뒤치락 몸부림쳐봐도 도무지 공안해결의 실마리조차 얻지 못하는 것.

무릇 1700공안에서 공안의 허리 즉 아마륵과를 알아보지 못하고 우백호 쪽으로만 학인(學人)들을 내몰아붙이는 저질러서는 안될 실수를 선문(禪門)은 지금까지도 계속하고 있다. 이제사 털어놓는 고민이기는 하지만 나 또한 졸저(拙著) '화두 융합과 초점' 그리고 '무문관의 새로운 해석'에서 몇군데 이런 류(類)의 실수를 저질렀다.

3. 아무리 절묘한 좌청룡과 우백호로 구성된 공안이라 하더라도 좌청룡과 우백호 그 자체는 거의 무용지물(無用之物)이라 단언해도 그만이다. 구체적으로는 무자화두(無子話頭)와 같이 우백호 쪽으로의 극단적이고도 이유없는 편향(偏向)이 그 바보스런 본보기가 된다. 반드시 좌청룡과 우백호의 사이 즉 공안의 허리를 보라는 말이다.

4. 하지만 우백호를 따라서 공안의 이치를 살피는 일이 100% 부질없는 짓거리라고는 단언하지 않겠다. 왜인가? 우백호를 물어뜯는, 우백호를 이빨로 한번 덥썩 베어문 이후로 우백호에게

질질 끌려다닐지언정 절대로 놓치는 법없이 버티는 화두선(話頭禪)의 와중(渦中)에서도 어쩌다. 그렇지 어쩌다 화두의 허리쪽으로 미끄러져 들어갈 수 있는 가능성이 항존(恒存)한다는 주장을 굽히지 않으면 어찌하는가. 어찌하기는 뭘 어찌하겠는가. 그대로 놓아두면 되는 것이지. 그런 주장을 가로막을 이유가 어디있나. 예외없는 법칙은 없다는 말은 인정해야 한다.

"뜰앞의 잣나무"와 같이 대표적인 <우백호(右白虎) 공안>으로 성공한 사람이라면 그는 우백호를 따라서 공안의 허리쪽으로 미끄러져 들어갔음에 틀림없다. "뜰앞의 잣나무" 공안의 허리가 <조사서래의?>와 <뜰앞의 잣나무>의 사이(틈새)임은 물론이다.

5. 무자화두를 억세게 껴안고 나뒹구는, 왜 나뒹구는 거냐구? 실상(實相)을 고백하자면 나뒹구는 정도가 아니야. 화두선(話頭禪)이라는 것이 본래 그래. 화두선이라는 것이 본래 그렇고 자의식(自意識)을 다스리고 길들이고 분석하면서 화두를 한다는 것이 호락호락하지를 못해. 호락호락한 작업이 못돼.

어쨋든 지독한 고생끝에 무자화두로써 성공을 거둔 악독한(惡毒漢)이 희귀한 청옥(靑玉)인듯 세상 어디에든 박혀있다면 그 사람 또한 기껏해야 우백호(右白虎)에 불과한 <없다>를 따라서 조주구자 공안의 허리쪽으로 미끄러져 들어갔음에 틀림없다. 조주구자 공안의 허리가 <있는가?>와 <없다>의 사이 즉 틈새인 것은 물론이다.

6. 그리고 무엇보다 공안의 좌청룡은 흐릿하게만 비쳐와 마음에 걸려들지 않는 반면에 우백호는 뚜렷한 형상으로 일어서서 다가온다. 다가와서 사무치는 의정(疑情)으로 심중(心中)에 자리잡는다. 심중에 자리잡는 그 의정의 강렬한 힘으로 인하여

밤낮으로 마음편치 못한 나날이 지속된다. 형편이 이렇게 돌아간다면 그 또한 어쩔 수는 없으리라. 누가 말리겠는가? 아무도 못말린다 그말이지 뭐.

그렇게라도 공안의 이치가 열릴 가능성은 있고, 공안의 이치가 열린다면 어찌 태연한 얼굴로 그것은 방법이 정확하지 못하므로 결과 역시 정확한 것이 아니라 평하겠는가. 아울러 결과가 정확하여 틀림이 없다면 결과가 의지(依支)하는 방법을 어찌 틀렸다고만 평하겠는가.

그런식으로라도 공안의 허리부분으로 미끄러져 들어가서 공안의 허리부분을 금강(金剛)인듯 꿰뚫은 아마륵과를 획득하게 되는 인연(因緣)이라면 도리 없으리라. 그 사람은 그런식으로, 즉 공안의 우백호만 잡아서 공안의 이치를 살피는, 정공법(正攻法)에서 살짝 빗나간 편법(便法)으로 공안의 이치를 봐나가게 된다. 누가 감히 그를 뜯어말리겠는가. 감히 그를 뜯어말릴만한 힘을 소유한 사람은 세상에는 없다.

7. 이건 어찌된 연유인가? 이렇게 물을 이유까지는 없으리라. 그 사람의 정신적인 체질이 그런 것을 누가 어떻게 간섭하겠는가. 이를테면 이런 사람은 공안이 단일(單一)하여 자기봉쇄형(自己封鎖形)이 아니면 체질에 맞지 않는 것이다.

한의학(韓醫學)에 사상의학(四象醫學)이라는 의학이론이 존재하듯이. 제각각인 체질과 기호와 영적성향(靈的性向)은 끝없이 아득한 전생(前生)에서부터 익히고 학습(學習)하고 이월(移越)되어온 까닭에 아무도 못말리는 성질의 물건이다.

그러나 공안에 대한 정공법(正攻法)은 선문염송 제221칙 와자(瓦子)를 바라보는 이치에서 조금도 벗어나거나 이탈하지는 않는다는 사실을 망각하지 말라.

45. '아마륵과'가 토해내는 우스꽝스런 물건들

1. 무문관 제48칙 건봉일로(乾峰一路).
승(僧)이 물었다.
"시방의 부처님들이 모두 한 길로 열반의 문(門)에 이르렀다 합니다. 잘 모르겠습니다. 그 길은 도대체 어디에 있습니까?"
월주건봉(越州乾峰)이 주장자를 치켜들어 허공에 한 획을 찌익 긋고 말했다.
"여기에 있다."
나중에 그 승(僧)이 운문문언(雲門文偃)의 회상(會上)에 이르러 월주건봉의 말씀에 대한 설명을 청했다. 그러니까 운문문언이 부채를 들고 가라사대,
"이 부채가 삼십삼천(三十三千)에 뛰어올라 제석천(帝釋天)의 콧구멍을 두드린다. 또 동해(東海)의 잉어를 몽둥이로 한대쳤더니 비가 동이로 기울인듯이 억수처럼 쏟아진다."
여기에서 건봉일로(乾峰一路)공안은 끝난다. 어지간히 수행을 했다는 사람이라 할지라도 무문관 제48칙 건봉일로 공안과 마주치면 좀 괴롭고 나아가 가슴이 답답해지게 마련이다.
하지만 나는 또다시 꺼집어낸다. 선문염송 제221칙 와자(瓦子)를 다시금 슬슬 꺼집어낸다. 슬슬 꺼집어내어설랑 이미 여러 차례 써먹었던 까닭에 닳고 닳아서 맨질맨질하게 윤이 나는 수법을 진절머리나게끔 써먹는다. 이 재미를 어디에다 비기리오. 껄껄껄.

2. 섬문염송 제221칙 '와자(瓦子)'에서 가라사대.

남전보원은 손으로 기와 쪼가리를 집어들었다. 집어들어 밭일 잘하는 어떤 제자를 향하여 공연히 던졌다. 기와 쪼가리는 할일 없이 날아가 제자의 등이나 다리같은 곳을 제법같이 때렸겠지.

등이나 궁둥이나 여하간 그렇고 그런 디디부리한 신체부위를 느닷없이 날아오는 기와조각으로 얻어맞고, 이게 웬일인가 싶어서, 이게 왠 마른 하늘의 날벼락인가 싶어서 밭일하던 제자가 머리를 들고 모가지를 삐딱하게 돌려 돌아보았다.

"이 태평성대(太平聖代)에 헤라클레스가 부활하여 돌아왔는가? 돌아와서 기와쪽을 번개삼아 내던지는 행패를 부리는가?"

이런 따위의 생각에나 사로잡혔을 제자는 이랑이 넘치도록 잘 자란 콩밭 매던 손길을 멈추고 되돌아보았다. 되돌아보니까, 거기에는 남전보원이 이제는 늙어 쪼구라진 주제파악도 못하는지 어찌보면 대견스러운듯 어찌보면 꽤나 심술궂어보이기도 하는 이상도 야릇한 얼굴을 하고 기세도 등등하게 제법같이 버티고 서 있었겠다. 스승과 제자는 무심(無心)을 가장(假裝)한 시선(視線)을 띠룩띠룩 굴리며 한동안 마주서서 무슨 일이라도 있었느냐고 묻는듯한 헛수작을 교환했다.

마른 하늘에 날벼락을 만들어 내던진 사람은 그리이스 신화(神話)에나 등장하는 괴력(怪力)의 제우스는 아니었다. 일견(一見) 제우스 비슷해보인다고 말해주고 싶어도 제우스로 간주하기에 남전보원은 워낙 쭈글쭈글한 농부(農夫)의 얼굴을 하고 폭싹 늙어 있었다. 그리고 남전보원의 너절한 바지가랭이를 보면 제우스라는 말이 입밖으로 나오다가도 급히 들어갈 판이었다. 웬 바지가랭이는 그리도 너절한지 우라질.

한참이나 되었지. 한참이나 무심(無心)을 가장하며 심상찮은 눈알을 연신 굴리기만하면서, 도대체 무슨 일이나 있었느냐는 듯한 얼굴빛을 지으면서 거기 버티고 서서 제자의 반응을 응시하던 남전보원이 이번에는 제자에게 발을 들어보이는 것이 아닌가. 그런데 중심을 못잡고 하마터면 넘어질뻔했지.

3. 마치 발(足)로 기와쪼가리를 집어 던지기라도 했다는듯이. 남전보원이 잡아떼는 이 시치미는 또 무얼 의미하는가? 기와쪼가리를 집어던지기는 오른쪽 손으로 해놓고, 제자가 대가리를 들고 쳐다보니 자신의 왼쪽 다리를 집어들어보이며 잡아떼는 이 시치미 말이다. 그 우스꽝스런 작태(作態)는 분명 자신의 왼쪽 다리로 기와쪽을 던졌다고 속삭이고 있는듯이 보였다. 그런 행위로 돌입한 남전보원은 흡사 제자에게 이렇게도 외치는듯이 보이기도 했다.

"그래. 바로 내가 네놈에게 기와쪼가리를 던졌다. 그래, 무슨 항변(抗辯)이라도 좋다. 무엇이든 좋다. 네놈의 뱃속에 들어있는 거라면 뭐든지 좋으니까 어디 한번 꺼내보아라. 기와쪼가리로 꼴좋게 얻어맞고도 끽소리 한번 내지르지 못한채 눈알만 뱅글뱅글 잡아돌리는 이 밥통아!"

이 무슨 해괴망칙한 수작이냐는 것이지, 내 말은.

4. 해설한 바와 같이 아마륵과에는 들어갈 때에는 손이 들어갔어도 나올 때에는 엉뚱한 발이 되어 튀어나올 수도 있는 것이라고. 선문염송 제221칙 와자(瓦子)라는 척도(尺度)를 사용하면 무문관 제48칙 건봉일로 공안은 그 측정(測定)이 즉시 완료된다.

"시방의 부처님들이---?"

라는, 질문이 들어가자마자 대뜸, 그래 찰나의 여유도 주지 않고 대뜸 튀어나온다는 물건이 고작 무엇이었나.

45. '아마륵과'가 토해내는 우스꽝스런 물건들 199

　　<주장자로 허공에 한 획을 찌익 그어대는 행위(行爲)와 더불어 "여기에 있다" 하신 말씀>이 아니었던가. 요약하자면 그렇고 그런 내용의 행위와 그런 행위의 뒤를 따르는 그렇고 그런 내용의 말씀이 아니었던가.

　5. 또 있지.
　"시방의 부처님들이---?"
　라는, 질문이 운문문언의 아마륵과 속으로 들어가자 마자 운문문언의 아마륵과는 기다리고 있었다는듯이 오랜 세월을 두고 학수고대(鶴首苦待)나 했다는듯이 대뜸 다음과 같이 아무짝에도 쓸모없는 물건들만 와르르 쏟아냈다.
　<때마침 옆에 놓여있던 부채를 집어드는 행위(行爲)와 더불어 까닭모를 삼십삼천과 동해의 잉어를 들먹이는 말씀>이 운문문언의 아마륵과에서 왈칵 쏟아져나왔겠다.
　마치 맛있는 국수를 정말이지 아주아주 맛나다면서 무지무지 맛있다고 칭찬해대면서 세상에 이토록 맛좋은 국수가 다 있었느냐면서 배가 터질 때까지 단숨에 너댓 그릇이나 쩍억 해치우고는 끄르륵 트림하고 일어서자마자 먹은 국수를 한입에 와르르 토해내는 대단한 놈처럼.
　그것도 자기자신이 앉아서 무서운 기세로 국수를 빨아들이던 바로 그 방바닥에 대고. 들어갈 때는 너댓 그릇밖에 들어가지 않았는데 입밖으로 나올 때는 왠걸 족히 여덟 그릇 분량의 국수를 토해내놓는 영웅호걸의 기질(氣質)을 지닌 호방(豪放)한 놈처럼.
　아무튼 세상에는 국수먹고 토해내놓는 놈만큼 그 식견(識見)이 그토록 무애자재하고 뛰어나게 웅위한 인물을 찾아보기 참으로 힘들리라.

6. 불자(佛子)들이여, 정신 똑똑히 차릴지로다.

시방의 부처님들로 시작되는 승(僧)의 질문이 좌청룡(左靑龍)이라면 월주건봉의 부질없는 행위와 말씀 및 운문문언의 마찬가지로 부질없는 행위와 말씀은 우백호(右白虎)로다.

무문관 제48칙 건봉일로의 우백호. 우백호에 해당하는 월주건봉과 운문문언의 행위나 말씀은 마른 대나무와 같도다. 마른 대나무는 아무리 쥐어짜도 국물 한방울 나오지 않는도다. 그러기에 우백호에 매달리지 말라 하였도다. 모름지기 좌청룡과 우백호의 사이(틈새)를 살필지로다.

공안의 허리를 꿰뚫어볼지로다. 공안의 허리는 예리하기 그지없다. 하지만 공안의 허리를 빼고 남는 좌청룡과 우백호는 의미가 없다. 무의미(無意味)하다. 무의미한 우백호가 심요(心要)를 찌르기는 실로 지난(至難)한 일이다.

7. 무용지물(無用之物)과 쓰레기.

좌청룡과 우백호 그 자체는 거의 무용지물(無用之物)이라 해서 전혀 거짓이 아니다. 그대는 그 무용지물에 다름아닌 우백호를 물고 늘어지려 하는가? 우백호에 걸려들지 말라. 우백호에 잡히지 말라.

돌이켜보면 우습다. 주장자를 들어 한 획을 그으며 "여기에 있다" 외치는 월주건봉도 그렇고, 부채를 들고 삼십삼천 이야기와 동해의 잉어 이야기를 태연스럽게 꺼내는 운문문언도 그렇다.

무문관 제48칙 건봉일로(乾峰一路)공안을 보려는 사람들은 월주건봉과 운문문언의 행위(行爲)나 말씀 그 자체에는 결단코 걸려들지 말라. 말씀 그 자체는 쓰레기와 다름없다. 그와같이 단언해도 그만이다.

46. 선문염송의 와자(瓦子)와 황룡삼관(黃龍三關)

1. 선문염송 제1397칙(則)에서 황룡혜남(黃龍慧南)선사는 황룡삼관(黃龍三關)이라는 황금의 빛도 찬란한 깃발을 내걸었다. 삼관(三關) 중에서 두개의 관(關)을 소개하면,
 <1>. 나의 손은 어째서 부처님 손과 같은가?
 <2>. 나의 다리는 어째서 당나귀 다리와 같은가?
 우선 너털웃음 한바탕 웃고.

2. 보라, 이야말로 선문염송 제221칙 와자(瓦子)와 무엇이 다른가? 대중(大衆)이여, 황룡혜남의 황룡삼관은 선문염송의 와자(瓦子) 이야기와 쌍둥이라.
 앞서 웃음부터 한바탕 웃기는 하였으나 그러나 어찌 알았으리오. 먼저 어허야꼬 웃어젖히는 일 따위는 애써 삼가하라. 대중(大衆)이여 모름지기 근숙할지니 화두선 오랜 세월의 구비구비 어느 구석에도 가벼히 웃어넘길 일 따위는 결코 없노라. 몇년 아니 잘나가면(?) 몇십년 동안의 뼈를 깎고 뼈를 녹이는 정신작업이 기다리고 있을 뿐이다. 그러니 어찌 먼저 웃을 것인가.
 모름지기 아마륵과를 체득해야 하나니 이해(理解)를 통한 한낱 해오(解悟) 따위가 무슨 볼일이나 있겠는가. 생사(生死)문제를 해결함에 있어서 해오 따위는 전혀 힘이 되지 못한다. "아아, 그런 이치로 엮어진 이야기였던가!" 하는 등등의 이해 따위

는 물거품과 같은 것이라.

　3. 참고로 적어두기는 한다. 황룡혜남의 황룡삼관의 이치는 이렇다. 부처님 손이 아마륵과를 통과하는 찰나에 당나귀 다리로 변모하여 튀어나온 것이다. 나머지는 참구하여 스스로 깨닫고 스스로 증명할 일이다.

　4. 천신만고 끝에 깨달았다 해도 자기자신이 끝내 수긍하지 못하고 자기자신이 끝내 증명하지 못하면 큰일이 마무리된 것은 아니다. 가령 대찰(大刹)의 조실스님이 인가(認可)하였다 하더라도 자기자신이 수긍하지 못하면 생사(生死)문제는 해결되지 않는다. 화두를 해결할 때, 그때 생사문제도 동시에 해결된다.

　5. 선종(禪宗)의 5가7종(五家七宗)에 법안종(法眼宗)이 있다. 불교역사상 희대(稀代)의 걸물인 오조법연(五祖法演)이 법안종의 종풍(宗風)을 지적하고 비유하기를 다음과 같이 하였다 전한다.
　"순라꾼(순경,경찰)이 어느 사이에 도적 되었다."
　<순라꾼이 들어가서 도적되어 나오는 소식>은 <부처님 손이 들어가서 당나귀 다리되어 나오는 소식>과 무엇 다른가.

47. 7분의 1의 공덕(功德)

그때 지장보살(地藏菩薩)께서 석가여래께 말씀드렸다.

"세존이시여, 제가 이 남염부제(南閻浮提)의 중생들을 보니, 그들의 행동하고 생각하는 모든 것이 죄(罪) 아닌 것이 없나이다. 더러는 착한 마음을 낼지라도 처음의 마음을 지키기가 어렵고, 나쁜 인연을 만나면 생각생각마다 나쁜 인연을 더하게 되나이다. 이런 사람들은 마치 무거운 짐을 지고 진흙길을 걷는 것과 같아서, 갈수록 몸은 지치고 짐은 무거워지고 발은 깊은 수렁으로 빠져들어가는 것과 같나이다.

세존이시여, 악(惡)을 익힌 중생은 잠깐 사이라도 한량없는 악을 짓게 됩니다. 모든 중생들은 이와같은 습성이 있으므로, 목숨을 마치려 할 때에는 남녀 가족들이 그를 위한 복(福)을 베풀어 앞길을 열어주어야 하나이다.

이때 깃발과 일산(日傘)을 걸고 등불을 밝히거나, 존귀한 경전을 읽기도 하며, 부처님과 모든 성인(聖人)의 존상 앞에 공양을 올리고, 나아가 부처님과 보살님과 벽지불을 생각하면서 한 분 한분의 명호(名號)를 분명히 불러 임종(臨終)하는 사람의 귀에 들리게 하거나 마음에 새겨지도록 해야 하나이다.

그렇게 하면 자신이 지은 악업(惡業)으로 인하여 반드시 악도(惡道)에 떨어지게 되어있는 중생일지라도 가족들이 그를 위해 짓는 성스러운 인연공덕으로 모든 죄가 다 소멸되나이다.

또한 그가 죽은 뒤 49일 안에 가족들이 여러가지 좋은 공덕을 지어주면, 그 사람은 영원히 악도(惡道)를 벗어나고 인간세상이나 천상(天上)에 태어나 뛰어나고 묘한 즐거움을 받게되며, 남은 가족들도 한량없는 이익을 얻게 되나이다.
　그러므로 제가 이제 부처님을 모시고 하늘나라 사람들과 용신(龍神) 등의 팔부신중(八部神衆), 사람들과 사람 아닌 무리들이 함께 모인 이 자리에서 권하나이다. 이 남염부제(南閻浮提)의 중생이 임종(臨終)하는 날에는 산 목숨을 죽이거나 악한 인연 짓는 것을 삼가하고 귀신과 도깨비들에게 제사지내거나 예배하여 구하지 말 것을 권하나이다. 왜냐하면 살생(殺生)하는 일과 귀신에게 제사지내는 일 등은 죽은 사람에게 털끝만큼의 이익도 되지 않을 뿐더러, 죄(罪)만 더욱 깊고 무겁게 할 뿐이기 때문입니다.
　설혹 내생(來生)이나 현생(現生)에 성스러운 인연을 만나 인간세계나 천상(天上)에 태어날 수 있게 된 사람이라 할지라도 임종하는 날에 가족들이 악한 일을 행하면, 목숨을 마친 사람이 그 재앙(災殃)에 대해 변론(辯論)을 하느라고 좋은 곳에 태어나는 것이 늦어지게 되나이다. 하물며 임종하는 사람이 살아생전에 조그마한 선근(善根)도 지은 적이 없다면 자신이 지은 업(業)에 의하여 스스로 좋지 않은 세상에 떨어지게끔 되어 있는데, 남아있는 가족들이 다시 죽은 사람의 업(業)을 더 무겁게 해서야 되겠나이까.

　세존이시여, 제가 남염부제(南閻浮提) 중생들을 관찰하여 보았더니 이러하였나이다. 모든 부처님의 가르치심을 따라서 머리카락 한올, 물 한방울, 모래 한알, 티끌 한알만큼이라도 착한 일을 하게되면 모든 이익을 그 중생 자신이 얻게됨을 볼 수 있

었나이다.

 지장보살께서 이렇게 말씀하실 때, 이 법회(法會)에는 말을 아주 잘하는 대변(大辯)이라는 한 장자(長者)가 참석하고 있었다. 이 장자는 이미 오래 전에 '태어남이 없는 법(無生法)'을 얻어 시방세계의 중생들을 교화하였으며, 지금은 장자(長者)의 몸을 나타내고 있는 분이었다. 대변장자(大辯長者)는 합장 공경하면서 지장보살께 여쭈었다.

 "지장보살이시여, 이 남염부제(南閻浮提)의 중생이 목숨을 마친 뒤에 그의 가족들이 죽은 이를 위하여 공덕을 닦아주거나 재(齋)를 베풀어 여러가지 착한 일을 하게되면 목숨을 마친 그 사람이 큰 이익을 얻어 해탈할 수 있나이까?"

 지장보살께서 대답하시었다.

 "장자시여, 내가 지금 현재와 미래의 모든 중생들을 위하여 부처님의 위신력을 받들어 간단히 그 일을 설명하오리다. 장자시여, 현재와 미래의 모든 중생들이 목숨을 마치는 날, 한 부처님의 명호(名號)나 한 보살님의 명호나 한 벽지불의 명호만 들어도 죄(罪)가 있고 없고를 가릴 것 없이 모두 다 해탈을 얻습니다.

 만약 어떤 남자나 여인이 살아 생전에 착한 일보다는 죄(罪)를 많이 짓고 임종하였을 때, 그의 가깝고 먼 친척들이 훌륭한 공덕을 지어 복(福)을 닦아주면, 그 공덕의 7분의 1은 죽은 사람이 얻게되고 나머지 공덕은 살아있는 사람들의 몫으로 돌아갑니다. 그러므로 현재와 미래의 모든 착한 사람들이 이 말을 잘 새겨듣고 스스로 착한 업(業)을 닦게되면 그 공덕의 전부를 얻을 수 있습니다.

 장자(長者)시여, '덧없음의 큰 귀신(無常大鬼)'은 기약없이 닥쳐오는 법이니, 죽음의 과정을 지나서 어둠속을 헤매는 영혼(靈

魂)은 자기의 죄(罪)와 복(福)을 알지 못하고 49일 동안 바보처럼 귀머거리처럼 지내다가, 염라대왕 앞에서 업과(業果)의 옳고 그름을 따진 뒤에야 그의 업(業)에 따라서 새로운 생(生)을 받게 됩니다. 그 사이, 스스로의 앞길을 예측할 수 없는 동안의 근심과 고통도 천만(千萬) 가지일진데, 하물며 좋지못한 세계로 떨어졌을 때에야 어떠하겠습니까?

이 목숨을 마친 사람이 다시 태어남을 얻지 못하고 기다리는 49일 동안 모든 혈육과 친척들이 복(福)을 지어 구원해주기를 간절히 바라다가, 이 날이 지난 후에는 업(業)에 따라 과보(果報)를 받게 됩니다. 그가 만약 죄많은 중생이라면 천백(千百)년이 지나더라도 해탈할 날이 없을 것이며, 그가 만약 오무간지옥에 떨어질 큰 죄를 지어 대지옥으로 떨어지면 천만겁(千萬劫)을 지나도록 고통이 끊일 사이가 없습니다.

또한 장자시여, 이러한 죄업(罪業) 중생들이 목숨을 마친 뒤에 혈육과 친척들이 재(齋)를 베풀어 그의 선업(善業)을 도와줄 때에는, 재식(齋食)을 마치기 전이나 재(齋)를 지내는 동안에 쌀뜨물이나 나물잎사귀 등을 함부로 땅에 버리지 말 것이며, 모든 음식을 부처님과 스님들께 올리기 전에는 먹지 말아야 합니다.

만약 이를 어기고 먼저 먹거나 깨끗하게 만들지 않으면, 목숨을 마친 사람이 복(福)의 힘을 얻지 못할 것입니다. 반대로 정성을 다하여 깨끗하게 만든 음식을 부처님과 스님들께 올리면, 죽은 사람은 그 공덕의 7분의 1을 얻게 됩니다.

장자시여, 그러므로 남염부제(南閻浮提)의 중생이 목숨을 마친 부모나 가족들을 위하여 재(齋)를 베풀어 공양하되 지극한 마음으로 부지런히 정성을 다하면, 죽은 사람도 살아있는 사람들도 모두 다 이익을 얻게되는 것입니다."

지장보살께서 이 말씀을 하실 때에 도리천궁(忉利天宮)에 모여있던 무량무수한 남염부제(南閻浮提)의 귀신(鬼神)들 모두가 한량없는 보리심을 발하였고, 대변장자(大辯長者)도 환희심으로 가르침을 받들면서 예배하고 물러갔다.

48. 공안에 대한 비유와 실상(實相)의 체득은 별개의 것이다

1. 다시 선문염송 제221칙 와자(瓦子).

남전보원이 손으로 기와 쪼가리를 집어던진 후에 발을 들어 올리기까지는 제법 시간적인 간격이 있다. 하지만 사실을 말하자면 그 사이의 시간적인 간격은 전혀 없다고 알아보아야 한다. 시간간격은 없다. 시공(時空)이 소멸하는 아마륵과의 세계(?)에 무슨 시간같은 물건이 존재하겠는가.

법안종(法眼宗)의 종풍(宗風)을 어디에다 비유하였던가. 전술(前述)했던 바와 같이, 순찰돌던 순라꾼(경찰)이 아차하는 사이에 밤도적으로 변하는 소식에다 비유하지 않았던가. 야간(夜間)에 순경(巡警)이 도적으로 표변(豹變)하는 데에는 시간이 전혀 소요(所要)되지 않았다. 순경이 밤의 도적으로 얼굴을 바꾸어다는 사이의 시간간격은 제로(0)다.

시간간격 제로(0)로서 표현되는 그것을 굳이 '아마륵과(=마니보주)라고 칭한다면, 번개를 낚아채는 솜씨를 가지고서도 아마 아마륵과는 낚아채지 못하리라. 번갯불에 바늘귀를 꿰는 솜씨를 휘둘러도 아마 아마륵과를 잡아내지 못하리라. 왜인가? 명명백백하게 작용하기는 하되 그 실체(實體)가 없기 때문이다. 그 실체가 없으면서도 한없이 신령(神靈)스럽게 작용하기 때문이다.

2. 비유컨대 아이들이 타고 노는 시소의 중심점, 혹은 지렛대의 받침점과도 같은 이치의 선상(線上)에서 바라보라고 해설하였었다. 시소의 중심점(中心點)에 면적이 있는가? 지렛대를 받치는 받침점에 면적이 있는가?

시소는 중심점을 중심(中心)으로 해서, 좌에서 우로 그리고 우에서 좌로 넘어가는 데에는 시간이 걸리지 않는다. 눈깜할 사이도 주지 않고 오른쪽에서 왼쪽으로, 왼쪽에서 오른쪽으로 넘나든다. 그래 시소는 면적없고 실체(實體)없는 중심점을 중심으로 해서 좌우(左右)로 넘나드는데 시간이 걸리지 않는다.

그 어디에도 비유할 도리가 없는 아마륵과를 굳이 어디에다 비유하고자 애쓴다면 시소의 중심점의 이치에나 비유할 수 있을른지 몰라.

3. 선문염송의 와자(瓦子).

기와쪽을 집어던지는 손을 뒤이어 발을 들어올리는 사이에서 아마륵과는 분명하게 작용한다. 하지만 시간은 소요되지 않는 법. 왜일까? 시소놀이와 똑같기 때문이다.

하지만 이치가 그렇다 해서 와자(瓦子)가 해결된 것은 아니다. 그런 비유는 와자(瓦子)공안을 바라보는 요령의 제시에 불과하다. 모름지기 공안을 잡고 이치를 체득(體得)하는 방법 이외의 모든 이해(理解)는 이른바 해오(解悟)로서, 해오는 새털구름처럼 돌아서면 금방 날아가버린다. 아무리 선문염송 제221칙 '와자'를 잡고 잔머리를 굴려 이해해본들 별다른 소득은 없다. 잔머리 굴려 얻어지는 해오(解悟)는 허망한 물건이다.

49. 끊어진 것인가? 이어진 것인가?

1. 선문염송 제221칙 와자(瓦子).

손을 들어올리는 행위와 이어서 발을 들어올리는 행위. 이 두개의 이어지는 행위는 서로를 억세게 끌어당기기도 한다. 손에서 발로 넘어가는 때에, 상황이 완전히 바뀌기는 하되 시간이 소요(所要)되는 것은 아니라고 밝히기도 했다.

이 말을 바꾸어보자. 시간이 전혀 소요되지는 아니 하되 상황이 완전히 바뀐다고. 그렇다 상황이 완전히 바뀌는 것이다. 이 '상황의 반전(反轉)'은 무엇을 의미하는가? 단절(斷切) 즉 끊어짐을 의미한다고도 볼 수 있다. 철저하게 잘리는 것이다. 비록 그렇기는 하되 정말로 잘려서 두동강이나는가? 아니다.

기와쪽을 집어던지는 손에서 '어느새' 시치미 뚝 떼고 발을 들어올리는 행위로 넘어간 것. 이것은 단절(斷切)이되 단절이 아니요, 단절이 아니되 또한 단절인 것. 단절이되 단절이 아니요, 단절이 아니되 단절인 이것을 일컬어 아마륵과라고 부르기는 했다.

어째서 단절이되 단절이 아닌가? 즉 끊어짐이되 끊어짐이 아닌가?

아마륵과는 출세간(出世間)의 물건이 아니기 때문이다.

어째서 단절이 아니되 단절인가? 즉 끊어짐이 아니되 끊어짐인가?

아마륵과는 세간(世間)의 물건이 아니기 때문이다.
이러한 견지(見地)에서 조주구자 공안을 아울러 살펴보자.

2. 무문관 제1칙 조주구자(趙州狗子).

<있는가?> 하고 물었는데 뜻밖에도 <없다>는 대답이 나온다. <있는가?> 하는 질문이 들어가서 <없다>는 대답이 나오는 사이에는 시간적인 간극(間隙)이 없다. 그렇다면 잘리지(끊어지지) 아니한 것인가? 아니다. 잘린(끊어진) 것이다. 그렇다면 잘려나갔다고, 잘려나가서 두동강이났다고 알아보면 되는가? 아니다.

잘린 것이되 또한 잘린 것이 아니다. 잘린 것이 아니되 또한 잘린 것이다. 이른바 단절론(斷切論)+융합론(融合論)이요, 융합론+단절론이다. 융합론이다, 단절론이다, 이와같이 어느쪽으로든 치우쳐 생각하면 안된다. 단절융합이요 융합단절이다.

<있는가?>의 질문이 들어가서 <없다>는 대답이 나올 때는 상황이 분명코 뒤바뀐 것이 사실이다. 이것이 실체(實體)는 없으나 신령(神靈)스런 구슬로서도 묘사되는 이른바 아마륵과의 묘용이다. 이와같이 이해(理解)하기만 하면 되는가? 아니다. 체득이 필요하다. 참구(參究)를 해서 아마륵과를 실제로 거머쥐어야 한다. 아마륵과를 거머쥐어야 모든 근심거리가 하루 아침에 사라진다. 어떻게 체득하는가?

하나의 상황, 즉 <있는가?>에서 또다른 하나의 상황, 즉 <없다>로 넘어가는 순간, 즉 화두의 규(竅)가 목숨뿌리(命根)와 일치해야 한다. 일치하는 찰나에 목숨뿌리는 끊어진다. 목숨뿌리는 끊어지고, 화두의 규(竅)는 이어진다. 화두지규 또는 화두지요는 그렇게 영겁에 걸쳐 어둡지 아니한 한가지 사실로서 존재한다.

3. 선문염송 제221칙 와자(瓦子).

'기와쪽을 집어서 던지는 손'에서 '발을 들어올려 보이는 행위'로 넘어가는 순간이 목숨뿌리와 지극히 그렇지 지극하고도 지극히 정밀하게 일치해야 목숨뿌리 끊어지고, 목숨뿌리 뽑혀 나온다.

역(逆)으로, 목숨뿌리 끊어지고 목숨뿌리 뽑혀나오는 순간에 '기와쪽을 집어던지는 손'에서 '발을 들어올리는 행위'로 넘어가는 아마륵과의 작용이 선명하게 확인되는 것이요, 아마륵과를 거머쥐는 것이 된다.

50. 삼 계(三界)

　삼계(三界)는 오직 마음이 그려보이는 그림(畵)에 불과하다. 하지만 간략하게 설하리라.

　1. 욕계(欲界)의 6천(六天)
　사왕천(四王天), 도리천(忉利天), 야마천, 도솔천, 화락천, 타화자재천의 여섯 하늘나라로 구성되어 있다.
　욕계는 욕심많은 중생들이 거주하는 세계이므로 욕계라는 이름이 붙었다. 특히 물질에 대한 욕구, 음식에 대한 욕구, 이성(異性)에 대한 욕구, 수면에 대한 욕구, 명예에 대한 욕구가 강렬하다. 이른바 오욕(五慾)이다.
　오욕(五慾)의 의미는 다음과 같이 해석되기도 한다. 즉 빛, 소리, 향기, 맛, 촉감 등 5종류의 대상(對相)에 대하여 일어나는 욕심(慾心)이 그것이다.
　욕계는 치성(熾盛)한 욕심에 비하여 물질(物質)은 부족하여 중생들의 생활에 불편이 많다.

　2. 색계(色界)
　색계(色界)는 물질의 세계라는 뜻을 담고 있다.
　색계도 물질의 세계이기는 하지만 그 물질이 매우 아름답고 청정하며 절묘한 물질의 세계다. 이것이 욕계와 색계의 차이다. 그리하여 이 세계는 특별하게 색(色)이라는 이름을 가지게 되었다.

이 세계는 욕계(欲界)의 중생보다 복(福)과 덕(德)이 월등하게 뛰어난 중생들이 태어나 많은 복락(福樂)을 누린다.

3. 무색계(無色界)

무색계는 모습을 나타내지 않는 물질로 형성된 세계라는 의미를 가지고 있다.

본질적인 물질과 순수한 정신만이 충만한 세계다. 그러나 이 세계에 거주하는 중생들은 아직도 정신적인 번뇌가 미세하게 남아 있으므로 사바세계의 중생계(衆生界)에 속한다.

무색계는 욕계와 색계의 중생들이 감히 상상도 할 수 없는 평화와 복락(福樂)으로 충만한 세계다. 이 세계에서 더욱 분발하여 정진하면 불타(佛陀)의 경지에 오른다.

이 세계의 중생들은 물질적인 애착은 없고 다만 마음의 번뇌는 미세하게나마 남아있다.

4. 정지(定地)

색계(色界)와 무색계(無色界)는 정지(定地)라고 부른다.

정지(定地)는 중생이 이 세계에 태어나면서부터 선천적(先天的)으로 흔들리지 않고 안정된 마음(정심定心)을 가지게 된 중생들이 태어나는 세계라는 뜻이다.

그러나 정지(定地) 중에서 무색계는 정(定)은 많으나 혜(慧)는 적다는 말이 있다. 이 세계의 중생은 마음은 보다 더 안정되어 있으나, 그러한 마음의 안정(定)에 비하여 지혜(智慧)는 적다는 뜻이다.

반면에 색계는 무색계(無色界)만은 못하지만 정(定)과 혜(慧)가 균등하다고 한다. 이를 가리켜 정려(靜慮)라고 하는데, 정

(靜)은 정(定)을 의미하고 려(慮)는 혜(慧)를 의미한다.

5. 지거천과 공거천

1. 지거천(地居天)

사왕천(四王天)과 도리천(忉利天)은 수미산(須彌山)에 의지해 성립된 세계이므로 지거천이라 이름한다.

2. 공거천(空居天)

야마천, 도솔천, 화락천, 타화자재천은 수미산(須彌山)을 벗어나 공중(空中)에 건립된 천국(天國)이므로 공거천이라 이름한다.

51. 사왕천(四王天)

<1>. 수미산을 둘러싸고 있으며, 그 중앙에 궁전(宮殿)이 있는 행천(行天)이 있다.
<2>. 36억의 천인(天人)들이 거주한다.
<3>. 사왕천에 거주하는 천인(天人)들을 다스리는 사천왕(四天王) 중에서 우리 인간계(人間界)를 수호하는 왕(王)은 제두뢰타(提頭賴吒)와 비사문천(毘沙門天)이다.
<4>. 사왕천의 사천왕과 천인들은 함께 인간세계를 두루 시찰한다.
<5>. 사왕천의 왕과 천인들도 전생(前生)에 닦은 선업(善業)이 다하면 지옥, 아귀, 축생의 세계에 떨어지기도 한다.
<6>. 사왕천에서 인간세계로 떨어지면 많은 복락(福樂)을 받는 인간으로 태어난다.
<7>. 사왕천에 태어날 때에는 모친(母親)의 태(胎)에 의탁하여 출생하지 않는다. 홀로 부모가 될 천인(天人)의 무릎 위에 순간적으로 출생한다. 이른바 화생(化生)이다. 그렇게 되면 그 천인들은 무릎 위에 태어난 아이를 보고 곧 이 아이는 내 아이라고 하며 각별히 돌봐준다.
<8>. 사왕천에 태어난 아이는 과거세(過去世)의 수승(殊勝)한 업력(業力)에 힘입어 지혜가 밝은 까닭에 자기가 어떻게 해서 사왕천에 태어났는가를 자연적으로 알게된다.
<9>. 자기가 과거에 인간세계에 머물면서 몸으로 선행을 닦

고 익혔으며, 입으로는 옳고 착한 말을 하였으며, 마음으로는 항상 옳은 생각만 하였기 때문에 그 하늘나라에 태어났음을 알게된다. 그러므로 그 아이는 생각하기를 이와같이 한다. 자기가 사왕천에서의 수명을 마치고 또다시 인간세계에 태어난다면 몸(身)과 입(口)과 생각(意)의 삼업(三業)을 정화(淨化)하여 과거보다 몇 배 이상 정진하고 선업(善業)을 닦으리라 서원(誓願)한다.

<10>. 음식은 생각하는 즉시 눈앞에 나타나고 음식물의 소화문제도 역시 전혀 없다. 갈증을 느끼면 감로수(甘露水)가 나타나는 이치도 똑같다. 하지만 음식물이나 감로수의 색깔에 차이가 있다. 복력(福力)이 뛰어난 천인에게는 음식물이 흰색으로, 복력(福力)이 중간 정도이면 음식물이 청색으로, 복력(福力)이 적으면 음식물의 색깔이 붉은색으로 변한다.

<11>. 하지만 그밖의 생활면에서는 하등의 차별이 없다. 욕지(浴地)에 들어가서 목욕을 즐겁게 하고, 향수나무에서 마음대로 향수를 취하며, 겁구의수(劫具衣樹)라는 나무에서 마음대로 옷을 골라 입고, 장엄수(莊嚴樹)라는 나무에서 장식품을 마음대로 가져다가 몸에 치장한다.

<12>. 과일을 먹고 싶으면 나무에서 마음대로 따서 먹고, 오락을 즐기고 싶으면 천악기(天樂器)라는 나무 아래로 가서 천국(天國)에만 존재하는 악기를 가지고 맑고 아름다운 소리를 내며, 천녀(天女)들과 함께 원림속에서 즐긴다. 여러가지 나무들은 천인(天人)이 다가서면 자연히 가지가 고개를 숙여 필요한만큼 가져가도록 해준다.

<13>. 음녀(淫女)들과 오욕락(五慾樂)을 즐기면서 향락(享樂)에 젖고, 수행(修行)을 게을리하면 과거세(過去世)에 쌓은 복력(福力)이 마침내 다하는 날이 온다. 지혜는 나날이 작아지다가 소멸하는 지경에 이른다. 전생(前生)에 어떻게 선행을 하여 사

왕천에 태어났던가 하는 일조차 까마득하니 잊어버린다. 그리하여 인간계(人間界)를 비롯하여 더 나쁜 세계로 떨어지는 경우도 많다.

<14>. 인간세계에서 살생(殺生)하지 않는 계율만 철저히 지켜도 사왕천에 태어날 수 있다.

52. 뻐꾸기 새끼와 노랑할미새 새끼에 대하여

1. 표면장력공안.

나는 졸저(拙著) '무문관의 새로운 해석'에서 <무문관 오대(五大) 표면장력 공안>에 대하여 여러 차례 역설(力說)한 바 있다. 무문관에 등장하는 차례대로 열거해보면,

<1>. 제4칙 호자무수: "서천의 호자가 어째서 수염이 없느냐?"
<2>. 제8칙 해중조차: "해중이 수레 만들기를 수없이 했는데, 어째서 두 바퀴를 빼고 축까지 빼버렸다는 이야기가 나도는가?"
<3>. 제16칙 종성칠조: "세계가 이리도 광활한데, 종소리를 따라서 칠조가사는 왜(어째서) 입는고?"
<4>. 제20칙 대역량인: "대역량인이 어째서 다리를 들고 일어서지 못하는고?"
<5>. 제38칙 우과창령: "비유를 하자면 소가 창밖을 지나가는 것과 같다. 머리와 뿔과 네개의 발굽까지 모두 지나갔는데, 어째서 꼬리가 지나가지 못하는고?"

이상의 5개 공안을 여러차례 애써 들어보이며 나는 <무문관의 5대 표면장력 공안>이라 일컬었었다. 어째서 '표면장력 공안'이라 일컬었던가? 그 이유는 이상의 다섯 개 공안의 가운데 끼어든 이른바 "어째서(왜)"라는 언어 때문이라고도 밝혀 설명했다.

요약하자면, 그 "어째서"라는 언어가 스스로를 자르면서 무

의식(無意識)속으로 함몰해갈 때. "어째서"의 좌우(左右)에 늘어선 공안의 좌우 융합익(融合翼) 역시 <스스로를 자르면서 함몰(陷沒)하는 공안의 허리>속으로 함께 휩쓸려들어 화두융합체(話頭融合體)를 형성하고 이윽고는 화두융멸체(話頭融滅體)를 이룬다. 이루면서 무의식을 뽑아내고 화두융멸체가 곧 법성공(法性空)임을 확연히 들어내보인다고도 밝혔다.

2. 무문관 제38칙 우과창령.

오늘 다시 무문관 제38칙 우과창령을 보기로 들어 뻐꾸기 새끼와 노랑할미새 새끼 이야기를 엮어내고자 한다.

"소가 창밖을 지나간다. 소의 머리와 다리가 모두 지나갔는데 어째서 꼬리가 지나가지 못하는고?"

우과창령은 "어째서"를 중심으로 하여 "어째서"의 좌우(左右)에 늘어선 말씀들이 "어째서"쪽으로 빨려들면서 표면장력융합하고 표면장력융합체를 형성한다. 물론 화두융합체인 표면장력융합체는 무의식(無意識)속으로 파고든다.

이쯤에서 문제를 제기한다. 화두융합체는 무슨 재주로 무의식(아라야식)을 파고드는가? 환언(換言)해보자. 무슨 재주를 사용하여 화두융합체를 아라야식 속으로 집어넣을 것인가 그말이다. 이치는 이렇다.

3. 탁란자(托卵者)와 숙주(宿主)새.

뻐꾸기는 제자신의 둥지를 짓지 않는 새다. 자기자신의 둥지를 틀고 그 안에 알을 낳은 다음 부화시키는 뻐꾸기가 아니다. 뻐꾸기는 알 낳을 시기가 이르면 이미 알을 낳아 품기 시작한 다른 새의 둥지를 엿본다. 엿보다가 알을 품고있던 그 둥지의 어미새가 잠시 둥지를 비우는 사이에 귀신처럼 그 둥지에 침입한다. 침입해서 한 개의 알을 빼내고 대신에 자기의 알을 한 개 낳는다. 그런 다음에 뻐꾸기는 그림자처럼 유유히 날아가버린다.

뻐꾸기가 다른 새의 알을 한 개 빼내고 자기자신의 알을 한 개 낳아 밀어넣는, 즉 탁란(托卵)하는 그 다른 새가 이른바 숙주(宿主)새다. 뻐꾸기의 숙주새로는 맷새, 붉은머리 오목눈이, 개개비, 노랑할미새 등이 있다. 부르기 쉽게 여기서는 '노랑할미새'를 예로 든다.

잠시 볼일을보고 돌아온 노랑할미새는 자기가 둥지를 비운 사이에 뻐꾸기가 침입한 사실을 모른다. 침입자가 할미새의 알을 한개 슬쩍 빼내고 그 자리를 침입자의 알로써 채워넣었다는 사실을 가엽게도 까맣게 모른다. 할미새의 알보다 탁란자(托卵者)의 알이 보다 더 크고 색깔마저 다르다는 사실조차 가엽게도 눈치채지 못한다. 그리하여 할미새는 뻐꾸기의 알까지 전력을 다해서 품고 부화시킨다.

4. 뻐꾸기 새끼의 무서운 본능.

뻐꾸기 새끼는 할미새 새끼보다 하루에서 3일 정도 빨리 부화한다. 먼저 알에서 깨어난 뻐꾸기 새끼는 아직 눈도 뜨지 못하고 깃털도 돋아나지 아니한 빠알간 몸뚱이에 불과하다. 그럼에도 불과하고 그 눈먼 뻐꾸기 새끼는 본능적으로 부화하지 않은 할미새의 알을 하나씩 등에 업고 둥지 밖으로 떨어뜨린다. 할미새의 알이 이미 부화하였다 해도 할미새의 새끼는 똑같은 운명을 맞게된다.

할미새 새끼보다 몸집도 크고 힘도 센 뻐꾸기 새끼는 할미새 새끼를 한마리씩 억지로 등에 얹고서 인정사정없이 둥지밖으로 떨어뜨린 후에 둥지를 독차지하고 할미새가 물어다주는 먹이를 독차지한다. 물론 할미새 새끼는 둥지밖으로 밀려나가지 않으려고 몸부림치지만 뻐꾸기 새끼의 무서운 힘을 당해내지 못해 둥우리밖으로 추락한다.

둥지를 떠날 때쯤이면 뻐꾸기새끼는 이미 어미 할미새의 몇 배 이상 크게 자라있지만 1개월이 넘도록 할미새의 도움을 받는다고 한다. 이쯤에서 이야기의 방향을 바꾼다.

5. 규(竅) 혹은 화두융합체를 의식과 무의식 너머로 밀어낸다.

이지러지고 찌그러지는 화두융합체를 어떻게 무의식(無意識) 속으로 밀어넣겠느냐는 문제이지. 아니지. 무의식 저 너머 까마득한 구경(究竟)에다 화두융합체를 밀어넣어려면 어떻게 해야 할 건냐는 문제이지.

바로 뻐꾸기 새끼가 자신의 등과 날개를 이용하여 할미새 새끼를 인정사정없이 둥지밖으로 밀어내듯이 하면 된다는 것이다. 이러한 이치를 설하기 위하여 지끔껏 뻐꾸기와 할미새 이야기를 질질 끌어온 것이야. 아주 노골적으로 질질 끌어왔었지.

그런데 뻐꾸기 새끼는 무엇이고 할미새 새끼는 무엇인가? 뻐꾸기 새끼는 의식(意識)과 무의식(無意識)이요, 노랑할미새 새끼는 화두의 규(竅) 혹은 화두융합체(話頭融合體=竅)다. 의식과 무의식은 뻐꾸기 새끼에 비유하고자 함이요, 화두융합체(=竅)는 노랑할미새 새끼에 비유하고자 함이다.

결론은 이러하다. 의식과 무의식을 사용하여 규(竅) 혹은 화두융합체를 의식과 무의식 밖으로 밀어내라는 주문이라. 그러면 의식과 무의식 너머 까마득한 거기 그곳에 구경(究竟)이 기다리고 있으렸다. 마치 뻐꾸기 새끼처럼 아주 철저하게 화두융합체를 의식과 무의식 밖으로 밀어내라.

'화두융합체'를 거론함은 무문관 5대 표면장력공안의 경우라고 본다면. 예를들어 구자무불성화(狗子無佛性話)의 경우는 화두의 규(竅)를 의식과 무의식 너머로 밀어낸다는 방식으로 생각해야 할 것이다. 규(竅)와 화두융합체가 같은 것을 의미하기는 하지만.

6. 무의식 밖으로(?) 밀려나가는 규(竅=화두융합체).

이 작업에 전력투구하다보면 그대는 알리라. 뻐꾸기 새끼가 둥지 속에서 도리어 유폐(幽閉)를 당하고 둥지 밖으로 밀려나간 노랑할미새 새끼가 죽기는커녕 생생하게 살아서 구경(究竟)이라는 이름으로 바꾸어 달고, 훤칠한 구경의 얼굴로 바꾸어 달고 되돌아온다는 소식을! 설명한 바와 같이 노랑할미새 새끼는 규(竅), 즉 화두융합체를 뜻한다.

의식과 무의식을 이용하여 화두융합체를 의식과 무의식 밖으로 밀어내다보면 화두융합체는 정말로 의식과 무의식 밖으로(?) 밀려나간다. 무의식 바깥이 어디 있겠냐만 어쨋든 밀려나간다. 마음이란 안도 없지만 본래 바깥이 없기 때문이다.

화두융합체는 무의식 밖으로(?) 밀려나가서 식(識)의 종말(終末), 식(識)이 다하는 지점(地點)을 확인하면서 융멸하는 대사건을 목격하게 되는 날이 온다. 오게끔 되어있다. 식(識)이 끝나는 지점, 즉 식(識)이 가다가 가다가 다하는 곳이 구경(究竟)이다.

의식과 무의식 밖으로 철저하게 밀려나가는 순간 화두융합체는 화두융멸체로 전이(轉移)한다. 화두융멸체는 곧 화두초점(話頭焦點)이다. 이때 학인(學人)은 화두초점을 잡고 화두가 이런 것이었던가 하는 깨달음을 얻는다.

7. 무의식이 뽑힌 사람은 환화(幻化)의 사람이다.

그렇게 되면 무의식의 뿌리는 마침내 뽑혀나온 셈이고, 화두가 무엇인가 하는 문제는 해결된다. 아무리 애타게 연구하고 연구해도 알아낼 방법이 없었던 불멸(不滅)의 수수께끼로서의 화두의 정체(正體)가 낱낱이 그리고 남김없이 밝혀진다. 1700공안을 일시에 꿰뚫어보는 안목이 열린다. 화두는 구경(究竟)의 다른 이름이기도 하다.

　의식과 무의식이 뽑혀나오면 일체의 수수께끼는 수수께끼로서의 불가사의한 힘과 효능을 일시에 상실하는 운명을 맞는다. 이 무슨 말일까? 의식과 무의식이 뽑혀나온 환화(幻化)의 사람에게는 도대체 문제의식(問題意識)이 발붙일 틈이라고는 존재하지 않기 때문이다. 왜 문제의식이 발붙일 틈이라고는 없을까? 말하지 않았던가? 의식과 무의식이 뽑혀나왔다고 말이다. 무의식이 뽑혀나온 환화(幻化)의 사람에게 문제의식 따위는 없다. 식심(識心)이 끊임없이 적멸하기 때문이다.

　무의식(無意識)이 뽑혀나온 상태에서는 화두라는 문제의식(問題意識)이 비비고 들어와 발붙이고 기생(寄生)할 여지라고는 없어진다. 이를테면 1700화두는 일시에 무력화(無力化)된다.

8. 화두는 존재하지 않는다. 화두는 그와같이 존재한다.

　그렇다고 화두가 정말로 존재하지 않는다는 뜻인가? 아니다. 만일 화두는 구경(究竟)이라는 용어사용을 자제한다면 이런식으로 표현될수나 있을른지. 화두는 존재하지 않는다. 화두는 그와같이 존재한다. 무슨 까닭으로 이런 괴변같은 결론이 가능할까?

　전술(前述)한 내용이다. 화두는 세간(世間)의 물건이 아니므로 있다고 할 수 없고, 출세간(出世間)의 물건이 아니므로 없다고도 할 수 없다. 세간(世間)이란 무엇인가? 세간(世間)이란 마음 즉 의식과 무의식에 불과하다.

 화두는 의식과 무의식에 속하는 물건이 아니므로 있다고 할 수 없지만, 그렇다고 해서 의식과 무의식을 떠나서 존재하는 물건이 아니므로 없다고도 할 수 없다. 어째서 의식과 무의식을 떠나서 존재하는 물건이 아닌가? 어째서 출세간(出世間)의 물건이 아닌가? 말하지 않았던가. 화두란 식(識)이 끝나는 구경(究竟)이라고.

 생사(生死)문제가 해결되는 것은 말할필요조차 없다. 생사(生死)는 어디까지나 의식과 무의식의 문제요, 의식과 무의식이기 때문이지. 화두융합체로써 의식과 무의식을 고스란히 뽑아내면 그것은 생사(生死)가 고스란히 뽑혀나온 것과 마찬가지라는 뜻이다. 고스란히 뽑혀나온 의식과 무의식, 고스란히 뽑혀나온 생사(生死)는 환화(幻化)에 불과하다.

53. 목숨뿌리(命根)와 구경(究竟)과 문제의식(問題意識)

1. 폐기처분되는 언어(言語)로서의 화두.

화두는 푸는 것이 아니다. 풀어헤치는 것이 아니다. 화두는 뭉치는 것이다. 뭉치고 접어넣는 것이다. 뭉치고 접고 말아넣는 것이다. 말아넣어 폐기처분(廢棄處分)하는 것이 언어(言語)로서의 화두이고, 폐기처분해야 하는 것이 언어로서의 화두인 줄 알라.

모두들 화두를 해결하기 위하여 그야말로 목숨 떼어놓고 덤벼들기야 하겠지. 화두한다는 사람들 말이지. 그러나 어찌하랴. 언어(言語)로서의 화두는 융합하고 이윽고는 폐기처분되는 신세를 면하지 못하는 것을. 오직 화두지규(話頭之竅) 즉 화두지요(話頭之腰), 이것 하나만 영겁을 꿰는 사실로서 남을뿐.

2. 문제의식의 식(識)이 공해진다.

언어로서의 화두를 폐기처분하는 찰나, 언어로서의 화두가 폐기처분되는 때가 바로 목숨뿌리 뽑혀나오는 시절이다. 또한 목숨뿌리 뽑혀나오는 계절이 바로 구경(究竟)이 출현하는 계절이요, 적멸(寂滅)이 출현하는 계절이다. 구경이란 뿌리 끊어진 마음, 뿌리 끊어진채 보름달인듯 한바탕 두리둥실 떠오르는 허환(虛幻)의 마음, 이 마음의 다른 이름이다.

구경 즉 적멸의 출현으로 일체의 문제의식(問題意識)이 비집고 들어와 자리잡을 여지는 없어진다. 구경이란 식(識)이 공(空)해지는 현상이요, 자의식(自意識)이 공(空)해지는 현상이기 때문이다. 식(識)이 공해지는데 어떻게 문제의식(問題意識)의 식(識)이 공해지지 않겠는가. 여기에서 문제의식이란 구체적으로 공안(公案)을 의미한다.

흔히들 해탈의 경지를 비유하기를 청천백일(靑天白日)에 비유하고, 때로는 공산명월(空山明月)에 비유하기도 한다. 청천백일이란 구름 한 점 없는 창공에서 찬란히 찬란히 빛나는 태양이요, 공산명월이란 빈 산봉우리 위의 외로이 둥그란 달이다. 여기에서 유의하여 살펴야 하는 점은 <구름 한 점 없다>는 사실이다.

3. 문제의식의 형성불능.

<구름 한 점 없음>이라는 사실은 무엇을 의미하는가? 그것이야 물론 공(空)을 뜻하는 것이라고들 떠들어댈 수야 있으리라. 그러나 화두선(話頭禪)을 이야기하면서 공(空)으로 마무리를 하겠다면 무책임한 짓이다. 아울러 화두선의 비의(秘義)를 모르는 까닭에 공(空) 이야기에서 한 걸음도 더 나아가지 못하는 것이다.

여기에서 한 가지 이해(理解)를 구하고 넘어가야 하겠다. 비의(秘義)란 곧 '숨은 뜻'이다. 그런데 비의(秘義)라고 표현하니까 누가 굳이 애써 숨기려 해서 비의(秘義)가 되는 것이 아닌 줄은 이해하리라. 비의라는 표현은 그 의미가 원체 미묘하여 알아채기 어려운 까닭에 비의라는 표현을 사용할 뿐.

이야기를 앞으로 되돌려서. <구름 한 점 없음>이란 식(識)이 공(空)해지면서 덩달아(?) 일체의 문제의식(問題意識) 같은 나부랭이 역시 그 성립 혹은 형성이 불가능해지는 현상을 가리켜 보이는 것. 화두선에서의 문제의식이란 불멸(不滅)의 수수께끼로서의 화두 즉 공안이다.

그런데 화두선에서의 문제의식의 소멸은 실로 진기(珍奇)하기 그지없다. 어떻게 진기하다는 말인가? 그것은 이렇다. 하나의 화두를 알아맞추면 그때부터는 나머지 1700화두라는 수수께끼가 자의식에 끼어들지를 못한다는 뜻이다.

화두라는 수수께끼가 자의식(自意識)속으로 비집고 들어오지를 못한다는 뜻이다. 왜인가? 자의식이 화두를 잡는 찰나에 화두는 적멸하기 때문이다. 그러니 엄밀히 말하자면 화두가 자의식 속으로 들어오기는 하되 들어오는 찰나에 낱낱이 적멸한다고 함이 옳으리라.

4. 화두지규만 지워서 흔적을 없애라.

앞에서 내가 무어라고 지껄였던가? 화두는 풀어헤치는 물건이 아니라고 일렀었지. 언어(言語)로서의 화두는 풀어헤치는 물건이 아니다. 도리어 뭉치고 뭉쳐서 말아넣아야 하며, 말아넣다가 드디어는 폐기처분해야 한다고 말이야. 내가 그렇게 지껄이지 않았던가. 언어로서의 화두를 폐기처분하면 올연(兀然)히 남아 돌아오는 것은 화두지규 혹은 화두지요 뿐이다.

마음속으로 화두지규 하나만 그려보라. 그린 다음에 쓱싹 지워보라. 왜 지우는가? 화두지규는 본래부터 존재하지 않았기 때문이다. 그렇게 미세한 이치에 통달하여 화두지규를 지우고 나면 그 순간 환화(幻化)의 마음이 꿰맨 흔적이라고는 전혀 없어지는 까닭에 한덩이로 묶여서 보름달인듯 두둥실 떠오른다.

화두 하나 선택하여 융합하고 폐기처분에 성공하는 경지에 이르르면 그때 목숨뿌리 뽑혀나온다. 목숨뿌리 뽑혀나오면 그것이 공(空)의 출현이요, 적멸(寂滅)의 출현이다. 공(空)의 출현을 가리켜 한바퀴 두둥실 떠오르는 환화의 마음이라 일렀다.

사람들은 공(空)이라 하면 자의식(自意識)의 소멸(消滅)쯤으로 간주하여 벌벌 떨면서 두려워한다. 이른바 죽은 다음에는 공무(空無)로 돌아간다고 억측하는 단멸공(斷滅空) 말이다. 사람들에게 공(空)을 말하면 사람들은 으례히 단멸공(斷滅空)을 상상하고 숨이 탁 막히면서 기절하거나 질식할 것 같아지는 것이다. 껄껄껄.

연(然)이나 명심하라. 자의식이 비록 환화(幻化)이기는 하지만 소멸할 수 없는 존재라는 사실을. 어째서 자의식은 소멸하지 못하는 것인가? 집지식(執持識)으로서의 자의식은 무너지지 않기 때문이다. 세설(細説)하리라.

5. 집지식(執持識)은 무너지지 않는다.

공(空)의 출현이란 무의식(無意識)의 몇가지 성질 중에서 장식(藏識)과 이숙식(異熟識)으로서의 설질이 공(空)해짐을 의미한다. 장식과 이숙식을 산산조각낸다는 표현이 그것이다.

하지만 또한 알아야 하리로다. 장식(藏識)과 이숙식(異熟識)이 공(空)해지면서 이야기가 끝나는가? 장식과 이숙식이 공(空)해지면서도 끝내 없어지지 않는 무의식(無意識)의 성질이 존재하나니 그것은 집지식(執持識)으로서의 무의식이다. 유식학(唯識學)에서 설하시는 이른바 '아다나식'이 그것이다.

집지식의 집지(執持)란 '잡아서 보존한다'는 뜻이다. 장식(藏識)과 이숙식이 공(空)해져도 집지식으로서의 무의식은 무너지지 않는다는 표현은 무의식이란 곧 무몰식(無沒識)이라는 것을 가리켜보이는 대목이다. 무몰식(無沒識)의 무몰(無沒)은 소멸하지 않는다는 의미다.

그렇다면, 지금까지의 해설을 정리하자면 이렇게 되겠지. 뼈를 녹이고 뼈를 깎는 수행끝에 해탈하더라도, 무의식이 소유한 장식(藏識)과 이숙식으로서의 성질은 비록 공(空)해지지만 집지식으로서의 무의식은 결코 무너지는 법이 없으며 소멸하는 법이 없다는. 소멸하지 않는다기보다도 소멸할 수 없는 법. 이것이 이른바 공(空)의 정의(定義)요, 적멸의 정의(定義)라.

6. 단멸공의 실현은 불가능하다.

쉽게 풀이하자면 이러하리라. 무의식의 내용물은 공(空)해져서 그림자와 같은 존재로 전변(轉變)하지만 무의식이라는 존재의 뼈다귀가 무너지는 법은 없다고. 결국 식(識)이란, 자의식(自意識)이란 공(空)해서 몽환(夢幻)과 같은 물건으로 전변한다 해도 존재하지 않을 도리가 없다는 말이다.

이러한 도리를 모르는 까닭에 무수한 사람들이 단멸공(斷滅空)에 떨어지고 유물론(唯物論)에 떨어져 허우적거리는 실로 우스꽝스럽고 꼴사나운 추태(醜態)를 공공연하게 드러내보인다. 한심스런 꼬락서니들이다. 유식학(唯識學)을 공부하여 어느정도 이해하기만 해도 단멸공이나 유물론 따위의 덜떨어진 견해에 사로잡힐 이유가 없는 법.

자살(自殺)하는 사람들의 심정을 헤아리자면 모르긴 몰라도 십중팔구 단멸공을 염두에 두었을 가능성이 농후하다 하리라. 죽으면 모든 것이 끝나면서 그만이라는 생각이었을 것이다. 그러나 자살을 선택하면 안되는 것이, 살아서 열심히 노력한다면 해결이 가능하거나 적어도 개선(改善)의 여지가 있는 문제도 죽은 다음 중음신(中陰身)이 되어서는 손을 쓸 도리가 없어지는 것이다.

아무리 발버둥쳐서 단멸공 따위에 떨어지려고 노력해봐도 단멸공의 실현은 불가능하다는 말이다. 아시겠는가? 인간들이 얼마나 어리석으면 자의식(自意識)의 문제에서 일탈(逸脫)하여 유물론에 쳐박히고 유물론자(唯物論者)가 되는가? 천하에 얼간이 같은 놈들!

7. 한산(寒山) 꼭대기에 외로이 동그란 달.

강설(講說)의 방향을 되돌려서 화두선으로. 화두를 뭉치고 말아넣어 무의식 밖으로(?) 폐기처분하고 무의식 밖으로(?) 추방하는 일에 성공한다면 무슨 결과가 얼굴을 내밀겠는가? 여기에서 내가 "밖으로"라는 단어 다음에 의문부호 즉 "?"를 갖다붙인 까닭은 <바깥>은 존재하지 않기 때문이다. 이 해설을 독자들은 또한 이해하기 어려우리라. 간략하게 설명하자면 이렇다. 자의식(自意識)에는 <밖> 즉 <바깥>이란 없다.

방향을 다시 되돌려서. 화두를 뭉쳐 무의식 밖으로 추방하는 작업에 성공하면 어떤 결과가 기다리는가? 아까 설하지 않았던가. 장식(藏識)과 이숙식이 공(空)해지지만 집지식(執持識)으로서의 무의식이 무너지는 법은 없다고.

장식(藏識)과 이숙식이 공(空)해지고 집지식만 덩그라니 남은 현상을 가리켜 청천백일(靑天白日) 혹은 <한산(寒山) 꼭대기에 외로이 동그란 달>이라 일컫나니. 한산자(寒山子)는 자기자신의 마음을 한산 꼭대기의 외로이 동그란 달에 비유하였거늘. 외로이 동그란 달(月)이라 일컫나니! 외로이 동그란 달이여.

8. 화두지규를 자의식 밖으로 밀어낸다.

다시 방향을 되돌려서. 화두지규(話頭之竅)를 자의식 밖으로 밀어내는 일에 성공하면, 뻐꾸기 새끼가 노랑할미새 새끼를 등에 업어 둥지 바깥으로 밀어내듯이. 그런데 이 표현의 의미를 아시는가? 화두지규를 자의식 바깥으로 밀어낸다는 표현은, 화두지규를 잡기는 잡되, 그렇지 화두지규를 반드시 잡기는 잡아야 하지. 화두지규를 잡기는 잡되 자의식(自意識)을 사용해서는 안된다는 뜻이다.

화두지규를 잡기는 잡되 자의식을 사용하지 않고 잡는 일에 성공을 거두면 그때 적멸(寂滅)이 얼굴을 들이미는 것은 말할 나위없지만. 화두지규를 잡기는 잡되 의식과 무의식을 사용하지 않고 잡는 이치를 획득하면 그때 알게된다. 언어(言語)로서의 화두는 마땅히 폐기처분해야 하고, 화두지규는 자의식 바깥으로 추방해야 되는 물건이라고.

9. 문제의식(問題意識)이 공해진다.

화두지규가 자의식 밖으로 밀려나가면 목숨뿌리 끊어지고, 목숨뿌리 끊어지면 식(識)이 공(空)해지나니. 식(識)이 공(空)해지면 불멸(不滅)의 수수께끼인 화두를 포함하여 일체의 문제의식(問題意識)은 물거품과 같은 물건이 되고 그림자와 같은 물건이 되나니. 이를테면 문제의식(問題意識) 형성불능(形成不能)상태가 닥친다. 그 어떤 수수께끼라 하더라도 무의식의 껍질에 불과한 집지식(執持識) 즉 아다나식에 추호의 영향도 끼칠 수 없게된다.

무엇보다 저장(貯藏)의 기능을 가지는 장식(藏識)이 비어 공(空)해졌나니 문제(화두)가 비록 장식(藏識)에 저장된다 해도 화두(話頭)라는 정보(情報) 또한 수수께끼로서의 성질이 비어 공해진다.

10. 또다시 화두지규.

이야기를 잠시 옆길로 벗어나게 해서. 화두지규를 잡되 마음을 써서 잡지 말라. 화두지규를 잡되 의식(意識)과 무의식(無意識)을 써서 잡지 말라. 이 표현의 의미 또한 정확하게 이해해야 한다. 비록 의식과 무의식을 이용하여 화두지규를 잡는 것은 아니라도 화두지규가 의식과 무의식을 통과한다는 사실마져 부인하는 바는 아니라는.

화두지규가 의식과 무의식을 통과하여 심식(心識)을 묶어내기에 나는 이러한 현상을 이론화(理論化)하여 화두융합론이라 일컬었다. 의식과 무의식을 통과하여 적멸(寂滅)해가는 화두지규를 <화두지규의 붕괴---함몰---융합---융멸>이라는 과정으로 그려낸 것.

그러므로 화두지규가 의식은 통과했다 하더라도 무의식에 박혀 더 나아가지 못하고 꼼짝 못한다면 그런 경지를 승묘경계(勝妙境界)라 하여 죽은 인간과 다름없다고 하였다. 무의식에 박히는 화두지규를 반드시 뽑아내어야 비로소 목숨뿌리 뽑히는 법. 이런 미세하기 그지없는 이치에 눈밝지 못하다면 눈밝아질 때까지는 화두지규에 멱살잡이를 당해 질질 끌려다니는 꼴을 면하지 못하리라.

자, 이리하여 화두지규 하나 자의식 밖으로 밀어내고, 자의식 밖으로 밀어내는 일에 성공을 거두면, 그때 비로소 화두지규를 잡되 자의식(自意識)을 움직이지 않고 화두지규를 잡게된 것이라. 삶이 바야흐로 몽환(夢幻)으로 환화(幻化)로 얼굴을 바꾸어 다는 시절이라. 이 어찌 통쾌하고 통쾌하지 않으리오.

11. 인형(人形).

이때부터는 그 누가 그 어떤 화두를 들이대어 시험해보려 해 봐도 도무지 효과가 없으리라. 약발을 받지 않는다는 말이다. 도인(道人)에게는 그 어떤 문제나 시험도 효능을 상실한다. 그 어떤 문제나 시험도 도인(道人)에게 이러르면 그림자와 같은 물건이 되어 흩어진다. 그 어떤 화두나 문제도 도인(道人)에게는 정보(情報)로서의 효능을 발휘해볼 재주가 없는 것이다. 이 무슨 까닭인가?

해설하지 않았던가? 화두 하나를 정확히 보고, 화두 하나를 무의식 밖으로 정확하게 밀어내게 되면 그때부터는 사정이 달라진다. 그때부터는 그 어떤 문제도 도인(道人)의 자의식(自意識)속으로 비집고 들어가본들 헛수고로 끝난다.

모름지기 이와같이 알아보아야 하리로다. 도인(道人)은 인형(人形)과 같은 존재이기도 하다는 사실을! 장식(藏識)과 이숙식이 공(空)해지고 집지식(執持識)으로서의 도인(道人)은 그실 인형(人形)과 다름없는 존재인 것이다. 인형(人形)에게 무슨 문제나 수수께끼가 그 효능을 미치겠는가. 인형에게는 수수께끼가 밀고 들어가서 자리잡을 재주가 없으리라. 인형에게 문제를 던져 때려맞추기는 불가능하다. 인형에게 문제를 던져 맞추려해 보라. 그때마다 매번 빗나가기만 하리라.

12. 장식(藏識)과 이숙식(異熟識)의 성질과 기능에는 변화가 없다.

비록 그렇다 하여 도인(道人)의 자의식(自意識)에 장식(藏識)과 이숙식의 성질과 기능이 소멸했다는 의미도 결코 아닌 줄 알아야 하리로다. 장식(藏識)과 이숙식의 성질에는 변함이 없고 기능(機能) 또한 변함없이 작용하지. 변함없이 작용하지만 단지 장식(藏識)과 이숙식의 성질과 기능이 공(空)해져 있다 뿐.

장식과 이숙식의 성질이 공해져도 장식과 이숙식의 성질과 기능에는 변화가 없다. 쉽게 말해서 장식과 이숙식이 파괴되는 것은 아니라는 뜻이다. 그러므로 인과법(因果法)은 무너지지 않는다 말하며, 묵은 빚은 반드시 갚아야 한다고 말하는 것이다. 인과법은 일심법(一心法)의 다른 이름이므로.

13. 불지(佛地)에는 의심이 없다.

결론내려보자. 화두의 규(毅)를 자의식 밖으로 밀어내면, 뻐꾸기 새끼가 노랑할미새 새끼를 둥지 밖으로 밀어내듯이. 그때부터는 그 어떤 문제(問題)라도 그 사람의 자의식(自意識)속으로 들어가봤자 문제의식(問題意識)으로 전변(轉變)하지 못한다. 식(識)이 이미 공(空)해져 있으므로. <문제의'식'>에서 그 '식(識)'마져 식(識)이다. 그러므로 문제의식(問題意識)이 어찌 문자(文字)그대로 <문제의식>이겠으며, 하물며 <문제(問題)>이기나 하겠는가.

인형(人形)에게 문제를 물어보라. 그와같이 그 어떤 질문도 부질없는 노릇이 된다. 화두 하나 허결하고 일체의 의심(疑心)이 사라졌다는 말씀에는 이런 깊은 의미가 담겨있다. 불지(佛地)에는 일체의 의심이 없다는 말씀에는 이런 의미가 담겨있다. 화두 하나 해결하게 되면 그때부터는 그 어떤 문제나 시험도 그 사람 근처에 얼씬거리지 못한다. 화두에는 이런 위력이 있다.

54. 도리천(忉利天)

<1>. 만약 인간으로서의 수명을 다하고 도리천에 태어난다면 태어나는 즉시 인간천(人間天)에서 겪었던 일체의 식(識)은 아라야식에 저장되고 천인(天人)의 의식(意識)이 새롭게 발생한다. 즉 천국(天國)에 태어나는 즉시 아라야식을 중심하여 여덟개의 식(識)이 구비되고 천인의 육체인 6근(六根)이 구비된다.

<2>. 이와같이 8개의 식(識)과 6근이 구비되는 절차는 인간계와 같이 어머니의 태중(胎中)에서 점차로 자라나는 것이 아니라 일시에 구족된다. 그러므로 천인(天人)은 태생(胎生)이 아니라 화생(化生)이다.

<3>. 아이가 인연이 가장 깊은 천인(天人)의 무릎 위나 다리 사이에 화생(化生)하면 그 천인은 자기의 자식(子息)임을 인식한다.

<4>. 아이는 급속히 성장하여 목욕도 하고 오락도 즐기기 시작한다. 영락(瓔珞)과 옷이 달린 숲속으로 가서 마음대로 옷을 골라 입고 향수를 바르며 장식품도 가진다.

<5>. 도리천의 천인은 인간천(人間天)의 백년(百年)을 하루로 하여 천년(千年)을 산다.

<6>. 천인은 천국에 태어나자마자 곧 전생(前生)의 일을 꿰뚫어보는 숙명통(宿命通)을 가진다. 그는 전생에 악(惡)을 범하지 않고 착한 일을 많이 하였던 과보로 도리천에 출생하였다고 생각한다.

<7>. 천인은 출생하자마자 음식생각이 난다. 그러면 즉시 보배로운 맛있는 하늘의 음식이 가득 담겨 눈앞에 놓인다. 음식의 색깔이 천인의 복력(福力)에 따라서 상중하(上中下)로 나뉘는 이치는 사왕천(四王天)의 경우와 같다. 상중하(上中下)로 나뉘는 음식의 색깔은 백색(白色), 청색(靑色), 적색(赤色)이다. 이와같이 천인들은 생각만 하면 음식이 나타나는 사식(思食)을 한다.

 <8>. 천인들은 향기로운 과일 등의 음식을 마음껏 먹으며 호화로운 궁전(宮殿)에서 백천(百千)의 천녀(天女)들과 함께 노래하고 춤추며 즐긴다.

 <9>. 도리천에서도 영적(靈的)인 진화(進化)를 이루지 못하게 되면 퇴락하는 고통을 겪게 되는데, 경전(經典)에서는 8가지 종류를 들고 있다.

　　첫째. 어떤 천인은 갑옷을 입고 아수라들과 전투(戰鬪)할 때 비가 부정하게 오고 갑옷이 나빠지는 경우가 있다.
　　둘째. 아수라와 전투할 때 용감한 아수라를 보면 마음이 약해지고 퇴락하는 고통이 따르는 경우가 있다.
　　셋째. 어떤 천인은 음식이 나빠져서 수치심을 느낀다.
　　넷째. 복력이 작은 천인은 제석천왕(도리천왕)이 알아보지 못하는 고통이 따른다.
　　다섯째. 복력이 없는 천인은 몸의 색깔과 정력과 형상 등 모든 것이 나빠지는 고통이 따른다.
　　여섯째. 복력이 없는 천인은 오관(五官)으로 접촉하는 물질과 소리와 향기와 맛과 촉감 등이 나빠지고 다른 천인과 용모가 똑같지 않은 고통이 따른다.
　　일곱째. 복력이 없는 천인은 그 천국에서 타락할 때 천녀(天女)들이 그를 버리고 달아나는 수모를 겪는다.

여덟째. 복력이 없는 천인은 유희(遊戲)하는 전당(殿堂)에 오를 때 평소에 있었던 신통력(神通力)이 저열(低劣)해져서 속히 도착하지 못하는 고통이 따른다.

<10>. 이상이 도리천에도 존재하는 8가지의 실괴사(失壞事)다. 우리 인간계에도 생로병사(生老病死)가 있고 모든 일이 뜻같지 않은 것과 마찬가지다. 그리하여 그 천인은 도리천(忉利天)에서의 수명을 다하면 다시 인간계로 떨어지거나 더 나쁜 세계로 떨어 진다.

55. 화두의 양쪽 날개는 식(識)이요, 화두지규는 이(理)로다.

1. 입술이 스스로를 빨아들이듯이.

마음은 식(識)이요, 마음뿌리 즉 심체(心體)는 이(理)다. 이것은 마음의 일이다. 이번에는 화두의 일을 살펴보자. 말씀으로서의 화두 즉 언구화두(言句話頭)의 전반부와 후반부의 말씀은 식(識)이다. 이것이 화두의 일이다.

화두의 전반부와 후반부는 식(識)이므로 식(識)인 마음에 떨어진다. 하지만 화두의 전반부와 후반부 사이의 화두지규(話頭之竅)는 이(理)다. 따라서 이(理)로서의 화두지규는 심체(心體)인 이(理)에 걸린다.

그렇기는 하나 화두지규가 심체(心體)에 걸리게 되면 마음인 식(識)에 걸려있던 화두의 양쪽 날개(융합익融合翼)인 전반부와 후반부의 말씀도 일시에 '화두지규'로 휩쓸려 들어가 자취를 감춘다. 화두의 양쪽 날개가 무너져 함몰(陷沒)하는 화두지규 속으로 함께 휩쓸려들고 녹아서 뭉친다는 해설쯤은 여러번 했었다. 입술(脣)이 스스로를 빨아들이는 것처럼.

2. 이(理)는 이(理)끼리 만난다.

언구화두 즉 말씀으로서의 화두는 식(識)이므로 이(理)로서의 심체(心體)에 걸려드는 법은 절대로 없다. 절대 불가(不可)하다.

역(逆)으로 이(理)로서의 화두지규가 식(識)인 마음에 걸려드는 법은 절대로 없다. 절대 불가하다. 이(理)는 이(理)끼리, 식(識)은 식(識)끼리 만난다. 이(理)가 식(識)과 만난다든가 식(識)이 이(理)와 만나는 일은 결코 없다는 식으로 이해하지 않으면 안 된다.

3. 시소놀이는 하나의 비유에 불과하다.

화두선에서의 이(理)와 식(識)에 관한 해설을 마무리해보자. 이(理)와 이(理)가 만난다고 알아채는 경지에 이르면 화두는 이미 심체(心體)를 건드린 것이요, 화두선의 요령획득에 성공한 셈이다.

'시소놀이'에서 중심점(中心點)의 이치를 생각해보라. 시소 중심점의 면적은 없으나 위치는 있으며, 위치는 있으나 면적은 없다. 시소의 중심점은 면적은 없으나 위치는 분명히 존재하고, 분명히 존재하는 중심점의 면적이 없으니 또한 존재한다고 할 수도 없다.

이와같은 시소 중심점의 이치는 화두선의 이(理) 즉 '화두지규'에 비유한다 하여 별다른 무리가 없으리라. 시소 중심점은 위치가 있고, 분명히 위치하면서 역력히 작용하니 없다고 할 수 없다. 하지만 분명히 위치하면서 역력히 작용한다 하여 있다고도 할 수 없다. 어째서인가? 면적이 없기 때문이다.

이러한 까닭에 나는 화두지규를 이(理)라고 칭하나니. 하지만 시소놀이는 하나의 비유에 불과하여 화두지규와 같은 것은 결코 아님도 잊지말라.

56. 이율배반(二律背反)과 문제무의식(問題無意識)에 대하여

1. '문제무의식'이라는 용어의 필요성.

문제의식(問題意識)이라는 용어쯤은 누구나 익히 알고 있는 말이다. 하지만 문제무의식(問題無意識)이라는 표현을 접해본 사람은 아무도 없으리라. '문제무의식'이라는 말은 의식(意識)이 잡고 있던 문제가 심층심리(深層心理)인 무의식(無意識)층으로 이월(移越)되었음을 뜻한다.

내가 '문제무의식'이라는 용어의 필요성을 절감(切感)한 사연(事緣)은 물론 화두선(話頭禪)과 맺어져 있다. 어쨋든.

2. 문제의식화(問題意識化).

오랜 세월에 걸쳐서 고생고생하면서 화두라는 물건을 잡고 그 깊은 의미를 낚아채려 애써봐도 뜻같지 못한 것이 화두다. 그냥 계속 미끄러지기만 해서 뭐가 뭔지 모르는 것이 화두라는 말이다. 바로 이 단계가 화두를 문제의식화(問題意識化)하는 단계다. 이를테면 화두를 의식(意識) 즉 머리를 사용하여 굴리는 경지로서 화두가 뭔지를 새까맣게 모르는 상태다.

3. 문제 무의식화(問題無意識化).

화두를 잔머리로 굴리는 문제의식화의 상태에서 벗어나 용하게도 화두를 무의식(無意識)으로 밀어넣는 단계로 접어들면 이 것이 문제무의식화(問題無意識化)다.

내가 '용하게도'라는 표현을 쓰기는 했으나 그 의미는 좀 용하다는 정도일 따름이다. '문제무의식화'의 단계에서도 학인(學人)은 여전히 화두가 뭔지 명료하지는 못한 것이 사실이다. 화두가 정말이지 이런 것이었던가 하는 정도의 전체파악의 경지에 이르기 위해서는 화두와 싸우는 고군분투의 시간이 더 필요하다.

문제무의식화(問題無意識化)의 경지로 접어들어도 이율배반(二律背反)의 화두는 여전히 불가사의(不可思議)한 존재로 버틴다. 앞뒤가 비틀리고 앞뒤의 논리가 맞지 않는 화두는 여전히 스핑크스같은 괴물(怪物)인 것을 어찌하겠는가.

4. 이것은 사람도 아니다.

예컨데, 무문관 제4칙 호자무수(胡子無鬚)를 봐라.

"저 수염텁석부리가 / 어째서 / 수염이 없는가?"

이것이야말로 볼만한 구경거리다. "어째서"라는 말을 중심으로 해서 전반부의 말씀과 후반부의 말씀이 비틀릴대로 비틀린 이것은 사람도 아니다. 자, 이 무슨 말씀인가? 이 무슨 해괴한 수작인고? 이렇게 골머리 앓으면서 끙끙대는 단계가 문제의식화(問題意識化)의 단계다. 화두가 뭔지 새까맣게 모른다.

문제의식이 소위 골수(骨髓)에 스며드는 때가 문제무의식화(問題無意識化)로 넘어가는 단계다. 골수에 스며들었으니 병(?)이 깊어졌나? 전술(前述)한 바와 같이 '문제무의식화'의 단계에서도 화두는 명료하지 못하다. 명료하지 못한 정도가 아니고 아직도 뭐가 뭔지 모르는 거야. 비록 문제가 뭉쳐서 무의식에 박히는 경지라고는 해도 단지 문제가 구겨지고 뭉쳐졌다 뿐이지 문제가 풀린 것은 아니다. 왜인가?

5. 화두는 풀려고 하면 안된다.

화두는 무문관 제4칙 호자무수처럼 대체로 이율배반(二律背反)적인 구조를 갖추고 있기 때문이다. 화두는 이지러지고 찌그러지면 찌그러졌지 절대로 안풀리게끔 조립되어 있기 때문이다. 화두를 풀려고 하면 안된다.

이러한 까닭에 화두가 뭉쳐서 무의식으로 넘어가는 '문제무의식화'의 단계에서도 이것이(화두가) 무엇인가 하는 불가사의는 절대로 해결이 안된 것이다. 왜 이런 말이 있지 않는가. 화두는 꿈속에서도 알 수 없다는 이야기 말이다. 그와같이 화두는 꿈속에서조차 알 수 없는 물건이기는 하다.

그렇다면 한번 물어보자. 과연 화두는 언제쯤에나 해결이 되는 건지. 명쾌하게 답하리라. 화두의 해결시점(解決時點)은 무의식이 뽑혀나오는 시점(時點)이다. 무의식이 뽑혀나오면서 적멸이 출현하는 시점이다. 왜일까? 왜 무의식이 뽑혀나와야만 화두가 해결되는가?

이치는 이러하다. 화두는 결코 풀리고 말고 하는 물건이 아니라고 밝혔다. 그래서 화두를 풀려고 애쓰지 말라고 하지 않았던가. 이와같이 풀리지 않도록 고안되고 조립된 화두라는 물건은 식(識)이 주인(主人)으로 남아서 주인행세(主人行勢)를 하고 있는 동안은 해결이 안되지. 그런데 식(識)의 뿌리는 무엇인가?

식(識)의 뿌리는 무의식(아라야식)이다. 화두에 의하여 무의식이 뽑히고 식(識)의 주인행세가 종료되는 찰나가 적멸이다. 바로 이 순간, 적멸이 출현하는 바로 이 순간, 문제무의식(問題無意識)으로서 식(識)에 박혀있던 문제(화두)는 비로소 나가떨어진다. 그렇다면 그것이 화두선의 모든 것인가? 아니다. 그렇게만 안다면 그것이 다시 화두없는 무기공(無記空)이 되고만다.

6. 구경으로 되돌아오는 화두지규와 무기공.

명심할지로다. 화두는 풀리지 않는다. 화두는 적멸하는 식(識)과 더불어 적멸해갈 뿐, 적멸해가서 구경(究竟)의 얼굴로 바꾸어 달고 돌아올뿐이로다. 반드시 구경으로 얼굴을 바꾸어 달고 돌아오지 않으면 안된다. 구경으로 얼굴을 바꾸어달고 돌아오는 화두가 바로 화두지규(話頭之竅=화두지요)라는 절묘한 물건이다.

만약 화두가 적멸해가기만 해서 끝끝내 그 소식이 끊어지고, 대설경보(大雪警報)와 함께 눈(雪)속에 묻히는 도시(都市)인듯, 끝끝내 그 소식이 두절되고 만다면 문제가 발생한 줄로 알아보라. 왜인가?

만일 끝끝내 적멸한채로 그 뒷소식이 두절되는 화두가 되고 말았다고 치자. 그렇다면 그것은 화두지규(話頭之竅)를 알아보지 못한 까닭에 화두가 흩어지고 화두가 실종되는 이른바 무기공(無記空)이다. 무기공에 떨어지고 말았다. 화두지규를 끝내 몰라보면 몰라보는 동안에는 무기공에서 헤맨다. 화두지규가 식심(識心)을 몽땅 묶어주기 때문이다.

화두지규가 식심을 몽땅 묶어주지 못하면 못하는한 망망(茫茫)한 식심은 그야말로 망망(茫茫)한 대하(大河)처럼 흐르고 흘러 걷잡을 길이 없다. 화두를 한다면서도 화두지규를 모른다면 화두의 이치를 모르는 것이다. 모름지기 이 책 첫머리의 단락 (1)번 화두지규편(話頭之竅篇)을 유심히 살펴보라.

7. 화두지규가 없으면 낙제점이다.

56. 이율배반(二律背反)과 문제무의식(問題無意識)에 대하여 245

　다음 사실을 재차재차 명심하라. 화두선(話頭禪)을 혼자서 뼈를 깎아가며 하였든, 누구누구의 지도에 따라서 하였든, 무슨무슨 선서(禪書)를 읽으면서 하였든간에 모두 무방하다 하겠으나 이런 성적표(成績表)를 받아들었다면 그대의 화두선 점수(點數)는 낙제점(落第點)이라고. 무슨 성적표 말인가?
　그 성적표의 기재내용은 간략하다. 내가 풀어놓는 논설(論說)처럼 그다지 길지는 않다.
　"구구절절이 눈물겨운 그대 수행(修行)의 곡절(曲節)은 묻지 않는다. 어쨋든, 오늘 이 시각(時刻) 그대의 머리 속에는 화두지규 없음."
　이라고만 적혀있다. 아주 간단하게 그렇게만 기재되어 있다.

8. 화두지규가 지워지면 그것이 구경이다.

　또 한가지 명심해야할 사실을 들겠다. 무의식 즉 목숨뿌리 뽑혀나오는 순간까지 버티면서 풀리지 않는 화두지규가 아니고서는 무의식(목숨뿌리) 뽑아내는 일을 수행할 수 있는 물건은 달리 없으리라는 사실을.
　화두지규는 안풀리게끔 조립되어 있기 때문이다. 안풀리게끔 고안된 화두지규인 까닭에 목숨뿌리에 박히고 목숨뿌리에 박혀 끝까지 버티다가 목숨뿌리 묶어서 끊어내는 순간에 지워지면서 구경(究竟)으로 휘딱 넘어간다.

57. '화두지규'의 만상지중독로신(萬像之中獨露身)

1. 선문염송 제1295칙 '만상(萬像)'.

법안(法眼)이 오랫동안 장경(長慶)에게 참문했다가 나중에 지장(地藏)의 법을 이었는데 장경의 문하에 있던 자소(子昭)라는 수좌가 소리를 높여 물었다.

"장로(長老)가 개당(開堂)을 했으니 분명 누구의 법을 이었습니까?"

법안이 대답했다.

"지장(地藏)의 법을 이었다."

"장경선사를 너무 등지십니다."

"나는 장경의 한마디도 알지 못한다."

"왜 질문하지 않았습니까?"

이에 법안(法眼)이 자소에게 질문했다.

"만상(萬像) 가운데서 홀로 몸을 드러낸다 함은 무슨 뜻인가?"

법안의 질문을 받고 자소가 불자(拂子)를 들어일어키거늘 법안이 자소를 만류했다.

"그 짓은 장경(長慶)에게서 배운 것이리라. 그런 짓거리는 그만두고 그대 자신의 경지(境地)를 보여주게나."

자소가 묵묵히 말이 없자 법안이 다시 물었다.

"만상 가운데서 홀로 몸을 드러낸다 함은 만상을 무시하는가? 만상을 무시하지 않는가?"

법안이 출제(出題)한 양자택일형(兩者擇一形) 시험문제를 향하여 자소가 대번에 고꾸라져서 코를 박았다. 시험문제에 코를 박고 (2)번의 "무시하지 않는다"를 냉큼 찍어보이며 외쳐 이르기를,

"무시하지 않습니다."

"애석하다. 그대는 두쪽으로 갈라졌도다."

법안이 즉시 발표한 채점결과였다. 결과는 낙제점(落第點). 자소가 시험에서 낙방(落榜)하여 가엾게도 쫄딱 망하는 꼬락서니를 흥미진진하게 지켜보던 자소 좌우(左右)의 대중(大衆)들이 이번에는 둘 중에서 하나 남은 (1)번을 향해 자빠지고 넘어질 듯이 왈칵 밀려들었다. (1)번을 가리키며 (1)번의 "무시한다"를 향하여 우루루 몰려들어서는 희희낙락(喜喜樂樂)하여 외쳐가로되,

"만상을 무시합니다."

시류(時流)에 따라서 이리저리 어지럽게 흩날리는 대중들의 행태를 대하여 법안이 이것도 저것도 아닌듯 일견(一見) 애매한 독립선언을 하고야 말았다.

"만상 가운데서 홀로 몸을 드러냄이여. 우확!"

2. 여기에서 잠시 이 글의 내용을 검토해보자.

첫째 : "무시하지 않는다"고 내뱉음으로써 자소(子昭)는 두쪽으로 갈라지고 말았다. 그렇지 않는가. 만상(萬像)을 무시하지 않는다는 말이니 이는 대상(對相=경계境界)에 떨어졌다. 대상(對相)에 떨어졌음이니 이는 유물론적(唯物論的)적인 아둔하기 그지없는 견해(見解) 나부랭이 따위에 가깝다.

자소(子昭)라는 승려(僧侶)가 유물론 따위에 떨어져 있었으리라는 평가는 물론 아니다. 아니고 말고 여부가 있겠나. 두 개

중에서 하나를 고르라는 법안(法眼)의 채근을 받고 어떨결에 별다른 생각없이 아이들 '뽑기놀이'하듯이 그중에서 하나를 골라잡았을 가능성이 농후하니까. 법안의 입에서 무슨 소리가 나오나 어디 두고보자는 심산(心算)에서 무턱대고 "무시하지 않는다" 쪽으로 자소의 손이 갔을 수도 있다. 자소는 정답(正答)을 모르고 있었다는 설명이 보다 더 명쾌한가?

둘째 : 그렇다면 법안(法眼)은 어째서 "무시한다"는 말은 그야말로 무시하고 "만상 가운데서 홀로 몸을 드러냄이여. 우확!"이라고만 외쳤는가? 하는 점이다. 법안의 의중(意中)이 과연 "만상을 무시한다" 쪽에 있었던가?

그렇다. 법안의 뜻은 분명하다. 만상(萬像)을 무시하는 쪽을 가리켜보인다. 만상이 무엇인가? 만상(萬像)이라고 해봤자 그런 <잡동사니 보따리>는 마음의 그림(畵)이요, 심의식(心意識)이요, 심체(心體)의 생주이멸(生住異滅)에 불과하다. 이러한 사실은 대중(大衆)들이,

"무시합니다."

라고 한가지로 입을 모아 대답하자,

"만상 가운데서 홀로 그 몸을 드러냄이여. 우확 끄와라차차!"

하고, 법안이 득의만면(得意滿面)하여 화답(和答)한 대목이 여실하게 증명하고 있다. 그렇게 알아보아야 함이 마땅하다.

3. 선문염송 제1295칙은 이정도로 그치고.

대주혜해(大珠慧海)의 돈오입도요문론(頓悟入道要門論) 말씀 중에서.

화엄경을 강설하는 한 강사(講師)가 물었다.

"선사(禪師)께서는 무정(無情)이 부처라는 말씀을 믿습니까?"

대사(大師)가 답했다.

"믿지 않는다."

"어째서입니까?"

"들어보라. 만일 무정(無情)이 부처라면 응당 살아있는 사람이 죽은 사람만 못하고, 죽은 당나귀나 개도 사람보다 나을 수가 있다. ---. 만일 무정물(無情物)이 부처라면 그렇지 않겠는가. 그대가 지금 당장에 죽는다면 의당 부처가 되어야 한다."

또 화엄(華嚴)을 강(講)하는 지(志)강사가 대주혜해에게 물었다.

"선사(禪師)께서는 왜 수긍치 않으십니까? 푸른 대나무도 법신(法身)이요, 휘늘어진 개나리꽃가지도 모두 반야(般若)아닌 것이 없다는 말씀을 어째서 수긍치 않으십니까?"

말하자면, 인과법(因果法) 그대로 반야(般若)요 법신(法身)이거늘 무슨 연유로 그 말씀을 인정하지 않느냐는 질문이다.

대사(大師)가 답한다.

"법신은 형상이 없는데 푸른 대나무에 맞추어 형상을 이루고, 반야는 지각이 없는데 개나리를 대하여 형상을 드러낸다. 저 개나리와 대나무 그대로가 반야와 법신을 갖춘 것은 아니다.

그러므로 경(經)에서 말씀하시기를, 부처님의 참 법신은 허공(虛空)과 같은데 물건에 따라 형상을 나타내는 것이 마치 물속의 달과 같다고 하시었다. 개나리가 반야라면 반야는 무정물(無情物)과 같을 것이요, 푸른 대나무가 법신이라면 대나무가 능히 작용을 해야 할 것이다. 알겠는가?"

"그 뜻을 모르겠습니다."

"성품을 본 사람은 옳다 해도 되고, 옳지 않다 해도 된다. 작용에 따라 말해도 시비(是非)에 막히지 않는다. 성품을 보지 못한 사람은 처처(處處)에 막히는 것 뿐이다. 푸른 대나무라고 하면 푸른 대나무에 얽혀들고, 개나리라고 하면 개나리에 사로잡힌다. 법신이라고 하면 법신에 집착하고, 반야라고 하면 반야에 걸려 넘어진다. 그러므로 모두가 한결같은 논쟁거리가 되고만다."

지(志)강사가 절하고 물러갔다.

4. 이 글의 의미를 어떻게 이해할 터인가?

대주혜해(大珠慧海)가 의미하는 바, 가리켜보이는 바의 것이 무엇인가를 캐내는 일이 그다지 어렵지는 않다. 이를테면 대주혜해는 삼라만상(森羅萬象)이 '비로자나'부처님이라는 화엄철학(華嚴哲學)적인 말씀을 일시에 무너뜨린 셈이다. 왜 그랬을까? 대주혜해의 무정물(無情物) 이야기는 법안(法眼)의 만상(萬像) 이야기와 그 지향하는 바 내용이 동일하다.

<대상(對相)=경계(境界)=삼라만상=삼천대천세계=인과법=---따위>는 유식학(唯識學)의 입장에서 바라보면 한낱 여덟 개의 식(識)에 불과한 것을 어찌하랴. 인과법(因果法)은 식(識)이요, 식(識)은 다시 심체(心體=공空=반야般若=법신法身)의 생주이멸에 불과한 것을 누가 부정하랴.

이번에는 지금의 말을 뒤집어볼까. 심체(心體)의 생주이멸 현상이 여덟 개의 식(識)이요, 여덟 개의 식(識)이 다시 만상(萬像)이요 경계(境界)라 하자. 그렇다면 결국 만상(萬像) 즉 경계(境界)와 대상(對相)도 심체(心體)요, 반야(般若)요, 법신(法身)이라는 사실 또한 부정하지 못한다.

푸른 대나무와 샛노란 개나리꽃가지도 반야요, 법신이라는 화엄철학(華嚴哲學)적인 말씀에 잘못된 점이 없다는 뜻이다. 모두가 한결같이 이(마음) 안의 일인 것을 누가 부정하랴. 이(마

57. '화두지규'의 만상지중독로신(萬像之中獨露身)

음) 안(內)의 일이라니?

이것(이것을 마음이라고 하자)은 본래 바깥(外)이 없는 물건이라고 하지 않았던가? 마음에는 본래 바깥이 없다. 그러니 처음부터 끝까지 마음일 뿐이지. 처음부터 끝까지 마음일 뿐이라고. 그런데 한가지 덧붙이거니와 마음(이것)에는 바깥같은 물건은 없는 까닭에 '처음'이나 '끝'과 같은 물건도 본래부터 없는 줄 알기는 알아야 하겠지.

유감스럽게도 마음에는 처음도 끝도 없어. 그러니 누가 예컨데 '하느님'이니 하는 사람이 누구누구를 창조했다는 따위의 낭설(浪說)에 아무렇게나 뛰어들지 말게나. 뛰어들어 함께 떠들어대면서 휩쓸려가지 말게나. 그래서 그 이름이 유식(唯識)이요, 유식학(唯識學)이야! 단언하건데 인간이 좀 되고 싶다면 반드시 유식학을 연구하여 그 논지(論旨)를 꿰뚫어보아야 하네 그려. 그렇다 치고.

법안(法眼)은 왜 만상을 무시하며, 혜해(慧海)는 왜 대나무와 개나리가 법신(法身)이 아니라고 설파하는가? 이유는 혜해의 말씀끝에 명료하게 적시(摘示)되어 있다.

예컨데 개나리를 반야(般若)라고 말해주면, 반야 그밖의 그무엇도 아니라고 수근거려주면, 반야 그밖의 그무엇도 될 수 없다고 속삭여주면, 그말을 듣는 사람은 대번에 개나리에 묶여 꼼짝달싹을 못한다. 그때부터 개나리는 부처님의 지위를 향유하면서 의엿한 부처님 대접을 받으리라. 사람들이 석불(石佛)이나 목불(木佛)이나 토불(土佛) 앞에서 손비비며 허리굽혀 예배하는 모습들을 보면 짐작할만한 일이다.

법안(法眼)이 만상(萬像)을 아예 무시하고, 대주혜해가 대나무와 개나리에서 법신(法身)과 반야(般若)의 자격을 몰수(沒收)해버린 이유는 사람들의 집착을 끊어버리고자 함에 있었다. 대상(對相)이 곧 식(識)임을 깨닫지 못한 까닭에 사람들은 대상(對相)에 멱살잡이를 당해 끌려다니며 끊임없이 집착하게끔 되어 있다.

"성품(性品)을 목격한 사람은 옳다 해도 무방하고, 옳지 않다 해도 무방하다."

이와같은 대주혜해의 말씀에서도 분명해진다. 그 분이 화엄철학적인 논리를 부정한 것은 아니라는 그때의 정황에 짐작이 가고도 남는다.

5. 이쯤에서 이야기의 머리를 되돌린다. 만상(萬像)을 무시한 법안(法眼)과 개나리와 같은 무정물(無情物)은 결코 부처가 아니라고 갈파(喝破)한 대주혜해(大珠慧海)의 견해야말로 지당하다는 결론을 내린다. 지당하고 말고 여부가 있겠나.

마음 하나 거두어들이고 나면 우주가 어디에 있는가? 살짝 졸기만 해도 우주(宇宙) 따위의 허황하고도 우스꽝스런 물건은 찰나간에 날아가버리고 흔적도 안 남긴다. 진실로 수행을 하는 사문(沙門)이라면 어떤 물건도 심중(心中)에 남아있어서는 안된다. 오직 하나 화두(話頭)가 존재할 뿐.

그렇다 이 화두 이야기와의 접목(接木)을 위해서 나는 선문염송 제1295칙 '만상(萬像)'과 대주혜해의 '돈오입도요문론' 말씀을 인용하긴 했다.

만상 가운데서 홀로 그 몸을 드러내는 이(理). 개나리와 참나무와도 같은 만상(萬像)이 떨어져나갈 즈음에야 홀로 그 몸을 드러내는 이(理). 그러나 만상(萬像)도 그무엇도 마음이요, 식(識)일진대 결국 마음 곧 식(識)이 떨어져나갈 즈음에야 이(理)가 드러난다.

그렇다면 모름지기 알라. 화두와 같은 불멸(不滅)의 수수께끼가 결코 풀리지 않는 수수께끼의 위력을 발휘하면서 끝까지 물고 늘어지는 물건이 마음이요, 식(識)일진대. 그렇다면 모름지기 깨달으라. 식(識)이 뿌리째 뽑혀 떨어져나가지 않으면 않는 한, 풀리지 않는 의문(疑問)으로서의 화두지규는 해결이 안되고 남는다는 진실을.

마음이 끊어져 다하면 이른바 홀로 몸을 드러내는 이(理). 마음을 끊어 다하기 위하여 하는 화두선(話頭禪)임을 선문염송의 만상(萬像)과 돈오입도요문론의 말씀에서도 올연(兀然)히 그리고 요요(曜曜)하게 깨닫는도다. 화두지규는 식(識)의 뿌리인 무의식에 박히고 무의식을 묶어내려 애쓴다. 화두지규는 끈질기게 물고 늘어지며 집요하게 속삭인다.

"내(화두) 이 그대의 식(識)과 더불어 운명을 함께 하련다."

지독한 화두지규이건만 규(䂓)가 없다면, 규를 몰라보고 규를 잡지 못한다면 식(識)의 뿌리를 뽑는 일은 불가능하다. 규는 마침내 지워져서 찾아볼 수 없을 지경이 되어서야 어느듯 몸을 되돌려 구경(究竟)으로 돌아온다. 아무리 별별 백화점을 찾아서 헤집고 다녀봐도 화두지규같은 괴물(怪物)은 없다는 의미다.

식(識)이 화두를 잡아 고민하면 규는 문제의식화(問題意識化)한다. 식(識)이 이에 굴하지 않고 화두지규로 인하여 고민을 계속하면 규는 무의식층으로 스며들어 문제무의식화(問題無意識化)한다.

화두지규의 '문제의식화'는 표층심리(表層心理)인 의식(意識)의 세계에서, 화두지규의 '문제무의식화'는 심층심리(深層心理)인 무의식의 세계에서 일어나는 현상이다. 마침내 심층심리인 무의식이 화두지규에 의하여 발본색원(拔本塞源)당하고 뽑힌다. 뽑혀서 묶인다. 이때서야 무의식은 뿌리뽑혀 햇빛속에 내동댕이쳐진 식물(植物)인듯 일시에 힘을 제거당한다.

6. 규(竅)라는 수수께끼는 결코 풀리지 않은채로 끊어져 적멸하는 식(識)과 함께 운명을 다하면 다했지 결단코 풀리는 것이 아니다. 조사(祖師)님들이 일부러 그렇게 만들어놓으신 게야. 누구누구의 식(識)에 걸려들든간에 한번 걸려들면 절대로 빠지지 말고 물고늘어져 그 누구누구의 식(識)이 빠질 즈음에야 그 누구누구의 식(識)과 운명을 똑같이 하라고 조사(祖師)스님들께서 고안해놓으신 거라구. 끝까지 안풀리게끔 구성된 물건이 규(竅)라는 괴물이라니까.

그러나 다시 또한번 이야기를 뒤집어볼까. 그 누구누구의 식(識)과 운명을 함께 하는 화두의 규(竅)라고는 하지만, 과연 식(識)과 운명을 함께 하는 것으로서 규의 일생(一生)은 종말을 맞는가?

아니다. 식(識)이 뽑히고 드러나는 구경. 법안문익(法眼文益)의 만상지중독로신(萬像之中獨露身)하는 구경이야말로 바로 '화두지규'라고 정확히 알아보지 못하면 그것은 구경도 아닐뿐더러 규(竅)없는 무기공에서 헤매는 상황임을 자각해야 한다. 만상 가운데서 홀로 몸을 드러내는 구경(究竟)이야말로 화두의 눈알인 '화두지규'라는 사실에 눈밝다면 끝까지 꿰뚫으리라.

58. 이해(理解)가 체득(體得)으로 바뀌는 기묘한 전이(轉移)에 대하여

1. 앞에서도 무문관 제1칙 조주구자를 들어보이고 나중에도 또 찔끔 찔끔 조주구자를 설(說)한다 하여, 내가 두서없이 횡설수설한다고 말해서는 안된다. 나는 이 책의 저술작업에 손대면서 이미 단단히 결심을 했다 그말이야. 두서없이 동서남북도 없이 종횡으로 입에서 쏟아져나오면 나오는대로 입에서 꾸역꾸역 밀려나오면 나오는대로 토해내기로, 횡설수설하기로 작심(作心)했으니까.

2. 조주구자(趙州狗子)공안이 어째서 금강보검인가?
자른다 끊는다는 의미와 기능을 가진 공안 가운데서 조주구자는 별미(別味)를 갖추었다. 조주구자는 그 구조가 간략하기 그지없다. 있는 줄 뻔히 알면서도 <있는가?> 하고 물으니까 <없다> 하고 그냥 싹둑 잘라버린다. 간단명료할 뿐더러 <있고>와 <없고>, 즉 가장 흔해빠진 유무(有無)의 문제를 건드리되 마치 어린 아이들 가위바위보 놀이를 하듯이 눈깜박할 사이에 해치웠다.
<있는가?> 하고 물었을 때 <없다>고 했다. 그때 잘라버렸고 그때 잘려나갔다. 무엇을 잘랐고 무엇이 잘려나갔는가? 무작정 잘려나갔고 잘려나갔다고만 알면 되는가? 아니다. 이것이 제6

의식(意識)의 세계에서 형성되는 이해(理解)라는 이름의 별로 쓸모없는 쓰레기다.

　의식(意識)의 세계에서 형성되는 이해라는 쓰레기는 뿌리도 없이 애매모호하기만 하고 물거품과 같아서 손에 잡히는 것이라고는 하나도 없다. 그냥 잘려나갔다고만 알면 되는가? 그런 것인가? 하는 정도의 미적지근한 알음알이요, 분별망상에 지나지 않는다.

　3. 이해(理解)라는 별볼일없는 골동품은 무슨 까닭에 뿌리도 없이 미적지근하기만 하여 돌아서서 먼산만 한번 바라보는 사이에도 뜬구름처럼 날아가고 마는가? 그것은 의식(意識)이 마음의 뿌리가 아니기 때문이다.

　마음뿌리는 제6의식이 아니고 제8무의식(無意識)이다. <있는가?>라는 질문을 뒤이어 <없다>가 나타나서 <있는가?>를 잘라버렸다면 그런 단절(斷切)현상은 제6의식(意識)이라는 표층심리(表層心理)에서 발생하는 사건이 아니다. 제8식(무의식)의 세계에서 일어나는 사건이다.

　의식(意識) 즉 제6식은 아무리 애써 잘라버리려고 시도해봐도 절대로 잘라지지 않고 절대로 끊어지지 않게끔 되어있다. 제6식은 제8식에서 부단(不斷)히 돋아난다. 부단히 돋아나고 부단히 소멸한다. 늦가을 아침 강물에서 피어오르는 안개처럼.

　무문관 제1칙 조주구자가 휘두르는 금강보검의 묘용(妙用)은 제6식에서 일어나는 법은 없다고, <있는가?>라는 질문의 꼬리를 물고 모습을 내보이는 <없다>가 <있는가?>를 인정사정없이 잘랐다고 설명해봤자 멍청한 제6식은 멍청하니 알아들을 뿐이다. 영낙없는 머저리다 제6식은.

　<있는가?>라는 질문을 <없다>가 단절했다고 설(說)하면 제6

식은 아둔하게 알아듣고 제8식은 간절하게 끊어지기 시작한다. 그러기에 제6식은 조주구자의 단절현상을 체험하지 못한다. 단절의 체험은 제8식의 전유물(專有物)이다.

4. 그러니 이런 이치에 눈어두운 동안에는 뼈를 녹이며 조주구자를 해봤댔자 진정한 의심의 그림자같은 것도 안나타난다. 하물며 이른바 무자화두(無字話頭)로써 덤벼든다면 사태는 더욱 심각해진다. '무자화두'하다가는 사람 완전히 버리는 수가 있으니 조심하라.

진정한 의심(疑心) 곧 진의(眞疑)란 무엇인가? 조주구자가 맛보여주는 단절현상의 체득(體得)에 다름 아니다. 체득과 이해(理解)는 완전 별개의 영역에 속하는가? 순수한 이해와 규(竅)의 체득은 완전히 별개의 것이다. 하지만 나는 공안의 이해도(理解度)라는 용어에 풀이를 가(加)하면서 이해도(理解度) 100퍼센트는 해탈이라는 해설도 여러번 덧붙였다.

이해도 100퍼센트는 제6식에서 출발하는 얕은 이해가 심화(深化)과정을 겪다가 이윽고 제8식의 단절에 이르는 체득(體得)의 다른 이름이다. 이해도 100%가 바로 체득이다.

5. 뭔가 끊어지는듯한 느낌에 대하여.
<있는가?>라는 질문에 뒤이어 등장하여 휘두르는 <없다>는 금강보검(金剛寶劍)의 단절작용에 '뭔가' 끊어지기는 끊어지는 듯 하다는 느낌이 희미하게나마 감지(感知)되면 그것은 제8식의 단절의 조짐(兆朕)을 은연중에 알려오는 신호라고 알아봄이 마땅하다.

애써 노력하는 와중(渦中)에 그런 감지능력은 서서히 향상되고, 정신세계에 대한 그런 감지능력은 말로만 들어온 제8식의

실체(實體)를 요연히 식별하는 뛰어난 정신능력으로 발달한다. 제8식의 단절현상을 세밀하게 감지해내는 시절이 반드시 도래한다는 뜻이다.

기묘한 스토리가 분명하다. <있느냐?>는 질문에 <없다>고 대답하는 이야기를 듣고 뭔가 끊어진다고 느꼈는데 어느새 자기의 마음이 끊어지고 있다는 이야기 말이다.

이렇게 알아보라. 나의 해설을 듣고도 뭐가뭔지 도무지 모르겠다면 마음이 끊어질 기색은 전혀 보이지 않는다고. 그러나 나의 해설끝에 뭔가 끊어지는 것이로구나 하는 이해(理解), 그렇지 이해가 사람마다 정도의 차이는 있겠으나, 어느 정도의 이해가 형성되면 그런 이해야말로 조주구자 금강보검이 무의식에 다소간 손대기 시작한 증거라고. 그렇게 나아가다가 이해도(理解度) 100퍼센트에 도달하면 마음이 끊어지는 것이니, 이해(理解)에서 출발하여 체득(體得)으로 이어진 것이라고.

6. 웃지못할 '해프닝'에 대하여.

한데 이 체득(體得)이라는 표현이 의미하는 바는 또 무엇인가? 흔히들 체득이라는 말을 잘도 구사하는데 무엇인가? 글자 그대로 풀이하자면 몸으로 얻는다는 뜻이다. 몸(육체)가 무슨 재주로 지극하고도 지극한 정신세계의 일을 감지하고 간섭한다는 건가? 한낱 무정물(無情物)인 물질로 구성된 육체가 무슨 수로 해탈을 성취하고 대도(大道)를 획득하는가?

한낱 무정물인 육체로써 도(道)를 얻는다는 어처구니없고 정신빠진 이론(理論)은 화엄(華嚴)철학을 하다가 그 진수(眞髓)는 못보고 놓친채 옆길로 미끄러진 자(者)의 입에서 슬슬 불거져 나온 유물론적(唯物論的)인 바보수작이다. 거짓말이다. 속지말라. 어디까지나 정신문제요, 자의식(自意識)의 문제다. 체득이라니? 말도 안되는 수작이고 말고.

 그런데 어째서 사람들은 체득(體得)이라는 자기자신도 모를 요령부득의 어휘를 구사하기 시작했을까? 그 문제는 해결이 간단하다. 구경(究竟)에서 바라볼 때 끊어진채로 오지도 가지도 못하고 고스란히 육체에 실려있는 자의식을 얼핏 정신과 육체의 합일체(合一體) 현상으로 오해(誤解)한 것이다.

 궁극으로 파고들다보니까 이것이 정신인지 이것이 물질인지 애매모호하기만 해서 그 구분이 어려워진 자(者). 그 혼빠진 자(者)가 정신세계와 물질세계에 같은 계급(階級)을 매기고 '체득'이라는 헛소리를 했다. 온 몸으로 도(道)를 얻는다는 헛수작을 했다. 그 이후로 무수한 수행자들이 그럴듯하다는 생각에서였는지는 모르겠으나 체득이라는 말을 입에 담기 시작했고 오늘날까지 이어져 나 또한 슬쩍슬쩍 써먹었다.

 바로잡아야겠지. 도(道)를 획득하는 막중한 일은 어디까지나 정신세계의 일이다. 끊어진채로 한산(寒山) 꼭대기의 외로이 동그란 달인듯 육체에 실려있는 자의식(自意識)일 뿐이다. 이 현상을 가리켜 자의식과 육체의 합일체(合一體)라 부르고 정신과 물질을 동일시(同一視)하는 지경에 이르렀다면 그 자(者)는 도인(道人)이 아니다. 그 자(者)는 유물론자(唯物論者)다. 배격해야 마땅하다.

 연(然)이나 현실은 간단하지 않다. 체득이라는 말이 수행자들의 입에서 입으로 오르내린지는 이미 오래되었다. 하여 나는 체득이라는 말이 가당치도 아니한 오해에서 빚어진 웃지못할 '해프닝'임을 지적하면서도 체득이라는 용어사용을 계속하기로 했다. 그러므로 마땅히 알라. 체득이라는 용어를 쓰기는 쓰되 부정확한 용어라는 사실을. 틀려도 한참 틀린 용어라는 사실을. 독자들은 진실을 알고 있어야 한다는 뜻이다.

7. 나의 해설에 아마도 많은 사람들이 고개를 갸웃거릴 터이다. 설마 그렇겠느냐고 하면서 말이지. 이해(理解)가 어떻게 체득으로 이어지는가 하면서 말이지. 아무리 이해도(理解度)100%가 체득이라고 주장한들 그것이 이해일뿐이지 어찌 득도(得道)의 경지가 될 수 있겠느냐고 하면서 말이지.

선언하거니와 이해(理解)가 체득으로 이어지지 않는다면 100퍼센트의 이해(理解)는 존재할 수 없다고. 이해가 깊어지다가 어느날 드디어 체득을 노획하게 되는 법이라고. 초보적인 이해가 구경(究竟)이 아님은 물론이다. 이해가 깊어가다가 어느새 심리단절로 뒤바뀔 따름이지. 실제로 화두선에 전력투구해보면 안다. 그럼 본론으로 한번 슬슬 들어가볼까?

8. 묘한 인연의 시간에 대하여.

<있는가?>라는 질문끝에 <없다>는 대답이 나타남으로서 뭔가 끊어버렸고 뭔가 끊어졌다는 최초의 흐릿한 이해(理解). 이 최초의 이해(理解)가 [끊음]이라는 심리단절현상의 완성은 아니다. 무문관 제1칙 조주구자 공안을 풀이해보는 과정에서 처음으로 희미하게나마 형성되는 '아! 그런 것인가?' 하는 정도의 알음알이를 이해라고 할 것이다.

그러나 그것이, 그러한 이해(理解)가 어쨋다는 것인가. 끊었고 끊어졌다는 이해가 어떻다는 것인가. <있는가?> 하는 질문에 <없다>는 대답으로 잘라냈고 잘려나갔다는 이해가 어쨋다는 것인가. 하는 방식의 실로 미적지근한 이해에 대한 불만을 세월의 흐름과 더불어 끈기있게 끌고나가라. 끌고나가다보면 이런 날이 반드시 오게되어 있다. 어떤 날 말인가?

그렇다면 이 [끊는다]거나 [끊어진다]거나 [자른다]거나 [잘려

58. 이해(理解)가 체득으로 바뀌는 기묘한 전이에 대하여

나간다]거나 하는 이 구절(句節)의 진정한 의미가 무엇인가 하는데 대하여 머리되돌려 살펴보게되는 묘한 인연의 시간(時間) 말이다.

9. 그때까지 그는 [끊는다]는 표현 즉 단절(斷切)이라는 표현에 대하여 '이 무슨 뜻인가?' 하는 심각한 문제의식(問題意識)에 사무쳐본적이 한번도 없었다. 이러한 현상은 무문관 제1칙 조주구자를 심각하게 생각하는 모든 사람에게 적용된다고 단언해도 지나친 말이 아닐 터이다. [끊는다]는 표현에 이르러도 누구나 [끊는다]는 언어 그 자체만을 삼켰다가 내뱉는다.

예컨데, 조주구자의 이치를 설하면서 내가 [끊었고, 끊어졌다]고 외치더라도, 외치고 오랜 세월이 흘러도 [끊어짐]이라는 언어(言語) 그 자체에 대하여 문득 머리되돌려 심사숙고하게 되는 사람은 거의 전무(全無)하리라는 뜻이다.

10. [끊어짐]이라는 언어는 강철(鋼鐵)로 그 표면을 감싼 당의정(알약) 같은 물건이다. '당의정'을 삼켜도, 삼켜서 뱃속에까지 내려가도 좀체 녹지 않고, 녹지 않는 강철같은 '당의정'은 결국 그대로 배설된다. [끊어짐]이라는 언어가 도대체 무슨 뜻인가 하는 방식으로 머리회전이 돌아가는 사람은 거의 없다는 사실이 이를 증명한다. 조주구자 해결의 실마리와 지름길이 여기에 있는데 말이다.

11. 무지개의 빛깔 전이(轉移)는 빨강에서 시작하여 주황, 노랑, 초록, 파랑, 남색을 거쳐 보라빛으로 귀결된다. 마찬가지다. 조주구자가 내비치는 [끊어짐]에 대한 이해도 처음에는 이해(理解)에서 비롯되었으나 마침내 어느날엔가는 문득 진짜 심리단

절로 결과지어진다.

다시 말해보자. [끊어짐]이라는 언어가 대체 무엇이관데 이리도 노파심절하게 지꺼리는가? 이렇게 [끊어짐]이라는 언어 그 자체의 의미에 대하여 심사숙고하는 계절과 기필코 마주쳐야 한다는 말이다. 그래, [끊음]이라는 언어 그 자체의 의미를 새롭게 타진(打診)해보는 실로 의미심장한 시간을. 만일 말이다. 이 [끊어짐]이라는 언어 그 자체에 기묘한 시선(視線)을 되돌려 초점을 맞추는 사람은 알아차릴지로다.

"옳다. 바로 이것이다."

처음에 희미했던 물건(?)이 바로 이것이구나. 하는 기이한 느낌이 그의 뒤통수를 후려치면서 그의 정신세계를 뒤흔들리라. 그러면서 그때까지 두터운 회색구름에 뒤덮인듯 답답하던 심정이 저멀리 아득한 지평선(地平線)끝까지 깨끗하게 열리는 것은 아니다. 아니더라도 어느 정도는 확 열리는듯한 청량감(淸凉感)의 획득에는 일단 성공한다.

12. 전존재(全存在)의 확인.

돌이켜보면 그 사람은 조주구자 공안을 한다면서도 [끊음]이라는 언어 그 자체에 대하여 심각하게 주의를 기울여본적이 한번도 없었다는 만시지탄(晚時之歎)의 회한에 젖는다. 무작정 [끊어짐]이라는 언어에 매달려 질질 끌려다녔을 뿐이다.

그러던것이 지금 이 순간, 찌는듯이 무더운 8월 어느날 오후 밀려드는 짙은 회청색 구름에 나무숲이 술렁이고 뒤이어 대지를 주름잡듯 시원하게 쏟아지는 소나기처럼. 갑자기 자기자신의 전존재(全存在) 즉 자기자신의 존재전체를 일시에 확 인식하게되면서 이것이야말로 [끊음]이요, [끊어짐]이라는 표현이 지금껏 애타게 가리켜보이고 있었던 게로구나. 하는 깨달음에 이른다.

13. 눈먼 무자화두(無字話頭)여!

　불자(佛子)야! 모름지기 알아야 하느니. 내가 설하는 조주구자 공안의 이치는 처음부터 끝까지 이른바 [단절(斷切)] 즉 [끊음]이다. 그러나 무자화두(無字話頭)를 하는 방법은 전혀 다르다. 내가 말하는 구자무불성화(狗子無佛性話)와 선문(禪門)에서 지도하는 '무자화두'는 그 내용이 전혀 다르다.

　날이 흐르고 달이 흐르고 해가 흐르고 그러면서 그대는 별별 수단방법을, 수단방법이랬자 분별망상일 뿐이지만, 동원하여 [끊어짐]의 이치를 낚아채려고 애쓰게된다. 이치의 문(門)은 쉽사리 열리지 않는 법. 그동안 그대는 '조주구자'를 몇번이고 내던졌다가 다시 집어들고 노심초사(勞心焦思)하고 안절부절하는 밤낮이 지속된다. 그런 일이 반복된다.

　그런식으로 백년 아니라 천년을 지속해도 조주구자 공안의 문(門)은 안열린다. 왜일까? 그대는 방향을 잘못잡았기 때문이다. 전혀 엉뚱한 방향이나 각도에서 조주구자를 바라보는데 되는가? 억겁(億劫)의 세월이 흘러도 안풀린다. 엉뚱한 각도(角度)에서 공안을 바라보는 결과 돌아오는 댓가요 보상인데 어찌하겠는가.

　지금 내가 내뱉는 말은 결코 허풍이나 과장이 아니야. 설사 억겁(億劫)의 세월을 두고 조주구자에 매달려도 조주구자는 전속력으로 내달리는 열차처럼 그대에게 승차(乘車)할 기회를 안준다. 몇십년을 닦아도 안되는 그놈의 '무자화두'!

　그토록 안되는 지독한 보상과 댓가는 무문관 제1칙 조주구자를 기이하게 망가뜨려 기이하게 바라보려는 선문(禪門)의 소위 '무자화두(無字話頭)'가 한몫 톡톡하게 거들었던 덕택에 더더욱 그렇게 되고 말았다. 구자무불성(狗子無佛性)은 대법(對法)의 이치를 따라서 '구자무불성'으로 바라보아야 한다. '무자화두'로 바라보면 안된다. 이 문제는 여러번 언급된 내용이기에 생략한다.

14. 이해(理解)가 해결의 실마리를 제공한다.

공안을 바르게 살피는 정공법(正攻法)은 대게의 경우 단절론(斷切論)의 입장에 설 때 비로소 가능해진다. 특히 무문관 제1칙 조주구자의 정공법은 단절론에 있다. <있는가?>에 대한 <없다>는 대답은 단절 즉 [끊어버림]이라는 이치와 각도에서 바라보아야만 문(門)이 열리고 이해(理解)의 문이 열린다.

바로 이 이해(理解)가 해결의 실마리를 제공한다. [끊어짐]이라는 표현이 대체 뭘 의미하는가? 이런식으로 시작해보라. 끊다니? 이 무슨 소린가? 끊는다니? 대체 뭘 어떻게 끊는다는 건가? 하는 방식으로 일어나는 의구심 말이다. [끊는다]는 표현에 그냥 아무렇게나 질질 끌려다니지 말고.

좋다 좋은데 끊는다니 도대체 무얼 어떻게 끊는다는 뜻인가? 하는 방식의 자기성찰이 일어나면 문득 자기의 존재전체를 일시에 일거(一擧)에 되돌아보는 소득(所得)을 얻는 길이 열리게끔 되어있다. 그때 그는 깨닫는다. 이것이야말로 이것을 두고 [끊는다]느니 어쩐다느니 했구나 하고 말이야.

사람에 따라서 정도의 차이는 있겠으나 이때 자기의 존재전체를 깨끗이 뽑아내는 성과를 거두는 경우도 있으리라. 심근(心根)을 뽑아내고 구경(究竟)을 확인한다는 뜻이다.

구경(究竟)을 얻는 정도까지는 아니라 하더라도 대도(大道)의 문(門)이 그 지점(地點)에서 열리려 한다는 징조(徵兆)를 그는 확인하고 이어서 성공한다는 확신에 흔들림이 없어지는 경지(境地)에 들어간다. 깊은 유열(愉悅)에 잠기면서, 이것이야말로

[끊음] 혹은 [뽑아냄]이라는 표현이 개써 애써 가리켜보이려 했던 대목이었구나 느끼면서.

15. 불자(佛子)야! 이것을 가리켜 '이해(理解)에서 시작하였으나 어느날 불시에 그 이해가 심리단절로 몸을 바꾼다'고 나는 설한다. 이것을 가리켜 '이해가 심리단절로 바뀌는 기묘한 전이(轉移)'라고 나는 설한다. 그러나 끝내 놓쳐서는 안되는 사실이 놓여있다.

비록 그렇게 알아보았다고 해도 그대가 깨닫고 획득한 <그 물건>이 '조주구자'의 화두지규(話頭之竅)임에 틀림없어 털끝만큼의 의심(疑心)도 남아있지 않아야 비로소 성공이라는 필요충분(必要充分)조건 말이다.

"이것을 두고 화두지규라고 하는구나!"

하는, 바로 <그 물건=화두지규>가 잠이 깊이 든 상태에서도 흔들림없이 존재(?) 아닌 존재해야 한다는 말이다. 이른바 잠이 깊이 들어도 [끊어짐]이라는 언어로 표현되는 조주구자의 화두지규가 존재하느냐는 문제다.

결론은 이렇게 매듭지어진다. 조주구자 화두가 설하는 [끊어냄] 혹은 [끊음] 혹은 [단절(斷切)]의 이치는 이것도, 저것도, 그것도, 그밖의 그 무엇도 아닌 바로 '구자무불성화(狗子無佛性話)'의 규(竅)였다는 말이다. 어떤 공안이라도 그 공안이 가리켜 보이는 방향으로 따라가면 화두지규가 기다리고 있을 뿐이다.

한점 의심없이 그토록 요요(曜曜)하게 확인되는 조주구자의 규라면 그런 물건은 잠이 깊이 든 상태에서도 절대로 사라지지 않게끔 되어있다. 왜인가? 규(竅)란 마음이 다하여 나타나는 구경(究竟)이기 때문이다. 구경이 무슨 재주로 사라지겠는가? 구경은 제아무리 몸부림쳐봤자 사라질 수 없는 물건이다.

만일 이런 문제가 해결된 것이 아니라면 그 깨달음은 깨달음이 아니다. 기껏해야 잔머리 굴려 이해하는 수준에서 벗어나지 못한 해오(解悟)에 불과하다. 해오는 허망한 물거품과 같다. 해오가 그대를 돕고 이끌어 저쪽언덕으로 건너가게 하기에는 그 힘이 너무 허약하다.

59. 규(竅)와 무의식(無意識)의 5가지 정신작용

1. 끊는다 끊는다 하는데 심층심리(무의식)는 어떤 모양으로 끊어지는가? 이런 점이 또한 궁금하기도 하겠지. 조주구자 금강보검의 작용에 의하여 일직선으로 끊어지는가? 둥글게 끊어지는가? 물론 이런식의 무리한 상상은 안하겠지.

그런 것이 아니다. 마음의 구경(究竟)은, 마음의 종말은, 마음의 끝은 제6식으로서는 좀처럼 알 수 없는 법이다. 제8식의 미묘한 흐름을 알아채고 낚아채는 비범한 정신력의 소유자가 흔하겠는가.

어떻게 끊어지는가 하고 제6식이 그 이치를 헤아리면, 헤아려서 이해(理解)한다면 그런것들은 한결같이 제6식의 그림(畵)일 뿐이요, 제6식의 장난질에 불과할 뿐이다. 실제로 심층심리가 끊어지는 이치와는 아무런 상관도 없다. 그렇게 알아서 제6식의 농간(弄奸)에 속아넘어가지 말기를 바란다.

2. 화두지규와 무의식의 5가지 정신작용.

단지 심층심리 곧 무의식에도 미세하기 그지없는 5가지 정신작용이 있나니 촉(觸), 작의(作意), 수(受), 상(想), 사(思)가 그것이다. 화두를 보기로 들어서 무의식의 정신작용을 해설하리라.

<1>. 무의식의 촉(觸)작용은 너무도 당연한 것이다. 안식(眼識), 이식(耳識), 비식(鼻識), 설식(舌識), 신식(身識)과 의식(意識)이 일시적으로 소멸하는 경우에도 두의식의 극미세한 촉(觸)작

용은 유지된다.

화두지규는 무의식의 촉(觸)작용에 의하여 분명히 감지(感知)된다.

<2>. 무의식의 작의(作意)는 무의식이 생명의 뿌리임을 의미한다. 일체 식(識)작용의 근원지(根源地)라는 뜻이다.

화두지규는 최후의 근원적인 작의(作意)로서 작용하는 무의식을 정확하게 찾아서 짚어내려간다.

<3>. 무의식의 극미세한 수(受)작용에 의해 화두의 규(竅)는 무의식에 스며든다. 무의식(無意識)의 극미세한 수(受)작용은 무의식의 극미세한 촉(觸)작용에 뒤이어 연결되는 정신작용이라고 이해하면 무리가 없다.

<4>. 무의식의 상(想)작용은 극미세한 상념(想念)작용이다.

무의식이 화두의 규(竅)에 의하여 잡히고 극복될 때 무의식의 극미세한 상념작용은 감지된다.

<5>. 무의식의 사(思)작용은 극미세한 사념(思念)작용이다. 막연한 상념(想念)에서 극미세하기는 하지만 미세한 사념(思念)이 분화(分化)되어 나오는 것으로 이해할 것.

무의식이 화두의 규(竅)에 의하여 잡히고 극복될 때 무의식의 극미세한 사념작용은 실실이 감지된다. 규(竅)는 무의식의 이와같이 극미세한 상념작용과 사념작용을 넘어 구경(究竟)에 꽂힌다. 화두의 규(竅) 이외의 어떤 물건도 규(竅)가 해내는 일을 대신하지 못한다.

3. 문제무의식화(問題無意識化).

요약하자면 일견 무심(無心)해보이는 무의식(無意識)이련만 그실 속사정은 그러하지 않다. 그러기에 표현이 무심(無心)이지 엄밀한 의미에서 제8식은 가짜 무심(無心), 즉 가무심(假無心)이다. 가무심(假無心)인 까닭에 무의식의 미세한 움직임이 그치는 법이 없다.

가무심(假無心)인 무의식을 뽑아야 그때서야 진무심(眞無心) 즉 구경(究竟)이 출현한다. 제8식을 가리켜 메마른 적멸이라고도 부른다. 제8식은 구경(究竟)이 아니요, 진정한 적멸이 아니라는 뜻이다.

제8식의 가무심에 붙잡혀 꼼짝 못하는 상태를 침공체적(浸空滯寂)이라 이르는데. 여기에서 공(空)이나 적(寂)은 가짜 공(空)이요 가짜 적멸(寂滅)로서 무의식을 가리킨다. 진정한 공(空)과 적멸은 무의식이 꼭지 빠지는 오이처럼 빠져나오는 시절에야 출현한다.

예로부터 조사(祖師)스님들은 무의식을 비유하기를 맹렬하게 흐르는 폭포수에 비견하였다. 이 맹렬한 흐름에 비견되는 무의식이련만 보통 사람들은 그 존재의 여부조차 모른다. 눈에 보이지 않고 귀에 들리지 않고 의식(意識) 곧 제6식에 잡히지 않으니까 모르는 것이다.

좌우지간 촉(觸), 작의(作意), 수(受), 상(想), 사(思)라는 5가지 정신능력을 구비한 무의식(無意識)을 능히 잡아내고 극복하는 화두지규다. 규(竅)가 무의식에 각인(刻印)되고 무의식을 뽑아내는 이치는 무의식이 지닌 5가지 정신능력에 기인한다. 전술한 문제무의식화(問題無意識化)라는 어구(語句)도 무의식이 소유한 정신능력을 고려한다면 그 표현에 무리가 없음이 입증된다.

60. 중음신(中陰身)의 실상(實相)

<1>. 욕계(欲界)의 중음신은 장차 받을 내생(來生)의 몸과 같은 형태를 구비하게 되며, 나이는 5세나 6세 정도의 어린 아이 형상이다.

<2>. 형상은 눈, 귀, 코, 입, 등을 모두 갖추고 있으나 그 형체가 너무나 미세하고 깨끗하기 때문에 인간의 육안(肉眼)으로써는 도저히 볼 수 없다. 단지 성현(聖賢) 등 지극히 청정한 천안(天眼)을 가진 자(者)만이 보인다.

<3>. 같은 세계에 태어날 중음신끼리는 유사한 업력(業力)으로 인하여 서로 볼 수 있다.

<4>. 식사(食事)는 향기로써 하는데 냄새만 맡으면 배부르게 된다는 뜻이다. 그러므로 중음신은 좋아하는 냄새나 향기를 찾아다닌다.

<5>. 중음신은 과거세(過去世)에 지은 업력(業力)으로 인하여 인간의 상상을 초월하는 불가사의한 힘을 갖는다. 중음신은 어떤 물체에도 구애됨이 없이 통과하며 아무리 먼곳도 볼 수 있고 또 자신이 미래에 태어날 세계도 그 업(業)에 따라 볼 수 있다. 이것을 업통(業通)이라 한다. 그리하여 인연이 닿는 곳에 가서 태어난다.

<6>. 정법염처경(正法念處經) 권제십팔(卷第十八)에서는 다음과 같이 설하고 있다.

사람이 임종할 때 너무 어리석고 지혜가 없으며 동시에 극심

한 환갈병(患渴病)이 일어나 물을 생각하고 애착하게 되면, 그가 완전히 사망함과 동시에 갈증을 못참고 물속에 뛰어들어 물속에 태어난다. 중음신이 목마른 상태에서는 어떤 물이든지 물만 눈에 띠면 마음에 가고싶은 생각이 간절해지고 마침내는 물 가운데서 수충신(水蟲身)을 비롯하여 갖가지 어종(魚種)의 몸을 받고 만다는 것이다.

<7>. 이와같은 본보기는 각자가 지은 업(業)에 따라 내생(來生)이 결정되는 인과법(因果法)의 한가지 좋은 예라 할 수 있으리라. 자신이 익힌 업종(業種)과 업력(業力)이 이끄는대로 가되 그 업력이 강하게 이끄는 곳으로 저절로 끌려가는 것이니, 아무리 나쁜 세계라 하더라도 그 세계가 좋다는 탐애심(貪愛心)이 자신도 모르게 발동하고 그리하여 결국 그 세계로 가서 태어나고 만다. 이것이 인과응보(因果應報)의 법칙이니 누가 시켜서 가거나 누구의 의지(意志)에 의하여 가는 것이 아니라 자기의 업력에 의하여 저절로 그것도 좋아서 가는 것이다.

<8>. 중음신으로 지내는 기간에 대해서는 이설(異說)이 많다. 49일 혹은 100일 등 확실치가 못하니 이 또한 중음신이 그때까지 지어온 업종(業種)의 다양성과 업력(業力)의 천차만별에서 원인하는 불가피한 현상일 것이다. 그래서 지내주는 천도제가 주로 49재(齋)이며, 100일재(齋) 또한 드물지는 않을 것이다. 이와같이 중생이 사망하여 중음신의 상태로 존재하는 기간은 일정하지 않다고 생각된다.

<9>. 이제 유가사지론제일(瑜伽師地論第一)을 보리라.

만약 중음신이 내생(來生)의 몸을 받아 태어날 생연(生緣)을 얻지 못하면 죽어서 7일간 중음신으로서 공간(空間)에 머물게 되고 또 만약 다음 7일간에도 다음에 태어날 생연을 만나지 못하면 죽었다가 다시 살아나는 등 공간(空間)에서도 생사(生死)

를 반복하게 된다.

　7일을 한계로 하여 생사(生死)를 거듭하고 전전하는 중음신은 생연을 만나지 못하면 마지막 칠칠일(49일)간을 허공에서 거주하다가 결정적인 생연을 만나 태어난다.

　<10>. 인간세계에서 각자의 환경과 성격에 따라 생각하고 행동한 것들이 없어지지 않고 자기자신을 운반하여 내생(來生)으로 이끌어가나니 이것이 윤회(輪廻)다.

　<11>. 살았을 때 지은 업종(業種)이 다양하고 그 업력(業力)이 무량하여 중음신도 참으로 여러가지 모습을 띠게된다.

　<12>. 평소에 악행(惡行)을 많이 저지른 중음신은 그 빛깔이 검다. 반면에 살아서 선행(善行)을 많이 쌓은 중음신의 빛깔은 희고 밝고 맑다.

　<13>. 중음신은 어떤 장애물에도 구애받지 않고 신통(神通)이 자재(自在)하며 삼계(三界)의 어느 곳이든 원근(遠近)과 명암(明暗)을 가리지 않고 다 볼수있는 천리안(千里眼)을 이용하여 지어온 업력에 따라 이리저리 태어날 곳을 찾아 떠돌아다닌다.

　<14>. 악행(惡行)을 많이 한 중음신은 아래쪽만 볼 수 있으며 또 이는 복면을 하고 다니는 것과 같아서 모든 것을 올바르게 보지 못한다. 이런 중음신은 나쁜 세계로 떨어질 가능성이 높다.

　<15>. 위쪽만 보고 다니는 중음신도 있는데 이는 천국(天國)에 태어날 가능성이 높다.

　<16>. 지어온 악업(惡業)의 이끌음을 받아서 나쁜 세계에 태어날 징조로서는 죽음의 순간에 무섭고 기괴한 환상(幻像)이 헤아릴 수 없는 종류로 전변(轉變)하여 나타난다.

　구체적으로 서술하자면, 마치 해가 진 후에 여러 산봉우리의 그림자가 어둡게 덮어버린 상태와 같으며, 악업(惡業)이 이끄는

중음신은 흡사 밝은 곳에서 어두운 곳으로 들어가는듯한 상태가 전개된다.

<17>. 이러한 연유로 극악(極惡)한 악업(惡業)을 쌓은 사람은 죽을 때 기괴한 형상과 빛깔을 보기 때문에 땀을 흘리고 손과 다리를 요란스럽게 떨며 분란(紛亂)하게 된다. 더불어 대소변을 분출하고 허공(虛空)을 향하여 무엇인가를 잡으려 하며, 입에서는 거품이 나오는 등 추잡하고 괴로운 죽음을 면하지 못한다.

<18>. 가벼운 악업(惡業)을 지어온 사람은 임종의 순간에 보게되는 기괴한 환상이 그보다는 덜하고 따라서 느끼게 되는 공포심도 그보다는 덜하다. 또 기괴한 환상이 나타난다 해도 곧바로 없어지기 때문에 그다지 괴로운 죽음은 아니다. 이런 내용은 모두 경전(經典)에 나와있다. 이와같이 악행(惡行)을 범하면 괴로운 죽음을 면치 못하는 바, 이는 어리석고 어두운 생각으로 저지른 악업(惡業)의 환상(幻像) 때문이라 한다.

<19>. 선업(善業)을 많이 닦은 사람은 평소의 수행력(修行力)에 의하여 죽을 때 조용하고 고통을 받지 않는다.

임종(臨終)할 때에 아름답고 환희심을 불러일으키는 즐거운 환경이 나타나며 스스로 기뻐하는 현상이 전개된다. 그리하여 태연하고 근심없이 즐거운 상태로 타계(他界)하는데, 그 태어나는 세계는 자기의 뜻에 맞는 바람직한 세계다.

그리고 중음신(中陰身)으로서 들어가는 중음천(中陰天)도 마치 어둠속에서 광명의 세계로 탈출하여 들어가는듯하여 중음신이 버리고 가는 죽은 육체(肉體)의 표정도 밝아 보인다. 그것은 한없이 아름다운 색상이 떠올라 중음신이 즐거워하기 때문이라 한다. 즉 마음이 혼미하지 않고 좋은 과보를 선택할 수 있는 정신적인 여유를 누리면서 내생(來生)에 진입하기 때문이라는 것이다.

이는 평소에 수양을 많이 쌓은 관계로 인하여, 자신을 비롯하여 다른 모든 것을 탐내고 애착하는 마음을 자제하는 자제력(自制力)을 길렀기 때문이다.

<20>. 만약 예류과(豫流果)나 일래과(一來果)와 같은 성현(聖賢)의 몸을 받을 수 있는 수승(殊勝)한 영혼(靈魂)이라면 죽을 때 아애(我愛)가 다시 일어나기는 하지만 전생(前生)에 닦은 지혜력이 있기 때문에 자주자주 탐욕과 아애(我愛)의 소재(所在)를 찾아 억제하고 마멸(磨滅)해버린다. 이는 마치 건장한 장부(丈夫)가 힘이 매우 약한 사람을 힘으로 능히 제압하여 항복받는 것과 같다고 하였다.

사과(四果) 중에서 불환과(不還果)의 지위에 오른 사람과 같이 아애(我愛)가 다시는 일어나지 않게 하자는 것이 수행의 목적이다.

<21>. 색계(色界)에서 몸을 버린 중음신은 중음신의 몸의 구조가 구족하고, 욕계(欲界)에서 몸을 버린 중음신은 처소(處所)에 따라 중음신의 몸이 구족하거나 구족하지 못한 차이가 있다고 한다.

61. 화두지규의 심리단절과 자기봉합(自己縫合)

1. 승(僧)이 물었다.
"어떤 것이 부처입니까?"
동산(洞山)이 답했다.
"마삼근(麻三斤)."
설명해볼까 한다. 들어가기는 <어떤것이 부처입니까?>가 들어갔는데, 나오기는 <마삼근>이 나왔다. 엄밀히 표현해서 이것이 설명의 핵심이요, 설명의 전부다.

2. 선문염송 제221칙 와자(瓦子)를 명심하라. 하지만 화두선문(話頭禪門)에서는 무문관 제18칙 동산삼근(洞山三斤) 즉 마삼근(麻三斤)공안을 그냥 이렇게만 지어나간다.
"마삼근이라? 마삼근이라? 마삼근이라?"
혹은,
"왜마삼근고? 왜마삼근고? 왜마삼근고?"
혹은,
"어째서 마삼근이라 했을꼬? 어째서 마삼근이라 했을꼬?"
이런식으로 지어나간다. 이런 형편은 '뜰앞의 잣나무?'와 '마른똥 막대기?' 등등의 공안을 지어나가는 오늘날의 선문(禪門)의 사정과 똑같아서 다른 점이라고는 전혀 없다.
선문염송 제221칙 와자(瓦子)의 이치에서 바라보건대 이건 분명코 공안선(公案禪)의 본질(本質)을 비켜나갔다. 공안선의 정도(正道)를 빗나간 엉뚱한 접근법이다. 어떻게 보겠는가?

<어떤것이 부처입니까?>와 <마삼근>이 서로를 억세게 끌어당기면서 꽉 엉겨붙었다고 보아야 한다. 그런데 무슨 연유로 무문관 제18칙 동산삼근(마삼근)공안에서 사람들은 <어떤것이 부처입니까?>를 떼어버리고 <마삼근(삼서근)>만 취하여 애지중지하며 쓰다듬고 또 쓰다듬는가? 좌청룡(左青龍) 우백호(右白虎) 이론을 꺼집어내리라.

3. <어떤것이 부처입니까?>는 좌청룡(左青龍)이요, <마삼근>은 우백호(右白虎)에 해당된다. 그런데 좌청룡인 <어떤것이 부처입니까?>를 사람들은 그야말로 별볼일없는 헛수작 정도로 치부하고 말았다.

별볼일없는 친구로 오해하고 옆으로 밀어붙인 후에 우백호(右白虎)인 <마삼근(삼서근)>에만 찰싹 달라붙어버린 것이다. 이 얼마나 어처구니없는 짓거리였던가. 어처구니없는 정도가 아니고 한참 잘못되었지. 어떻게 잘못되었던가?

<부처가 무엇입니까?>가 '아마륵과'를 통과하는 찰나에 <마삼근>으로 얼굴을 바꾸어달고 튀어나온 것이지. 여기에서 <부처가 무엇인가?>하는 어구(語句)가 그렇고 그런 별볼일없는 물건이라면 <마삼근>이라는 어구(語句) 또한 그렇고 그런 별볼일없는 물건이렸다.

4. 해결책은 이렇다. <부처가 무엇입니까?>와 <마삼근>을 대구(對句)로 보되 정확하게 똑같은 중량(重量)을 지닌 대구(對句)로 보고 짝지어라는 것이다. 이 두개의 어구(語句)는 동일한 체중(體重)을 지닌채 태어난 하릴없고 시시껄렁한 동창생(同窓生)들이다.

사람들은 특히 <마삼근?>을 과대포장(過大包裝)하고 <마삼근?>에 엄청난 투자(投資)를 하여 <마삼근?>을 화두선문(話頭禪門)의 얼굴마담같은 지위에다 앉혀버리고 말았으렸다. 사실은 비오는 날의 삽살개 뒷다리처럼 너절한 친구를 말이다.

비오는 날의 삽살개 뒷다리처럼 너절하기 짝이없는 친구인 <마삼근?>이라 하지만 이 두개의 어구(語句)가 '아마륵과'를 사이에 두고 마주보고 있다는 진실을 눈치채게 되면 이야기는 달라진다.

좌청룡(左靑龍)과 우백호(右白虎)는 맹렬한 기세로 서로에게로 달려들어 엉겨붙는다. 이것이 융합론이다. 엉겨붙기는 붙되 '아마륵과'를 사이에 두고 눈깜박할 사이에 <부처가 무엇입니까?>에서 <마삼근>으로 넘어갔다. 그렇다면 <부처가 무엇입니까?>에서 <마삼근>으로 넘어간 찰나에 다시 단절이 있었나?

5. 단절이 있었다고도 할 수 있다. 이것이 단절론(斷切論)이다. 두개의 어구(語句)가 대법(對法)을 이루며 엉겨붙되(융합론) 또한 대법(對法)이므로 끊어진(단절론) 것이다. 어디에서 융합하고 어디에서 단절(斷切)하는가? 그 '어디'야말로 '아마륵과'인 것을!

<부처가 무엇입니까?>에서 <마삼근>으로 넘어갈 때, 그 넘어가는 순간을 정확하게 포착(捕捉)하면 정확하게 포착만 하면 그 순간에 목숨뿌리는 끊어지고, 그 순간에 '아마륵과'를 낚아챈다.

목숨뿌리 끊어지는 순간에 화두는 융합을 완성하고, 화두융합의 완성이 다시 목숨뿌리 단절의 완성이다. 다시 물어보자. 어째서 융합의 완성이 단절의 완성인가? 답하리라. 단절이란 화두지요의 단절인 동시에 심리(心理)단절을 의미하기도 하며

융합이란 화두지규의 융합을 의미한다. 화두지규(=화두지요)가 스스로를 단절하면서 동시에 심리단절의 임무를 끝내는 찰나에 화두지규 스스로를 봉합(縫合)하는 일마져 완료한다.

어찌보면 규(黻)는 스스로를 봉합하는 일을 끝낼 때 흔적없이 사라져 무기공이 아닌가 하는 의문(疑問)이 머리를 쳐들 가능성도 있다. 하지만 이 시점(時點)에서 뿌리뽑힌 심리(心理)전체가 규(黻)라는 인식이 뚜렷해진다. 그러니 어찌 무기공이겠는가? 단절의 완성이 곧 융합의 완성을 뜻한다는 기묘한 표현은 이런 의미를 내포(內包)한다. 봉합이 곧 융합이다.

6. 화두지요(話頭之腰)가 '아마륵과'이다. 화두의 허리를 놓치지 말라. 화두허리를 중심으로 해서 좌우(左右)에 늘어선 말씀들이 이른바 내가 말하는 좌청룡(左靑龍)과 우백호(右白虎)다.

화두가 융합에 들어가면서 좌청룡과 우백호가 동시에 화두지요 즉 화두허리로 함몰하며 봉합(縫合)되니 이것이 화두융합이다. 좌청룡과 우백호가 '화두지요'에서 합(合)하고 보니 화두에는 본래 좌청룡과 우백호 따위의 너절한 물건들이 없었다. 논(論)의 핵심은 바로 여기에 있다. 봉합이 완료된 것이다.

나는 이 책의 첫머리 단락 (1)번에서 마음속으로 화두지규를 그린 다음에 쏙싹 지우면 일이 끝난 것이라는 방식으로 봉합의 미세한 원리를 간략하고 쉽게 설명했다. 들어보라.

규(黻)가 이어지는듯 끊어지는 원리는 또한 규가 심층심리를 도려내는 단절원리를 의미하기도 한다. 그리고 규가 끊어지는 듯 이어진다는 말은 앞서 심층심리를 도려낸 규가 그 일을 끝낸 다음에 스스로를 봉합(縫合)하여 꿰맨 흔적을 지우는 융합과 융멸의 원리를 의미한다. 심층심리가 도려내어지면 규의 봉합은 자연적으로 성취된다.

이렇게 되면 뿌리끊긴 식심(識心)이 한덩이 외로이 동그란 달이 되어 떠오른다 하였다. 규는 지워지고 흔적도 없어지는 까닭에 뿌리없이 한덩이 동그란 달로 떠오르는 식심(識心)전체가 규라는 인식(認識)은 명료하기 짝이없다. 이를테면 깊이 잠들어도 규가 있다는 숙면일여(熟眠一如)는 자연적으로 설명이 되고 해결이 되는 셈이다.

규(竅)가 식심(識心) 전체로서 존재하여 화두없는 무기공(無記空)에 떨어지는 어리석음도 범하지 않는다. 나의 이야기를 의심(疑心)할 사람들은 얼마든지 있으리라. 그러나 내가 지금 풀어놓는 화두지규 봉합의 이치나 원리를 따르지 않는다면 화두없는 무기공에 떨어지지 않을 도리가 없는 것을 어찌하겠는가.

7. 화두지규가 스스로를 봉합하고 스스로의 흔적을 지운다 하여 화두가 없어진다고 본다면 그것은 규를 놓친 것이요, 규가 흩어진 것이니 이른바 화두산개(話頭散開)다. 만일 화두산개와 직면하는 상황에 처하게 되었다면 자기자신의 공안선 전체를 낱낱이 점검하는 노고(勞苦)를 요(要)한다.

불자(佛子)야! 모름지기 알아야 하나니. 화두를 누구의 지도를 받아 어떤 방식으로 하였던간에 끝내는 규가 없어진다면, 없어지고 만다면 그것은 규(竅)없는 한낱 무기공(無記空)에 불과하다고 말이다. 제아무리 화두가 어떻고 어떠하다고 떠들어댄다 할지라도 끝끝내 규가 없다면 그것은 다른 사람들 뿐만 아니라 자기자신마져 속이고 있을 뿐이다.

염법(染法)으로서 무의식(無意識)보다 앞선 것이 없는데, 이 무의식을 투과(透過)하자면 화두는 자연적으로 뭉치게 되어있다. 아무리 뭉치지 않으려고 발버둥친다 해봐도 화두는 똘똘 뭉치게끔 되어있고, 똘똘 뭉치게끔 되어있는 물건이 화두야. 여기에서 융합론(融合論)이 고개를 내밀었던 게야. 한데 말이다.

8. 융합이 무엇인가? 융합 이전에 화두붕괴(話頭崩壞)와 화두함몰(話頭陷沒)이 선행(先行)한다 했었지. 화두는 무슨 까닭으로 붕괴하며 함몰하는가?

화두허리를 중심으로 해서 좌청룡과 우백호라는 양쪽 날개를 펼치는 이율배반형(二律背反形)화두는 명명백백하게 화두지요(話頭之腰) 곧 화두허리를 소유한다. 이율배반(二律背反)으로서의 화두는 기필코 허리에서 끊어져 폭싹 내려앉듯이 꺼져서 자취를 감춘다. 자취를 감추고 오리무중(五里霧中)이 되고말지. 이것이 화두함몰이야. 이때 화두허리 좌우(左右)의 말씀인 좌청룡과 우백호가 끊어지는 허리쪽으로 휩쓸려들어가 흔적도 남기지 않는다는 설명도 거듭되었던가.

9. 여기에서 정리하자면 이러하다. 만일 끊어진다는, 화두허리에서 단절(斷切)한다는 인식(認識)이 뚜렸하지 못하다면 화두의 이치는 열리지 못한 것이다. 화두허리에서 함몰(陷沒)한다는 인식이 투철해지지 못한다면 화두가 쉽사리 뭉치지 않는데야 어찌하겠는가. 뭉치지 못하는 언어(言語)로서의 화두가 너절한 모습으로 의식(意識)의 세계에 장마철의 비구름처럼 걸려있는데에야 어찌하겠는가.

만일 화두가 요(腰=허리)에서 끊어진다는 인식에 눈열리면 곧바로 화두는 뭉치니 이것이 융합이다. 그러나 모름지기 이 시점(時點)에서 안목(眼目)을 미세하게 다듬어야 하나니 뭉치기는 뭉치되 그 뭉침(융합)이 요(腰=허리)의 끊어짐(단절)에서 비롯되었다는 공안선(公案禪)의 핵심을 비켜가지는 말라는 주문이다. 융합론이 곧 단절론이라는 표현을 되풀이하는 나의 소작

(小作)에는 털어놓자면 실로 의미심장한 바가 숨어있는 것이다.

10. 그러나 또한번 말을 뒤집겠다. 공안선에서 내가 외치는 바, 그 단절(斷切)이라는 물건의 정체(正體)를 끝내 끝끝내 단절(斷切)로만 알아본다면 헛수고하고 말았다고. 헛다리짚고 말았다고.

불자(佛子)야! 화두지요(話頭之腰)는 단절이기는 단절이로되 끝내는 단절이 아니라고 알아보아야 그대는 꿈속에도 화두가 있다는 오매일여(寤寐一如)를 체험하는 더할나위없는 영광(靈光)을 누리게 된다. 스스로를 단절하는 동시에 심리단절마저 완료하는 화두지요는 이미 심리단절과 자기봉합(自己縫合) 작업을 병행하고 있었던 것이다. 화두지요의 심리단절과 화두지요의 자기봉합이 동시에 달성된다는 뜻이다. 지폐의 앞뒷면을 분리할 수 없는 것처럼.

무문관 제18칙 동산삼근(洞山三斤)에서 화두지요는 <부처란 무엇인가?>와 <삼서근>의 사이(틈새)다. '동산삼근'에서 화두지요를 획득하게 되어서야 화두는 무의식 저쪽으로 넘어가면서 훤칠해진다.

11. 기름참선에 대하여.
"어째서 마삼근이라 했을까?"
혹은,
"왜 마삼근고?"

따위로써 화두를 지어나가면 끝도없이 미끄러지는 기름참선을 면하기 어렵다. 공안선(公案禪)의 요령에서 아득하니 빗나갔기 때문이다. 설혹 어느정도 성공했다 하더라도 돌이켜보라. 아마도 진정한 의심(疑心)은 여전히 존재하지 않으리라. 공안선의 본질을 파악하지 못한채로 공안선을 밀어붙이기 때문이다.

　더불어 주의하거니와 예컨데 무문관 제18칙 <마삼근>화두가 별다른 재미가 없는데도 불구하고 물고늘어지는 어리석음도 범하지는 말 일이다. 자기의 정신체질에 걸맞는 화두를 찾는 작업이 선결조건이다. 그러므로 여러가지 화두를 섭렵(涉獵)하면서 그 이치를 따져보고 새겨보는 연구가 따라붙어야 하는 이유가 다 있는 것이다. 그런 와중에서 이것이다 싶은, 말하자면 깊이 수긍이 가는 화두를 찾게 되리라.

62. 요(腰=규竅)의 봉합(縫合)과 구경(究竟)

1. 화두지요(話頭之腰)는 이를테면 문제의식(問題意識)을 뛰어넘고 문제무의식(問題無意識)을 뛰어넘는 것이니, 화두가 문제의식화(問題意識化)하는 초보단계나 문제무의식화(問題無意識化)하는 심화단계에서 바야흐로 화두를 잡았다고 오판(誤判)하는 일이 있어서는 안된다. '문제의식'도 화두의 허상(虛像)이요, '문제무의식'도 화두의 허상(虛像)이다.

그렇다면 '문제의식'을 뛰어넘고 '문제무의식'을 뛰어넘는 화두지요는 어디로 돌아가는가? 화두지요가 돌아가는 곳은 전5식(前五識)과 의식(意識)과 말나식과 무의식을 통틀어 식(識)이 다하여 끝나는 구경(究竟)이다. 화두의 요(腰)가 자기봉합(自己縫合)을 완료하면 그곳이 이른바 구경이다.

화두의 요(腰)는 구경에 뿌리를 박고 있다. 화두의 요(腰)는 구경으로 돌아간다고. 화두의 낙처(落處)는 구경이라고. 화두란 구경이었음을 요요(曜曜)히 요요히 알아맞추는 것이라고. 지금껏 입에 침이 마르도록 입술에서 마른 침이 백태(白苔)를 꽃피우도록 설해왔노라.

노오란 겨울 초승달이 얼어붙는 섣달의 남창(南窓). 그 섣달 창유리에서 칠흑같은 밤을 도와 피어나는 새하얀 성에꽃인듯. 새하얀 성에꽃숲인듯. 섣달 창유리의 성에꽃숲인듯!

2. 불자야! 더불어 알아두어야 할 이야기가 있다. 화두선문

(話頭禪門)에서 말하는 의심(疑心)이나 의정(疑情)이란 도대체 무엇일까?

의심(疑心)이나 의정(疑情)이라는 용어(用語)에서 '의(疑)'란 무의식의 층(層)으로 스며든 화두의 규(竅)를 의미하며. '심(心)'이나 '정(情)'이라는 용어는 화두의 규를 싣고있는 무의식을 의미할 뿐. 이와같아서 다른 것이 아님을 알아야 한다.

따라서 의심(疑心)이나 의정(疑情)이란 바로 화두의 규에 걸려 의식과 무의식이 꼼짝달싹 못하는 심리상태를 일컫는 말이다.

63. 백설(白雪)같은 피부와 화두지요의 봉합(縫合)

이런 류(類)의 내용없는 이야기를 공공연히 퍼뜨리는 사람들이 있다.

"수행을 한다고 애쓰는 것은 깨끗한 피부에 상처를 내는 것과 같다."

물론 험난한 수행의 도정(道程)을 두루두루 거치고 겪어 영적(靈的)인 성장이 뒤따르고 그 도(道)가 무르익는 과정에서 자연스럽게 흘러나오는 '깨끗한 피부'라면 누군들 수긍하지 않겠는가. 왜인가? '깨끗한 피부'라고 해봤자 뿌리끊어져 몽환(夢幻)으로 떨어진 마음 그 밖의 물건은 아니니까. 하지만 화두선의 요령을 모르면 문제는 심각해진다.

아무리 애를 써도, 애를 쓰며 안간힘을 다 쥐어짜봐도 결말이 나지않는 수행이기에 화두를 꿰뚫어보려던 시도를 옆으로 슬며시 밀쳐두고 그렇게 선언하는 사람들이 존재한다. 수행이란 것이 그렇다. 어느 정도의 세월 혹은 장구(長久)한 세월에 걸쳐서 심력(心力)을 기울인 수행뒤에는 정신적으로 어느 선(線)까지는 말갛게 맑아지는 영적(靈的)인 정화(淨化)가 그 선물로 주어진다. 그러기에 그들은 생각한다. 이밖에 달리 또 무엇을 구하겠다는 욕심이야말로 미망(迷妄)이요, 분별망상(分別妄想)이 아니고 무엇이겠느냐고.

동시에 그들은 내심(內心) 다음과 같은 현실적인 상황도 떨쳐버리지 못한다. 끝내지는 못했다는 현실 말이다. 끈질기게 마음을 추적하여 마음의 끝을 확인하는 작업에는 전혀 소득(所得)이 없었다는 참담한 현실 말이다. 마음의 구경(究竟)으로 통하는 숭고한 궤적(軌跡)을 따라가다가 별다른 소득없이 구도(求道)의 궤도(軌道)에서 서서히 이탈하고 말았다는 참괴심(慙愧心)이 사사건건 그들의 발목을 잡는 현실을 떨구어내지는 못한다. 사정이 그렇다면 그들은 입을 다물어야 함이 마땅하지 않겠는가.

와신상담(臥薪嘗膽)이라는 고사성어(古事成語)는 특히 수행자(修行者)들을 위하여 존재하는 것은 아닌가 하는 느낌마저 든다. 참선(參禪), 그 중에서도 공안선(公案禪)에 매달리는 사람들은 그 성향(性向)에 지독한 데가 있다. 그 지독한 집중력은 어디에다 내팽개치고 수행의 절반쯤은 포기한채로 '깨끗한 피부' 정도로 타협하고 마는 건가?

모르긴 몰라도 '깨끗한 피부'를 운위(云謂)하는 형편이라면 그들의 정신은 이미 공황기를 맞고 있거나 정신적인 공황기를 거친 파국(破局)에 이르렀음에 분명하다. 그들은 정신적으로 대파국(大破局)을 체험했다. 수행의 도정(道程)에서 반드시 정면 돌파해야 하는 어느 저항선에서 그들은 뒤로 밀리고 엉거주춤하니 주저앉고 말았음에 틀림없다. 그들로서는 아무리 '깨끗한 피부'를 들먹여도 자기자신이 해탈하지 못하고 여전히 자유자재하지 못하다는 현실은 모면해볼 도리가 없는데 어쩌겠는가?

10년 닦아서 안되면 20년을 닦고. 20년 닦아서 안되면 30년을 참구해야 하며. 50년도 좋고 60년 밀어붙여도 안되면 다음 생(生)을 기약하고. 다음 생(生)에도 못 이루면 또 그다음 생애(生涯)를 기약한다. 이 얼마나 지독한 집중인가!

수행자(修行者)는 이토록 지독하고도 광대한 서원(誓願)을 발하고 추진해야 한다. 대단한 영적(靈的) 에너지의 소유자가 아니면 사실상 불가(不可)한 일인지도 모르기는 하다만. 화두를 잡았다면 반드시 알아내고야 말겠다는 심원하고도 광대한 서원(誓願)을 발하라. 광대한 서원 없이는 중도포기하기 쉬운 공안선이다.

중도에서 포기한 사람들의 입에서 입으로 슬슬 흘러나오는 이야기에 실리는 내용이 바로 유물론적(唯物論的)인 색깔을 띤다. 그것이 그렇게 되게끔 되어있다.

자기자신은 구경각(究竟覺)을 믿지 않는다거나 그에 비슷한 낭설(浪說)을 퍼뜨리는 사람들은 문자(文字)그대로 마음의 구경을 확인하는데 실패한 사람들이다. 실패했다기보다도 추진력의 부족으로 중도에서 그만두거나 한 그런 어정쩡한 사람들이다. 어쨌건 그들의 입에서 구경각을 믿지 못하겠다든가 아니면 적어도 그에 유사한 발언이 새어나오는 현실이 오늘날 거사림(居士林)의 실태요, 재가(在家) 불교신도들의 실정이다.

이 사람들은 구경(究竟)을 확인하는 작업이 지난(至難)했을 것이다. 구경을 확인하지 못하고 구경을 획득하지 못하는 경우에는 유물론(唯物論) 아니면 유물론쪽으로 기울어지는 사건(事件) 아닌 '해프닝'이 심심찮게 불거지게 마련이다. 이런 사람들에게 물어보면 예컨데, 자기자신은 소멸(죽음)해도 지구(地球)는 그대로 존재할 것이 아니냐고 되묻는 경우가 허다하다. 그러면서도 자기자신은 불교(佛敎)를 한다고 말한다. 만법(萬法)이 오직 마음이라는 유식학에 대하여 해박한 이해까지는 아니라 하더라도 어지간한 이해는 얻으라. 이는 영적(靈的)인 진화(進化)에 필수적이다.

이와는 반대로 유식(唯識)에 대한 몰이해(沒理解)는 눈앞의 경계(境界)에 사로잡히고 눈앞의 경계에만 쳐박히는 유물론적(唯物論的)인 사고방식이라는 반대급부(反對給付)를 가져다주게 마련이다. 만법유식(萬法唯識)이라는 거룩한 가르침에 대하여 눈열리지 않으면 눈열리지 않는한 유물론적이고도 저급령(低級靈)적인 가련한 사고방식을 은연중에 내비치게 마련이다. 참으로 가련한 일이다.

　이 사람들은 뭘 몰라도 한참 모른다. 중요한 것은 어디까지나, 그래, 어디까지나 자의식(自意識)이 문제이지. 어떻게 저따위 지구(地球) 나부랭이나 저따위 우주(宇宙) 나부랭일까? 지구나 우주가 천하에 다시없는 삐까번쩍하는 금덩이로 만들어졌다 하더라도 그따위가 무슨 영험(靈驗)이나 있을까? 핵심은 이 자의식을 어떻게 할 것인가 하는 문제가 아닐까? 그렇다면 금덩이 아니라 천하에 다시 없는 보배라 한들 그 무슨 되돌아볼 이유 있을까?

　자의식 이외에는 어떤 문제도 도무지 문제로 불거져나와볼 자격이나 가치조차 없다. 한데, '깨끗한 피부'를 들고나오는 사람들의 그 '깨끗한 피부'의 실상(實相)은 도리어 자의식 이외의 '자의식의 그림(畵)'에 불과한 물질(物質)쪽을 노골적으로 가리켜보이고 있는 것이다.

　심지(心地)가 미확인되거나 혹은 심지(心地)의 확인불능 상태에 빠져 이러지도 저러지도 못하는 어정쩡한 경지(境地)를 구경(究竟)이라 칭한다. 뿐더러 도리어 거기에서 더이상 손대거나 집적거리면 그것이야말로 백설(白雪)같은 피부에 흠집을 내는 것이라고 주장한다. 무의식(無意識)에 손대지 못하면 이런 희극 아닌 희극이 연출된다.

　이런 부류의 사람들은 무의식의 영역은 까마득하니 방치하고 있음에 분명하다. 의식(意識)의 수준에서 별다른 진보가 없었다. 그러니 잠들면 의식은 소멸하는듯한데도 잠이 깨고나면 지구나 우주는 건재(健在)하고 있으니 자의식은 소멸해도 지구는 존재한다고 주장하고. 한걸음 더 나아가 자의식은 두뇌세포(頭腦細胞)의 전기적 작용의 부산물(副産物)이라고까지 속삭이는 놈들마져 있다. 이야말로 유물론이 아니면 그무엇이랴.

사람이 무의식에 대하여 무지(無知)하면 눈앞의 경계(境界)로 곤두박질쳐 나뒹굴면서 이토록 무서운 영적(靈的) 타락을 경험한다. 공(空)에 대하여 논(論)하는 일은 회피하고 '백설같은 피부'를 논한다면 그들은 모르는 사람들이다. 그들의 생각은 이러한듯하다.

"괴로우면 괴로운대로. 즐거우면 즐거운대로. 지옥에 떨어지면 지옥에 떨어지는대로. 밥을 만나면 밥을 먹고. 잠을 만나면 잠을 자고. 똥을 누면 똥을 눈다. 이야말로 구경(究竟)이라면 구경일 터이다."

그들의 생각은 이러하다. 이런 사고방식에 젖어있는 그들의 의식층(意識層) 너머에는 무의식(無意識)의 층(層)이 마치 고생대(古生代)에나 형성된 지층(地層)인양 굳을대로 굳어져 까마득하니 경사(傾斜)지면서 침몰하였다. 의식(意識)에 불과한 제(諸)현상을 구경이라고 너끈하게 착각하는 이런 병폐가 무시못할 기세로 재가(在家) 불교수행단체를 좀먹어면서 널리 퍼져있다.

재가 수행단체에 속하여 참선하는 사람들을 만나보면 상당수의 사람들이 화두를 해결하고 깨달음을 얻었다고 서슴치 않고 단언한다. 그 사람들 가운데는 화두낙처(話頭落處) 즉 화두의 귀결처(歸結處)를 보았다고 호언장담하는 이들도 있다. 잠들어서도 화두가 있느냐고 물어보면 그렇다고 답한다. 그러나 이야기를 조금만 진행시켜보면 그들이 거짓말을 하고 있음이 대번에 드러난다.

이런 사람들 가운데서 예의 그 '백설(白雪)'을 들먹이는 경우가 흔하다. 좀 미안한 소리지만 참선하다가 안되면 세상만사가 '해탈(解脫)의 바다'라면서 '백설'을 들고나온다.

진짜 문제는 그와같은 사람들 덕택에 화두를 선택하여 피나는 정진을 해야할 수행자들이 그들의 근거없는 낭설에 현혹당할 가능성이 잠재한다는 점이다.

유식론에 수긍하여 자의식은 결단코 소멸할 수 없는 것임을 해오(解悟)라도 하는 경지(境地)에 이르런 사람이라면 한낱 8개의 식(識)의 그림자에 불과한 '백설같은 피부' 따위를 함부로 논(論)하지 말라. 그 부작용이 만만치 않기에.

한마디 덧붙이거니와 화두의 요(腰)가 자기봉합(自己縫合)을 완료하는 찰나에 백설같은 피부는 현전(現前)한다. 이 백설같은 피부는 외로이 동그란 한덩이 자의식(自意識)이다.

64. 화두지규는 식심(識心)을 한바퀴 둥근 태허(太虛)의 달(月)로서 그려보인다

1. 무문관 제21칙 운문시궐(雲門屎橛)을 보자.
승(僧)이 물었다.
"무엇이 부처입니까?"
운문문언이 답했다.
"마른 똥막대기."

2. 해결책.
들어가기는 <무엇이 부처입니까?>가 들어갔는데 '아마륵과'를 통과하면서 나오기는 <마른 똥닥대기>가 튀어나오지 않았겠나. 이것을 가리켜 '아마륵과'의 자유자재한 묘용이라 일렀다. 아마륵과의 대자유한 묘용.
<무엇이 부처인가?>와 <마른 똥닥대기>는 서로를 끌어당겨서 쥐어짜듯이 서로를 끊는 자기단절(自己斷切)원리로 인하여 화두의 요(腰)가 확인되고. 요(腰)의 확인은 동시에 심리단절을 의미하며. 심리단절과 동시에 화두지요(話頭之腰)의 봉합도 완료된다. 요(腰)의 심리단절과 요(腰)의 봉합(縫合)은 지폐의 양면(兩面)처럼 동시에 발생하는 사건이다.

3. 선문염송 제221칙 '와자(瓦子)'를 잊었는가?

<1>. 무엇이 부처인가?

<2>. 마른 똥막대기다

<1>과 <2>를 대구(對句)로 바라보고 대법(對法)으로 풀어나가는 혜안(慧眼)이라면 <무엇이 부처인가?>에서 <마른 똥막대기>로의 전이(轉移)의 순간에 초점(焦點)을 맞추는 수완을 휘두를수 있다. 렌즈의 초점을 맞추듯이.

화두지요(話頭之腰).

화두지요는 공안의 허리끊어짐, 즉 <무엇이 부처인가?>와 <마른 똥막대기> 사이를 찰나에 꿰뚫고 지나간 아득한 천명(天命)으로서의 아마륵과이다. 천명(天命)으로서의 아마륵과인 화두지요가 파악되는 순간에 목숨뿌리인 근본무명은 가차없이 파괴당하고 천명이 확 발화(發化)한다.

<무엇이 부처인가?> 따위의 너절한 말씀이 들어가서 천명(天命)인 화두지요(話頭之腰)를 통과하는 순간에 <마른 똥막대기>로 얼굴을 휘딱 바꿔달고는 눈 한번 껌벅이지 않은채 태연히 걸어나온다. 바로 선문염송 제221칙 와자(瓦子)와 무엇이 다른가?

4. '마른똥 막대기'도 쓰레기에 불과하다.

하지만 지금까지도 선문(禪門)에서의 가르침은 전혀 엉뚱한 방향을 취하고 있다. 이하(以下)는 선문(禪門)에서 제자들을 이끌어 무문관 제21칙 운문시궐을 참구하게 하는 방식이다. 물론 운문시궐을 참구하는 정공법(正攻法)이 아니요, 따라서 올바른 방식이 못된다.

좌청룡(左靑龍)인 <무엇이 부처인가?>는 구태연하고 귀찮은 헛소리 정도로 평가절하(平價切下)하여 용감도 무쌍하게 내버린다. 내버리고, 우백호(右白虎)인 <마른 똥막대기>만을 더할나위없이 숭고한(?) 물건인양 가슴에 응어리로 맺힐만큼 껴안고 애지중지한다.

"마른 똥막대기?"
"마른 똥막대기라니, 이 무슨 뜻인고?"
"어째서 마른 똥막대기라 하는고?"

'뜰앞의 잣나무?' 혹은 '마삼근?'과 마찬가지로 이것이 옛날로부터 전해져내려와 오늘날의 선문(禪門)에서도 고스란히 답습하고 있는 '운문시궐' 참구방식이다. <무엇이 부처인가?>는 전혀 도외시되고 철저하게 무시된다. 그래서는 안되는데도 말이다.

짙은 냄새를 풍기는 그 '마른똥 막대기'를. 하필이면 그 물건을 끌어안고 몸부림치는가? 알고도 모를 일이지 뭐. 허허허. <무엇이 부처인가?>가 별볼일없는 물건이라면 <마른똥 막대기>도 쓰레기같은 물건이다. <마른똥 막대기>를 집어들면 <무엇이 부처인가?>마져 집어들어 연결해서 생각해야 한다.

무문관 제21칙 운문시궐도 <무엇이 부처인가?>와 <마른 똥막대기>, 이 두개의 어구(語句)가 분명히 대구(對句)를 이루고 있으며 따라서 대법(對法)으로 풀어나갈 것 같으면 천지개벽하고 경천동지하는 대격변을 맛보게끔 되어있다.

두개의 대구(對句) 중에서 <마른 똥막대기>만 취하고 나머지 하나인 <무엇이 부처인가?>를 방기(放棄)한다는 착상은 바보스럽기 짝이없는 수작이기는 하지만 어쩌겠는가? 좌청룡과 우백호가 뒤틀린 이율배반형(二律背反形)공안의 메카니즘, 즉 역학적(力學的)인 생명구조에 대한 무지(無知)에서 불거진 작태(作態)임에랴!

5. 두개의 대구(對句)는 화두지요(話頭之腰)를 향하여 무너져

들어간다. 두개의 대구(對句)가 화두지요로 무너져들어감은 화두지요가 초점을 잡으며 근본무명(根本無明)으로의 지극히 미세한 침투를 자행하고 있음을 의미하기도 한다. 즉 화두지요에 대한 학인(學人)의 개안(開眼)은 근본무명에 대한 세밀하기 그지없는 인식의 개안을 뜻한다.

어쨋건 이때 <부처가 무엇인가?>와 <마른 똥막대기> 사이를 정확하게 갈라치며 예리하게 끊어내고 투철하게 살피는 비범(非凡)을 극(極)하는 안목(眼目)이 열린다. 이른바 좌청룡에 쏠리고 우백호로 넘어가 쳐박히는 우매한 짓거리에서 탈피하여 화두지요를 잡아내는 솜씨를 발휘한다.

근본무명이 끊어지고 파괴되는 순간에 실(絲)로써 바늘귀를 꿰듯이 화두지요가 아마륵과를 꿰어찬다.

6. 근본무명이 끊어지며 출현하는 아마륵과라면, 이번에는 이 아마륵과가 삼키고 토해내는 물건은 참으로 변화무쌍하고 무애자재하다. 도무지 걸림이 없다. 예컨데 좌측의 청룡(青龍)이 들어가서 우측의 백호(白虎)로 으르릉거리며 튀어나온다. 좌청룡과 우백호, 즉 공안의 전반부와 후반부가 기필코 함몰하는 화두지요로 휩쓸려들어가 화두지요에서 융멸(融滅)하고 적멸(寂滅)하지 않으면 안된다.

공안의 전반부와 후반부가 화두지요로 휩쓸려들고, 전반부와 후반부가 휩쓸려들어 자취를 감추는 순간의 화두지요가 아마륵과임을 스스로 증명하지 않으면 안된다. 가늘디 가는 하얀 실(絲)이 찰나간에 바늘귀를 꿰어차듯이. 화두지요가 아마륵과를 꿰뚫지 않으면 안된다. 이때 천명(天命)이 확 발화(發化)한다. 천명이 발화하는 순간이 구경(究竟)이다. 마음이 가다가 가다가 마침내 다하여 끊어진 것이다.

64. 화두지규는 식심을 한바퀴 둥근 태허의 달로서 그려보인다 295

화두지요 = 아마륵과 = 천명 = 구경.

7. 마음이 다하여 끊어지면 불멸(不滅)의 수수께끼인 화두는 어찌되는가? 문제의식(問題意識)과 문제무의식(問題無意識)으로 존재하다가 요(腰)쪽으로 빨려들어간 화두는 환화(幻化)로 떨어지고 적멸하여 흔적조차 못찾는가? 아니라고 하였다.

요(腰=규얽)는 화두의 전반부와 후반부의 흡수를 완료함과 동시에 자기봉합(自己縫合)도 완료한다 하였다. 입술이 스스로를 빨아들이듯이. 더불어 요(腰)의 자기봉합은 동시에 심식(心識)의 자기봉합을 의미한다. 화두지요는 자기자신을 봉합하므로서 심식(心識)전체를 묶어내기 때문이다.

요(腰)의 자기봉합에 의하여 자기봉합을 당한 심식(心識)은 태허(太虛)의 달로 떠오른다. 규(얽) 혹은 요(腰)는 사라지지 않는다. 화두지규는 식심(識心)을 한바퀴 둥근 태허의 달로서 그려보인다.

65. 적멸하는 인형(人形)과 논리(論理)의 침묵

　　화두지요에 대한 실낱같은 의심(疑心)이라도 남아있다면 물론 안되지. 그런 경우에는 <무엇이 부처인가?>와 그 대답으로 등장하는 <마른 똥막대기로다>를 아무리 억지로 이어보려고 해봐도 안되니까. 요(腰)에 대한 실낱같은 의심이나마 남아있는 상황에서는 <무엇이 부처인가?>와 <마른똥 막대기>가 이어지는 법은 없다. 왜일까?
　　그야 구경(究竟)이 드러나지 않았기 때문이다. 만일 화두지요(話頭之腰)가 드러나지 않고 따라서 구경을 획득하지 못할 것 같으면, 그때는 언제 어느때나 이 세간(世間)의 법(法)인 논리(論理)의 지배를 받지 않을수 없거든. 예컨데 바로 무문관 제21칙 운문시궐이 좋은 본보기가 아닌가?
　　어느 승(僧)이 <무엇이 부처인가?>라고 물었겠다. 그런데 아닌밤중에 홍두깨라고 <마른똥 막대기>라는 눈멀어도 꽤나 눈먼 대답이 슬슬 삐어져나왔거든. 생각해보게나. 건전한 상식(常識)을 지닌 보통사람들의 새까만(?) 머리통 속을 지배하는 물건이 무엇인가? 그렇고 그런 수준의 논리(論理) 아니겠나?
　　이와같이 그렇고 그런 논리(論理)의 통치와 지배를 받는 동안에는 <무엇이 부처인가?>와 <마른 똥막대기>는 이어지지 않는 까닭에 무문관 제21칙 운문시궐을 풀어보려고 혼신의 노력을 기울이는 학인(學人)은 뼈를 녹이는 거지 뭐. 뼈를 녹이는 그밖에 별수있겠나 뭐.

불자(佛子)야! 논리는 세간(世間)의 법이다. 화두지요는 출세간(出世間)의 법도 아니지만 세간의 법도 아니다. 따라서 세간의 법이 아닌 화두지요가 세간의 법인 논리를 깨뜨리고 논리를 멀리 넘어선다는 사실을 명심할 필요가 있다.

그래서 <무엇이 부처인가?>와 <마른똥 막대기>를 문답(問答)으로 거침없이 연결시키고도 아주 태연하여 눈 한번 껌벅이지 않는 것이다. <무엇이 부처인가?>와 <마른똥 막대기>를 문답으로 연결시키고도 정신적인 갈등을 겪는 일은 아예 없다. <무엇이 부처인가?>와 <마른똥 막대기>로 이어지는 문답을 수수께끼로 여기거나 문제시(問題視)한 적이 아예 없었다고 말하는 편이 보다 정확한 설명이 되겠다. 어찌 그것뿐이랴.

<조사서래의(祖師西來意)?>와 <뜰앞의 잣나무>를 문답(問答)으로 거침없이 연결시키는 것이 화두의 요(腰)다. <무엇이 불법인가?>와 <마삼근>을 추호의 거리낌없이 연결시키는 것도 또한 화두의 요(腰)다. 개도 불성이 <있느냐?>는 질문에 <없다>는 대답을 정답(正答)이라고 연결시켜주는 것도 화두의 요(腰)다. 1700공안이 한결같이 이런식으로 풀린다 해도 과언이 아니다.

어째서 이런 기이한 일이 가능한가? 그것은 이렇게 설명된다. 화두의 요(腰)를 정확히 꿰면 심식(心識)은 적멸한다. 그때부터는 그 어떤 공안을 이 사람 앞에 들이대봐도 이 사람에게 있어서 적멸하지 않는 공안은 없다. 적멸하는 인형(人形)에게 수수께끼를 던지면 수수께끼의 효능을 발휘하겠는가?

화두지요를 낚아채면 끝내 이어지지 않고 제각각 흩어지던 세간(世間)의 법인 <무엇이 부처인가?>와 <마른 똥막대기로다>가 함몰하는 화두지요(話頭之腰)를 향하여 휩쓸려들며 융합하나니. 이런 현상을 가리켜 화두지요가 세간의 법을 넘어선다고 일컫는다.

　화두지요를 잡아내면 문제는 청산된다. 한눈에 잡히는 화두지요가 세간의 법(法)인 논리(論理)의 새까만 머리통을 탁 깨뜨리게 되면 비논리(非論理)로서 인식되며 화합(和合)하기를 끝까지 거절하던 공안의 전반부와 후반부의 갈등은 청산된다. <무엇이 부처인가?>와 <마른 똥막대기로다>는 그때까지의 불화(不和)를 찰나간에 청산한다. 청산하고 영하(零下) 273도의 칠흑같은 우주공간에 깊이깊이 숨어서 광소자(光素子)마져 흡수한다는 블랙홀. 블랙홀같은 존재인 화두지요를 향하여 찰나간에 빨려들어 흔적조차 남기지 않는다.

　이와같은 이치를 밟아 <무엇이 부처인가?>에 대한 대답으로 나타나서 학인(學人)을 괴롭히던 도무지 그 까닭을 모를 <마른 똥막대기로다>는 화두지요로 흡수당한다. 문제(?)로서의 존재를 몰수당하고 상실(喪失)당한다.

　이와같은 이치를 밟아 화두라는 의심 혹은 의정은 진달래 피는 봄날 야산(野山)의 잔설(殘雪)같은 운명을 맞는다. 공안에 대한 의심(疑心)은 눈녹듯이 논는다.

66. 적멸하면서 연결되고, 연결되면서 적멸한다

　공안이 염주알인듯 아마륵과를 꿰지 못하면, 화두지요가 천명(天命)을 꿰지 못하면 어찌되는가? <무엇이 부처인가?>에 대하여 마주서는 <마른 똥막대기로다> 따위의 문답(問答)이 이해되는 법은 없다. 영원히 미해결의 수수께끼로 남는다. 요(腰)의 이치를 체득하지 못하면 학인(學人)이 제아무리 혼신의 힘을 쥐어짜며 참구해도 안풀리게끔 구성된 공안이다.
　공안이 뭉치고 상상을 초월하는 극소화(極小化)에 성공하고 무의식(無意識)의 철벽투과(鐵壁透過)에 성공하여 아마륵과를 꿰면 <무엇이 부처인가?>에 대한 대답으로 <마른 똥막대기>뿐만 아니라 그보다 더한 대단한 물건이 튀어나온다 해도 털끝만큼의 거리낌이나 장애도 없어진다. 그래서 그 이름이 손바닥 위에 올려놓고 이리 궁글 저리 궁글 가지고 논다는 '아마륵과'다.
　공안이 제6의식(意識)의 층(層)만을 통과한다면 <무엇이 부처인가?>에 대한 질문에 뒤따르는 <마른 똥막대기로다>는 절대로 이해가 안가는 일종의 망발이요 헛소리로 끝난다. <무엇이 부처인가?>와 <마른 똥막대기로다>는 더불어 함께하는 화해가 어렵고 공존하기 어려운 불협화음(不協和音)일 따름이다.
　하지만 무문관 제21칙 운문시궐과 같은 이율배반형(二律背反形) 공안의 화두지요(話頭之腰)를 눈밝게 알아보면 근본무명은 파괴되고 아마륵과를 꿰뚫게 됨이니 사정은 격변한다.

낚아챈 '화두지요'로써 찰나간에 아마륵과를 때려맞춘다는 조건하에서 말한다면 말이지. <무엇이 부처인가?>에 대한 답으로 <마른 똥막대기로다> 뿐만아니라 그 어떤 해괴망칙한 대답을 내놓는다한들 거칠것이 없다. 왜인가?

이치를 따지자는 데에는 뭐니뭐니해도 역시 걸핏하면 꺼내보이던 예의 그 '시소놀이'가 좋겠지. 시소의 중심점(中心點)의 이치를 잊지는 않았으렸다. 면적도 부피도 뭣도 아무것도 없는 시소의 중심점. 중심점을 사이에 두고 시소의 좌(左)에서 우(右)로, 우(右)에서 좌(左)로 넘나드는데 무슨 장애라도 있는가? 물론 없다. 왜 아무런 장애도 없을까?

시소의 중심점에는 그 표현이 중심점(中心點)일 뿐이지 본래부터 아무것도 없었기 때문이다. 이른바 구경(究竟)이요, 아마륵과다. 아마륵과를 통과하면 불가능이 사라진다. 아마륵과는 무엇이든 통과시킨다. 아마륵과의 실체는 없기 때문이다. 아무것도 없는 그곳을 무엇이든 누구이든 무사통과하지 못할 이유가 어디있으랴. 마음대로 자유자재하게 통행하여 거칠것이 없다. 통행하는 차량을 세우고 검문을 실시하는 교통순경은 없다. 이만하면 아시겠는가?

예를 들어보자. 아마륵과를 획득하면.
<1>. 암말이 들어와서 / 대낮에 하얀 송아지를 낳기도 하며
<2>. 바다밑 / 제비집에 / 사슴이 알을 품고
<3>. 타는 불속의 / 거미집에서 / 물고기가 / 차(茶)를 끓이며
<4>. 바다밑에서 / 흙먼지를 날리고
<5>. 산꼭대기에서 / 하얀 파도가 넘실거리며
<6>. 우물속에 / 사과나무를 심기도 하고
<7>. 거북이 등에서 / 털이 자라며

<8>. 앞니에서(앞 이빨) / 털이 나고
<9>. 쇠나무에 / 꽃이 피고

 예를 들어서 이런 말씀들은 고승법어집(高僧法語集) 등에 나오는 말씀들이다. 정리하자면 아마륵과로서의 화두지요(話頭之腰)는 이런 일을 해결해내는 물건이다. 다시 앞에 나온 법어(法語) 가운데서 하나를 뽑아 <쇠나무의 꽃>이라 하자.
 <쇠나무>에 이어지는 <꽃>. 이때, <쇠나무>에 <꽃>이 이어지는 찰나, <쇠나무>와 <꽃>의 사이에는 사이(간격)가 존재하지 않는다는 사실이다. 왜인가?
 <쇠나무>가 아마륵과를 지나는 순간 <꽃>으로 연결되기는 하되 아마륵과는 시공(時空)이 소멸한 세계 아닌 세계이기 때문이다. 그러니 <쇠나무>에서 <꽃>으로 넘어가는 '순간'이나 '찰나' 따위가 존재하겠는가? <쇠나무>와 <꽃>은 거침없이 연결되면서 적멸하고, 적멸하는 <쇠나무>와 <꽃>은 적멸하면서 연결된다. 연결마져 적멸한다.
 그러나 '화두지요'로서의 아마륵과를 체득하지 못하면 못하는한 제아무리 애를 쓴다 하더라도 <쇠나무>에서 <꽃>으로 넘어가는 사이에는 그야말로 시간 간극(間隙)이 엄연히 존재하나니. 시간이라는 물건이 개입하는 바람에 비로소 제정신을 차리고 <쇠나무>와 <꽃>은 절대로 이어주지 못하겠다고 뻗치는 데에야 어찌하랴? 무슨 재주로 <쇠나무>에 <꽃>을 피우겠는가?
 시간 간극(間隙)이 개입하게 되면 쥐새끼처럼 얼굴을 들이밀고 따라서 들고일어나는 이론(理論). 이 이론(理論)이라는 작자(作者)가 마치 로마제국의 '킨킨나투스' 집정관(執政官)인듯 하얀 토가를 몸에 걸치고 거대한 석주(石柱)가 장엄하게 줄지어 늘어선 원로원(元老院) 회당(會堂) 안을 제법같이 이리저리 거

널고 설치면서 <쇠나무>와 <꽃>의 연결이 이론적으로 절대불가능하다고 외치는 데에야 어찌하랴.

　내말이 의심스러우면 몇날 며칠이고 실험해보라. 되는가 안되는가? 미안한 일이지만 그대가 아무리 영리하다 해도 <쇠나무의 꽃>은 풀리지 않을 거야. 아마도 안될거야. 그러므로 화두지요를 낚아채지 못하면 못하는한, 이론적으로는 풀릴듯한 <쇠나무의 꽃>을 들이대도 한마디 못하고 눈만 껌벅이면서 얼굴만 멀쩡한 바보가 되고만다.

　식심(識心)을 끊지 못하면 영리한 잔머리를 제아무리 빠르게 굴려본들 굴려서 이론적인 해법(解法)을 도모해본들 헛수고로 끝날뿐. <쇠나무의 꽃>은 영원한 수수께끼로 남는데, 그것이 사람들을 환장시킨다는 것이지 뭐. 별것 있나 뭐.

　이론은 어디까지나 이론이다. 이론을 적극적으로 참고하되 화두를 잡고 해결하라. 해결하지 못하면 고뇌를 벗어날 방법이 없을 것이요, 알지도 못하는 주제에 공연한 말장난이나 한다면 무슨 소용 있으리오.

67. 화두의 요(腰)는 식심(識心)의 출구(出口)다

1. 나는 또 무문관 제37칙 정전백수자(庭前柏樹子)를 꺼낸다. 횡설수설하기로 작심(作心)한지 오래되었거니와, 더불어 독자들의 이해를 구하는 바, 내용에 있어 비슷한 정도로 중복되는 부분이 혹시 나온다 해도 그다지 신경쓸 필요까지는 없으리란 주문도 덧붙인다. 예컨데,
  <1>.여기에서 다루는 '뜰앞의 잣나무' 뿐만 아니라
  <2>. '마삼근'이나
  <3>. '마른 똥막대기'나
  <4>. 구자무불성화(狗子無佛性話)
등등의 공안이 중복(重複)되어 여러 단락으로 나누어지고 분리되어 다루어졌다. 이유는 내가 풀어내는 논리(論理)에 일사불란(一絲不亂)한 질서를 부여하는 일에 손대지 않았기 때문이다. 솔직히 털어놓자면 좀 성가신 점이 없잖아 있었다. 새로운 이론 구성법(構成法)이 떠오를 때마다 대충대충 요약을 해두고 하다보니 그것들이 쌓인다. 그러다보면 분량이 과다(過多)해져서 앞뒤 뒤져보고 앞뒤 맞추어보고 유사한 제목이나 유사한 주제(主題)를 통폐합(統廢合)하고 하는 따위의 작업이 그리 녹녹치만은 않았다.
  무엇보다도 원고내용이 쌓이면 쌓인 순서대로 풀어내는 것이 오히려 순리(順理)라는 생각이 은연중에 들었다. 나아가 인위적인 조작을 가하여 비슷하다고 사료되는 단락을 통합(統合)하다

가보면 도리어 논리(論理)의 인위적인 연결부분이 도리어 삐걱 거리며 불협화음(不協和音)을 발하리라는 결론이 났다.

이러한 연유로 '정전백수자', '마삼근', '마른똥 막대기', '구 자무불성화' 등이 여러단락에서 계속 들락거렸을 것이요, 찔끔 거리듯이 언급되었을 것이다. 이러한 서술(敍述)이 독자들의 이 해에 하등의 마이너스(逆作用) 요인으로 작용하는 일은 없으리 라 부언한다.

'뜰앞의 잣나무?' 혹은 '마삼근?' 혹은 '마른똥 막대기?' 혹은 '구자무불성화' 등은 이미 세상에 널리 알려진 공안이다. 하여 색다른 각도에서 다양한 안목으로 바라보는 작업이 절실하게 요구된다 단언할 수 있다. 하여 나는 이들 공안을 여러 단락으 로 불규칙하게 분리하여 다루면서도 정신적인 부담을 느끼지 않았다. 만천하에 두루두루 알려진 이런 부류의 공안은 거듭거 듭 집중적인 조명세례를 받고 정밀분석을 받는다 하여 지나친 점은 조금도 없다. 그러면 본론으로 돌아가서.

2. 누가 조주에게 물었다.
"어떤 것이 조사서래의(祖師西來意)입니까?"
조주가 답했다.
"뜰앞의 잣나무."

3. 비밀장(秘密藏)에 대하여.
이를테면,
<1>. 조사서래의?
<2>. 뜰앞의 잣나무
이 두개의 어구(語句)에 똑같은 비중(比重)을 두고 다룬다는, 다루어야 한다는 명제(命題)에서 벗어나면 그것은 화두선 시초

에서부터 적극적인 오류를 범하는 결과를 빚어낸다.

좌청룡(左靑龍)과 우백호(右白虎)를 동일하고 필수적인 요건(要件)으로 다루어서 결국에는 좌청룡인 <조사서래의?>와 우백호인 <뜰앞의 잣나무> 사이에서 출현하는 화두허리 곧 화두지요(話頭之腰)를 알아본다. 그리고 요(腰)를 봉합(縫合)한다.

화두선을 시작한 이후로 심리(心理)의 출구(出口)로 작용하게 된 요(腰)를 봉합한다. 극미세한 요(腰)의 봉합이 완료되면 출구가 지워지는 까닭에 심리봉합(心理縫合)이 완료된 것이다. 봉합이 완료된 심리. 이것이 무루심(無漏心)이요 비밀장(秘密藏)이다.

여러 단락에서 언급되며 반복을 거듭하는 이상의 요지(要旨)는 화두선의 밀핵적인 엑기스다. 이상의 요지를 일탈한 가르침이나 논리는 오랜 세월을 두고 화두에 매달렸건만 화두의 본질을 간파하지 못하여 어수선해진 사람들의 어수선한 두뇌에서 흘러나오는 어수선한 헛소리다. 나는 그렇게 설파한다.

4. 선문(禪門)에서는 어떻게 하던가?

"뜰앞의 잣나무?"

무문관 제37칙 '뜰앞의 잣나무'에 관심을 가지는 학인(學人)이 나타나면, <뜰앞의 잣나무?> 이것 하나만 학인에게 내던져줄뿐 이렇다 저렇다 별 설명도 없는 것이 옛날이나 지금이나 선문(禪門)이 '정전백수'에 대하여 일관되게 취해온 태도였다.

"뜰앞의전나무라? 뜰앞의 잣나무?"

혹은,

"어째서 뜰앞의 잣나무라 하였을까? 어째서 뜰앞의 잣나무라 했을꼬?"

따위로써 시종일관해왔다. <조사서래의?>는 과감하게 잘라

내버렸다. <조사서래의?>는 그야말로 산문(山門)에서 울창한 숲을 이루며 정정하게 자라는 아름드리 잣나무 중에서 한 그루였음에도 애석하게 무참히 잘려나갔다.

무문관 제37칙 '정전백수'에서 좌청룡(左靑龍)인 <조사서래의?>는 그야말로 우람하게 자란 뜰앞의 잣나무를 무작정 베어내듯 잘라내버렸다. 나머지 하나 남은 <뜰앞의 잣나무?>만 달랑 뽑아다가 학인의 눈앞에 내던져준다. 이것이 무문관 제37칙 '정전백수'에 대하여 예나 지금이나 선문이 고수(固守)해온 일관된 견해요 입장이었다.

5. 과연 <조사서래의?>는 무의미(無意味)한 존재인가? 선문(禪門)에서는 무의미한 존재로 보았음에 틀림없다. 선문의 실수요, 착각에서 기인하지만 그실 속사정을 파헤치면 파헤쳐서 내용을 공개하면 출세간(出世間)의 선문(禪門)이나 세간(世間)의 거사림(居士林)을 통털어 주름잡으며 적잖은 파문을 일으킬 화제(話題)거리가 되고도 남을 터이다. 누군가 말했던가? 착각은 자유라고.

<조사서래의?> 따위는 도(道)에 대하여 한말씀 부탁한다는 의미 이상의 의미가 실려있지 않는 그런그런 이야기다. 그렇다면 조주의 입에서 터져나온 <뜰앞의 잣나무>라는 대꾸는 별스런 의미를 담고 있다고 여겨지는가? 하는 그런 반문(反問)을 나는 제기(提起)하고 싶은 것이지.

<조사서래의?>가 별볼일없이 스승의 한 말씀을 유도해내려는 제자의 부질없는 헛수작이라면 <뜰앞의 잣나무>도 따지고 보면 일말의 가치도 없이 우주허공으로 한방 내지른 스승의 부질없는 헛소리다.

"마삼근?"이니 "뜰앞의 잣나무?"이니 "마른똥 막대기?"라는

니 "무(無)?"라느니 하는 말씀에 무슨 특별하고 숭고하며 거룩한 뜻이나 담겨있다고 겁먹거나 오해하지 말라. 아무런 의미없는 말씀이라고 뇌까려도 그다지 틀린 해답은 아니다. 그런가? 화두가 과연 그런 것이라면 화두는 왜 하는가? 이에 대한 답변은 다음과 같이 풀려나온다.

<조사서래의?>가 의미없다면 <뜰앞의 잣나무>도 별다른 의미없다. 별다른 의미없는 정도가 아니다. <조사서래의?>가 의미없는만큼 그만큼 똑같이 <뜰앞의 잣나무>도 무의미(無意味)하고 공허(空虛)한 메아리에 지나지 않는다. 알맹이는 어디로 달아났는지 매미유충이 빠져나간채 나무의 등피에 붙어있는 우스꽝스런 매미껍질같이 무미(無味)하다.

6. 그러나,
<1>. 조사서래의?
<2>. 뜰앞의 잣나무.
라는 두개의 어구(語句)를 동시에 살펴서 대구(對句)로 인식하고 대법(對法)으로 성립시키는 혜안(慧眼)을 구비한 사람이라면 이야기는 달라진다. <조사서래의?>를 잘라내지 말라는 주문이요, <조사서래의?>를 멋대로 잘라내고 무문관 제37칙을 바라보면 절대로 안된다는 주문이다.

7. 이번에는 역(逆)으로 살펴보자. <뜰앞의 잣나무?>가 대단한 의미를 품고 있다면 <조사서래의?>도 별수없이 따라서 가당찮고 심심미묘(深深微妙)한 중요성을 띨수밖에 없다. 이율배반형(二律背反形)공안을 대법(對法)으로 풀어야 하는 공식(公式)과 의무(義務)는 누구도 비켜갈 수 없다. 수학에서 방정식을 만나면 엄연히 방정식 풀이법에 따라야 하듯이.

8. <조사서래의?>와 <뜰앞의 잣나무>는 뗄래야 뗄수없는 불가분의 관계를 설정하면서 꽉 엉겨붙어 있다. 태극융합(太極融合)하여 꽉엉겨붙은 <조사서래의?>와 <뜰앞의 잣나무>를 떼어서 바라보는 견해는 타당하지 못하다.

무문관 제37칙의 진의(眞疑)는 <조사서래의?>와 <뜰앞의 잣나무> 사이에서 출몰하는 규(竅)일뿐이지 단순히 <뜰앞의 잣나무?> 하나만으로서 표현되는 성질의 것은 절대로 아니다. 반드시 <조사서래의?>와 <뜰앞의 잣나무> 사이의 규(竅)로서 봐나가야만 범상치 않는 긴장감을 느끼게 구성되었다. 그 이유가 무엇인가?

이에 대한 설명도 녹화방송으로 여러차례 흘러나갔다. 해결이 불가능한 불멸(不滅)의 수수께끼만이 무의식인 심층심리까지 뚫는다고 하였다. 불멸의 수수께끼가 아니고서는 안된다. 그런데 규(竅)야말로 불멸의 수수께끼다.

9. <뜰앞의 잣나무> 그 자체로서는 수수께끼의 반열에, 그것도 불멸의 수수께끼의 반열에 오르기는 불가능해보인다. '뜰앞의 잣나무'와 같이 일상적인 용어(用語)는 우선 표층심리(表層心理)인 의식(意識)의 층(層)에서 용해(溶解)되고 만다. 의식(意識)의 층(層)에서 분해되지 않을 도리가 없는 것이다. 그런 이치가 정상적이다.

<조사서래의?>+<뜰앞의 잣나무>라면 이야기가 달라진다. 이런 성질의 이야기라면 정상적이고 상식적인 두뇌가 그 의미를 따라잡기 만만찮아진다. 낮에 밤을 이어 기진맥진하도록 궁리해봐도 안풀리게끔 조립된 것이 공안이다. 따라서 이런 부류의 이야기는 표층심리인 의식(意識)의 층(層)에서 용해되거나 분해

되는 법이 없다. 당연히 의식을 통과하고 무의식을 투과하게끔 고안되어 있다는 뜻이다. 어떻게 투과하는가? 여기에서 규(竅)에 관한 논설이 나왔지.

10. 예외도 물론 인정한다. 예컨데 <뜰앞의 잣나무?>라는 이야기를 접하는 순간부터 간절한 의심(疑心)이 면면밀밀하게 이어져서 화두를 일주일만에 알았다든가, 화두를 놓아버릴 수가 없었다든가 했다면 그런 의심(疑心)조차 탓하고 원리원칙에서 벗어났느니 어떻다느니 하면서 비판을 가할 이유가 어디에 있으랴. 예를들어 <뜰앞의 잣나무?>를 골똘히 바라보다가 문득 이런 이야기를 내뱉는 사람이 나타났다면 사정은 달라진다 하였다.

"어째서 뜰앞의 잣나무라 하는가? 나의 전체라 하지 않고."

이 글의 내용이 무엇인가를 묻는가? 이 책에 나와있는 내용이니 참고하기 바란다.

11. 하지만 공안의 전반부와 후반부가 서로를 배반하는 자기부정형(自己否定形) 공안에서 전반부를 떼내고 후반부만 가지고 설치면 거의 틀림없이 몇년이고 몇십년이고 곤욕을 치른다. 곤욕은 곤욕대로 치르고도 화두가 없는 무기공(無記空)을 선물로 받아든다. 그야말로 빼도 박도 못하는 딱한 처지에 빠진다. 왜인가?

몇년을 몇십년을 두고 하나의 화두에만 죽자 살자 매달리다 보면 그 지독히도 안되는 화두에서 발을 빼고 다른 화두로 바꾸어 잡아보는 일이 참으로 어렵다. 오랜 세월에 걸쳐서 하나의 화두를 밀어붙인 결과 그 화두를 계속 밀어붙이려는 관성(慣性)이 형성되고 거기에 더하여 어디 누가 이기나 두고보자는 철없는 오기(傲氣)까지 겹치게 되면 손을 떼는 일이 난제(難題)가 된다. 그밖의 이유도 있지만 생략한다. 여하튼 이러지도 저러지도 못하는 궁지에 처하여 새가 알을 깨고 나오듯이 자기가 처한 상황을 깨뜨리고 나와 새로운 시도를 행하는 사람을 찾아보기도 쉽지 않으리라.

 이런 저런 이유로 인하여 나는 충고한다. 화두선에 입문(入門)한 사람이라면 먼저 화두의 이치를 연구하는 일이 순리(順理)이며, 화두를 연구하면서 '이것이다 싶은' 화두를 고르는 일이 그 다음 순서일 것이다.

 화두를 오랫동안 해온 사람이라 할지라도 도무지 진보가 없거나 진보가 없지는 않았다 해도 수중(手中)에 들어온 소득(所得)이 한심스러운 경우에는 자신이 그때까지 챙겨온 화두를 일단 옆으로 밀쳐두라고. 옆으로 밀쳐두고 무문혜개의 '무문관'같은 화두선 제일의 지침서(指針書)를 새로운 정신으로 연구하고 화두의 이치를 따져보는 일이 순리(順理)일 것이다.

12. 와자(瓦子)

 선문염송 제221칙 '와자(瓦子)'를 항상 염두에 두라. '아마륵과'에는 들어갈 때는 왼쪽 손이 들어갔는데, 나올 때 보니까 오른쪽 다리가 나오기도 한다는 이치를! 그러므로 또한 마땅히 알라.

 '아마륵과'에는 들어가기는 <조사서래의?>가 들어가더라도 나오기는 얼마든지 <뜰앞의 잣나무>가 되어 나올 수 있다는 이치를! 그러므로 굳이 의미(意味)를 따지자면 <조사서래의?>에 별다른 의미가 없듯이 <뜰앞의 잣나무>에도 사실상 별다른 의미가 없다.

13. 요(腰) 또는 규(竅)를 위하여.

<조사서래의?>와 <뜰앞의 잣나무>가 어떻게 융합하고 융합체를 형성하여 구경에 꽂히는가? <조사서래의?>와 <뜰앞의 잣나무>의 사이가 요(腰)다. <조사서래의?>의 꼬리를 <뜰앞의 잣나무>가 자르는 순간 출몰하는 요(腰). 반드시 이런 방식으로 바라보는 안목이 요구된다. 기필코 화두의 요(腰)를 간파해내는 안목(眼目)이 요구된다.

요(腰)가 확인되고 목격되는 경지에서는 <조사서래의?>와 <뜰앞의 잣나무>를 요(腰) 속으로 밀어넣는 혜안(慧眼)이 다시 필요하다. 이른바 화두융합이다. 쓰레기와 다름없다 해도 무방한 <조사서래의?>와 <뜰앞의 잣나무> 따위는 하루라도 빨리 요(腰) 속으로 쓸어넣어 자취를 남기지 말 일이다.

쓰레기같은 말씀들은 모두 요(腰) 속으로 쓸어넣었는가? 그렇다면 이번에는 요(腰) 그 자체를 봉합(縫合)해야 할 차례다. 봉합하라. 왜인가?

<조사서래의?>에서 <뜰앞의 잣나무>로 넘어가는 데에는 시간 간극(間隙)이 없다고 여러번 설한 바 있다. 이러한 취지의 이야기를 위하여 나는 선문염송 제221칙 와자(瓦子)를 누누히 들어보였다. 아마륵과를 통과한다는 가정하에서 말한다면 <왼쪽 손>이 들어가서 <오른쪽 다리>가 되어 나오는 데에 소요되는 시간은 제로다. 시간소요가 없다는 뜻이다.

마찬가지다. 이러한 원리에 의해 <조사서래의?>와 <뜰앞의 잣나무>가 휩쓸려들어간 요(腰)는 애초에 존재하지도 않았다는 듯이 자기봉합(自己縫合)을 완료하고 사라진다. 이때 요(腰)의 자기봉합과 동시에 식심(識心)의 봉합도 완료된다.

14. 보다 더 간략하고 타당한 이론(理論)이 있다. 요(腰)만 보

라는 주문이다. 굳이 화두융합까지 가지 말고 요(腰)만 보면 끝난다.

    <조사서래의?>와 <뜰앞의 잣나무>의 사이가 요(腰)다. 그러나 요(腰)를 '시소'의 중심점(中心點)의 이치에서 생각해보라. <조사서래의?>와 <뜰앞의 잣나무>가 '시소'의 좌우(左右)라면 요(腰)는 시소의 중심점과 같다. 시소의 중심점은 닫혀있다. 그와같이 화두의 요(腰)도 닫혀있고 이미 봉합된지 오래다. 이때 식심(識心)도 봉합된다.

    요(腰)의 이치에만 통하면 나머지 <조사서래의?>와 <뜰앞의 잣나무>는 전혀 신경쓸 필요없어진다. 요(腰)쪽으로만 눈이 열리면 나머지는 안중(眼中)에도 없어지기 때문이다. 그러니 무슨 융합을 하고 말고가 있을 것이며, 무슨 융합체를 만들고 말고가 있겠는가?

    15. 지금까지의 방법이 여의치 못하다면 이렇게도 해보라. 요(腰)를 그리되 마음속으로 그린다. 그리고 마음속에 그려진듯한 요(腰)를 지운다. 왜 지우는가? 요(腰)라는 아마륵과는 시소의 중심점(中心點)과도 같은 것이기 때문이다. 요(腰)라는 이름은 있어도 요(腰)의 실체는 없다.

    요(腰)를 지우는 극미세한 작업에 성공하면 식심(識心)은 봉쇄를 당한다. 화두의 요(腰)라는 출구(出口)가 흔적없이 사라지면 망망(茫茫)한 식심 그대로 어디로든 탈출하거나 새어나가는 일이 없어진다. 화두의 요(腰)가 식심을 하나로 묶는다. 화두의 요(腰)가 식심을 한바퀴 둥그스럼한 태허(太虛)의 달로 그려낸다.

68. '수산죽비'에서 요(腰)는 청옥(靑玉)처럼 박혔다

1. 예컨데 무문관 제43칙 수산죽비(首山竹篦).

수산성념이 죽비(竹篦)를 들고 제자들에게 말했다.

"이것을 죽비라 부르면 집착이요, 죽비라고 부르지 않으면 반칙이다. 자 말해보라. 너희들은 어찌해볼 심산(心算)이냐?"

그러고보니 그런듯도 하다. 무문관 제1칙 조주구자(趙州狗子)뿐만 아니라 제43칙 수산죽비(首山竹篦) 또한 몇 차례씩이나 이 책에 등장한다는 느낌이 드는군. 수산죽비 역시 내가 몹시 좋아한다는 이야기가 되는가? 무엇보다 이쯤되면 나의 횡설수설은 부인하지를 못하겠어. 하지만 말이 나온김에 늘어놓기는 늘어놓아야 하지를 않겠어? 어찌하겠어?

2. 불자(佛子)야!

무문관 제43칙 '수산죽비'야말로 화두선(話頭禪)의 모든 것을 말했다. 수산죽비에서 화두의 요(腰)는 청옥(靑玉)처럼 박혔다. 설사 지금까지 설해온 나의 이야기구- 믿어지지 않는다 해도 수산죽비의 요(腰)를 이야기하는 대목에서는 꼼짝못하게끔 되어 있다. <이것을 죽비라 부르면 집착이요>와 <죽비라 부르지 않으면 현행법(現行法)에 위배된다>의 틈새가 수산죽비의 요(腰)다. 수산죽비에서 이 요(腰)를 안보겠다면 무엇을 보겠는가?

수산죽비의 요(腰)의 이치를 수긍한다면 이율배반형(二律背反形)공안 일체를 요(腰)의 이치에서 소화하지 않으면 안된다 하리라. 조주구자, 동산삼근(마삼근), 정전백수(뜰앞의 잣나무), 운문시궐(마른똥 막대기), 주감암주, 이승권렴을 비롯하여 이율배반형 공안 일체를 요(腰) 혹은 규(竅)의 이치에서 바라보아야 한다는 나의 견해는 너무나 지당하여 마치 태양을 보듯 속일 도리가 없어진다.

이런 속일 도리없는 진실에도 불구하고 '뜰앞의 잣나무?' 혹은 '마삼근?' 혹은 '마른똥 막대기' 혹은 '무(無)?'와 같은 반쪽짜리 화두를 들고 설친다면 과연 옳은 짓이라 하겠는가? 좌청룡(左靑龍)을 떼어내고 우백호(右白虎)에만 전념하는 선법(禪法)은 지독하게 바보스럽다. 바보스러운 것은 문제도 아니다. 반쪽짜리 화두에 집착하면 화두의 이치가 안 열리는 데에야 어찌하겠는가? 그것이 문제다.

3. 가위에 대하여.
수산성념이 학인(學人)의 목숨뿌리 끊어려고 비장(秘藏)의 가위를 하나 꺼내든 거다.
<1>. 이것을 죽비라고 부르면 집착이요
<2>. 죽비라고 부르지 않으면 반칙이다.
<1>+<2>가 되면 가위라고 볼 수 있다. 꼼짝못하는 가위야. <1>과 <2> 가운데서 어느 하나를 가위의 날이라고 본다면, 다른 하나는 가위의 손잡이에 해당된다. 이 정도는 독자 여러분도 이미 암기(暗記)했다는 것인가? 이런 우라질 일을 보았나.

보라. 수산성념이 <1>과 <2>를 눌러대니 그것이 가위작용을 일으키며 가위의 중심축(中心軸)인 <1>과 <2> 사이를 자르고 있지를 않는가. 잘리는 곳이 바로 수산죽비의 요(腰)다. 잘리는 곳이 바로 수산죽비의 규(竅)다. 이 부분도 이미 암기를 할 정도가 되었다는 그 말인가? 이런 우라질 일을 또 보았나.

  4. 가위의 중심축은 <1>과 <2>의 사이(틈)다. 무문관 제43칙 수산죽비라는 가위는 스스로의 중심축을 잘라버리는 가위다. 그것도 중심축의 중심점(中心點)을 잘라버리는 가위다. 중심점은 무엇인가? 중심점이 이 공안의 규(竅)요, 요(腰)다. 여기에서 눈여겨 살피지 않으면 안되는 이치가 있다.
  수산죽비라는 가위가 중심점(中心點)인 공안 자신의 허리를 잘라버리는 가위질의 완성은 공안의 허리 즉 공안지요(公案之腰)가 마음의 구경(究竟)인 이(理)와 일치하고 합동하는 시점(時點)에서 완성된다는 사실이다. 공안의 요(腰)와 마음의 구경(究竟)이 합일(合一)의 경지에 이르러서야 가위질의 완성이다. 그때서야 마음은 끊어진다. 이 말을 뒤집어볼까.

  5. 수산죽비라는 가위의 중심점 즉 화두지요(話頭之腰)가 마음의 구경(究竟)인 이(理)와 합일의 경지에 이르지 못하면 못하는한 가위질은 끝나지 않았다고. 수산죽비라는 가위질은 마음의 구경과 정확하게 일치해야만 가위질의 완성에 이른다고.
  수산성념이 기도(企圖)하는 바, 수산죽비라는 가위의 손잡이와 날이 서로를 바짝바짝 조여서 수산죽비라는 가위가 스스로를, 스스로의 허리를 절단(截斷)하는 작업을 완료하기 위해서는 가위의 요(腰)가 마음의 구경(究竟)을 찾아내고, 찾아내어 일치해야만 절단작업은 완료된다고 말이지.

  6. 만일 가위의 요(腰)가 마음의 구경(究竟)을 찾아내지도 못하고, 찾아내어 일치하지도 못한 상황에서 다만 가위질의 이치

가 그런 것인가 하는 알음알이(이해)만을 얻고서 이것이야말로 깨달음이라고 오인(誤認)하고 단정하여 더이상 구할 것이 무엇 있겠느냐, 그렇게 알고 만다면 그런 나부랭이 따위는 해오(解悟)라는 물건이다. 깨달음이 아니다.

7. 이런저런 원리는 무문관 제1칙 조주구자라는 가위질도 똑 같다. 어찌 조주구자 뿐이랴. 이런저런 원리는 모든 공안에 공평하게 적용된다.

해오(解悟)를 얻고나면 깨달음이란 이런 것이겠구나 싶은 엄청난 오해(誤解)와 더불어 자기자신이 끝까지 자유자재하지는 못하다는 현실을 떨쳐내지는 못한다. 해오(解悟)는 자유자재는 커녕 그 어떤 심리적인 해방감(解放感)도 가져다주지 않는다.

아울러 생사(生死)문제가 해결된 것도 아니라는 느낌도 지우지 못한다. 생사문제를 해결하다니? 해오의 능력에 그런 요소는 전혀 포함되어 있지를 않다. 따지고보면 정말이지 맹랑한 해오다. 이와같이도 설해왔노라. 해오는 단지 잔머리 굴림에서 얻어지는 한낱 식(識)에 불과하다고. 해오는 한낱 식(識)일뿐이다. 그밖의 그 어떤 물건도 아니다.

해오는 의식(意識)속에서 거품인듯 일어나고 꺼지는 물거품과 같다. 무의식을 꺼집어내어 낱낱이 확인하지 못하면 생사(生死)문제도 해결이 요원하고 윤회의 실상(實相)이 공(空)하다는 체험도 요원하다. 해오는 결국 분별망상(分別妄想)임이 판명된다.

8. 가위의 요(腰)가 아니면 무엇이 마음의 구경(究竟)인 이(理)를 찾아낼 것인가. 마음의 구경이 아니라면 무엇이 가위의 요(腰)를 알아보고 합일(合一)하겠는가.

대법(對法), 대법 중에서도 반어법(反語法)을 취하는 일체의 공안 가운데서 이러한 이치의 선상(線上)에서 풀어야 할 가장 대표적인 공안이 바로 무문관 제1칙 '조주구자'이다. 수산죽비와 조주구자는 가위질 공안의 전형이다.

9. 공안의 가위질은 결단코 잔머리 굴려 짐작하거나 알 수 있을만큼 호락호락하지 않다. 어떤 총명한 사람이 있어 잔머리 굴려 가위질의 이치를 터득했다면 그놈은 오직 해오(解悟)를 얻었을뿐이라고 확정지을 수 있다.

해오가 화두선에 도움을 주지 못하고, 전혀 무익(無益)하다는 평가는 아니다. 해오도 하다못해 필요하기는 하다. 화두를 알아내지 못한 형편이라면 해오라도 우선 얻어야지. 얻어야 하겠으나 화두선의 기초로서 이용하여 구경의 획득으로 이어지게끔 해야겠지.

10. 바야흐로 요(腰)의 봉합을 이야기할 차례다. 수산죽비는 굳이 요(腰)를 마음속으로 그려본 다음에 지워보라는 주문이 불필요하다. 수산죽비의 청옥같은 요(腰)가 어지간하면 그대로 인식된다. 이를테면 이것이 해오(解悟)다.

그런데 해오가 100퍼센트 투명해지면 그때 수산죽비의 요(腰)는 자기봉합(自己縫合)을 끝낸 셈이다. 자세히 보라. 수산죽비의 요(腰)는 명명백백하여 규(竅)라고 부를만한 것조차 없다. 규(竅)란 구멍이다.

내가 화두의 요(腰)를 규(竅)라고도 부르는 이유는 사람들이 요(腰)를 알아보는데 시간이 걸리기 때문이다. 시간이 걸리면 요(腰)는 늘어지고 따라서 규(竅)와 같은 것으로 인식되지 않을 수 없다. 규라고 인식되면 벌어진 구멍을 봉합해야 한다. 왜인가? 화두의 요(腰)는 본래부터 규가 아니기 때문이다. 마음속으로 규를 그린 후에 지우라는 주문은 이런 이유로 인하여 나왔다.

그런데 수산죽비의 요(腰)를 규(竅)라고까지야 생각할 까닭이 어디 있나? 수산죽비는 요(腰)에서 끊어지는 정경이 너무나 선명하다. 요(腰)를 규로 늘어지게 바라볼 이유가 전혀 없다. 규가 아닌 요(腰)라고 인식되면 그때 요(腰)의 자기봉합은 완료된 것이다. 요(腰)가 본래부터 봉합된 것이라 인식되면 그때 심식(心識)의 봉합도 완료된다.

화두의 요(腰)가 심식(心識)의 출구(出口)로 작용해왔기 때문이다. 출구가 봉합되어 사라지는 판에 망망(茫茫)한 마음이라고는 하지만 어디로 새어나가거나 어디로 탈출하겠는가? 출구가 지워진 망망한 식심이 그대로 태허(太虛)다.

11. 한가지 더 남았다. <이것을 죽비라 부르면 집착이요>와 <죽비라 부르지 않아도 안된다>는 말씀이다. 쓰레기인듯 거추장스러운 이 물건들은 어떻게 처리하는가? 쓰레기인듯 별볼일 없다는 말인가? 그렇다면 안 돌아보면 된다. 그냥 그대로 내버려두어도 이미 화두융합이 이루어진 것이다.

12. 거기에서 다시 나아가 화두융합을 말하고 화두융합체(話頭融合體)를 말할 필요는 없다. 무엇보다도 화두융합체가 남아있다면 남아있는 동안에는 화두의 요(腰)의 이치를 간파하지 못했다는 증거이기도 하다.

13. 수산죽비와 같이 그 요(腰)가 역력한 공안은 그 요(腰)가 역력하다고 알아본 순간에 이미 일체의 말씀이 요(腰) 속으로

휩쓸려들어간 것이다. 화두융합이 이루어지고 화두융멸이 이루어진 것이다.

말씀 그 자체는 무가치(無價値)하다고 단언할 수 있는 공안의 말씀에 걸려 넘어져 몇년 또는 몇십년을 헛되이 날릴 까닭이 어디 있을까. 요(腰)를 인식하는 일은 이와같이 중요하다. 명심하라.

69. 요(腰)와 식심(識心)의 봉합은 동시에 이루어진다

1. 예컨데, 다시 무문관 제1칙 조주구자.
<있는가?>를 <없다>로써 잘라버린다. <있는가?>를 <없다>로써 잘라버리는 조주구자 공안의 가위질에 무엇이 어떻게 잘려나가는가? 무엇을 어떻게 잘라버리는가? 마음인가? 그래, 마음이라 해두자.
그런데 이놈의 마음이 눈에 보이기를 하나? 귀에 들리기를 하나? 손으로 잡아볼 수가 있나? 이런 꿈결같은 마음을 무슨 재주로 자르며 어떻게 자른다는 건가? 실로 맹랑하기 짝이 없고 허황하기 그지없는 수작처럼 들린다.

2. 아무리 무문관 제1칙 조주구자 공안이 영험(靈驗)한 가위의 현신(現身)이라 해도 그렇지, 도무지 맹랑하기만한 이놈의 마음을 어떻게 파고들고, 파고들어서 어떻게 가위질을 해댄다는 건가?
그러나 나의 대답은 전혀 엉뚱한 곳에 가있다. 바로 앞에서 말한 방식으로 조주구자 공안을 살펴야 한다는 것이다. 바로 앞에서 해설한 방식이라니?

3. 어디서 어떻게 끊어지는가? 어디를 어떻게 끊는다는 건

가? 어디서 어떻게 끊어지는 거냐? 이와같은 요령 아닌 방식으로라도 조주구자를 살피라는 주문이야.

비록 조주구자 공안이 하나의 가위공안으로 작용한다 해도 끊어지는 것은 정녕 마음이렸다. 도대체 끊고 끊어지는 이 마음이란 무어냐? 마음이 어디서 어떻게 끊어지는가? 하는 방식으로라도 말이다.

4. 화두는 마음을 끊어놓고 기다리고 있다고 말이다.

<있는가?>를 <없다>로써 끊을 때, 화두는 끊어진다고는 알고는 있으리라. 그러나 화두는 스스로의 허리를 끊으면서 끊어지고, 끊어지는 순간의 화두가 마음 또한 끊어버리고 있다고 알아보아야 한다. 그러나 무슨 재간으로, 무슨 재주로 이러한 사실을 놓치지 않고 획득할 수 있겠는가? 무슨 묘수(妙手)로 이런 사실을 놓치지 않고 거머쥘 수 있으리오.

5. 묘수(妙手)는 없다는 게 정답이다. 끊어지는 화두가 마음마져 끊어놓고 기다린다는 사실을 지름길로 꺾어들어가서 알아맞추는 묘수는 전무(全無)하다. 오직 마음이 갈때까지 가다가 끊어지는 수 밖에는 없다.

6. 마음이 갈데까지 가서 끊어지니 그것이 구경(究竟)이요, 구경지(究竟地)다. 마음을 몰아 몰아 가다가 끊어지니 그것이 구경이다. <있는가?>를 <없다>로써 끊을 때, 끊어지는 공안의 요(腰)는 다름아닌 바로 그대 마음의 구경과 일치하고 있다.

화두의 규(竅)가 아니고서는 구경을 얻기가 진실로 어렵다. 구경에서 기다리다가 구경을 증명하는 규가 없다면 누가 구경을 찾아 기다리다가 이것이 구경이라고 증명하리오.

7. 구경에서 바라보면 구경이란 다름아닌 봉합(縫合)된 조주구자의 요(腰)라는 사실을 확인하게 된다. 요(腰)가 스스로를 봉합하지 않으면 식심(識心)이 묶여나오지 않는다. 식심이 묶이기 위해서는 조주구자의 요(腰)가 봉합이 되어야 하며, 조주구자의 요(腰)가 봉합이 되려면 식심이 끊어져 통째로 뽑혀나와야 한다.

요(腰)와 식심의 봉합이 동시에 이루어진다. 그러므로 이 일이 있은 후에는 식심이 그대로 조주구자의 봉합된 요(腰)라는 사실이 명료해지는 것이다. 이른바 깊이 잠들어서도 화두가 있다는 오매일여.

70. 부모와 자식간의 기이한 인과(因果)관계

　대게 우리는 부모와 자식 사이의 인연은 매우 깊고 또 업력(業力)도 거의 같은 성질의 것으로 인식해왔다.
　그러나 그 인연이 반드시 선업(善業)으로 맺어져 있는 것만은 아니라고 한다. 즉 과거세(過去世)부터 철저하게 원수가 되어 윤회를 거듭하면서 서로 묵은 빚을 갚아온 인과(因果)관계로 인하여 금생(今生)에 또다시 그 원수를 갚고자 하여 자식(子息)으로 태어나는 경우도 있다는 것이다.
　각해일륜 제2권에 의하면, 이 세상에는 인간과 축생(畜生)을 막론하고 부모와 자식이 숙세(宿世)로부터 맺어온 원수의 인연으로 이를 보복하기 위하여 금생(今生)에서 자식으로 출생하는 경우가 있다고 밝힌다.
　그 예를 보면, 어떤 여인(女人)이 아이를 잉태하여 임신(姙娠) 중에 불행히 낙태(落胎)하거나 아이를 분만하다가 모자(母子)가 같이 죽음을 맞이하는 것과 같은 경우를 들 수 있겠다. 그리고 자식이 출생한 뒤에 곧 죽거나 아니면 부모의 사랑을 마음껏 받다가 부모 앞서 죽는 경우 등으로 부모에게 화(禍)를 입히고 마음을 상하게 하는 경우 등이다.

　어떤 여인(女人)이 아이를 낳아 기르는데 서너살 되어 귀엽기 그지없고 품에 안아 잠시도 떼어놓고 싶지 않을 때쯤 되면 아이가 죽어 그 어머니의 마음을 더없이 아프게 하였다. 그 슬품을 잊어버리기 위해서라도 여인은 애써 다시 아기를 가졌다. 연(然)이나 그때마다 아이는 한창 사랑스러운 나이를 넘기지 못하고 죽었다. 이런 일이 여러번이나 반복되었다 한다. 그러니 그 부모의 심정이야 어떠했겠는가.

눈물을 줄줄이 흘리며 죽어가는 아이를 애타는 심정으로 지켜본 여인(女人)이 창자를 끊어내는듯한 슬픔을 이기지 못하여 몸부림치며 흐느껴 우는데, 이때 인연(因緣)이 있어 지나가던 한 노승(老僧)이 걸음을 멈추었다. 걸음을 멈추고 그 여인을 물끄러미 바라보다가 조용히 타일렀다 한다.

"어리석은 여인아! 너무 슬퍼하지 마라. 그대가 떠나보낸 그 아이들은 모두 그대의 원수였다. 아득한 과거세(過去世)로부터 그대와 철천지 원수를 맺어온 사람이 그 원수를 갚기 위하여 그대의 태중(胎中)에 들어 태어났다가는 아이로서 죽기를 몇번이나 반복했다. 그대의 가슴을 갈갈이 찢어놓기 위하여 그것도 어린 나이에 죽기를 반복했다.

저기를 보아라. 바로 그대의 등뒤에서 좋아라 웃고 있는 그대의 원수를 보아라. 그대는 가슴이 찢어지도록 아파하는데, 그대의 원수는 좋아서 입이 찢어지도록 웃고 있다."

노승(老僧)의 이야기를 듣고 놀란 여인(女人)은 비로소 짙고 짙은 슬픔에서 벗어나 정신을 가다듬었다. 정신을 차린 여인은 노승의 지시를 받고 참회를 위한 염불에 지극정성을 쏟았다.

각해일륜 제2권에 의하면, 또 자식이 성장하여 부모의 재산을 탕진하며 불효막심한 것과 혹은 오욕(五欲)을 행하며 부모로 하여금 참혹한 일을 당하게 하는 것 중에는 전생(前生)의 원수를 갚기 위하여 자식으로 태어나는 경우도 있다는 것이다.

이상과 같이 뜻하지 않은 일을 경험할 때에는 전생(前生)의 인과(因果)관계를 생각하여 인욕(忍辱)으로 수행하며 한걸음 더 나아가서 그 좋지 못했을 과거세(過去世)의 인과관계를 금생(今生)에는 마땅히 풀고 개선하도록 부모와 자식이 함께 적극적으로 노력해야 한다.

결자해지(結者解之)라, 좋은 일이라면 더없이 좋겠으나, 좋지 못한 일로 맺어진 인연(因緣)이라면 맺은 자(者)들이 원만하게 풀어야 한다. 좋지못한 인연에 이끌려 금생(今生)에 부모와 자식으로 만난 것이 분명하다고 느껴진다면 금생(今生)이야말로 서로의 무의식(無意識)에 각인(刻印)된 원한과 회한(悔恨)을 좋은 방향으로 풀어나가고 정말로 아름다운 방법으로 풀어볼 수 있는 절호의 기회가 아니고 무엇이랴. 전생(前生)에서는 원수로 맺어졌다가 금생에서 부모와 자식의 관계로 다시 만났다면 서로 용서를 구하고 서로 용서를 하면서 전생(前生)에 맺은 한(恨)을 바람직한 방향으로 풀어나가야 하리라.

현재 자신이 경험하는 여러가지 일들은 과거에 자신의 뜻(意)과 입(口)과 몸(身)으로 인하여 지어진 과보(果報)인 것을 알고 올바른 마음가짐으로 수행하며 주위환경과 생활을 개선해나가는 것이다. 이 세상을 과거의 업력(業力)대로, 되는대로 살아가는 것이 아니라 자기를 정화(淨化)하고 선행(善行)을 쌓으며 성스러운 해탈의 세계를 지향해야 한다.

71. 이치는 통해도 심리단절에는 시간이 걸린다

1. 무문관 제1칙 조주구자에 대한 횡설수설을 계속하리로다. <있는가?>라는 질문을 <없다>로써 무참히 잘라버렸다. 이때의 정황을 정확하게 알리자면 이런식으로 서술된다.

무참히 잘려버렸다고 알아본 그 사람의 마음뿌리가 잘려나가기 시작한 것이라고. 그런 사실을 되돌아보고 아차! 그랬던가 하는 방식의 깨달음이 메아리인듯 되돌아오는 데에는 시간이 소요된다. 사람마다 차이가 있게 마련이라 해도 세월의 흐름이 요구된다. 심리단절의 이치에는 통했다 해도 심리(心理)가 뽑혀서 드러나는 데에는 시간이 걸린다.

2. 조주구자 단절(斷切)의 이치는 이렇게도 해설이 가능하다. 어떤 사람이 목숨뿌리 끊는 아주 위험천만한 물건을 가지고 놀다보니까 어느새 그 위험하기 짝이없는 물건이 자기의 목숨뿌리 깊숙이 스며들어 자기의 목숨뿌리를 끊어버렸더라고. 잔머리 굴림이 종말을 맞으면 화두해결의 문(門)이 열린다.

<있는냐?>는 질문에 <없다>고 잘라버렸는데. 그런데 말이다. 무언가를 끊어버리는듯한 이 물건이 조주구자라는 화두의 실체(實體)인데. 조주구자의 실체와 같은 이런 위험스런 물건을 가지고 놀다보면 이 꽤나 위험한 화두의 실체가 자기자신이 분명하게 느끼지도 못하는 사이에 명근(命根) 깊숙히 침투하여 그 놈의 명근을 자른다. 부지불식간에 목숨뿌리를 뽑아내고 도려

낸다.

3. 끊어지는 것은 무의식이다. 의식은 결코 끊어지지 않는다. 안개와도 같은 의식을 누가 어떻게 끊겠는가? 제6의식은 화두에 의하여 끊어지지 않는다.

의식(意識)의 선(線)에서는 조주구자 공안이 들어보이는 단절의 이치가 이해된다손 치더라도 실감은 안난다. 조주구자 공안을 바라보고 과연 끊어진 것이로구나, 이런 종류의 실감(實感)이 다가오면 그때는 이미 화두가 무의식에 작용하여 무의식(無意識)의 단절에 나선 것이다. 마음에서 <끊어버리는 이야기>를 알아듣고 끊어지는 물건으로서는 제8식이 존재할뿐 제6식은 아니다.

4. 제6식에서의 이해(理解)의 성립을 위해서 이미 제8식이 깊이 개입하고 깊은 도움의 손길을 미치고 있었다.

조주구자 공안의 단절의 이치가 단순히 제6식 안에서의 이해로 마감하고 말았다면 그러한 이해는 실로 피상적이어서 결코 체득으로의 전이(轉移)로 이어지지는 못한다고도 볼 수 있다. 하지만 어찌 알수있었겠는가. 이런 표현은 화두선의 실상(實相)에 눈어두운 까닭에 불거져나오는 망발이라는 것을.

제6식에서 일어나는 이해라면 그 이해는 종이 호랑이와 같아서 아무짝에도 쓸모없다. 하지만 어찌 알수있었겠는가. 이런 표현은 화두선의 실상을 모르는 까닭에 불거져나오는 망발이라는 사실을.

5. 그러기에 대부분의 경우, 조주구자 공안이 들어보이는 [끊어버림]의 이치에 대한 해오(解悟=이해)를 얻었다면 그것은 의

미심장하다. 일견(一見) 제6의식 곧 표층심리(表層心理)에서 일어나는듯한 해오의 배경에는 드러나지 않는듯하고 또 자기자신은 신랄하게 느끼지 못한다 하더라도 제8무의식(無意識)의 개입이 짙게 깔렸다. 이를테면 해오만 하더라도 제8식과 깊이 관련된 정신작용이라는 말이다.

6. <있느냐?>는 질문에 <없다>는 대답으로 잘랐다고 나는 설한다. 이때 내가 설하는 조주구자 공안의 [잘라버림] 혹은 [끊어버림]의 이치를 목도(目睹)하고 정말이지 그럴듯하다고 느낀다면 바로 그 찰나 그 사람의 마음뿌리 끊어지며 잘라지고 있었다고. 이와같이 명백하게 설한다.

이때 내가 설하는 [잘라버림] 혹은 [끊어버림]의 이치를 목도하고 정말이지 그럴듯하다고 여겨진다면. 그러한 발상(發想)은 제6식에서 단독으로 일어난 성질의 정신작용이 아니고 사실은 제8식의 '단절진행현상'에서 나온 성질의 것이라고. 그러기에 그것은 해오(解悟)인 것.

7. 우리들의 정신세계에서 끊고, 끊어질 수 있고, 끊어버릴 수 있는 물건이 존재한다면 그것은 제8식이지 제6식이나 제7식은 아니라고. 제6식과 제7말나식의 뿌리는 제8식이기 때문이다. 제6의식과 제7말나식은 제8무의식(無意識)의 전변(轉變)현상에 불과하다고. 그렇다 전변현상일 뿐이다.

그러기에 조주구자 공안이 들추어보이는 [끊어버림]의 이치를 가까스로 파악했다면 그때 무의식(無意識)의 단절현상이 진행되고 있었다고.

8. 조주구자 공안의 단절의 이치에 눈열렸다면 그 눈열림은

의식(意識)의 영역에서 단독으로 일어나는 단일현상이 아니다. 정신세계에서 끊어질만한 물건은 무의식뿐이니까. 무의식에 최초의 단절현상이 일어나는 순간 의식이 비로소 이해하고 소위 해오를 획득한다고 바라봄이 지당하다.

9. 역(逆)으로 바라보자. 조주구자 [끊어짐]의 이치가 무의식에 작용하지 못하면 의식(意識)의 세계에서,
 "무언가 끊어진 것이야!"
하는 방식의 실감이 전해져오지 못하게 마련이야. 만일 조주구자 [끊어짐]의 도리(道理)가 제8식에 작용하지 못하면 못하는 한 조주구자 공안을 들여다보고 머리카락이 온통 하얗게 세도록 밤에 밤을 지새워 연구해본들 소득은 없으리라.

10. 조주구자 [끊어냄]의 도리는 몹시도 위험하다. [끊어냄]의 이치가 아득히 깔린 조주구자 공안과 더불어 씨름하며 고생하다보면 마음뿌리 뽑히기 때문이다. [끊어버림]의 이치가 식(識)의 세계를 깊이깊이 잠행(潛行)하여 무의식(無意識)의 단절에 착수하기 때문이다.
 하지만 대부분의 사람들은 [끊음]의 이치를 단순한 '이해(理解)'라는 것으로 과소평가한다. 세월의 흐름과 함께 지속적으로 지켜보라. 어느날엔가는 최초에 얻었던 [끊어냄]에 대한 그 이해라는 물건이 사실은 이해로서 끝나는 물건이 아니었다는 결론에 도달한다.
 그대가 최초로 얻었던 해오(解悟)야말로 일종의 체험에 뿌리를 내리고 있었던 성질의 물건이었다는 사실을 그대는 틀림없이 깨닫게된다. 이해로부터 심리단절로의 전이(轉移)라는 표현에는 이런 내막이 숨겨져있다.

조주구자 [끊음]의 이치에 대한 이해는 한낱 단순한 이해가 아니다. [끊음]의 이치에 대하여 이해했다면 그 순간이야말로 제8식의 단절이 시작되었던 셈이다. 왜인가? 정신세계에서 끊어질만한 물건이래야 제8식 뿐이니까.

　11. 그렇다면 우리들은 왜 이런 진실에 눈열리지 않는가? 그것은 우리들의 잔머리 굴림이 종말을 맞지 않고 있음에 기인한다. 지금까지의 나의 이야기를 거의 알아들었다 해도 그대의 잔머리 굴림이 종말을 맞지 않았다면 <이해가 심리단절의 시초>라는 진실의 확인에 이르지는 못한다.
　잔머리 굴림 즉 의식(意識)의 작용이 종말에 이를 즈음에야 그대는 알아차린다. 조주구자 공안이 들어보이는 [끊어버림]의 이치가 그때 이미 그대의 심층심리에 손을 대면서 그대가 머리 되돌리는 순간만을 애타게 기다려왔음을 알아차린다.
　그대가 만일 조주구자 공안이 들어보이는 단절론(斷切論)의 이치를 이해했다면 반드시 이런 계절이 오게된다. [끊음]의 이치가 그때 이미 그대의 목숨뿌리 단절에 착수하면서 오랜 세월을 두고 앞으로만 내달리는 그대가 되돌아보기를 기다렸다는 사실을.

　12. 더불어 깨닫는 점이 있으리라. 이 [끊음]의 이치(理致)야말로 바로 무문관 제1칙 조주구자 공안의 실체(實體)요, 정체(正體)라는 점을.
　제8식이 끊어지는 찰나에 비로소 화두를 잡게되고, 제8식이 끊어지는 찰나에 비로소 잡히는 화두는 영겁(永劫)에 걸쳐 잃어버릴 수가 없게 된다고. 영겁에 걸치고 영겁에 뻗쳐 어둡지 않는 <화두>라는 <물건>은 바로 이 <끊어짐의 이치>로서 그밖의 물건이 될 수는 없는 일이라고.

13. 경(經)에서 암바(庵婆)라는 여인이 문수보살께 여쭙기를,
"생사(生死)가 바로 생사가 아닌 법을 분명히 알았사온데 무엇 때문에 생사가 흘러다닙니까?"
하고 물었다. 문수보살께서 답하시기를,
"그 힘이 아직 충분하지 못하기 때문이다."
하시었다.

14. 그뒤에 진산주(眞山主)가 수산주(修山主)에게 묻기를,
"생사(生死)가 곧 생사 아닌 법을 분명히 알았는데 무엇 때문에 생사가 흘러다닙니까?"
수산주가 답하기를,
"죽순(竹筍)이 필경에는 대나무가 되겠지만 지금 당장 그것으로 뗏목을 만들면 쓸 수 있겠는가?"
라고 반문하였다.

72. 부처님 손이 들어가서 / 당나귀 다리가 나온다

1. 조주구자.

 들어가기는 <있는가?>가 들어갔는데 아마륵과를 통과하다보니까 어느새 <없다>로 바뀌어 아무런 스스럼이나 망설임 없이 당당하고 여유있게 걸어나온다. 아마륵과를 통과한다는 조건하(條件下)에서라면 어떠한 질문에 대한 대답으로 어떠한 물건을 꺼집어내놓아도 거리낄것이라고는 하나도 없다.

2. 들어갈 때는 왼쪽 손이 들어가도 나올 때는 오른쪽 다리가 나온다든가. 말하자면 <왼쪽손>에 대한 질문을 받고 <오른쪽 다리>라고 대답한다든가. 들어갈 때는 <부처님 손>이 들어갔는데, 나올 때는 <당나귀 다리>가 튀어나오기도 하고. 이를테면 <부처님 손>에 대한 질문을 받고 <당나귀 다리>라는 엉뚱한 대답을 한다던가.

 어째서 그런 엉뚱하고도 기괴한 대답이 가능할까? 자다가 다른 사람의 다리를 긁는 것도 아닌데 어째서 그토록 해괴망칙한 대답을 하고서도 얼굴빛 하나 바뀌지 않고 눈썹 한오라기 꿈틀거리지 않는 겐가?

 이유는 대답하는 사람의 입에서 나오는 말씀이 낱낱이 그 사람의 <아마륵과>를 통과하기 때문이다. 아마륵과를 통과한다는 조건에서는 어떠한 대답도 가능해진다.

3. 환언하자면, 아마륵과를 통과한다는 조건에서는 어떠한 질문도 의미가 없어지고, 그런 질문에 대하여 쏟아져나오는 어떠한 대답도 의미가 없어진다는 뜻이기도 하다. 그럴리가 있겠나 싶어도 사실이 그러하니 어쩌랴. 도인(道人)은 마음이 끊어져 적멸하는 사람이다. 그런 사람에게 있어서는 이 세상의 그 무엇도 의미를 상실한지 오래다.

4. 무문관 제3칙 구지수지(俱胝竪指).
금화산(金華山)의 구지금화(俱胝金華)는 누가 무어라고 물어와도 다만 말없이 손가락 하나를 쓰윽 들어올려보일 뿐이었다. 그짓을 평생동안 해댔다는데 후인(後人)들은 구지금화의 그 짓거리를 일지두선(一指頭禪)이라 칭하였다. 진절머리쳐지는 손가락질이긴 하지만 이 또한 해결이 요원(遼遠)한 문제 가운데 하나다. 어찌해야 되는가?
<1>. "불법(佛法)을 말씀해주소서." / "한마디 해주소서." / "부처란 무엇입니까?" / 등등---
<2>. 말없이 쑤욱 올라가는 구지금화의 손가락.
<1>과 <2>를 대구(對句)로 보고 대법(對法)으로 풀어서 정공법(正攻法)이 된다. <1>과 <2>는 분리할 수 없다. <1>과 <2>는 불가분(不可分)의 관계로 꽉 엉겨붙어 있음에 특히 유의하라.

5. "부처란 무엇입니까?"와 같은 해묵은 형식의 질문은 지독한 푸대접을 받고 내침을 당하는 것이 보통이다. 그리고는 <말없이 쑤욱 올라가는 구지금화의 손가락>에 집중적으로 심혈을 기울여서 매달리고 살피게 마련이다. 만일 무문관 제3칙 구지

수지를 누가 공안으로 선택했다면 말이다. 그러나 이것은 절대로 정공법(正攻法)이 아니며, 따라서 이런식으로 구지수지를 바라보면 구지수지는 끝내 안풀리고 수수께끼로 남는다.

들어갈 때는 <"한말씀 해주소서">가 들어가는 걸 보았는데, 나올 때 보니까 엉뚱한 <말없이 쑤욱 올라가는 구지금화의 손가락>이 나온다는 [아마륵과] 이야기가 익숙해졌는가? [아마륵과]를 통과한다는 조건하(條件下)에서라면 그 어떤 질문이 들어가서 그 어떤 대응(對應)이나 대꾸가 나와도 무방하여 스스럼없이 연결된다.

6. 아마륵과인 화두지요(話頭之腰).

이미 여러차례 사용해온 문자(文字)로서 화두의 허리를 보라는 이야기다. <1>과 <2>는 동일한 중량(重量)을 지닌채 무문관 제3칙 구지수지를 구성하고 있음에 유의하라.

<불법(佛法)이 무엇입니까?> 따위의 질문을 우습게 보면 절대로 안된다는 뜻이다. <불법(佛法)이란 무엇인가?> 따위의 질문이 그렇고 그렇게만 여겨지는 별볼일없는 잡동사니라면, <말없이 쑤욱 올라가는 구지금화의 손가락질> 따위도 실로 별볼일 없는 잠꼬대에 불과하고 잡동사니에 불과하다.

역(逆)으로, <구지금화의 말없이 쓰윽 올라가는 손가락질>이 더없이 중요해보인다면, 그렇다면 <불법(佛法)이란 무엇입니까?> 따위의 질문도 역시 더없이 중요한 줄 알아야 한다는 말이다.

<구지금화의 손가락>만큼 <부처란 무엇인가?> 따위의 질문도 중요하다. 무문관 제3칙 구지수지를 구성하는 이 두개의 조각은 그 중량이 똑같다. 그러므로 <부처란 무엇인가?>와 <올라가는 구지금화의 손가락> 사이의 화두지요(話頭之腰)를 획득하

지 못하면 이 공안은 안풀린다.

7. 무문관 제14칙 남전참묘(南泉斬猫)의 경우도 마찬가지다.
<1>. "조주여, 만일 그대가 그때 거기에 있었더라면 어찌 했겠는가?"
<2>. 이에 조주는 짚신을 벗어 머리에 얹고 나가버렸다.
<1>과 <2>를 대구(對句)로 보고 대법(對法)으로 풀어야 정공법(正攻法)이 되고 따라서 이 공안도 풀린다.
들어가기는 <조주여, 너의 생각을 말해보라>가 들어갔는데, 나올 때 보니까 전혀 엉뚱한 <신벗어 머리에 이고 나가는 조주>가 튀어나온다는 [아마륵과] 이야기를 잊지는 않았으리라. [아마륵과]를 통과한다는 조건하(條件下)에서는 어떠한 형식의 질문과 어떠한 형식의 대꾸도 아무런 구애(拘碍)나 장애(障碍)를 받음이 없이 연결된다.

8. <1>과 <2>, 즉 <조주여, 그대라면 어찌하겠느냐?>와 <신벗어 머리에 이고 나가는 행위>는 정확하게 똑같은 중요성과 똑같은 중량(重量)을 가지고 공안의 해결에 기여한다. 이 두개의 조각(쪼가리)는 조금도 더 중요하다거나, 조금도 덜 중요하다거나 하는 차이가 없다.
<조주야, 너는 어떻게 하였겠느냐?>가 일고(一考)의 가치도 없는 쪼가리라면, 그렇다면 <신벗어 머리에 이고 나가는 조주의 행위> 역시 일고(一考)의 가치도 없는 쪼가리에 불과하다. 그렇게 말해야 한다.
반대로, <신벗어 머리에 이고 나가는 해괴한 조주의 행태>가 의미심장하다고 느낀다면, 그렇다면 <조주여, 그대의 생각을 말해보라>는 남전보원의 말씀도 그만큼 의미심장하다. 그렇게 말해야 한다. <1>과 <2>를 분리해서 바라보는 일은 불가(不可)하다. <1>과 <2>는 불가분(不可分)의 관계를 설정하며 꽉 엉겨붙어 있다.

따라서 해법(解法)은 <1>과 <2>의 사이 즉 공안의 허리에 해당하는 화두지요(話頭之腰)를 획득해야 한다. 화두지요를 낚아채지 못하면 못하는한 무문관 제14칙 남전참묘는 안풀리게끔 되어있다.

73. 성자(聖者) '프랜시스'를 위하여

1. 중세유럽의 기독교 성자(聖者) '프랜시스'의 동물(動物)에 대한 사랑 이야기를 이 책에 싣는 일을 두고 나는 그다지 고심하지는 않았다. 한마리 벌레에까지 미친 그분의 깊은 사랑을 간략하게나마 이 책에 담지 않고서는 나는 견디지 못할듯했다.
　어떤 사람들은 이교(異敎)인 기독교에 대하여 외면하고자 할른지도 모른다. 나는 생각한다. 비록 이교도(異敎徒)의 말씀이라 할지라도 옳은 것은 옳다고 인정해야 한다고. 나는 또한 생각한다. 맹목적인 교조주의(敎條主義)야말로 절대적으로 해롭다면 해롭다고.
　모든 종교(宗敎)는 모름지기 서로 돕고 서로 격려하지 않으면 안된다. 나는 이 책에 이슬람교 성자(聖者) 이야기를 소개하지 못하는 것이 못내 섭섭하다. 이슬람교의 성자(聖者)를 굳이 구하고 찾는다면 찾지 못할 이유도 없겠으나 다음으로 미루고, 우선 기독교 성자 한분의 이야기를 소개하는 것으로 만족하고자 한다.

2. 현대인간들의 비종교적(非宗敎的)인 성향은 새벽3시 혹은 새벽4시 경이면 아름답게 울려나와 도시 인간들의 깊고 탁한 수면(睡眠)을 깨뜨려주던 기독교 교회(敎會) 종탑(鐘塔)의 종소리와 성가(聖歌)를 침묵시켰다. 침묵시키고 말았다. 아마 나이 오십이 넘은 사람들은 다들 똑똑하게 기억하고 있으리라.

깊은 수면의 수렁에 쳐박힌 인간들의 흐린 정신을 불러깨우며 도시의 새벽하늘을 광명(光明)처럼 흐르던 그 아름답던 교회 종탑의 새벽 종소리와 성가(聖歌)를 듣지 못하는 현실이 못내 서운하고 안타깝다.

그당시 인간들이 새벽잠을 방해한다고 신문(新聞)에서 떠들어대고 방송에서 떠들어대더니 여론이랍시고, 되먹지못한 인간들의 허울좋은 그놈의 '여론'을 앞세워 교회 종탑에서 흘러나오던 청량한 종소리를 침묵시키고 말았다. 그때 이후로 나는 교회의 종소리를 듣지 못했다.

나는 불교도이기는 하지만 기독교 교회 앞을 지나갈 때, 그리고 교회의 높이 솟은 종탑을 볼 때마다,

"이곳이 하나님의 집"

이라는 생각에 마음은 기쁨으로 가득찬다.

3. '프랜시스'에게는 벌레도 새도 나무도 모두 형제였다. 중세기 이탈리아 뽈충쿨라 마을의 어떤 나무그늘에서 가지에 앉은 매미를 발견하고 성자(聖者)는 말을 붙였다 한다.

"형제 매미야! 하느님의 찬가(讚歌)를 불러다오."

그러니까 매미는 아주 열심히 울었다.

"이제 그만하여라."

성자(聖者)가 다시 부탁하니 매미는 즉시 노래를 중지했다 한다.

4. 어느날 어떤 제자가 우연히 목격했던 일이다. 버석버석 나뭇잎 밟는 소리에 누군가 하여 나무 사이로 바라보니 프랜시스였다. 프랜시스는 걸음을 멈추고 허리를 굽혀 떨어진 잎사귀에서 조그만 벌레를 집어올리고 부드럽게 말을 걸었다.

73. 성자(聖者) '프랜시스'를 위하여

"형제 벌레야! 사람이 다니는 길에 머물면 짓밟혀 죽을른지도 모른다. 자 안전한 곳으로 가 있어라."

프랜시스는 이름 모를 작은 벌레를 나무 잎사귀에 올려주고 성큼성큼 수풀속으로 걸어갔다.

5. '리베티' 호수를 배타고 건너갈 때에 어부(漁夫)가 금방 낚아 펄펄뛰는 물고기 한마리를 성자(聖者)에게 주었다. 성자(聖者)는 그 물고기를 놓아주었다. 리베티 호수를 다 건너가도록 물고기는 배 뒤쪽을 헤엄치며 따라왔다고 한다.

6. 시웨나 마을에서는 한떼의 양들이 성자(聖者)를 둘러싸고 무어라 말을 걸려고 하였다 한다.

7. 길을 걷다가 이따금 어린 양들이 팔려가는 것을 만나면 성자(聖者)는 입고있던 옷을 벗어 어린 양의 목숨과 바꾸어주기도 했다.

뽈충쿨라 마을에는 이렇게 목숨을 건진 양새끼 한마리가 자라고 있었는데, 이 양은 프랜시스의 뒤를 언제든지 따라다니며 회당(會堂)안까지도 들어와 사람들 사이에서 부드러운 목소리로 성가(聖歌)를 부르곤 하였다.

8. '로마'에서도 한마리의 어린 양을 구하여 그것을 신앙심이 깊은 '야곱'이라는 여인(女人)에게 선물하였다. 이 양은 오랫동안 살아서 야곱과 같이 아침예배(禮拜)에 참석하기도 하였다. 이 양의 털이 모이자 야곱은 한벌의 옷을 짜서 뽈충쿨라 마을로 가져왔는데, 성자(聖者)는 그 옷으로 갈아입고 임종(臨終)을 맞았다.

9. 프랜시스의 가장 친한 형제는 새들이었다. 그 중에서도 종달새는 특히 그러했다.

"종달새는 조그만 머리쓰개가 달린 흙빛 옷을 입고 있다. 우리들의 옷과 똑같다. 그리고 들판에서 줍는 곡식과 흐르는 물을 입에 댈 뿐이다. 저들의 마음은 높고 높은 하늘나라에 있다. 저들은 높은 하늘로 날아올라 금방울과 같은 음성으로 하나님을 찬미한다."

고, 언제나 감탄했다.

10. 어느날 한 젊은이가 산비둘기를 잡아서 팔러나가는 길에 성자(聖者)를 만났다. 성자는 동정심 깊은 눈으로 비둘기를 바라보다가,

"젊은이여! 그 비둘기를 나에게 주시지 않겠습니까? 성경(聖經)에는 비둘기와 같이 유순(柔順)하라고 써있습니다. 이 깨끗하고 겸손한 새가 인정없는 사람의 손으로 넘어가는 것이 불쌍합니다."

"예, 그러십시오. 드리겠습니다."

젊은이는 비둘기를 모두 성자에게 주었다. 성자는 비둘기를 가슴에 안고 말하기 시작했다.

"귀여운 비둘기여! 죄없는 너희들이 어쩌다 사람에게 잡혔는가? 자, 이제부터는 나와 함께 살아보자. 너희들은 평화롭게 살고 많이 번식하여라."

알을 낳고 새끼를 기르면서 비둘기들은 성자와 함께 평화롭게 살았다.

11. 귀여운 새들이나 꽃이나 벌레들 뿐만 아니라 성자의 사

73. 성자(聖者) '프랜시스'를 위하여

랑은 사나운 짐승에게까지 통하였다.

굽삐오 마을과 한마리 '이리'에 관한 이야기다. 이 이리는 때때로 산에서 내려와 가축을 해치고 사람까지도 해쳤기 때문에 동네 사람들은 마음놓고 길을 다니지 못했다 한다. 성자(聖者)는 그것을 유감으로 생각하여 이리를 꼭 한번 만나 잘 타일러 주려고 했다. 동네 사람들의 만류도 뿌리치고 성자는 혼자서 들판으로 나갔다.

들녘에서 성자는 그 이리를 만났다. 이리는 한얀 이빨을 드러낸채 으르렁거리며 달려왔다. 멀리서 성자를 따르던 마을 사람들은 달아나거나 손에 땀을 쥐고 그 광경을 지켜보았다. 이윽고 이리가 성자의 앞에까지 이르렀을 때, 성자는 손을 들어 십자가를 그리고 부드러운 목소리로 말하기를,

"형제 이리야! 나는 그리스도의 이름으로 명한다. 너는 나와 다른 아무도 해쳐서는 안된다."

하였다. 그러자 이상하게도 이리는 곧 입을 다물고 멈추어서더니 성자의 발밑에 엎드렸다. 성자는 그 이리에게로 허리를 굽혀 천천히 타일렀다.

"형제 이리여! 잘 듣거라. 너는 이 근방에서 여러가지 나쁜 일을 하였다. 하나님의 허락도 없이 다른 짐승을 죽이기도 하고 상처를 입히기도 하고 더욱이 사람들을 물어죽이기도 하였다. 그러니까 너도 마땅히 죽임을 당할 수 밖에 없다.

봐라! 사람들이 저와 같이 모여서 너를 죽여 원수를 갚으려고 한다. 그러나 나는 네가 지금까지의 나쁜 행실을 고치고 사람들도 너의 죄를 용서하여 모두가 사이좋게 지냈으면 좋겠다."

고, 말하자 이리는 엎드린채 꼬리를 흔들며 참회의 표시로 머리를 아래로 숙였다. 이리의 그런 모습을 보고 성자는 이리

의 머리를 쓰다듬으면서 말하기를,

"형제 이리야! 네가 그처럼 즐거이 평화를 원하면 내가 사람들에게 부탁하여 네가 굶주리지 않고 먹이를 얻도록 해주마. 그대신 이리여, 너도 이제부터는 사람에게도 짐승에게도 해를 끼쳐서는 안된다."

하자, 이리는 머리를 끄덕끄덕하여 약속했다.

"아! 그러면 발을 들어라."

하고 성자가 손을 내미니까 이리는 오른쪽 앞발을 들어서 성자(聖者)의 손위에 놓았다.

"그러면 염려말고 나를 따라 오너라."

하매, 이리는 성자의 뒤를 어린 양처럼 온순하게 따라갔다. 사람들은 정말로 아연실색했다. 성자가 이리를 데리고 마을로 들어서자 많은 사람들이 운집(雲集)하여 성자와 이리를 놀란 눈으로 바라보았다. 거기에서 성자는 이리의 앞발을 부드럽게 쥐면서 모여든 사람들에게 말하였다.

"보십시오, 이런 사나운 짐승까지도 하나님은 용서하여주십니다. 하물며 회개하는 인간의 죄를 용서하시지 않겠습니까. 사랑하는 여러분들이여! 이 이리를 보고 하나님의 은혜를 다시 한번 생각해봅시다."

거리의 사람들은 진심으로 성자의 말씀과 행실에 감격했다. 그로부터 이리는 2년 동안 '굽삐오'의 거리에서 사람들과 함께 지냈다. 이리는 이집에서 저집으로 마치 한식구처럼 친하게 다니면서 음식을 얻고 귀여움을 받으며 살다가 평화롭게 죽었다. 이리가 죽자 사람들은 몹시 섭섭하게 여겼다. 그것은 이리의 모습을 볼 때마다 프랜시스의 거룩한 덕과 깊고깊은 사랑을 생각해볼 수가 있었기 때문이었다.

12. '칸나라'의 마을을 지나 베봐니아 쪽을 향하여 갈 때의 일이었다. 지나가는 길가의 나무숲에 무수한 새들이 모여 지저귀고 있었다. 성자는 새들을 보고 기뻐하여 제자들을 기다리게 한 다음, 혼자서 조용히 풀숲을 헤치며 새들이 모인 곳으로 다가갔다. 그러자 나무 위의 새들이 성자의 주위로 새까맣게 내려앉았다. 성자는 손을 들어 새들에게 설교를 시작했다.

"---. 형제 새들아! 그러므로 너희들은 하나님의 큰 은혜를 잊어서는 안된다. 그리고 어디를 가든지 하나님의 이름을 찬송하지 않으면 안된다."

새들은 소리없이 성자의 설교를 듣고 있다가 설교가 끝나자 일제히 하늘로 날아오르며 노래하기 시작했다. 거기서 성자가 손을 들고 새들을 향하여 십자가의 형상을 그리니까 새들은 더욱더 소리를 높여 합창하며 하늘높이 솟아올라 사방으로 흩어졌다 한다.

13. '알비아노'의 거리에 이르렀을 때였다. 때마침 황혼이라 들녘에서 놀던 제비들이 새까맣게 무리를 지어 돌아왔다. 그리고 제비들은 성자의 모습을 보자 어느새 저녁하늘에 큰 둥그러미 형태를 지어 날면서 굉장한 목청으로 노래하기 시작했다. 거리로 몰려나온 사람들이 성자를 찬미하는 제비들의 군무(群舞)와 합창을 놀란 눈으로 지켜보는데, 이윽고 성자가 하늘을 향하여 말하였다.

"형제 제비들이여! 이제는 내가 말할 차례가 되었다. 그러니 이제 너희들은 노래를 그치고 내가 하나님의 이야기를 하는 동안에 사람들과 함께 조용히 듣고 있도록 해라."

성자의 말씀이 끝나자 제비들은 모두 성자 주위의 지붕이나 나무에 까맣게 내려앉아서 성자의 설교를 들었다 한다.

74. 아귀(餓鬼)와 잡귀(雜鬼)

잡귀(雜鬼)란 애착심이 너무 강하거나 아니면 원한관계가 심하게 얽힌 귀신을 뜻하는데 주로 기갈(飢渴)의 고통에 시달린다. 천도제를 지내주거나 제사(祭祀)를 지내주는 관습도 이와같이 아귀나 잡귀가 겪는 기갈의 고통을 들어주고자 하는 의도에서 생겨났다.

49재로써 천도가 되지 않는 영혼은 얼마든지 있다고 봐야 한다. 천도가 되지 않은 영혼은 중음신(中陰身)으로 중음천(中陰天)을 떠돌고 방황하며 다니다가 인연이 닿는 곳이나 아니면 아무데라도 정착하여 임시 의지처로 삼는다.

원한이 있으면 원한을 풀어야 하는데 그렇지 못하여 원수를 갚고자 하거나 혹은 유계(幽界)에서 갈길이 아득하고 망망하여 어찌할 바 모르게 된 영혼은 고혼(孤魂)으로 이리저리 헤매거나 아니면 인연있는 사람에게 붙어 의탁하니, 이것이 잡귀다.

사람에게 붙어 사람을 아프게 만들고 병들게 만드는 아귀나 잡귀를 떼어내기 위하여 재(齋)를 지내주고 혹은 구병시식(救病施食)을 지내주기도 한다. 이뿐만 아니라 수륙제(水陸祭)는 물론 다른 제사를 지내줄 때에도 주인없이 떠돌아다니는 애혼(哀魂)들을 천도하는 축원과 염불을 반드시 해주게 되어있다.

이러한 잡귀(雜鬼)의 현상은 심령학(心靈學)에서 말하는 수호령(守護靈)과 배후령(背後靈)과 지도령(指導靈) 등으로 나타날 수 있다. 다시 말해서 인간의 배후에서 주로 보살핀다는 수호령과 배후령과 지도령 따위도 잡귀에 속한다. 그러므로 예컨데 심령학 따위의 가르침은 엄밀히 따져서 삿되고 어리석은 사교(邪敎)이므로 믿거나 믿고 따르면 안된다.

사람이 어찌 잡귀에 들려 잡귀를 부르고 잡귀의 지시를 따른다는 건가? 반드시 불보살(佛菩薩) 가운데에서 자기의 마음에 드는 성호(聖號)를 지극정성으로 부르라. 그렇게 하면 틀림없이 가피(加被)를 받고 성불(成佛)의 인연이 맺어진다.

또 이와는 반대로 인간을 해롭게 하고 복을 주기도 하는 인연령(因緣靈)과 갈곳이 없어 결국 사람 아닌 동물에게 정착하는 동물령(動物靈)이 있다. 더불어 사람에게 해를 끼치는 악령(惡靈)과 일시적으로 인간에게 의지하여 해를 미치거나 도움을 청하기도 하는 빙의령(憑依靈) 등도 모두 아귀도(餓鬼道)에 속한다.

이들 망령(亡靈)을 정신(正神)으로 믿고 따르거나 숭배한다면 곧 망령(亡靈)의 노예가 됨을 뜻하며 따라서 정당한 업력(業力)을 쌓아 좋은 미래의 과보(果報)를 기약하지 못하게 된다. 왜냐하면 사신(邪神)의 지도나 말을 믿고 생활하기 때문이다. 이를 심하게 표현하면 귀신들렸다고 한다.

여하튼 이러한 잡신의 현상이 나타나도 이에 현혹되거나 속지말고 굳건한 정신력으로 물리쳐야 한다. 잡신(雜神)이란 정신력이 허약하거나 병적이고 이상이 있는 사람을 범하기 때문이다. 정신력이 강하고 정도(正道)를 닦아나가는 사람에게는 어떤 귀신도 못붙는다. 이는 마치 화염(火焰)에 파리가 앉을 수 없는 이치와 같다.

사신(邪神)이란 사람의 마음에 허점(虛點)이나 틈이 생기면 그것을 안식처로 삼기 위하여 침입하므로 마음을 열어주어서는 안된다. 반면에 사신(邪神)은 정도(正道)를 행하며 수행(修行)하는 마음이 강한 사람을 가장 무서워한다.

　경전(經典)의 아귀도(餓鬼道)에 의하면 아귀들은 허공(虛空)에도 날아다니고 지상(地上)과 산림(山林)과 무덤과 종묘(宗廟) 등등 어느곳에나 나타난다고 기록되어있다. 이들 잡귀에 대하여 몇가지 예를 들어보자.

　나찰귀와 구반다귀와 비사도귀가 있다. 이들 귀신은 전생(前生)에 자기 것만 아끼고 보시를 하지 않고 탐심이 많았으며, 마음은 항상 원숭이의 마음과 같이 요란하고 번잡하였다. 그리고 모든 것에 대하여 망상을 피우는 것이 마치 태풍이 먼지를 날리는 것과 같았다. 이와같이 정신생활의 미세업력으로 인하여 귀신의 몸을 받는다. 이들 귀신은 바다 가운데에도 있고 인간세계의 어디에나 거주한다.

　대루탄경(大樓炭經)에 의하면 모든 거리와 골목과 마을과 시장(市場)과 일체의 도살장(屠殺場)과 무덤 사이 등 어느곳이나 다 귀신(鬼神)이 있다고 하였다. 심지어 강(江)과 산천(山川)과 나무에도 귀신이 있다 하였다. 그런데 이들 귀신 가운데는 수호신(守護神)도 있다 한다. 즉 사람이 몸과 입과 생각으로 항상 악행(惡行)을 하면 귀신의 수호를 받지 못한다. 반대로 사람이 몸과 입과 뜻으로 행하는 바가 선행(善行)이라면 천신(天神)이 와서 수호한다는 것이다.

　예를 들면, 악한(惡漢)이 천명 있어도 그들을 수호하는 수호신(守護神)은 하나가 있을까 말까 하며, 반대로 착한 사람은 한 명만 있어도 그를 수많은 천신(天神)이 빈틈없이 수호한다고 하였다.

　보통 사람들은 귀신이 자유자재하게 살아간다고 여기고 심지어 귀신을 숭배하기조차 한다. 하지만 귀신의 실상(實相)은 그렇지 못하여 항상 갈증과 굶주림에 시달리고 공포증(恐怖症)까

74. 아귀(餓鬼)와 잡귀(雜鬼)

지 있다고 한다. 아귀는 먹을 것을 구하여 절이나 마을에서 제사 지내는 곳과 또 마을의 상가(喪家)에 나타나서 먹을 것을 구하기도 한다. 악귀(惡鬼)는 사당(祠堂)과 같은 곳에도 붙어 살면서 사람들로 하여금 악몽(惡夢)을 꾸게하여 공포심을 주기도 한다.

옛적에 한 부인(婦人)이 있었다. 그의 남편은 첩(妾)을 데리고 살았다. 첩(妾)이 임신을 하자 부인(婦人)은 몰래 독약을 구하여 첩에게 먹이고 첩은 낙태(落胎)를 했다. 그후 그 부인(婦人)은 인과응보의 과보에 따라 죽어서 아귀보(餓鬼報)를 받았는데, 그 아귀보(餓鬼報)의 내용은 하루에 오백명을 출산(出産)하는 고통이었다 한다.

잡귀 중에는 수호신(守護神)도 있는 바이지만 극소수(極少數)라고 알아야 하며, 수호신의 대부분은 천인(天人)들이 직접 인간계에 내려와 선인(善人)들을 수호하는 경우이다. 즉 사천왕(四天王)이나 제석천왕(帝釋天王)을 비롯하여 사왕천(四王天)과 삼십삼천(三十三千)에 거주하는 천인(天人)들이 직접 인간의 선과 악을 시찰하며 수호하는 것이다.

이러한 천신(天神)들의 경우를 제외하면 나머지 잡귀(雜鬼) 따위를 믿고 숭배하는 일이 있어서는 절대로 안된다. 사람이 잡귀에 잡히면 대번에 눈빛이 이상하게 변하고 또 얼굴도 검게 타는 특징을 드러낸다.

사천왕 등의 천신은 불교를 수호해준다는 경전(經典)의 기록이 분명하게 존재한다.

75. 파조타(破竈墮)화상

1. 선문염송 제153칙 파조타(破竈墮).

'파조타'화상이 숭악(嵩嶽)에 머물렀을 때의 일이다. 산 중턱에 묘당(廟堂) 하나가 있는데 심히 영험(靈驗)하였다. 이에 원근의 사람들이 몰려와 묘당 안의 조왕단(竈王壇)에 끊임없이 제사를 지내는데 산 목숨을 매우 많이 죽였다. 선사(禪師)가 어느날 시자를 데리고 묘당에 들어가 주장자(拄杖子)로 조왕단의 조왕신(竈王神)을 가리키면서 말하였다.

"그대는 본래 진흙과 기왓장이 합쳐서 이루어진 것인데 영험이 어디서 왔으며 성스러움은 어디서 생겼는가?"

하고는 주장자로 조왕단의 조왕신을 몇차례 두드린 다음 다시 말하기를,

"깨졌다. 떨어졌다."

하니 조왕단은 무너지고 말았다. 그러더니 잠시후에 푸른 옷에 높은 관(冠)을 쓴 사람이 문득 나타나서 절을 하고 말하였다.

"저는 본시 이 묘당에 있는 묘조신(廟竈神=조왕신)입니다. 오랫동안 조왕단에서 업보(業報)를 받다가 이제 화상(和尙)의 무생법(無生法)을 듣고 해탈을 얻었기에 이렇게 와서 사례(謝禮)를 드립니다."

하였다. 이에 선사(禪師)가 말하였다.

"이는 그대가 본래부터 지니고 있는 본성(本性)이다. 내가 억지로 한 말은 아니다."

하니 신(神)이 다시 절하고 사라졌다.

2. 나중에 대중(大衆)이 말하기를,
 "저희들은 오랫동안 좌우에서 모셨음에도 불구하고 가르침을 받지 못했는데 조왕신은 어떤 법을 들었기에 해탈을 얻었습니까?"
하였다. 이에 선사가 답했다.
 "나에게는 별다른 도리(道理)가 없다. 나는 단지 그에게 이렇게 말해주었을 뿐이다. 진흙과 기왓장이 합쳐서 이루어졌거늘 영험이 어디서 생기고 거룩함이 어디서 일어났는가 했을 뿐이다. 그대들은 왜 일어나서 절하지 않는가?"
하니 대중이 일어나서 절을 하는데 선사가 주장자로 대중의 머리를 때리며 말하였다.
 "깨졌다! 떨어졌다!"
 이에 절하던 대중이 일시에 크게 깨달았다. '파조타'는 조왕단을 부수고 얻은 이름이다.

3. 대중(大衆)이 일시에 깨달은 이유가 무엇인가?
 간단히 말하리라. '파조타'화상이 대중에게 조왕단 이야기를 늘어놓고 이어서 대중들의 절까지 받는 상황에서는 대중들의 혼(魂)을 빼놓는데 완전히 성공한 셈이다. 혼빠진 대중은 부지불식간에 '파조타'화상의 유인전술(誘引戰術)에 넘어가 '파조타'화상의 진영(陣營) 깊숙히 들어가 있었다. 그때 파조타화상이 엄숙하게 선언했다.
 "너희들의 퇴로(退路)는 이미 끊겼다."
 화상(和尙)은 대중(大衆)을 자기자신의 진영(陣營) 깊숙히 유인한 후에 갑자기 대중의 퇴로(退路)를 끊는 쾌거를 달성했던 것이다. '파조타'화상이 "깨졌다! 떨어졌다!" 하고 외친 말씀에는 "너희들의 퇴로는 이미 끊어졌다"는 의미가 실려있었다. 대중이 놀라서 되돌아보았을 때 그들의 심리는 단절되었다.

76. 토지신(土地神)

선문염송 제237칙 '토지(土地)'

남전보원이 농장(農莊)에 갔더니 농장의 주인이 미리 알고 준비했다가 맞이하였다. 이에 남전보원이 이상하게 생각하여 물었다.

"내가 평소 출입할 때 남에게 알리는 일이 없었는데 어찌 미리 준비하기를 이다지 성대하게 하였는가?"

장주(莊主)가 대답하기를,

"지난밤에 토지신(土地神)이 알려주었습니다."

하였다. 이에 남전보원이 말하기를,

"내 수행의 힘이 없어서 귀신(鬼神)에게 들켰구나."

"스님은 큰 선지식(善知識)이신데 어찌하여 귀신에게 들켰습니까?"

장주(莊主)의 질문에는 답하지 않고 남전보원은,

"토지신 앞에도 밥 한 몫을 더 놓아라."

하였다 전한다.

77. 배상국(裴相國) 도려내기

1. 황벽희운이 대중을 흩고 개원사(開元寺)에 머물렀다. 어느 날 배상국(裴相國)이 찾아왔다가 개원사의 벽에 그려진 초상화(肖像畫)를 보고 원주(院主)에게 물었다.
"벽에 그려진 것이 무엇이오?"
"큰 스님들의 초상(肖像)입니다."
배상국이 다시 물었다.
"초상은 볼만한데 큰 스님들은 어디에 계시오?"
하니, 원주는 말이 막혔다. 배상국이 또 묻기를,
"여기에 참선하는 스님이 있는가요?"
원주가 답하였다.
"희운(希運)이라는 수좌스님이 한 분 있는데 참선하는 사람 같았소"

이에 배상국이 선사(禪師)를 불러서 앞의 일을 들어 이야기 하니, 선사가 말하되,
"마음대로 물어보시오."
하였다. 배상국이 묻기를,
"초상은 볼만한데 큰 스님들은 어디에 계시오?"
하니, 선사가 부르기를,
"상공(相公)!"
하고 불렀다. 배상국이 대답하자 선사가 이어서 묻기를,

"어디에 계시오?"
하였다. 이 말끝에서 배상국이 활짝 깨달았다.

2. 배상국의 식심(識心)의 규(窾)에 대하여.

이 공안은 선문염송 제393칙 '형의(形儀)'다. 형의(形儀)는 초상화(肖像畵)다. 선문염송 제393칙의 요지(要旨)는 무엇인가?

큰스님들이 어디에 있느냐고 묻는 지금 그대는 어디에 있느냐는 질문이 이 공안의 요지(要旨)다. 이때 배상국의 식심(識心)은 무작정 큰스님들이 어디에 계시느냐고 말하면서 찾던 그 상태 그대로 끊어졌다. 규(窾)의 이치에서 본다면 "상공! 어디에 계시오?" 하는 황벽의 말씀이 큰스님들을 찾던 배상국의 식심을 끊어 도려내고 봉쇄(封鎖)한 규(窾) 역할을 했다.

"상공(相公)! 어디에 계시오?"
하는 대목이 식심의 규(窾) 역할을 하고 식심을 묶었다. 황벽희운의 이 말씀끝에 큰스님을 찾으며 무방비(無防備) 상태로 허술하게 노출되었던 배상국의 식심(識心)이 간단히 끊어져 독안의 쥐가 되고 말았다.

3. 이런 부류의 이야기끝에 깨달았다니?

불교를 좀 한 사람이라면 이 공안의 의미 정도는 대충 알겠다고 말할른지 모른다. 그러나 그 의미를 구체적으로 말해보라면 아마 십중팔구 말못할 것이다. 뭔가 어느정도 알기는 알되 끝까지는 모르니 어슴푸레하게 알고들 있다고 해야할지. 여하튼.

우선 이런 형식의 이야기끝에도 오도(悟道)를 하는가 하는 의구심을 품는 사람들이 많으리란 생각이 든다. 당연하다. 배상국이 일견 부질없어보이는 질문을 질질 끌면서 계속하다가 도리어 오도(悟道)하고 말았으니 그로서는 꿈속에서도 예상치 못했던 오도(悟道)였다. 물론 그때까지의 배상국의 수행의 공덕을 무시한다는 뜻은 아니고. 대단한 수행이 전제되지 않고서야 어찌 오도(悟道)하겠는가.

　이런 정도의 이야기라면 나도 알고는 있다고 내뱉을 사람은 수두룩하다. 그러나 어느선(線)까지 아는지? 알고는 있다는 표현이 끝까지는 모른다는 표현일 터. 끝까지는 모른다는 표현은 뭔가? 결국 모른다는 것이다. 아는듯 하면서도 끝까지는 모르니 결국 몰랐다는 말이다. 끝까지 모르면 모르는 것이다. 내 말에 어폐가 있다고 지적할른지 모른다. 하지만 끝까지 모른다면 심리단절이 안된 것이다. 심리단절이 안되었다면 모른다.

4. 볼만한 구경거리.

　초상은 볼만한데 큰 스님들은 어디에 계시느냐고 공연히 큰 스님들을 찾는 배상국에게 "상공!"하고 부름에 상공이 "예"하고 대답하자 다시 "어디에 계시오?"하고 물었겠다. 이 순간에 배상국은 <큰스님들은 어디에 계시느냐는 질문>을 껴안은 그 자세로 끊어져 나뒹굴었던 것이다. 볼만한 구경거리다. <큰스님들은 어디에 계시느냐는 질문>을 입에 담은 그 자세 그대로 고스란히 끊어져 백주대로(白晝大路)에 코를 박으며 나뒹굴다니. 그것도 천하(天下) 사람들의 이목(耳目)이 집중된 가운데서.

　어찌 보면 별것도 아닌데 싶기도 할 것이다. 하지만 자세히 보라. 이 글의 내용으로 미루어 짐작컨데 불법(佛法)의 대의(大義)는 알고 있었다고 여겨지는 배상국이지만 깨달았다고도 느껴지지는 않는 배상국이다.

　그래서 황벽의 심경(心境)도 알아볼겸 또 어쩌면 쓸만한 한 말씀이라도 황벽의 입에서 나오면 어디 한번 들어보리라는 그냥 그렇고 그런 심정으로 큰스님들의 초상(肖像)을 들먹인 것인데 황벽은 훤히 알고 있었다. 황벽은 <큰스님들의 초상화 문제>로부터 배상국을 완전히 끊어내고 완전히 도려내고 말았다.

5. 심리적인 퇴로차단에 대하여.

별것도 아닌 이 대목에서 배상국이 깨달았나 싶기도 하겠지만 사실은 그렇지 않다. 별것도 아닌 문제에 자기자신도 모르게 깊이 빠져든 사람이었기에 심리적(心理的) 퇴로(退路)를 차단하는 작업은 아주 쉬웠다.

황벽이 배상국을 그때 불렀지. 불러서 물었어. 부른다고 멍청하니 대답하며 머리 되돌리는 멍청한 사람에게 "지금 그렇게 묻고있는 그대는 어디 있느냐?"고 물었어. 이때 배상국은 그냥 간단히 끊어지고 말았어.

이때 부질없이 큰스님들의 초상(肖像)에 묶여있던 배상국이 큰스님들의 초상화라는 대상(對相)에 묶여있었던 그 자세 그대로 끊어져 자기자신의 전존재(全存在)를 일시에 읽었다. 별것도 아닌데 싶은 "너는 지금 어디에 있나?" 하는 황벽의 질문. 그렇고 그렇다 싶은 황벽의 말씀이 사실은 대상(對相)에 얽매인 사람을 대상에 얽매인 그 상태 그대로 명료하게 끊어주는 금강보검(金剛寶劍) 역할을 했다.

화두에 집착하다가 화두의 요(腰)가 닳기고 요(腰)가 사라지고나면 문득 머리되돌리는 심식(心識)이 자기자신의 전존재를 찰나간에 요요(曜曜)하게 읽는 것과도 같은 이치다.

6. 심리(心理)의 후면(後面)을 끊었다.

배상국은 별스럽지도 않은 심정으로 황벽을 찾고. 이어서 절의 벽에 걸린 큰스님들의 초상이 눈에 띠길래 그냥 그분들이 지금은 어디로 갔느냐고 물어본다. 어쩌다 운좋게 깨닫는 인연을 만나면 황금 노다지를 거머쥐는 것이려니와 그것이야 어찌 바라겠는가. 불교라면 어지간히는 했다며 안하무인(眼下無人)이 된 배상국이 심심하던 차에 스님들의 실력이나 점검해보리라는 심술(?)로 그냥 심술궂게 물고 늘어진 것.

그러나 어찌 알았으랴. 그렇게 질문하는 배상국이 큰스님이라는 대상(對相)에 부지불식간에 잡혀들었음을. 배상국이 처한 그당시 정신적인 정황쯤은 손바닥 보듯이 간파한 황벽이 가만 있었겠는가. <대상에 잡힌> 배상국의 식심을 그냥 그대로 도려내는 작업을 즉각적으로 해치웠다.

대상(對相)에 묶인 식심을 대상에서부터 분리하고 말고 하는 따위의 수고스러운 과정을 거치지 않았다. 오히려 심리(心理)가 대상에 매여있을 때야말로 심리를 끊어줄 수 있는 절호의 기회다. 심리가 대상에 묶여있을 때야말로 심리(心理)의 뒷쪽으로 슬금슬금 다가가 심리의 후면(後面)을 가차없이 끊어주는 절호의 기회가 된다. 그러면 심리는 대상(對相)에 코박은 그 자세 그대로 끊어져 앞으로 고꾸라진다. 앞으로 고꾸라져 나뒹군다.

7. 이와 비슷한 내용의 칙(則)이 뒤이어 나온다. 선문염송 제394칙 '존상(尊像)'이 그것이다. 황벽희운에게 배상국이 존상(尊像) 하나를 모시고와서 앞에 꿇어앉아 말하기를,

"스님께서 이름을 지어주십시오."

하니 황벽이,

"배휴(裵休)여!"

하고 부르매 배공(裵公)이 대꾸하거늘 황벽이 말하되,

"이름을 다 지었소"

하였다. 이에 배휴가 절하면서,

"스님께서 이름지어주신데 대하여 감사합니다."

하였다.

8. 거 왠 헛수작이냐?

이 공안이 시사하는 바는 바로 앞에 나왔던 공안의 그것과 똑같다. 존상(尊像)의 작명(作名)을 부탁한다는 핑계로 대상(對相)을 가리켜보이며 은연중에 깨달은 이후의 보림(保任)에 대하여 한 말씀 해달라는 배상국의 심리를 훤히 꿰뚫어본 황벽이 앞에서 써먹은 수법(手法)을 연거푸 써먹었다.

거 뭐 멀찌감치 떨어져 어물거리고 존상(尊像)의 이름 따위나 지어달라면서 슬슬 빈대붙어올 이유가 어디에 있나. 거 왠 헛수작이야? 그럴 것 없다. 지금 그렇게 시시껄렁한 작명(作名)이나 부탁하면서 눈치나 보는 <네놈 바로 그것>뿐이다. 네놈도 그런 것쯤은 알고 있지? 알고 있으면서 괜시리 왜 그러느냐? 깨달은 후의 보림(保任)도 그놈에서 벗어나는 게 아니야. 알겠느냐? 이 정도의 내용이다.

9. 바다위에 외롭게 떠오른 섬.

불교는 결국 자기자신을 등불로 삼고 자기자신을 바다위에 외롭게 떠오른 섬과 같은 것으로 똑똑히 인식하여 자기자신에게로 귀의(歸依)하라는 말씀이다. 자기자신 이외의 그 어떤 다른 것에도 의존하거나 매달리지 말고 눈길조차 주지 말라는 가르침이 불교다. 자기자신을 의지처로 삼아 게으름없이 정진(精進)하라는 가르침이 불교다.

재상(宰相)을 뜻하는 배상국(裵相國)의 이름은 배휴(裵休)였다. 너무나도 뻔한 사실을 일깨워줌으로써 이미 견성(見性)한 배상국의 보림(保任)의 길을 보다 확실하게 제시하는 스승 황벽희운이다.

78. 삼천리(三千里)는 무엇을 의미하는가?

1. 선문염송 제508칙 '차각(杈却)'.

오대산(五臺山) 비마암(秘魔嵒) 화상이 항상 나무집게 하나를 곁에 놓아두고 있다가 중이 와서 절을 하면 그 나무집게로 목덜미를 집고 이르기를,

"어느 마군이가 너로 하여금 중을 만들었으며, 어느 마군이가 너로 하여금 행각(行脚)케 했는가? 대답을 하더라도 집어서 죽이고, 대답을 못하더라도 집어서 죽이련다. 속히 말하라. 속히 말하라."

하였다. 그때 곽산(霍山)이 찾아와서 비마암 화상의 품안으로 뛰어드니 비마암(秘魔嵒)이 그의 등을 세차례 문질렀다. 그러자 곽산이 튀어나가서 손을 들고 말하되,

"삼천리(三千里) 밖에서 나를 속이는구나."

하였다는 것이다.

2. 백약무효(百藥無效)에 대하여.

여하튼 선문(禪門)에서 전해내려오는 공안(公案)이란 기괴하다. 한데 비마암 화상의 말씀은 무문관 제43칙 수산죽비(首山竹篦)공안에 나오는 수산성념의 말씀과 똑같다. 어디 어느 구석에 티끌만큼이라도 서로 다른 점이 있나?

"이래도 안되고, 저래도 안되고, 네놈 마음대로 해도 안된다. 어찌할테냐? 말해보라."

바로 이런 의미의 수작 아니냐. 그 어떤 묘수(妙手)를 짜내어 내 앞에 들이대어봤자 내가 눈썹 한올 깜박 않겠다는 포고령이다. 나는 네놈의 그 어떤 생각이나 대답도 인정하지 않겠다는 선언이니 그야말로 백약(百藥)이 소용없는 노릇이다.

 3. 돌대가리에 대하여.
 거꾸로 뒤집어 사유(思惟)해볼까나. 이런식의 질문을 하는 비마암(秘魔嵒)이나 수산성념. 그 두 어른 모두 돌대가리는 아닌가 하는 의구심(疑懼心)마져 든다. 어쩌면 그럴지도 모르지. 사실 의구심 정도로 끝나는 문제가 아니었다. 비마암이나 수산성념 두분 다 사실상 <돌대가리> 어른들이었다는 사연이다.
 대답을 해도 나무집게로 집어서 죽이고 대답을 못해도 나무집게로 집어서 죽이겠다는 이야기가 정상적인 인간의 입에서 나올법한 소린가? 돌대가리 머리에서 삐져나오는 엄포다. 돌대가리 머리에서 삐져나오는 석인(石人)의 말씀인지라 인간적이고 정상적인 두뇌로서는 도무지 이해가 안된다.

 4. 이래도 안되고 저래도 안된다는 말씀의 의미는 전혀 다른데 있다. 뭘까? 이래도 안되고 저래도 안된다고 할 때, 그때 문(門)은 소리소문없이 잠기고 문(門)의 흔적조차 지워지고 말았다. 문(門)이 어떻게 잠겼는지는 하늘도 귀신도 모른다. 그러니 문(門)이 잠긴 후에 어떻게 어찌 잠겼는지는 비마암(秘魔嵒)스님조차도 까맣게 모른다. 모르게끔 되어 있다.
 이는 마치 상처가 아물고 상처를 덮고있던 고름딱지가 떨어진 후에는 새하얀 피부의 어디에서 상처가 났었던가를 찾는 일이 불가능해지는 것과 똑같은 이치라고나 할까.
 이는 마치 실(絲)로 한뜸 꿰매었던 상처가 아물고 상처를 꿰매었던 실(絲)을 뽑아낸 후에는 상처가 있었던 자리를 찾아내는 일이 전혀 불가능해지는 이치와 똑같아서 다른 점이 없다고나 할 수 있을지 몰라.

5. 상처가 아물고 난 다음에 뽑아내는 한뜸의 실(絲)이 곧 화두지요(話頭之腰)야. 그러니까 실을, 단지 한뜸의 실을 뽑아낸 다음의 마음은 바깥(外)이 없어지고 만다. 본래부터 바깥이란 없는 마음이기는 하지만. 그래서 말하기를,

"꿰맨 흔적이 없어 이 마음 이대로, 통째로 둥글고 또 둥글다."

고, 도인(道人)들이 중얼대지 않던가. 이른바 대원경지(大圓鏡智) 이야기다. 비마암도 수산성념도 바보 멍텅구리라는 표현은 따지고보면 그다지 틀린 비유(比喩)는 아닌 셈이지. 어째서 틀린 비유가 아니라는 건가?

그렇다면 비마암은 인형(人形)이라는 비유는 어떤가? 이 정도라면 좀 심한가? 그러나 대원경지(大圓鏡智)로서 존재하는 사람들의 실상(實相)이 인형(人形)에 비유될만한 성질의 것인데야 어쩌겠는가?

6. 그때 곽산(霍山)이 비마암(秘魔岩)의 품속으로 뛰어드니 비마암이 그의 등을 세차례 문질렀다고 했지? 왜일까?

그럼 품속으로 뛰어드는 사람을 어쩌겠어? 떠밀어내겠어? 품속으로 뛰어드는 사람의 등이나 슬슬 문질러주고 토닥거려주지 어쩌겠어. 본래 등이란 슬슬 문질러주거나 부드럽게 두드려주면 시원해하고 감격스러워하게 마련이야. 안그래?

같은 사내들끼리 껴안고 껴안겨서 그게 무슨 짓거리인지는 모르겠으나. 하긴 뭐 좀 징그럽기야 했겠지만 말이야. 도인(道

人)도 징그러운 물건이 다 있나 싶겠지만. 징그러운 것을 어찌 하겠어? 징그러운 것은 징그럽지만 징그러운 것으로 끝나기는 끝난다고 해야 할까.

비마암이 천문(天門)을 눈 깜짝할 사이에 닫아걸고 흔적을 말끔히 없앤 다음, 시치미 뚝 떼고 곽산의 등이나 슬슬 문질러 주었나니. 곽산(霍山)의 등이나 슬슬 문질러주는 솜씨로 짐작하건데 비마암의 봄은 이미 무르익을대로 무르익고 있었음을 짐작하고도 남음이 있겠네.

7. 비마암이 품속으로 뛰어든 곽산의 등이나 슬슬 문질러대자 곽산이 다시 비마암의 품속에서 뛰어나왔다지. 으히히히. 간지러운 것을 어쩌겠나? 그래서 웃지.

그래, 어쩌겠어. 곽산(霍山)도 그야말로 불알 달린 사내요 사내 중에서도 사내인 헌헌 대장부(大丈夫)였을진대 비마암의 품속에 얼싸 안긴채 <슬슬 등 문지름>을 당하는 간지럽고 지저분한 처지를 어떻게 무슨 수로 견뎌낼 수 있었겠는가?

여인(女人)도 아닌데 말이야. 뿅알 달린 사내가 말이야. 그토록 간지럽고 지저분하고 디디부리한 <아무게의 품속에 얼싸 안긴채 등이나 슬슬 문지름> 당하는 곤혹스럽고 진땀나고 비위상하는 처지를 무슨 재주로 견디고만 있을 수 있었겠느냐는 나의 질문이야. 으히히. 사내들끼리 그게 무엇하는 짓거리냐는 질문이지.

8. 그래서 곽산(霍山)이 징그럽기 쫙이없는 비마암의 품속에서 밖으로 튀어나갔다지. 껄껄껄. 여갛게 생각해보거나 그려. 그럼 사내가 사내의 품속에 얼싸 안긴채로 댄스곡에 맞춰 빙글빙글 돌아가면서 찍어야 하나? 서울 찍고 부산 찍고 대구 찍고

광주 찍어야 하나? 젠장 우라질. 혹시나 있을지도 모를 오해는 사전(事前)에 차단해야겠지. 서울 부산 대구 광주는 그당시 세태(世態)를 반영하며 신문(新聞)에 오르내렸던 유행어(流行語)였어.

곽산(霍山)이 비마암의 품속에서 밖으로 튀어나가서는 그제서야 사내로서 뒤늦은 후회를 했는지 뭘 했는지는 모르겠으나, 어쨋든 제법같이 손을 다 들고 외치기를 외쳤어.

"이 인간이 삼천리(三千里) 밖에서 나를 속이는구나!"

자, 드디어 수수께끼가 나왔다. 이 삼천리(三千里)는 무엇이며 '삼천리 밖'은 또 무엇인가?

9. 삼천리에 대하여.

대승기신론(大乘起信論) 종체편(宗體篇)에 나오는 말씀이다.

"(종체는) 크다고 말하고 싶으나 안이 없는 것에 들어가도 남김이 없으며, 작다고 말하고 싶으나 밖이 없는 것을 감싸고도 남음이 있다."

종체(宗體)가 무엇인가? 한마디로 종체는 마음이다. 기신론의 말씀에서도 나타난 것과 같이 마음이란 바깥없는 물건이다.

그러므로 이 공안의 삼천리는 바깥없는 마음을 의미한다고 마땅히 알아야 하리로다. <바깥없는 마음>이 곽산(霍山)의 입을 통해 '삼천리'로 표현된 것이다.

10. 삼천리 바깥에 대하여.

그런데 '삼천리'는 무엇이고 '삼천리 밖'은 또 무엇이냐는 질문인가? 당연한 질문이다. <삼천리 바깥>은 곽산(霍山)의 독설(毒舌)이다. <삼천리 안>이라는 표현이 돌변하고 독설로 표변하여 <삼천리 바깥>이 되고 말았다. 삼천리가 식심(識心)을 의미하는 언어(言語)일진대 식심(識心)에 어찌 바깥(外部)이 있을까보냐.

결국 "삼천리 밖에서 나를 속였구나!" 하는 표현은 "네놈의 그 끊어져 오도가도 못하는 손바닥만한 크기의 마음을 능히 짐작하겠다" 하는 정도의 의미로 이해하면 될거다. 그것도 찬미의 말씀이다. 극찬(極讚)의 말씀이다.

"알 것은 다 알아맞춘 이 인간이 나를 한입에 꿀꺽 삼키고 말았구나."

이런 풀이도 얼마든지 가능하다. 비마암의 품속으로 뛰어든 곽산을 비마암은 어떻게 대했던가. 그냥 그대로 안아주고 내친 김에 등까지 슬슬 문질러주지 않았던가. 그러니까 비마암은 곽산을 한입에 꿀꺽 삼키고만 것이지.

11. 비마암이 나무집게를 준비해놓고설랑 선언하기를,

"썩 잘 대답해도 찝어 죽이고 / 어눌하게 대답 못해도 찝어 죽이겠다."

고 엄포를 놓았을 때, 천문(天門)은 이 말씀의 요(腰)에서 소리 소문없이 닫히고 말았겠다. 천지(天地)는 그야말로 거짓말 하나 보태지 않고 칠흑같이 새까만 광명(光明)의 덩어리로 화(化)하고 말았어.

"대답해도 죽이고 / 대답 못해도 죽인다."

이 공안이 과연 언어로서 성립하는가? 성립 못한다. 억지소리이기 때문이다. '억지소리'로서의 공안이 가운데서 비틀려 끊어지고 있음이 보이지 않는가? 공안이 요(腰)에서 비틀어져 끊어진다. 끊어지면 이 공안의 전체 이야기는 무너져 요(腰)의 속으로 흡수된다. 공안이 요(腰)에서 비틀어져 끊어지고 무너지는 공안의 말씀이 요(腰)를 향해 빨려들면 공안을 바라보는 사람

의 식심(識心)의 출구(出口)는 지워진다. 이때 식심은 한덩이로 묶여나온다. 이른바 전체작용이 시작되는 것이다.

12. 식심(識心)의 출구로서 작용하던 요(腰)가 규(竅)로까지 인식되도록 내버려두면 안된다. 요(腰)를 규(竅)로 인식하게 되면 규(竅)를 다시금 지워서 그야말로 '구멍'없는 요(腰)가 되게끔 해야하는 일이 남는다. 요(腰)가 규(竅)로서 인식되는한 요(腰)는 지워지지 않는다. 요(腰)가 '구멍'으로서 인식되는데 어찌 지워지는가? 지워져서 식심을 봉합(縫合)할 수 있겠는가?
봉합되지 않은 상황에서의 식심은 망망(茫茫)하게 흐르는 번뇌에 불과하다. 식심은 반드시 봉쇄해야 한다. 식심의 봉쇄를 위하여 공안의 요(腰)를 설정하여 바라보게 한다. 이때 공안의 요(腰)가 규(竅)로서 인식되는 동안에는 식심은 끊어지지 않는다. 그야말로 규(竅)를 통하여 식심이 새어나가기 때문이다.

13. 이율배반(二律背反)은 무너진다.
그러나 공안의 요(腰)를 규(竅)가 아닌 요(腰)로서 정밀하게 인식하게 되면 요(腰)는 비틀리고 끊어져 증발한다. 이때 사라지는 요(腰)와 함께 요(腰) 좌우에서 역설(逆說)로서 대치하던 <대답해도 죽이고>와 <대답 못해도 죽인다>는 두 조각의 말씀 또한 사라지는 요(腰)와 함께 종적을 감춘다. 생각해보라.
<대답해도 죽이고 / 대답 못해도 죽인다>와 같은 이율배반(二律背反)이 무너지지 않고 버티겠는가? 끝까지 버티면서 온전한 언어로서 역할(役割)할듯한가? 온전한 말로서 성립 못한다는 뜻이다.

14. 식심(識心)의 출구(出口)가 사라진다.

이와같이 비마암(秘魔嵒)의 말씀의 전반부와 후반부가 역설(逆說)이다. 역설(逆說)은 그 요(腰)에서 비틀어져 끊어진다. 요(腰)에서 비틀어져 끊어지는 '비마암'의 말씀은 그러므로 처음부터 존재하지 않았던 셈이 된다. 이때 이 공안을 바라보던 사람의 식심(識心)의 출구는 지워지고 자물쇠가 채워지는 셈이다. 이때부터 식심이 새어나가던 출구가 사라지는 셈이라는 뜻이다. 왜인가?

이 공안을 잡고 씨름하며 연구하던 동안에 공안의 요(腰)가 어느듯 신묘(神妙)한 솜씨로 식심을 비집고 들어와 식심의 출구로서 자리매김을 받고 자리잡았기 때문이다. 이런 일은 공안을 잡은 사람이 자기자신도 모르는 사이에 이루어지는 심리작용이다. 그래서 공안이란 기묘한 불가사의(不可思議)라고 누차 해설해온 것이다.

누구든간에 공안을 잡으면 그때부터 공안은 그 사람의 마음의 출구로서 자리잡으며 그 사람의 마음의 전체를 옭아맨다. 그러다가 세월이 흘러 공안 전반부와 후반부가 요요(曜曜)한 역설(逆說)로서 인식됨에 따라 공안이 요(腰)에서 끊어져 흔적없이 사라진다고 알아보면 그때 식심은 철저하게 봉쇄를 당하고 봉합(縫合)을 당해서 한덩이를 이룬다. 한덩이를 이루고 태허(太虛)로서 떠오른다. 이것이 모두 식심의 출구로서 작용했던 공안의 요(腰), 이 요(腰)가 사라지는데서 오는 대단한 결과다.

15. 이율배반의 역설(逆說)은 성립이 불가능해진다.

그러나 이것 하나도 반드시 자각해야 한다. 공안의 요(腰)가 끊어지기 위해서는, 끊어져서 언어로서의 성립이 불가능해지고, 따라서 공안은 본래부터 존재하지 않았다는 인식에 투철해지기 위해서는, 투철해져서 언어(言語)의 속박에서 벗어나기 위해서는, 언어의 속박에서 벗어남으로서 비로소 식심(識心)을 해탈시키기 위해서는 이것을 잊어서는 안된다. 물론 반복되는 이야기다.

요(腰)를 중심하여 공안의 전반부와 후반부가 심각한 역설(逆說)을 이루어 비틀렸다. 비틀려서 끊어진다. 비틀려서 끊어지는 요(腰)는 어디까지나 요(腰)일뿐 규(竅)는 아니다. 이와같은 인식에 철저하여야 한다는 것이다.

이와같은 인식이 철저하게 뇌리에 박히면 그때 구멍없는 요(腰)는 끊어진다. 끊어지는 요(腰) 좌우에서 대치하던 역설(逆說)로서의 말씀들도 더이상 발붙일 곳이 없어지면서 와해된다. 와해되어 요(腰)의 속으로 흡수되고 요(腰)와 더불어 깜쪽같이 사라진다. 이것이 소위 화두융합이다. 이러한 인식의 절차를 밟게되면 공안이란 처음부터 존재하지도 않았다는 깨달음을 얻는다. 요(腰)가 지워지는 현상목격을 깨달음으로 인식한다는 뜻이다.

16. 식심(識心)의 출구.

결국 공안이 요(腰)에서 끊어짐으로서 말씀으로서의 공안은 역설(逆說) 즉 성립할 수 없었음이 증명된 것이다. 그렇다. 역설(逆說)은 성립하지 못한다. 역설은 역설인만큼 반드시 무너져 사라지되 그 요(腰)에서 무너져 사라진다.

그때 알게된다. 허황한 역설로서의 말씀의 중심에서 역설(逆說)을 성립시키던 요(腰)가 그때까지 식심(識心)의 출구로서 작용했음을 알게된다. 이와같은 이치로 공안의 요(腰)가 사라지면 식심은 봉합(縫合)을 당한다고 설해왔다.

17. 노당당(露堂堂)에 대하여.

그 왜 이런 말이 있지.

"새까만 머리가 바로 밝다."

이 새까만 머리 속의 일은 처음부터 끝까지 노당당(露堂堂)이야. 드러나고 또 드러나 숨긴 거라고는 하나도 없이 낱낱이 다 드러나고 말았어. 숨기고 감출래야 숨기거나 감출 수도 없거니와 숨기거나 감출 것도 없어. 왜인가 그 말인가? 마음의 바깥이 없어지면 노당당이 되게끔 되어 있어니까.

한결같이 이(마음) 가운데의 일인데 어째서, 뭣 때문에 속이고 말고 하겠는가? 속이고 말고 할 이유도 없지만, 자기자신의 일을 자기자신에게 속이는 일이 과연 가능한가? 마음의 바깥이 사라지면 시방세계와 이 몸과 이 마음이 그냥 그대로 통째로 도려내어져 한덩이가 되고만다. <비마암이 곽산을 한입에 삼켰다>는 나의 해설도 이것을 의미한다. 오해하지 말라.

그러기에 비마암은 품속으로 뛰어든 곽산을 안아주고 그것에 더하여 곽산의 등이나 물끄러미 만져주었던 것. 그리고 곽산은 그토록 의연한 비마암을 분명히 옳다며 인정한 것.

"삼천리 밖에서 나를 속였다."

하는 곽산의 말은 비마암이 바깥없는 마음을 얻었음에 틀림없다는 선언이다. 바깥없는 몽환(夢幻)의 마음을 획득한 비마암을 철저하게 인정했다.

79. 누가 덕산탁발화(德山托鉢話)를 4등분(四等分)하는가?

1. 무문관 제13칙 덕산탁발(德山托鉢).

덕산선감이 어느날 공양(供養)이 늦어지자 손수 바리때를 들고 법당에 이르렀다. 공양주(供養主)인 설봉의존이 이것을 목격하고,

"저 늙은이가 종도 치지 않고 북도 울리지 않았는데 바리때를 들고 어디로 가는고?"

하고, 중얼대니 덕산선감이 머리를 푹 숙이고 곧장 방장실로 돌아갔다. 설봉의존이 이 일을 암두전활에게 전하니 암두전활이 이르기를,

"보잘것없는 덕산이 말후구(末後句)를 몰랐구나!"

하였다. 암두전활의 혹평(酷評)이 덕산선감의 귀에까지 흘러들어갔다. 덕산이 암두를 불렀다.

"네가 나를 긍정치 않느냐?"

덕산의 노기띤 힐문(詰問)을 받고 암두가 자기자신의 뜻을 덕산에게 은밀히 전했다 한다. 그 다음날 덕산이 법상에 올라 설법을 하는데 이전과는 달랐다. 이에 암두가 손뼉치고 크게 웃으며,

" 기쁘다. 늙은이가 말후구를 아는구나. 이후로는 천하(天下) 사람들이 저 늙은이를 어떻게 할 수 없으리라. 그러나 다만 삼

년 뿐이로다."
했다는데 과연 덕산은 삼년 후에 타계(他界)했다.

2. 그런데 이 덕산탁발화(德山托鉢話)를 네쪽으로 찢어서 바라보겠다는 사람들이 있다기에 그 잘못을 따지고 아울러 바로잡고자 한다. 네개의 쪼가리는 이것이다.
첫째. 설봉의 한마디에 어째서 덕산이 머리를 숙이고 방장실로 돌아갔을까? 진실로 대답할 능력이 없었을까, 아니면 또 다른 뜻이 있어서였을까?
둘째. 덕산이 과연 말후구를 몰랐을까? 말후구를 모르면서 어떻게 조사(祖師)가 되었을까?
세째. 암두가 은밀한 뜻을 덕산에게 말하였다 하는데 무슨 말을 하였을까?
네째. 덕산이 암두의 가르침을 받고 말후구를 알았다는데, 그러면 암두가 그 식견(識見)에 있어서 덕산보다 몇배나 뛰어났다는 말인가?

무문관 제13칙 덕산탁발의 네가지 어려운 점을 따라서 이와 같이 네가지 쪼가리로 나누어 일일이 살펴본다는 것이다.

도대체 '덕산탁발화'를 마른 오징어 찢어 먹듯이 갈갈이 찢어서 먹겠다는 의도(意圖)를 처음으로 내비친 사람이 누구였으며, 이런 수작을 처음으로 부린 사람이 누구였을까? 어느 누구의 머리에서 '덕산탁발화'의 이와같은 4분론(四分論)이 최초로 태동되어 꼬물거리며 일어났을까? 이것은 분명 어제 오늘의 일은 아니었으리라.

3. 공안에는 반드시 눈(眼)이 존재한다. 해마다 여름철이면 남태평양에서 한반도를 향하여 밀려 올라오는 태풍에 '태풍의

눈'이 박혀있듯이. 태풍의 눈이 하나라면 공안의 눈도 하나인 줄 알아야 한다. 하나의 공안을 사분오열(四分五裂)하여 공안의 눈(眼)을 너다섯개나 만드는 수작은 자유지만 어지간히는 바보스런 작태(作態)다.

설혹 한개의 공안을 찢어서 너댓개의 공안의 눈알을 만들었다손 치자. 만들었다손 치더라도 정작 가장 중요한 공안 고유의 한개의 눈알(=腰)이 명근(命根)을 끊어버리면 공안을 인위적으로 찢어서 만든 그밖의 부차적(副次的)인 몇개의 눈알 따위는 하등 쓸모없는 물건으로 즉각 폐기처분된다.

왜 이런 짓을 하는가? 예컨데 '덕산탁발화'의 4분론(四分論)을 들고 나타나는 행위는 '덕산탁발화'를 공부하는 학인(學人)들의 생각을 그야말로 정확하게 네쪽으로 찢어주는 행위 이상의 것을 의미하는 짓거리는 아니다.

그렇지 않아도 화두를 해보면 심란하기 그지없어진다. 이건지 저건지 분간을 못하고 좌충우돌하는 암중모색(暗中摸索)이야말로 화두선의 초기(初期) 모습이다. 이런 사람들 앞에 나타나 그들이 잡고있는 '덕산탁발화'를 냉큼 뺏어들고 다시 네쪽 혹은 다섯쪽이나 되도록 갈갈이 찢어서 내던져준다면 '덕산탁발화'를 공부하는 사람치고 환장 안하고 견딜 사람이 몇이나 되겠는가?

4. '덕산탁발화'의 구성이치를 살펴보자. 미리 말해두는 바이거니와 암두전활이 뱉어낸 그 '말후구'라는 말 따위는 조금도 중요하지 않다. '말후구' 따위의 말에는 신경꺼야 한다. 왜인가? 그 '말후구(末後句)'는 바로 이 공안의 눈(眼=腰)이기 때문이다.

암두전활이 내뱉은 '말후구'가 어디 봉래산(蓬萊山) 상상봉(上上峰)의 낙락장송(落落長松) 휘늘어진 가지끝에나 걸려있는 줄 아시는가? 걸려서 스쳐지나가는 청풍(淸風)에 한들거리는 줄 아시는가? 천만의 말씀이지. 부언하려니와 '말후구'는 바로 이 공안의 요(腰)일뿐이야. 그럼 공안분석작업에 슬슬 손대볼까나.

 [1]. 때도 아닌데 덕산이 바리때를 들고 출현한다.

 [2]. 스승의 그런 행태를 목도(目睹)한 설봉의존이 지꺼린다. 식사시간이 아직도 멀었는데 쭈글쭈글한 노인(老人)이 무슨 일인가 하고 말이다.

 [3]. 제자 설봉의존의 입에서 새어나오는 이야기를 듣고 덕산은 문득 고개를 숙인채 방장실로 돌아간다.

 [4]. 이 이야기의 전말(顚末)을 설봉에게서 전해들은 암두가 평했다. 이 늙은이가 아직도 말후구를 모르는구나.

 [5]. 이 이야기를 또 전해들은 덕산이 암두를 불러 따졌다. 네놈이 감히 나를 긍정치 않는다는 말이냐, 이 고약한 인간!

 [6]. 그러자 암두가 덕산의 곁으로 살살 다가가더니 삼국지(三國志)의 조조같이 귓속말로 뭔가를 속삭였다. 그래 행여 쥐새끼같은 놈이 벽속에 숨어있다가 엿듣기라도 할까봐서 그러는지 조조같이 귓속말로 말이지. 그랬더니 험악한 덕산의 노기(怒氣)가 봄날 야산(野山) 기슭의 잔설(殘雪)인듯 순식간에 녹고말았겠다.

 [7]. 다음날 덕산이 법상(法床)에 올라 법문을 하는데 과연 그 태도가 평소때와는 달랐다.

 [8]. 이에 암두가 승당(僧堂)앞으로 나아가 또다시 삼국지의 조조처럼 행동하는데 가관이었다. 암두는 손뼉치고 깔깔거리며 외쳐가라사대, 기쁘도다 우리 큰스님이 말후구를 알았도다 이후로는 천하(天下)의 그 누구도 덕산스님을 어쩌지 못하리로다, 하였다는 것이지 뭐.

5. 자, [1]번에서 [8]번까지 늘어놓았다. 말해보라, 어느것이 이 공안의 핵(核)이냐? 어느것이 이 공안의 눈(眼)이겠느냐? 그야 뭐 뻔하지 뭐. [6]번이 이 공안의 눈이지 뭐. [6]번 이외의 번호를 들이대면서 이것이 '덕산탁발화'의 눈이 아니고 무엇이겠는가 한다면 그건 억지야. 제법같이 눈을 부릅뜨고 목줄대의 핏줄을 벌럭거리고 침을 튀기면서 억지를 부리고 강짜를 부리면서 우긴다고 해서 [6]번 이외의 것이 '덕산탁발화'의 눈(眼)이 될 수는 없는 일이다. 왜인가?

뻔하지 뭐. 이 공안에서 암두가 덕산의 귀에 대고 속삭인 것이 뭐냐 하는 대목보다 더 사람 환장하게 만드는 구절이 어디 있다는 주장이냐. 이 대목보다 더 사람 미치게 만드는 대목이 있다고 주장한다면 그건 희멀건 헛수작일뿐이지. 그렇다. '덕산탁발화'의 눈은 [6]번이다. 쉽게 풀이해서 <암두가 덕산의 귓전에다 속삭이는 순간과 지점(地點)>이 바로 이 공안의 허리, 즉 화두지요(話頭之腰)다.

불자(佛子)야! 귀담아들을지로다. 화두에서 '화두지요'를 제외하면 나머지 부분은 솔직히 말해서 되돌아볼 가치조차 없다 해도 지나친 표현이 아니다. 공안에서 '화두지요'를 제외한 나머지 부분의 역할은 단지 '화두지요'의 형성에만 초점(焦點)이 맞춰져있다.

따라서 '화두지요'의 형성 이후에는 '화두지요' 이외의 나머지 부분은 그 의미가 상실되면서 그림자와도 같이 부질없는 존재로 돌아간다. 아예 되돌아볼 가치조차 없어진다. 꽃이 떨어지고나면 꽃받침은 버림받는다는 법구경(法句經)의 말씀처럼.

6. '덕산탁발화'의 화두지요(話頭之腰)에 대한 안목(眼目)이

열린다면 이 공안의 나머지 부분에 대한 잡다한 의문(疑問)이나 의심(疑心)이 동시에 해결된다는 점은 두말할나위도 없어진다. 어찌 '덕산탁발화'의 사소한 몇가지 의문(疑問)뿐이겠는가. 일체 세상사(世上事)에 대한 의심이 일시에 사라진다.

이와같이 '화두지요'에 대한 안목이 열린다는 조건하(條件下)에서 바라보면 세상에 문제될 거라고는 없어지는데, 어째서 굳이 '덕산탁발화'를 네가지 조각으로 나누어 바라보는 4분론(四分論) 따위의 어리석고 가련한 우행(愚行)을 저지르는가? 그럴 필요 전혀 없다. 무엇 때문에 '덕산탁발화'의 4분론(四分論)을 내세워 '덕산탁발화'를 참구하는 학인(學人)의 생각마져 네쪽으로 갈라치려 하는가? 이야말로 우행(愚行) 아니면 그 무엇이겠는가?

화두의 이치를 알아맞추는 일은 정말이지 지난(至難)한 작업이라 할만하다. 자기가 잡고있는 화두의 한곳에만 정신을 집중해도 역부족(力不足)이라 느껴지는 판이다. 그런데 '덕산탁발화'의 4분론(四分論)에서처럼 자기자신의 정신력을 골고루 분산하는 지경에 이르러서는 기진맥진해지지 않을 도리가 없으리라.

화두를 그따위로 바라보다가는 기진맥진해지는 것은 말할 것도 없어려니와, 그보다 더 우려되는 점은 정신력의 분산에서 초래되는 명약관화(明若觀火)한 실패다. '덕산탁발화'를 네쪽으로 찢어서 바라보려는 그따위 수작은 사람의 정신력 고갈(枯渴)이라는 선물을 안겨줄뿐더러, 나아가 화두선 포기라는 지중한 결과를 가져다줄 수도 있다는 점도 명심해야 한다. 거듭거듭 밝히거니와 정신력을 한곳에다 집중하라는 말이야.

세상만사에는 모두 이치가 있는 법. 어느 어느 고승(高僧)의 말씀이라 하여 이치에 닿지도 않는 말씀마져 무조건적으로 따른다면 그것은 눈먼 맹종(盲從)이다.

7. 대혜종고도 말하였다.

"천만(千萬)가지 의심(疑心)도 결국에는 한가지 의심으로 돌아간다. 한가지 의심이 풀리면 천만가지 의심도 일시에 풀린다."

'덕산탁발화'도 화두지요(話頭之腰) 하나만 보면 그로써 그만이다. '화두지요' 하나만 정확히 보면 나머지 의심(疑心) 따위는 일시에 풀린다. '덕산탁발화'를 네 조각내고 다섯 조각내고 말고 할 이유는 어느 구석에도 없다.

80. 풀 그림자

선문염송 제864칙 하필(何必).

1. 직역(直譯)

운거도응(雲居道膺)이 대중에게 말하였다.

"노승(老僧)이 20년 전에 삼봉암(三峰庵)에 머물렀을 때의 일이다. 위부(魏付)에 살던 홍화(興化)라는 장로(長老)가 와서 물었다. 방편으로 한마디를 물어서 '풀 그림자'로 삼을 때가 어떤가? 하고.

노승이 그때는 재치도 생각도 더디어서 대꾸하기는 했으나 그의 질문이 너무나 특이(特異)하여 감히 저버리지 못했었다. 그가 말하기를, 생각컨데 암주(庵主)가 대답을 못하면 절에서 물러가는 것만도 못하다, 하였는데 지금 생각하니 그때 하필(何必)이라 말할 것을 소화하지 못했었다."

나중에 화주(化主)가 위부에 갔더니 홍화(興化)가 물었다.

"산중(山中)의 화상(和尙)께서 지난 날 삼봉암에 계실 때, 노승이 이 이야기를 물었더니 대답을 못했는데 지금은 대답할 수 있을른지?"

하기에, 화주(化主)가 앞의 이야기를 전했더니 홍화가 말하였다.

"운거도응이 20년에 겨우 하필(何必)이란 말 한마디를 했도다. 홍화는 그러지 않으리니, 어찌 불필(不必)이라 말하는 것만 같으리오?"
하였다.

2. 의역(意譯)

운거도응이 말하였다.

"내가 이십년 전 삼봉암에 머물렀을 때의 일이다. 그때 위부에 살던 홍화존장이라는 장로가 찾아와서 내게 물었다. 누가 방편으로 한마디를 던져서 창문에 띄워보는 풀 그림자로 삼는다면 어떠하겠는가? 하고 내게 물어왔다.

나는 재치도 생각도 더디어서 대꾸하기는 했으나 그의 질문이 너무나 독특하여 지금도 잊지 않고 있다. 그러면서 그때 그는 덧붙여 말하기를, 그대가 대답을 못하면 절에서 물러가는 것만도 못하다, 하고 덧붙였다.

이제와서 돌이켜 생각해보니 이런 생각이 떠오른다. 그때 왜, 굳이 그렇게 물을 필요가 있을까?, 하고 내가 대답하지 못했던가 하는 아쉬움같은 것 말이다."

그로부터 20여년이 지났다. 운거도응의 회상(會上)에 머물던 화주(化主)스님이 위부에 갔다. 홍화존장이 옛일을 회상하며 화주(化主)에게 넌지시 물었다.

"그때 나의 질문에 운거도응이 대답을 못했는데 지금은 어떨른지?"

이에 화주(化主)가 운거도응에게서 들었던 이야기를 그대로 전했더니, 홍화존장이 촌평(寸評)을 했다.

"운거도응이 이십년만에 겨우 '굳이'라는 말 한마디를 하게 되었구나. 그러나 내가 만약 그런 질문을 받는다면 그렇게 답하지는 않겠다. '그럴 필요조차 없다'고 말해주리라."

3. 내용해설

[1]. 풀 그림자

'풀 그림자'라는 표현은 이런 속담에서 따온 것이다. 도적이 밤에 주인의 기척을 알아내기 위하여 창문에다 풀 그림자를 띠워보고 아무런 기척이 없으면 들어갔다는 속담에 의한 것이니, 즉 상대방의 마음의 깊이를 재어본다는 뜻이다.

[2]. {하필(何必) = 굳이 그렇게 물을 필요가 있을까?}

방편(方便)으로 짐짓 무심한듯 넌지시 물어오는 상대방의 질문을 받고, 이미 다 알고있는 터이니 그렇고 그런 헛수작할 필요없다는 방식으로 답해준다는 뜻을 담고있는 구절이다.

구경(究竟)에 도달한 사람에게는 어떤 종류의 질문도 창문을 스쳐지나가는 풀 그림자에 지나지 않는 법이기에 미동(微動)도 보이지 않는다는 뜻이 실려있다.

[3]. {불필(不必) = 그럴 필요조차 없다}

이는 앞의 '굳이 그럴 필요있을까?' 하고 되묻는 사람의 심정(心情)에서 한걸음 더 나아간 경지(境地)라고도 볼 수는 있다.

'그럴 필요조차 없다'는 말은 쉽게 풀이해서 '그따위 헛수작 일랑 집어치우라(집어치우고 내 눈앞에서 얼른 꺼지라)'는 말이다.

[4]. 대혜종고의 말씀에 다음과 같은 글귀가 있어 소개한다.

"깨닫는 데에는 시절이 없다. 사람을 놀라게 하지도 않는다.

그대로 가라앉아서 자연히 부처를 의심(疑心)치 않고, 조사(祖師)를 의심치 않고, 생(生)을 의심치 않고, 죽음을 의심치 않는다. 의심치 않는 곳에 이르니 이것이 불지(佛地)로다.

불지(佛地)에는 본래부터 의심(疑心)이 없다. 깨달음도 없고, 미(迷)함도 없고, 생(生)도 없고, 사(死)도 없고, 유(有)도 없고,

무(無)도 없고, 열반도 없고, 반야(般若)도 없고, 부처도 없고, 중생도 없고, 이렇게 이야기하는 것도 없다.

이러한 이야기도 받아들이지 않으며, 받아들이지 않는 것도 없고, 받아들이지 않는다는 것을 아는 사람도 없고, 이렇게 받아들이지 않는다고 이야기하는 사람도 없다."

[5]. 대혜종고의 말씀에 '그대로 가라앉아서'라는 구절이 하필(何必)과 불필(不必)이라는 표현의 필연성을 잘 대변하고 있다.

나는 이미 모든 것을 다 알고 있다. 그러므로 창문에 풀 그림자가 지나가든, 방편으로 한 말씀을 물어오든 어떻든간에 이를테면 눈도 깜박이지 않는 구경지(究竟地)에 나는 머물러 있다는 의미다. 대혜종고의 '그대로 가라앉아서' 하는 구절은 확고부동한 구경지(究竟地)에 안주(安住)해 있음을 의미한다.

4. 불필(不必)과 같은 의미를 띤 칙(則)을 선문염송에서 찾아내기란 아주 쉽다. 부지기수라 할만하다. 손에 닿는대로 몇개의 칙(則)을 해설과 함께 적어보리라. 엄밀한 의미에서 예컨데 선문염송 전체가 불필(不必)의 극미세한 도리(道理)를 설하고 있다 해서 지나친 표현이 아닐 터.

[1]. 제1325칙 용심처(用心處).
누가 수산성념에게 물었다.
"어떤 것이 학인(學人)으로서 마음을 쓸 곳입니까?"
수산성념이 대꾸했다.
"그대의 이 한 질문이 늦은 것을 수상히 여겼다."

【해설】

그대가 입다물고 있기에 좀 기특하다는 생각이 들려는 참이었는데, 그래 드디어 또 다른 놈들처럼 입을 놀리는구나.

[2]. 제1413칙 하고(何故).
오조법연(五祖法演)이 손을 벌리고 어떤 중에게 물었다.
"어째서 손이라 하는가?"

【해설】
손이라고 부르면 이미 틀린 것이니, 그럴 필요 없다는 뜻이다. 따지고 보면 어째서랄 것도 없고, 손이랄 것도 없다. 좀 길기는 하지만 이와 꽤나 유사한 공안이 있다.

[3]. 제1349칙 양착(兩錯).
상주(相州) 천평산(天平山) 종의(從漪)선사가 행각하던 시절에 서원(西院)에 이르렀는데 항상 혼잣말로 중얼대기를,
"불법(佛法)을 알았다는 말 말라. 이야기를 제대로 하는 이도 만나기 어렵다."
하였다. 어느날 서원(西院)이 멀리서,
"종의(從漪)여!"
하고 부르매 종의가 고개를 들었는데 서원이 말하기를,
"틀렸다."
하였다. 종의가 두세 걸음 걸어나가니 서원이 다시 말하기를,
"틀렸다."
하였다. 종의가 서원의 앞으로 가까이 갔더니 서원이 말하기를,
"아까의 두가지 틀림이 나의 잘못인가? 그대의 잘못인가?"
하고 물으니 종의가 답하기를,
"저의 잘못입니다."

하였다. 서원이 또다시 말하기를,

"틀렸다."

하였다. 이에 종의가 그만두거늘 서원이 은근히 권하였다.

"여기에서 이번 여름철을 지내면서 그대와 함께 이 두가지 틀렸다는 것을 헤아려보자."

그러나 종의는 바로 떠나버렸다.

종의선사가 나중에 방장(方丈)으로 머물게 되었을 때, 대중에게 털어놓았다.

"내가 처음 행각했을 적에 서원(西院)의 사명(思明)장로에게 갔다가 연거푸 두번 틀렸는데 장로(長老)가 다시 나를 만류하여 그 여름날을 같이 지내면서 헤아려보기를 권했었다. 하지만 나는 침묵했다. 그러다가 바람끼를 주체하지 못해 남방(南方)으로 출발하여 가면서도 벌써 틀렸음을 나는 알았다."

【해설】

아마 대부분의 독자들은 이게 무슨 소리인지 헤아리기 어려울 것이라 짐작된다. 이해(理解)의 요령은 불필(不必), 즉 '그럴 필요없다'는 말씀에서 찾으면 된다. 지인(至人)은 전체작용(全體作用)의 다른 이름이요, 구경(究竟)의 다른 이름이다. 이것이 힌트라면 힌트다. <지인(至人)=전체작용=구경>이라는 이 힌트를 이용하여 다음 이야기를 소화해보라.

【문】: 부르는 쪽으로 고개를 들었는데 뭐가 틀렸다는 말인가?

【답】: 부른다고 고개를 들어올릴 필요조차 없다는 뜻이다. 부를 것도 없거니와 부른다고 해서 고개돌릴 것도 없다는 뜻이다. 전체작용하는 지인(至人)은 부분(部分)에 떨어지는 법이 없

다.

【문】: 두세 걸음 옮겼는데 뭐가 틀렸다는 말인가?

【답】: 두세 걸음 옮길 것도 없다. 이래도 틀리고 저래도 틀린다는 뜻이다. 일체의 수작을 멸각(滅却)해버리겠다는 의도요 말씀이다. 일체가 멸각되고 구경(究竟)이 드러나야 이해될 말씀이다.

【문】: 누구의 잘못인가를 묻는 질문에 "내 잘못"이라는 대답은 왜 틀렸다는 말인가?

【답】: 내 잘못이든 어느 누구의 잘못이든 그럴 필요있을까. 굳이 입술까지 달싹거리며 굳이 대답까지 시도해볼 필요있을까. 누구랄 것도 없고 잘못이랄 것도 없다. '나'랄 것도 없고 '잘못'이랄 것도 없다.

【문】: 남방(南方)으로 떠난 사실이 어떻게 틀렸다는 말인가?

【답】: 남방(南方)이랄 것도 없고, 떠난다 할 것도 없다.

[4]. 제1365칙 추강(秋江)

선주(宣州)의 흥복가훈(興福可勳)선사가 다음과 같이 노래하였다.

"가을 강이 맑고도 얕으니
해오라기 안개 섬에 섞였다
어질도다, 관음보살이여
온 몸이 거친 풀밭에 들었다."

【해설】

4행시(四行詩)에서 후반부 2행이 독특한 향기를 내뿜는다. 온 몸으로 거친 풀밭에 든 관음보살의 마음일진대, 이는 곧 흥복가훈이 도달한 구경지(究竟地)와 일치하고 있음도 눈치채야 한다. 그러니 어찌 불필(不必)이 아니겠는가. 굳이 설명하자면 이렇다. 불필(不必)이라는 심경(心境)은 전체작용을 하는 지인(至人)의 심경이다. 그러니 어찌 관음보살께서 온몸으로 거친 풀밭에 드시지 않겠는가.

[5]. 제1419칙 구시화문(口是禍門).
원오극근(圜悟克勤)에게 어떤 중이 물었다.
"어떤 것이 부처입니까?"
원오극근이 대답했다.
"입이 재앙(災殃)의 문(門)이다."

【해설】
입이 재앙의 문이라는 말씀은 입 다물라는 뜻으로 하는 말씀이다. 원오극근의 대답도 불필(不必)의 입장에서 바라보면 풀린다. 그 입 좀 다물고 치구심(馳求心)만 좀 쉬어도 어느 정도까지는 이해(理解)할 수도 있을텐데. 지금 당장 깨닫지는 못한다 할지언정.

[6]. 제1364칙 삼결(三訣).
홍주(洪州)의 백장도상(百丈道常)선사가 어떤 때에는 상당(上堂)하여 대중이 모이면,
"차(茶)나 마시라."
하고 자리를 떴으며 어떤 때에는 상당하여 대중이 모이면,
"잘가라."
하고 자리를 떴으며 어떤 때에는 상당하여 대중이 모이면,
"쉬어라."
하고 자리를 떴다. 나중에는 스스로가 이 세가지 인연(因緣)을

합쳐 다음과 같이 노래했다.
　"백장에게 세가지 비결(秘訣)있으니
　차마시라, 잘가라, 쉬라고 하네
　당장에 바로 알더라도
　그대는 깨치지 못했다 하노라."

　【해설】
　입을 뻥긋하여 '굳이' 뭔가를 이야기하고자 시도한다 해도 '그럴 필요 없는' 까닭에 입열리기 전으로 돌아가고말지만. 그래도 간신히 입을 놀려 고작 한다는 말씀이,
　"잘가라."
하는 말이었던 것이다. 이 얼마나 보기 드문 진기(珍奇)한 풍경인가. 그러기에 또 무어라고 말씀하시던가?
　"당장에 바로 알더라도 그대는 깨치지 못했다고 나는 말한다."
　좀 미안한 이야기지만, 보통 머리(두뇌)는 아무리 잘 굴려보았자 기껏해야 해오(解悟)로 끝나게 마련이기 때문에 나오는 말씀이다. 까마득하니 가라앉아 '눈 한번 껌벅일 필요조차 없는' 구경(究竟)이라야 한다. 반드시 이 마음, 이 몸 전체가 고스란히 그대로 끊겨져나와 나뒹구는 이른바 구경(究竟)이라야 비로소 겨우 얻었다 말한다.

　[7]. 제1314칙 적적(寂寂).
　남대(南臺)의 수안(守安)화상에게 누가 물었다
　"적적(寂寂)하여 의지할 곳 없을 때가 어떠합니까?"
　수안화상이 답했다.
　"적적하다. 그만하라."

하고, 다음과 같이 노래했다 한다.

"남대(南臺)가 향로(香爐)가에 고요히 앉으니
종일토록 응연(凝然)하여 만(萬)생각을 잃었다
마음을 쉬거나 망상(妄想)끊음 아니니
아무것도 생각하여 헤아릴 것 없어서라."

【해설】
응연(凝然)이라는 말의 의미하는 바는 '끊어진 마음이 하나로 엉겨있는 현상'이다. 구경(究竟)이 확인되어 적멸하고 있는 이런 지인(至人)에게 어떤 싱거운 친구가 슬슬 다가와서,
"조사서래의(祖師西來意)?"
따위의 덜떨어진 질문을 던진다고 가정해보자. 어떤 답이 나올까? 기껏해봤자,
"입은 재앙의 문이다(입다물라). / 잘가라. / 차나 마시고 쉬었다 가거라. / 그대의 이 한 질문이 늦은 것을 심히 수상히 여겼었다."
등등의 대답 밖에 더 나올 것이 있을까? 그래도 전혀 눈치채지 못하고 빈대붙어,
"마음을 어떻게 써야 하겠습니까?"
등등의 헛수작을 또 시도한다면 어떤 대응이 뿔거져나올까? 그야 뭐 뻔하지. 대번에 서른 방망이쯤을 숨도 쉬지 않고 소나기처럼 퍼붓겠지 뭐. 별 것 있겠나, 뭐.

[8]. 제1066칙 가가(家家).
이번에는 좀 격렬한 어조(語調)를 띠어 상대방에게 '그럴 필요없다'고 불필(不必)을 설하는 말씀을 뒤져보리라.

운문문언에게 누가 물었다.
"우두(牛頭)가 4조(四祖)를 보기 전에는 어떠합니까?"
"집집마다 관음보살이라."
"본 뒤에는 어떠합니까?"
"불속의 지네가 범을 잡아먹는다."

【해설】
불속의 지네가 호랑이를 잡아먹는다는 이 격렬한 말씀은 슬슬 빈대붙으며 질문해오는 상대방의 입을 아예 봉(封)해버리고, 내친김에 상대방의 마음까지 아예 봉(封)해버리려는 수작인 것이다. 그럴 필요없다고 말해주고 싶지만 꾹 참고 엉뚱한 헛소리를 내뱉었었나? 상대방의 입을 틀어막되 어떻게 틀어막았나? 불속의 지네가 범을 잡아먹는다고 했었나?

그리하여 까마득하니 가라앉은 구경(究竟)쪽으로 어떻게든 학인(學人)을 쳐박아넣어보려는 시도를 하기는 했었다. 불속의 지네가 범을 잡아먹는다는 <이 억지 이야기>가 해결이 나고 실실이 풀어져 흔적조차 찾아볼수 없을 지경에 이르기 위해서 학인에게 필요한 것이라고는 구경(究竟)으로 쳐박혀들어가는 일 밖에는 없다.

'그럴 필요조차 없는' 구경에서 바라본다면 '불속의 지네가 범을 잡아먹는다'는 이야기는 한갓 나뭇잎을 스치는 바람소리 따위에 지나지 않는 것이다. 이와같이 '불속의 지네가 범을 잡아먹는다'는 이야기가 한낱 부질없는 이야기로 전락(轉落)하기 위해서는 '그럴 필요조차 없는' 구경(究竟)으로의 진입이 필수적이다. 구경으로 진입해야 '불속의 지네가 범을 잡아먹는다'는 이야기 따위는 굳이 '그럴 필요없어져서' 낱낱이 적멸한다고나 해야할까.

이를테면 운문문언은 <굳이 그럴 필요없음>이라는 극미세한 도리(道理)를 상대방도 알아듣게끔 이끌어주기 위해서 '불속의 지네' 이야기와 나아가 '지네가 범 잡아먹는' 이야기까지 굳이 내뱉고 말았던 것이다.

[9]. 제840칙 허일성(噓一聲).
암두전활은 누가 무엇을 물으면 다만,
"허(噓)!"
하는 외마디 소리를 질렀다.

【해설】
'허(噓)!'는 '어허!'로 보는 것이 더 타당하다.
허(噓)! = 어허! = 어허! 그럴 필요없어. 진중하라. = 입 다물라. 입 다물고 지금 입 열어 질문 나부랭이를 시도했던 그대 전체(全體)를 인식하도록 하라.

81. '버들꽃' 공안

1. 선문염송 제429칙 유불(有佛).

이번에는 아주 재미있고 유명하고 불가사의한 '버들꽃' 이야기를 해볼까. 조주에게 어느 중이 하직을 고하니, 조주의 입에서부터 인간 문화사(文化史)에 길이 남아 찬란한 광채를 더할 유명한 말씀이 쏟아져나왔다.

"부처님이 계신 곳에도 머무르지 말고
부처님이 안 계신 곳은 빨리 지나가되
 삼천리(三千里) 밖에서 사람을 만나거든 잘못 이야기하지 말라."
하였다. 그러자 그 중이 대답하기를,
 "그러면 떠나지 않겠습니다."
하니, 이에 조주가 그 불가사의한 말씀을 내뱉었다 전한다.
 "버들꽃을 꺾네. 버들꽃을 꺾네."

2. 이 '버들꽃' 이야기는 '버들꽃' 이야기인 까닭에 무한한 재미가 느껴져온다.
 "버들꽃을 꺾누나. 버들꽃을 꺾누나."
 아주 간지럽지 않나. 간지러운 것도 간지럽기 나름이지. 이건 말이야 어디가 어떻게 간지러운지 구별이 되어야 말이지.
 만일 예를 들어 '개나리꽃' 혹은 '금잔화' 혹은 '라일락꽃' 혹은 '코스모스꽃' 등등의 꽃을 꺾어라고 했더라도 간지럽기까지는 안했으리라. 그런데 4월 훈풍에 하늘거리며 떠다니는 '버들꽃'이나 꺾어라니! 그것도 조주라는 사람이. 그것도 카랑카랑한 음성을 구사하여.

"버들꽃이나 꺾어라."

물론 그랬겠지만, 조주의 목소리가 카랑카랑한 종류의 것이었다면 꽤나 어울리는 대사(臺詞)가 아니고 무엇이겠나. '버들꽃' 공안이 어지간히는 어렵다고 여겨지나?

3. 도연명의 시(詩)에서 가라사대,
"어린 아이들이 버들꽃을 꺾는데
동쪽, 서쪽으로 버드나무에 매달리누나
우습구나, 저기 오는 저 늙은이
그들을 따르지 못해 애를 태우네."

이야말로 한가로움의 극치, 즉 지복(至福=지도至道)을 누리는 사람의 '봄노래'다. 조주의 '버들꽃' 이야기는 도연명의 시(詩)에서 따온 것으로 알려져있다.

그렇다면 이 공안의 해석(解釋)에 무리는 없으리라. 아니 해석이라니. 공안을 해석이나 하려 덤비다니. 이 무슨 후안무치(厚顔無恥)한 수작인고. 그러나 한번쯤 해석해볼 수는 있다고 친다면 말이지.

4. 문답(問答)
【문】: {부처님이 계신 곳에도 머무르지 말고, 부처님 안 계신 곳은 빨리 지나가서}

【답】: 조주가 제자를 급히급히 궁지(窮地)로 밀어넣는 말씀이다. 메뚜기 같이 여기저기로 뛰어다니는 놈아, 빨리빨리 뛰어

보라는 말씀이다.

【문】: {삼천리(三千里)}

【답】: 삼천리(三千里)라 하니, 이야말로 엄청난 거리가 아닌가? 하는 의심이 번쩍 모가지를 쳐들겠지만 사실은 그와는 정반대 개념으로 사용되었다. 삼천리(三千里)에는 '네놈이 뛰어본들 메뚜기가 아니냐'는 의미가 실려있다. 어째서 메뚜기인가? 삼라만상(森羅萬象)의 모든 현상이 식심(識心)에 지나지 않기 때문이다. 무슨 수작을 하든 그것은 식심에 지나지 않으니까. 그러므로 삼천리는 독설(毒舌)이다.

삼천리=네놈이 뛰어본들 메뚜기. 이런 비유가 가능한 '스토리'임을 알아차리라. 재미있지 않나.

【문】: {삼천리 밖}

【답】: 또 하나. '삼천리 바깥'이 남았나? 이 이야기도 역설(逆說)이요 독설(毒舌)이다. 삼천리가 은연중에 식심(識心)을 지칭한다면 삼천리에 어떻게 '바깥'이 존재하는가? 존재할 수 없는 법이다. 그러니 조주는 이런 의미에서 한 말이라고 알아야 하리다. 네깐놈이 삼천리 밖에까지 달아나본들 역시 식심을 벗어나지 못하는 식심의 일이다. 그러니 어디 한번 네놈의 혼신의 힘을 짜내어 뛰어보기는 해라.

【문】: {삼천리 밖에서 사람을 만나거든 잘못 이야기하지 말아라}

【답】: "삼천리 밖에서 사람을 만나면 잘못 이야기하지 마라"는 이야기는 왜 나오는가? 답하리라. 설사 삼천리 밖이라 할지라도 결국 <이 가운데의 일>, 즉 식심(識心)의 일이기 때문이다. 그대가 설혹 삼천리 밖까지 달아났다 하더라도 결국 <이 가운데의 일>이라는 사실을 잊지 말라는 부탁이다. 이런 정도의 풀이라면 이해되는가? 결국 조주는 제자의 식심(識心)을 끊

어서 묶어내려했다는 저의(底意)를 선문염송 제429칙 유불(有佛)의 전체 이야기에서 읽을 수 있다.

【문】: {그러면 떠나지 않겠습니다}

【답】: 조주의 말씀이 이쪽으로 자빠져도 안되고 저쪽으로 자빠져도 안된다는 식이니, 그러니 제자의 입에서 무슨 말이 나오겠나? 궁여지책(窮餘之策)으로 안가겠다는 대답이 불거져나오지 않겠어? 선문염송 제429칙 유불(有佛)에 등장하는 제자의 심경(心境)을 추측해볼 방법은 없다. 그의 수행의 깊이가 어디까지 이르렀는지는 모를 일이다.

하지만 조주의 입에서 흘러나오는 독설(毒舌)로 미루어보아 제자라는 사람이 견성(見性)하지 못했다고 본다면. 그는 조주가 내뱉은 삼천리(三千里)라는 독설에 속아 그야말로 삼천리 밖까지 끌려나갔을지도 모른다.

5. 문제의 '버들꽃'에 대하여.

【문】: {버들꽃을 꺾는다네. 버들꽃을 꺾는다네.}

【답】: 제자의 "그러면 떠나지 않겠습니다" 하는 대답과 문제의 버들꽃 이야기 사이에 특별한 관련성은 없어보인다. 떠나겠다는 제자를 굳이 붙잡아 눌러앉히겠다는 의도(意圖)라고까지는 여겨지지 않는다. 그런즉 버들꽃 이야기에는 이런 내용이 실렸으리라.

조주의 뇌리에 도연명의 '버들꽃' 시(詩)가 문득 떠올랐겠지. 그래서 조주는 '버들꽃' 시(詩)의 한 구절을 유유자적하게 읊조림으로써 한가로움의 극치(極値)를 은은하게 내다보이고 아울러 제자의 메뚜기 성향(性向)을 타일러 그럴 필요없다고 은근히 나무랐던 것이다.

그 뭐 다 <이 가운데의 일>이다. 이 사람아, 지금이 봄날이다. 산너머 남촌(南村)에서는 훈풍이 밀려온다. 어제 오늘은 밀려드는 훈풍에 관목이 신록의 머리채를 풀었다. 신록(新綠)의 향기는 바람에 떠돈다. 아아! 봄날은 가는구나.

어떤 사람들은 나의 해설에 이의(異意)를 제기할른지도 모르지. 그것은 도인(道人)의 마음이 아니요 시심(詩心)이라고. 그럼 시심(詩心)이 따로 있는 줄 아시는가? 시심(詩心)이라면 그렇다. 엄밀히 말해서 일반 문인(文人)이나 시인(詩人)은 잘 알지도 못하면서 시(詩)를 쓴다. 하지만 도인(道人)은 끝까지 알고 시(時)를 쓴다면 쓴다. 그러니 어느쪽이 진정한 시인(詩人)인가? 도심(道心)이야말로 시심(詩心)이다.

6. 사실 이런 해설이 나로서는 어지간히는 내키지 않는 작업이다. 공안은 본래 해설하지 않는 법이니까. 그런데 어이된 까닭에 이토록 무모한 사업(事業)에 손대는가? 나로서는 계산이 있다.

공안을 아무리 괜찮게 해설해보여도 듣는 사람의 입장에서는 마음속 저 밑바닥까지 일시에 확 뚫릴만큼 시원해지는 일은 절대로 없다는 사실을 나는 너무나 잘 알고 있다. 공안에 뜻을 두고있는 사람은 이러한 해설을 어디까지나 '힌트'로 삼아 진정한 참구에 돌입할 수 있으리라. 힌트가 필요한 분야(分野)가 화두선이다.

그러므로 공안을 참구하는 데에는 나의 이 '화두선 요결'이라는 책이 결정적인 도움을 줄 것이라 확신한다. 뭐가 뭔지 새까맣게 모르는 상태로 밀어붙이면 밀어붙이는 동안에는 해결의 실마리는 풀리지 않고 끝끝내 뭐가 뭔지 모르게끔 되어있는 것이 공안이다. 힌트가 필요하고 요령이 절실하게 요구되는 화두선(話頭禪)임을 잊지말라.

7. "버들꽃이나 꺾어렴."

언어(言語) 그 자체로서는, 도연명의 시(詩)에 나오는 시구절(詩句節)처럼 지극히 한가로운 말씀이다. 모르겠는가? 버들꽃이나 꺾으며 지내라는 뜻이다. 그밖에 숨겨진 그 무엇이나 있으리라고 추측했었나? 그렇다면 공안을 보아야 할 이유가 어디에 있느냐는 반문(反問)이 그대들의 입에서 불거져나올 차례가 되었나? 지당한 질문이야. 여러분은 이 사실을 알아야 한다.

도연명이라는 시인(詩人)도 그러했으려니와 조주라는 대인(大人)도 지도(至道)에 들어간 지인(至人)으로서 지복(至福)을 누리는 사람이다. 만일 지복(至福)을 여유(餘裕)라는 측면에서 바라본다면 '한가로움의 극치'로 묘사될 수도 있다는 말이다. 한가로움이라?

자칫 잘못하다가는 오해(誤解)의 여지가 있을듯하여 밝힌다. 여기에서 말하려는 '한가로움'은 바로 적멸(寂滅)일뿐이지 다른 성질의 것은 아니다. 골프나 치고 모임에나 머리 내밀고 천민(賤民)문화의 인터넷에나 몰두하는, 그밖의 되먹지못한 잡기(雜技)나 익히는 한가함이나 여유는 절대로 아니다.

적멸 = 지복(至福) = 한가로움의 극한치(極限値).

제자가 무어라고 대꾸하던가?

"스님께서 그러시면 떠나지 않겠습니다."

하지 않았던가. 그러자니 조주라는 사람의 입에서 자연스럽게 흘러나왔으리라.

"호남(湖南)이든 영남(嶺南)이든 강남(江南)이든 어디로든 무엇하러 부질없이 흘러다니는가? 발바닥 가죽만 넓힐 뿐이다."

물론 이런 이야기는 없었던가?

"지금 창밖은 4월이다. 남풍(南風)에 물새 소리가 실려온다.

남창(南窓)을 열면 줄줄이 드리워진 버드나무 가지마다 버들꽃이 한창이다. 시인(詩人) 도연명의 시(詩)에서도 버들꽃이나 꺾고있다. 너의 생각은 어떠냐? 버들꽃이나 꺾어면서 노닐거라. 모든것이 다 이 가운데의 일인데 뭣하러 그러느냐. 그럴 필요 없다."

이런 이야기도 나오지 않았던가? 더이상 길게 늘어놓고 풀어놓고 말고 할 밑천도 다 떨어지고 말았구나. 조주의 입에서 흘러나온 '버들꽃을 꺾어라'는 이야기는 문자(文字) 그대로 알아들으면 그만이다.

8. 그만인데, 다만 우리들이 끝내 낚아채지 못하는 것은 조주라는 어른의 그때 그 마음일뿐이지 뭐.
"버들꽃이나 꺾어려무나. 버들꽃이나 꺾어려무나."
하고 읊조리는 그당시 조주의 마음을 끝까지 헤아리기가 지난(至難)한 일이라는 것이지 뭐, 그밖에 별 것이야 있겠나. 그럼 어찌해야 조주의 뱃속을 들여다볼 수 있을른지? 앞에서 설명한 바와 같은 단순한 이해(理解)로서는 어림없는 줄은 아시는지? 공안을 해설하고 알아들으니 그것이 해오(解悟)인 줄은 아시는지? 해오, 그 자체로서는 별다른 의미가 없다는 사실은 아시는지?

9. 버들꽃 공안의 해결책
모름지기 화두의 허리, 즉 화두지요(話頭之腰)를 꿰뚫음이 요구된다. 화두지요에 대한 해설은 계속되어왔다. 약설(略說)한다.

[1]. 그러면 떠나지 않겠습니다.
[2]. 버들꽃을 꺾어라. 버들꽃을 꺾어라.

[1]과 [2]의 사이가 화두지요(話頭之腰)다. [1]과 [2] 사이에 해당하는 화두지요가 정확하게 마음에 스며들지 않으면 공안의 진의(眞義)를 획득하지 못하리라. 요(腰)를 빗나가면 반드시 언어에 떨어진다. 이 공안의 경우에도 그렇다. 요(腰)를 맞추지 못하고 요(腰)에서 빗나가면 반드시 '버들꽃을 꺾어라'는 말에 떨어진다. '버들꽃을 꺾어라'는 말에 떨어지면 이 말씀을 내뱉은 조주의 그때 그 심경(心境)을 꿰뚫어볼 길이 막연해진다.

반면에 요(腰)를 낚아채면 '버들꽃' 따위는 산야(山野)에 흐드러지게 핀 이름모를 풀꽃이나 다름없어진다. '버들꽃'이라 하니 아주 특별한 의미가 버들꽃의 '버들'에 스며들지나 않았나 하는 의심(疑心)이 일어나기도 할 것이다. 연(然)이나 절대로 그렇지 않다. 길게 말해서 무엇하랴.

화두의 요(腰)를 보고 요(腰)가 흔적없이 사라지는 정경을 목격하지 못하면 못하는한 '버들꽃'은 불가사의(不可思議)한 위력을 그대들에게 떨친다. '버들꽃'에 대한 의심(疑心)에서 벗어나지는 못하리라는 나의 예언이다. '버들꽃'에 매달려 평생을 끌려다닌다한들 의심은 절대로 안풀린다. 그렇게 되어있다. 평생 아니라 윤회를 거듭하면서 '버들꽃'에 매달려봐도 안풀리는 '버들꽃'이다.

하지만 '버들꽃'이라는 언어에서 벗어나 화두의 요(腰)를 정밀하게 보고 요(腰)의 출몰(出沒)을 목격하면 심식(心識)은 그때 봉합(縫合)된다. 식심이 봉합되면 '버들꽃이나 꺾어려무나'는 수수께끼로서의 무서운 힘을 일시에 잃고 적멸한다. 식심이 봉쇄를 당하고 봉합을 당하면 식심은 적멸한다. 그때 누가 '버들꽃' 이야기를 늘어놓는다한들 적멸하는 식심이 거들떠보기나 할듯한가? '버들꽃' 따위의 이야기를 가지고 적멸하는 식심(識

心)에 어떤 의심(疑心)이나 불러일으킬듯한가? 모든 것이 다 부질없는 이야기로 돌아갈뿐이다.

그러나 식심이 한덩이로 묶여나오지 않는한 '버들꽃'은 알 수 없는 이야기로 남는데에야 어쩌겠는가. 아무리 이치를 따져서 설명해주어도 돌아서면 '버들꽃'은 여전히 알 수 없는 수수께끼로 남는 것을 어쩌겠는가. 왜일까? 이유는 '버들꽃' 이야기가 식심이 묶여나오면서 적멸하는 화두의 요(腰)에서 흘러나왔기 때문이다. 그러기에 화두의 요(腰)를 보라고 강조하는 터. '버들꽃'이라는 언어에만 매달리면 해결의 길이 요원하다.

10. 매미껍질에 대하여.

"그러면 떠나지 않겠습니다"라는 제자의 이야기 꼬리를 "버들꽃이나 꺾어라"는 조주의 말씀이 싹둑 잘라버렸다. 여기서 요(腰)가 출몰한다. 나타났다 사라졌다는 것이다. 그러나 출몰(出沒)이 동시(同時)임도 잊어서는 안된다.

그리고 [1]의 꼬리를 [2]가 싹둑 끊되, 그 단절(斷切)의 이치가 대번에 심층심리(深層心理)에 작용하여 심층심리의 단절에 어느 정도까지는 기여하지 않으면 곤란하다. '화두지요'를 어떻게 낚아채는가에 따라 공부의 성공여부가 좌우된다.

선문염송 제429칙인 '버들꽃'공안도 '화두지요'를 빼고나면 나머지 말씀들은 껍질에 불과하다. 여름날 매미 성충(成蟲)이 빠져나간 다음 등껍질이 갈라진채로 나무가지에 엉성한 자세로 붙어있는 말라빠진 매미껍질에 불과하다고 알아야 한다. 화두지요를 빼고나면 공안전체가 공허한 울림에 불과하고 허망한 메아리에 불과하다. 따라서,

"버들꽃을 꺾어라니? 버들꽃이나 꺾어라니?"

해대면서 무수한 시간을 소모해보았자 그런 짓거리는 화두지

요(話頭之腰)를 비켜간 것이기에 소득이 없고 소득이 없기에 무익하여 시간만 소모한다.

11. 선문(禪門)에서는 무어라 하는가.

선문(禪門)에서 가르치는 방식을 따른다면 당연히 '버들꽃을 꺾어라'라는 구절 하나만 꽉 움켜쥐고,

"버들꽃을 꺾는다니? 버들꽃을 꺾는다니?"

하든가 아니면,

"어째서 버들꽃을 꺾어라 했을꼬? 어째서 버들꽃이나 꺾어라 했을꼬?"

하는 방식으로 소위 화두를 지어나가라는 주문이 나오겠지. 하지만 나의 생각은 선문(禪門)의 방식과는 다르다. 다른 정도가 아니고 선문의 방식대로 화두를 지어나간다면 끝끝내 조주의 마음은 얻지 못하리라는 것이 나의 생각이다.

화두지요의 이치는 '시소놀이'의 이치를 설하는 과정에서 정밀하게 묘사되고 묘사되었다. 잘 참고하라. 선문(禪門)의 실패작(失敗作) 중에서도 내가 걸핏하면 들어보이는 하나의 보기로서 천하(天下)에 유명한 무자화두(無字話頭)가 있다. 비록 천하에 유명하기는 하지만 이치에도 닿지않는 어림없는 수작이 소위 '무자화두'이다.

이 '무자화두'한다고 허우적거리다가 무수한 학인(學人)들이 '무자화두'의 깎아지른 벼랑 너머로 허무하게 떨어져갔다. 이는 선문의 역사(歷史)가 웅변하고 있다. '무자화두'에 죽자살자 매달렸던 사람들이 만일 다른 화두를 골라잡았든가 아니면 구자무불성(狗子無佛性)화두를 잡되 단절론(斷切論)의 이치로 접근해갔더라도 엉성한 '무자화두'의 벼랑 너머로 허우적거리며 추락해가는 일은 피할 수 있었으리라. 안타까운 일이다. 그러나

선문에서는 지금도 그놈의 '무자화두'를 고집하고 있는 현실이다. 마찬가지다. 선문염송 제429칙 '버들꽃'공안도 '버들꽃'만 잡으면 심히 위험하다.

"버들꽃을 꺾어라니?"

이렇게만 지어나가면 될듯도 하다 싶은 생각이 들 것이다. 하지만 실제로 그런 방식을 취하여 해보면 안되는 건 어쩌지 못한다. 화살이 과녁의 중심을 꿰뚫듯 '화두지요'를 못맞추면 화살은 빗나간 것이다. 자물쇠는 화두지요에 있다. 그런데 열쇠를 화두지요 이외의 다른 곳에다 꽂으면 열리겠는가?

82. 임제의현의 오도(悟道)의 기연(機緣)은?

1. 임제의현(臨濟義玄)선사의 깨달음의 기연(機緣)은 그야말로 너무나 잘 알려져있다. 하지만 그분의 오도(悟道)기연을 논리적으로 해설해보인 사람이 있었던가? 의외로 전혀 없었다는 인식에 이르면 실로 놀랍고도 새삼스럽다. 어째서 그 문제에 대하여서는 일제히 침묵하고 말았을까? 이 기이한 문제에 대한 해답은 임제의현의 오도(悟道)의 기연이 너무나 평범하고도 일상적인 대화(對話)의 형식을 취하고 있기 때문이다. 회상해보자.

2. 임제의현은 스승인 황벽희운으로부터 무지막지한 방망이 세례를 연거푸 세 차례나 당한 후에 황벽의 지시에 따라서 대우(大愚)화상에게로 갔다. 대우(大愚)가 물었다.
"어디서 오느냐?"
"황벽으로부터 오는 길입니다."
"황벽이 무슨 말을 하던가?"
"내가 세 차례에 걸쳐 불법(佛法)의 대의(大意)를 물었다가 세 차례나 매를 맞았소. 도대체 나에게 무슨 잘못이 있다는 건가요?"
"황벽이 그대를 위하여 그토록 간절한 마음으로 애를 썼거늘, 이제와서 허물이 있나 없나를 묻는가?"
임제의현이 대우(大愚)의 이 말씀끝에 크게 깨닫고 가라사대,

"황벽의 불법이 원래 몇푼어치 되지도 않았구나."
하니, 대우(大愚)가 임제의 멱살을 잡고 으르릉댔다.

"이 오줌싸개가 아끼는 제놈의 허물이 어디에 있나 없나를 따지더니, 지금은 황벽의 불법이 몇푼어치 안된다 어쩐다 하면서 주둥이를 놀리다니? 네놈이 무슨 도리를 봤다는 말이냐? 빨리 말하라. 빨리 말하라."

이에 임제가 주먹으로 대우(大愚)의 옆구리를 세 차례 쥐어박으니 대우(大愚)가 임제의 멱살을 탁 풀어놓으면서 말했다.

"그대의 스승은 황벽이다. 나와는 관계가 없다."

3. 어찌 이런 일이 다 있을 수 있나.

물어보자. 임제의현의 깨달아 들어간 곳이 어디였던가? 대우(大愚)의 다음 말씀끝에 깨달았다고 되어있지 않는가?

"황벽이 그대를 위하여 그토록 간절히 애를 썼거늘 이제와서 허물이 있고 없고를 묻는가?"
하는 대목에서 구경(究竟)을 보았음이 확인된다.

오도(悟道)의 인연(因緣)치고는 이 얼마나 평범한 오도의 인연인가. 평범하기 그지없는 이야기끝에 획득한 깨달음이기에 사람들의 어안이 벙벙해지는 역설(逆說)이 도리어 성립한다는 말이지. 어찌 이런 일이 있을 수 있느냐는 거지. 그래서 임제의현의 깨달음의 사건에 대해서는 모두들 외면하다싶이 하고 말았어. 그토록 대단했다는 인물의 오도의 기연에 대하여 사람들이 일제히 침묵했던 이유치고는 참으로 어이없는 이유였던 것이다.

도대체 구경(究竟)이란 무엇이관데 임제의현은 대우(大愚)화상의 지독하게스리 시시껄쩍한 말씀끝에 구경을 보았다는 건가?

"황벽이 네놈을 위하여 그렇게 간절하게 마음을 썼는데 이제 와서 네놈이 허물을 찾는가?"

여기에서 깨달았다는 말이지. 더 구체적으로 압축해볼까?

"황벽은 너를 위하여 그토록 애를 쓴다고 썼는데---"
하는 구절로 압축된다. 이 구절에서 임제는 알아차렸다는 거야. 기막히는 노릇이지. 어떻게 된 사람이 이런 이야기끝에 뭔가를 알아냈다니? 어찌된 노릇인가? 말하리라. 이 공안의 해결의 실마리 역시 바로 앞에 나왔던 대화(對話)를 살피지 않으면 안된다.

4. "내가 세 차례나 불법(佛法)을 물었다가 세 차례나 매를 맞았는데, 나의 허물이 도대체 어디에 있다는 말이오?"

이것이다. 임제는 자기자신의 허물이 어디에 있었던가? 하는 문제에 그야말로 치중(置重)해있었던 게야. 자기자신의 허물이 어디에 있었던가 하는 문제에 임제의현이라는 사람의 정신적인 체중(體重)이 몽땅 쏠려서 실려있었다는 뜻이야. 이것도 일종의 정신장애(精神障碍)이기는 하지만 여하튼 그 문제에 쳐박혀있었던 것이야.

임제의 이러한 정신상태를 지독하다 할만큼 정확하게 꿰뚫어보았는지 어땠는지는 알길이 없으나, 대우(大愚)가 임제의 정신장애를 몰랐다고는 단정짓지 못하리라. 이 공안의 전체내용을 참고하건데, 대우(大愚)가 임제의 정신적인 함몰(陷沒)상태를 꿰뚫어보았음에 틀림없다고 판정함이 오히려 자연스럽다.

자신의 잘못이 어디에 있는지 알길이 없다고 울화 가득찬 샛노란 눈알을 굴리며 불만을 토로하는 임제를 목전(目前)에 두고, 모르긴 몰라도 대우(大愚)는 아마 회심의 미소를 짓고 쾌재를 불렀으리라. 드디어 이놈을 요리할 수 있는 때가 왔구나 하

고 말이지. 이놈을 확실하게 끝내줄 수 있는 시간이 도래했구나 하고 말이지. 그래서 해준 말씀이,

"황벽이 네놈을 위하여 그토록 애를 썼거늘---"
하는, 지극히 당연한 말씀이었다.

아까 밝혔듯이 임제의 정신적인 체중은 자기자신의 허물이 어디에 있는가. 어디에 있길래 묵사발이 될만큼 얻어터졌는가 하는 문제에 너무 치중(置重)해 있었던 터였다. 그때 대우(大愚)가 던져준 말씀인즉, '황벽이 너를 위하여---'였던 것이다. 이때서야 비로소 임제는 되돌아본다. 비밀의 열쇠는 바로 여기에 있다.

임제로 하여금 자신의 대가리를 처박게 했던 문제로부터 대가리를 빼내어 비로소 되돌아보게 만들었다는 바로 여기가 중요한 지점(地點)이다. 되돌아보기는 보는데 임제의 마음뿌리는 이미 대우(大愚)의 지당(至當)하고도, 지당하다 못해 진부하다고 느껴지기까지 하는 말씀끝에 소리소문 없이 탁 끊어진 다음의 일이었다.

5. 만일 임제가 대우(大愚)의 말씀에도 되돌아보는 일이 없었다면 임제의 심식(心識)을 끊어 깨달음에 이르게 하지는 못했을 것이요, 만일 임제가 되돌아보기는 보되 희미하게 슬쩍 되돌아본 정도였다면 그는 희미하고 미적지근한 깨달음을 얻었으리라.

하지만 임제는 결정적으로 되돌아보지 않으면 안되게끔 되어 있었다. 왜인가? 황벽은 이미 거기까지 내다보고 임제에게 무지막지한 방망이 세례를 퍼부어 임제의 혼(魂)을 빼놓았기 때문이다. 황벽의 통봉(痛棒)에 혼(魂)빠진 임제는 대우(大愚)의 말씀을 멍하니 곧이 곧대로 듣다가 '정말이지 과연 그랬구나'

싶은 생각이 번개처럼 일어나 그의 뒤통수를 세차게 때렸던 것이다.

6. 맛이 간 사람의 심리(心理) 후면(後面)을 자른다.

이 경우도 그렇다. 앞으로만 내달리는 임제의현의 심리(心理)를 어떻게 자르는가? 임제의현은 자기가 왜 묵사발이 되도록 얻어터졌는가 하는 문제에 너무 정신이 팔린 나머지 살짝 맛이 간 사람으로 변모해 있었다.

어떤 일에 코를 박고 정신이 나가고 맛이 간 사람의 심리를 단절하는 작업은 공식적(公式的)이다. 앞으로만 내달리는 심리(心理)의 뒷쪽으로 슬금슬금 접근해서 심리의 후면(後面)을 탁 끊어버리면 끝난다.

7. 임제가 대우(大愚)의 그렇고 그런 말씀끝에 과연 그랬구나 싶은 깨달음 아닌 깨달음에 뒤통수를 얼마나 세차게 얻어맞았던가 하는 것은 다음 사실로 미루어보아 능히 짐작이 간다. 임제는 그길로 황벽에게로 돌아온다. 돌아왔설랑 황벽에게 그간의 일을 상세하게 말씀드렸다. 그랬더니 이게 왠일인가? 갑자기 황벽의 눈꼬리가 위로 치켜올라가고 두 눈썹이 부르르 떨리면서 황벽의 목구멍에서는 거센 고함소리가 캬르릉 터져나왔겠다.

"내 이놈의 말쟁이 대우(大愚)를 다음 만나면 한 방망이 먹이고 말리라."

그러자 임제의 눈꼬리도 문득 푸르르 떨리더니 앉아있던 황벽에게로 거침없이 다가가 다음에 그놈의 대우(大愚)를 만나면 한방 먹이겠다고 떵떵거리는 황벽의 등줄기를 세차게 후려쳤다. 황벽의 등줄기를 임제는 넓적한 손바닥으로 인정사정 없이 철썩 갈기고 말았겠다. 그러자 황벽이 두 눈을 홉뜨고 이 미친 놈이 감히 호랑이 수염을 뽑느냐고 꺄르릉거리고, 임제도 이에 맞서 즉시 두 눈알을 밖으로 튀어나올만큼 홀라당 까뒤집고 웅크린 사자(獅子) 시늉을 하더니,

"우황!"

하고, 용수철처럼 황벽에게로 튀어올랐다는 것이다. 그렇지, "우황"하고 말이지. 한마디로 이건 완전히 미친 놈이다. 이렇게 완전히 미친 작자(作者)가 되었다는 사실은 그의 마음이 뿌리까지 얼마나 철저하게 끊어졌던가를 웅변으로 알려준다.

83. 나의 기억에 오래도록 남아있거니, 저 강남 3월의 날들이---

1. 풍혈연소(風穴延沼)에게 어느때 승(僧)이 물었다.

"말을 하든 침묵을 지키든간에 떠나있음(이離)과 미묘함(미微)에 마음대로 드나들면서 어떻게 해야 조금도 어긋나지 않게끔 되겠습니까?"

풍혈이 답하였다.

"저 강남 3월이 오래도록 내 기억에 남아있네. 자고새 우는 곳에 꽃향기는 바람에 흩날렸나니."

2. 반복되는 이야기인 까닭에 약설(略說)한다. 무문관 제24칙 '이각어언'의 요(腰)는 어디인가? 승(僧)의 질문과 풍혈의 답변 사이다. 공안 '이각어언'에서도 요(腰)를 놓치면, 요(腰)를 놓치고 풍혈의 풍류시(風流詩)에 걸려 넘어지면 공안은 안 풀린다. "저 강남 3월---"로 시작하는 풍혈연소의 마음을 읽어볼 방법이 묘연해진다. 만일,

"저 강남 3월이 오래도록 내 기억에 남아있네. 자고새 우는 곳에 꽃향기는 지극했네."

하는 글귀에 걸려들면 풍혈의 마음을 알아낼 길이 영원히 사라지는 셈이다. 그러므로 반드시 공안의 요(腰)를 살피지 않으면 안된다.

공안의 요(腰)를 얻으면 요(腰) 좌우(左右)의 말씀들은 물거품이 되어 사라진다. 무문관 제24칙 '이각어언'에서도 그렇다. 승(僧)의 질문뿐만 아니라 강남의 3월을 노래하는 풍혈의 말씀도 일제히 요(腰)속으로 빨려들어 흔적을 감춘다. 공안의 말씀들은 공안의 요(腰)를 통해 나타나고 요(腰)를 통해 빨려들어간다. 요(腰)를 제외한다면 공안의 나머지 말씀들은 한낱 공허한 메아리에 불과하다.

3. 선문염송 제421칙 '백수(柏樹)'의 전반부가 아니고 후반부(後半部)만 보리라.

법안(法眼)이 '각철취'에게 물었다.

"듣자니 '조주'화상에게는 '뜰앞의 잣나무'라는 화두가 있다던데 사실인가?"

각철취가 답했다.

"선사(禪師)께서는 그런 말씀이 없었소"

"누가 조주에게 조사서래의(祖師西來意)를 물었더니 조주가 답하기를 뜰앞의 잣나무라고 했다는 이야기가 이미 천하(天下)에 퍼졌는데 어째서 잡아떼시는가?"

이에 각철취가 다시 말했다.

"선사(禪師)를 비방하지 마시오. 선사께서는 그런 말씀이 없었소"

4. 선문염송 제421칙 '백수(柏樹)'의 후반부(後半部)가 시사하는 바가 무엇이겠는가. 그리고 무문관 제24칙 '이각어언'을 해설하다가 선문염송의 '백수'는 왜 끌어들이는가. 우선 '백수' 이야기부터 풀어보자.

조주의 제자 '각철취'의 말씀은 결코 막무가내로 잡아떼는 것이 아니다. 각철취의 말씀은 옳다. 왜인가? 뜰앞의 잣나무 공안에서 요(腰)가 어디였던가?

"조사서래의? / 뜰앞의 잣나무."

공안의 요(腰)는 "조사서래의?"와 "뜰앞의 잣나무"의 사이다. 아마륵과 이야기다. 아마륵과 속으로 들어갈 때는 "조사서래의?"가 들어갔는데 나올 때는 엉뚱한 "뜰앞의 잣나무"가 나왔다는 말이다. 공안의 요(腰)에서 바라보면 요(腰) 좌우(左右)의 나머지 이야기 따위는 무의미(無意味)해진다. 뿐만 아니라 "뜰앞의 잣나무"라고 내뱉었을 당시의 조주도 공안의 요(腰)에 해당하는 '아마륵과'로부터 "뜰앞의 잣나무"를 뱉아내었을 뿐이다. 조주가 "뜰앞의 잣나무"를 가리켜보인 것이 아님은 여러차례 해설했다.

이러한 이치로 조주의 제자 각철취는 법안문익의 말씀을 끝까지 부인한 것이다. 조주는 결코 "뜰앞의 잣나무"라는 말씀을 하신 적이 없다. 얼핏 생각하면 지금 이 사람이 제정신으로 하는 말인가 싶을 정도의 주장을 끝까지 굽히지 아니한 '각철취'의 심중(心中)에는 이런 내막이 숨겨져있었다.

5. 선문염송 제421칙 백수(柏樹)를 인용한 이유는 물론 무문관 제24칙 이각어언(離却語言)을 해설하는데 이용하고자 함에 있다. 무어라 하였던가. 조주는 결코 "뜰앞의 잣나무"라는 말씀을 한적이 없다는 주장을 각철취는 끝까지 뻗치지 않았던가. 그리고 각철취의 말씀 또한 옳았다는 해설을 나는 덧붙이지 않았던가.

그와같은 각도에서 무문관 제24칙 '이각어언'도 바라보아야 한다. "저 강남 3월의 날들이 오래도록 내 기억에 남아있네. 새들은 노래하고 꽃향기는 바람에 흩날렸나니" 하는 풍혈연소이 말씀 자체에는 절대로 매달리지 말라는 것이다. '이각어언'도 기필코 공안의 요(腰)를 낚아채라는 것이다.

   요(腰)를 획득하면 요(腰) 왼쪽의 승(僧)의 질문과 요(腰) 오른쪽의 풍혈의 노래 따위는 요(腰)속으로 흡수되어 흔적을 찾지 못하리라. '이각어언'의 요(腰)를 어떻게 낚아채는가. '이각어언'의 요(腰)가 목숨뿌리와 일치하여 목숨뿌리를 끊는 순간에야 낚아채리다.

84. 야마천(夜摩天)

<1>. 욕계(欲界) 육천(六天) 중에서 도리천(忉利天) 바로 위에 있다.

<2>. 사왕천(四王天)과 도리천이 수미산의 상봉(上峰) 이하(以下)인 지층(地層)에 위치한 천국(天國)이라는 뜻에서 지거천(持居天)이라 하고, 야마천부터는 공간(空間)에 의지하여 있다는 뜻에서 공거천(空居天)이라 한다.

<3>. 야마천은 그 크기와 복력(福力)에 있어서 도리천의 2배에 이른다.

<4>. 궁전과 누상의 높이도 도리천의 두배다.

<5>. 이 천국은 허공에 건설되어 있는데, 이는 마치 허공 가운데 구름이 모여있는 것과 같다.

<6>. 야마천에는 큰 산봉우리가 있으며 그 위에 1천개의 궁전이 있다. 그 궁전은 매우 화려하며 천자(天子)와 천녀(天女)가 야마천왕을 중심으로 해서 즐거운 생활을 한다.

<7>. 천인(天人)들은 출생하는 순간부터 공중으로 마음대로 날아다니며, 궁전에서 오락을 즐긴다. 새들은 노래하고 궁전에는 천녀(天女)들이 노래하고 춤추니 그 즐거움이 극락(極樂)과 같다 하였다.

<8>. 궁전에는 모든 것이 구족한 애승처(愛勝處)가 있고 칠보(七寶)로 장식된 승묘(勝妙)한 원림이 있으며 경치가 뛰어난 연화지(蓮花池)가 있다. 그곳에서 새들이 노래하고 여러가지 색깔

의 깃발이 휘날려 몹시 아름답다.

<9>. 이곳의 궁전들은 허공에서 왔다갔다 이동하기도 하고 궁전과 궁전이 서로 합해지기도 하며 또 이산(離散)하기도 하는데, 이를 행전사(行殿舍)라 한다. 행전사는 밝게 빛나는 보배로 꾸며져 아름답기 그지없다. 거기에는 아름다운 노래와 춤과 승묘(勝妙)한 음성(音聲)이 끊이지 않으며 무수한 꽃이 만발하고 꽃향기는 궁전에 떠돌아 더욱 장관이다.

<10>. 산과 계곡으로 이동하는 나무도 있어 자연환경은 이루 말할 수 없이 좋다. 어떤 천인(天人)들은 너무나 화려한 환경에 취한 나머지 수행(修行)할 줄을 모르고 전생(前生)에 닦은 복력(福力)과 지혜에만 의지하여 생활한다. 그리하여 말년(末年)에는 하급(下級)세계로 타락하고 만다.

<11>. 수명은 2천세다. 더 살기도 하고, 덜 살 수도 있으나 일부 천인들은 결국 인간세계로 떨어지거나 아니면 더 못한 세계로 떨어진다.

<12>. 조사(祖師)들은 일시적인 쾌락으로 세월만 보낼 우려가 있는 천국에 태어나는 것보다 진리탐구와 선행(善行)에 용맹하여 모든 것을 성취할 수 있는 인간세계를 원한다.

85. 도솔천(兜率天)

<1>. 미륵보살이 교화(敎化)하며 모두가 수행하여 기쁨과 만족을 얻는다는 뜻에서 희족(喜足) 또는 지족(知足)이라 이름하기도 한다.

<2>. 야마천의 위에 있는 이곳은 그 규모와 태어나는 천인(天人)들의 복력(福力)이 야마천의 2배에 이른다 한다.

<3>. 여기에는 미륵보살을 비롯하여 5백의 보살이 설법하면서 천인(天人)들을 교화하는 도량도 있다.

<4>. 그러나 어떤 천인은 더욱 정진하여 진리탐구에 열중하지 않고 쾌락에만 몰두하여 타락하기 때문에 전생(前生)에 닦은 복력이 다 없어지고 과거에 수행한 지혜도 없어진다. 그러한 운명을 밟게되는 천인은 전생의 일을 기억하는 숙명통이 없어지고 결국 중간에 죽기도 한다. 끝까지 산다면 4천세까지 살다가 도솔천을 떠난다.

<5>. 도솔천에는 5백여 보살이 거주하는 처소가 있다. 이들 보살 중에는 도솔천왕이 있는데 천왕(天王)의 이름은 적정(淑靜)이라 한다.

<6>. 도솔천왕을 비롯하여 모든 보살들은 천인(天人)들을 위하여 무명과 번뇌 또는 인연과 인과(因果) 그리고 윤회(輪廻) 등을 설법한다. 그러면 모든 천인들은 이러한 설법을 듣되 뜻을 집중하여 진실하게 듣는다. 진리의 말씀을 듣는 이러한 선업(善業)으로 인하여 위신과 복덕이 더욱 수승(殊勝)해지고 이

목구비(耳目口鼻)의 형상도 백천(百千)배 더 훌륭하게 된다.

<7>. 이와같이 천국에서도 진리를 추구하여 정진하면 적어도 보살(菩薩)의 성인(聖人)지위에 오르고, 따라서 천복(天福)을 감소시키지 않고 유지시킨다. 그렇지 못한 천인은 천국에서의 복력이 서서히 줄어들어 마침내는 하등한 세계로 떨어진다.

86. 화락천(化樂天)

<1>. 도솔천에 비하여 그 규모와 태어나는 천인들의 복력이 2배에 이른다.

<2>. 이곳에 태어나려면 전생(前生)에 육체적 행동이 진실하고 착실해야 하며, 말이나 행동이 거짓되지 않고 이간질하지 않으며, 악담(惡談)하지 않고 모략과 중상과 간사한 말을 하지 않는 선행(善行)을 해야 한다. 그리고 모든 생각이 옳고 그릇되지 않는 진리적 이념과 정의감을 갖고 중생구제(衆生救濟)의 생각이 떠나지 않는 사람들이 이곳에 화생(化生)으로 태어나며, 태어나는 즉시 그 육체와 판단력에 있어서 어른들의 천인(天人)과 똑같아진다고 한다.

<2>. 천국은 위로 올라갈수록 그 천국의 규모와 태어나는 천인들의 키와 몸집이 거대(巨大)해지지만 중량은 오히려 가벼워진다.

<3>. 천인의 수명은 8천세이며 여기에서도 8천세를 못다 살고 중간에 죽는 중요(中夭)의 천인도 있다.

87. 타화자재천(他化自在天)

<1>. '타화자재천'이라는 말은 타인(他人)을 위하여 마음대로 악기(樂具)를 나타내어(化) 즐겁게 한다는 의미가 포함되어 있다. 즉 천인들은 타인을 즐겁게 하기 위하여 마음대로 악기(樂器) 등을 변화시키고 자유자재하게 즐겁게 해주는 신통력을 발휘함을 의미한다.

<2>. 천인들의 복력은 화락천보다 2배가 넘는다. 그러므로 모든 생활환경이 말할수없이 좋다고 한다.

<3>. 이 천국은 욕계(欲界)의 6천(六天) 중에서 가장 위에 위치하는 천국이며 동시에 제일 훌륭하고 제일 큰 천국이다.

<4>. 그러나 향락에 빠지기 쉬운 천국인지라 많은 천인들이 복락(福樂)을 즐기다가 전생(前生)의 일을 아는 숙명통을 잃고 타락한다.

<5>. 타화자재천의 수명은 1만 6천세에 이른다. 그러나 중간에 죽는 중요(中夭)도 있다.

<6>. 평소에 진리탐구를 위하여 정진(精進)을 많이 하는 천인은 그 수승(殊勝)한 복력에 따라서 색계(色界)와 무색계(無色界) 등 더욱 훌륭한 세계에 가서 태어나기도 한다.

<7>. 그러나 만일 천국의 향락에 집착하여 방일(放逸)만 하면 결국에는 타락하여 인간계나 그 이하의 지옥(地獄)에까지도 떨어질 수 있다.

88. 마신천(摩身天)

<1>. 경전에 의하면 마라천(摩羅天) 또는 마천(魔天)이라고도 칭한다.

<2>. 이 천국에서는 마군(魔群)들이 다복한 생활을 하고 있다고 한다.

<3>. '유가사지론'은 다음과 같이 밝히고 있다.

이 천국은 화락천과 타화자재천 사이에 있으면서 따로 독립된 천국이 아니고, 마라천궁(摩羅天宮)의 일종으로 타화자재천에 속한 천국이라고. 이와같이 '유가사지론'은 밝히고 있다.

89. 색계천(色界天)

<1>. 색계(色界)에 태어나는 사람들은 욕계(欲界)와 같이 욕심이 많고 악업(惡業)이 많은 사람들이 아니다. 물질에 대한 욕심이 없고 모든 사람에게 자비를 베풀고 자선행위를 많이 하며 타인(他人)을 위하여 모든 것을 베풀어주고 봉사하며 온갖 선행(善行)을 다한 사람들이다.

<2>. 색계는 이와같이 복력이 많고 착한 행동을 많이 한 사람들이 태어나는 세계다.

<3>. 이 세계는 욕계(欲界)의 물질과는 다른 아주 청정하고 절묘한 물질로 구성된 세계이므로 이를 일컬어 색계(色界)라고 한다. 색(色)은 물질을 의미하며 물질은 변화의 성질과 구애되는 성질이 있다고 해서 변애(變礙)라고 번역한다.

<4>. 색계는 정묘(精妙)한 색질(色質)로 구성된 세계로서 욕계(欲界)와는 달리 주야(晝夜)가 따로 없는 천국이다.

<5>. 천인들의 수명도 겁(劫)의 숫자로만 헤아린다.

<6>. 색계천의 천인들은 부모에 의하지 않고 모두 영혼(아라야식)이 단독으로 태어나는 화생(化生)으로 출생한다.

<7>. 색계의 천인들은 남녀(男女)의 구별이 없다.

<8>. 천인들은 자유자재하게 날아다닐 수 있는(비래비거하는) 신통력이 있다. 이와같은 신통(神通)은 육욕천(六欲天)의 천인들을 비롯하여 모든 천인들이 다 가지고 있으나 그 성질이 다소 다르다.

즉, 공중에서 날아갈 때 거리에 구애되지 않고 한없이 날아 갈 수 있다는 점. 날아올 때도 무엇에 구애되지 않고 한없이 날 아올 수 있다는 점. 도보로 걸어갈 때나 걸어올 때도 한없이 걸 어가고 한없이 걸어올 수 있다는 점이다.

<9>. 천인의 몸에는 피부와 골수(骨髓)와 힘줄과 혈맥과 혈육(血肉)이 없다.

<10>. 몸에는 부정한 것이 없고 대소변도 없다.

<11>. 어떤 일을 하더라도 피곤함이 없다.

<12>. 천녀(天女)들은 아들과 딸을 출산하지 않는다.

<13>. 천인들의 눈은 깜박이지 않아도 현란(眩亂)하지 않다.

<14>. 천인들의 몸은 마음대로 색깔을 낼 수 있다. 청색이든 황색이든 백색(白色)이든 마음대로 나타낼 수 있다.

<15>. 육욕천(六欲天)의 '타화자재천'과 비교할 때, 색계의 천 인들은 대부분 그 복력(福力)에 있어서 2배에 달한다. 색계의 초천(初天)에서부터 상천(上天)에 이르기까지 한개의 천국을 오 를 때마다 그 복력이 배증(倍增)하게 된다.

<16>. 식사(食事)는 선정(禪定)으로 하며 의식주(衣食住)에는 아무런 구애를 받지 않는다.

<17>. 범중천 천인의 수명은 20중겁(中劫)이고, 범보천 천인 의 수명은 40중겁이며, 대범천은 60중겁이요, 소광천에서는 80 중겁을 산다. 이와같이 상천(上天)으로 점점 배증(倍增)하여 계 산해 올라가면 다른 천국의 수명도 알 수 있다. 여기서 다만 무 운천만은 예외로서 3겁을 감한다.

<18>. 천인의 신장(身長)은 보통 60리(里), 50리(里), 40리(里) 설(說)이 있으나 40리(里) 설(說)이 자주 사용된다. 색계천인(色 界天人)의 키가 얼마나 큰가 하는 점은 가히 인간의 상상을 초 월하고도 남음이 있다 하겠다.

90. 무색계천(無色界天)

<1>. 무색계는 삼계(三界) 중 가장 위에 위치한 천국이며 또 복력과 지혜가 가장 뛰어난 중생이 태어나는 세계다.

<2>. 그러므로 이 세계는 보살(菩薩)과 같은 성인(聖人)들이 선정(禪定)을 닦으며 사는 영적(靈的)인 세계라 한다.

<3>. 그러기에 이 세계의 이름도 물질(色法)이 없는 천국이라는 뜻에서 무색천(無色天) 또는 무색행천(無色行天), 무공천(無空天)이라고도 부른다.

<4>. 이곳은 전생(前生)에서부터 물질에 대한 생각을 싫어하고 근심하고 멀리하는 무색정(無色定)을 많이 수행한 범부(凡夫)들이 출생한다고도 한다.

<5>. 따라서 이곳은 그 모습을 나타내는 물질로 구성된 세계가 아니며 방처(方處)도 없고 색질(色質)도 없으며 과거와 미래가 없고 사방(四方)과 상하(上下)도 없다.

<6>. 따라서 모습을 나타내는 물질계(物質界)가 아니요, 모습이 없는 물질계(物質界)이다. 모습이 없다는 말은 육안(肉眼)으로 볼 수 없는 극미세(極微細)한 물질을 뜻한다.

<7>. 정력(定力)에 의하여 생활하다가 인연이 다하면 명종(命終)하고 다시 색계(色界)나 욕계(欲界)로 내려가 출생할 때 중유(中有)의 현상이 나타난다.

<8>. 이와같이 무색계도 수명의 한계가 있기 때문에 명종(命

終)이 있게 된다. 명종이란 수명이 끝났다는 뜻이며, 수명이 끝났다는 뜻은 마음과 몸이 분리되어 사망하였다는 말이다.

<9>. 무색계에서 상상할 수 없을 정도로 길고 긴 수명을 유지하는 이유는 모습이 없는 육체(肉體)를 지녔기 때문이다.

<10>. 기록에 의하면 인간계와 귀신의 세계 그리고 축생계(畜生界)만이 사후(死後)에 시체(屍體)라는 흔적을 남기며 여타의 천국과 지옥계(地獄界) 등은 사후(死後)에 시체를 남기지 않는다는 것이다.

<11>. 천국에서는 태어날 때도 화생(化生)으로 태어나고 죽을 때도 자취를 남기지 않고 깜쪽같이 사라진다. 그것은 그들의 몸(육체)이 지극히 미세(微細)한 물질로 형성되어 있기 때문이다.

<12>. 지금부터는 무색계 네개의 천국을 찾아보리라.

1. 공무변천(空無邊天)

<1>. 유형(有形)의 물질이 무형(無形)의 물질임을 생각하면서 수행한 사람들이 태어난다.

<2>. 다시 말하면, 이곳의 천인들은 과거에 담과 벽과 나무와 가옥과 언덕 등을 관찰했을 때 그 내용이 가상이고 공(空)한 것이라고 집중적으로 사유(思惟)하였다. 그리하여 모든 색상을 초월하였으며 허공무변(虛空無邊)의 무색정(無色定)에 진입하게 된 것이다.

<3>. 이러한 인과응보에 의하여 공무변천(空無邊天)에 출생하고 모든 물질에 대한 애착을 완전히 떠나 수.상.행.식의 정신에만 애착을 가지는 과보를 받는 것이다.

2. 식무변천(識無邊天)

<1>. 식무변천의 천인은 공무변천에서 수행한 외공(外空)을 염오(厭惡)하고 그 허공에 대한 사유(思惟)를 버리며 내식(內識)을 관조하여 출생한다.
 <2>. 이 천국은 안식, 이식, 비식, 설식, 의식 등 내식(內識)을 반연하여 심식(心識)이 무량하고 무변하다는 이해(理解)를 얻어 무색계의 제2정(第二定)에 해당하는 식무변처정(識無邊處定)을 닦은 과보로 출생하는 곳이다.

3. 무소유천(無所有天)
 <1>. 무소유천의 천인은 앞에서 말한 '식무변처'의 식처(識處)를 싫어하고(厭惡) 더욱 정진(精進)하여 무소유처정(無所有處定)을 수행한 인과응보로 이곳에 출생한다.
 <2>. 다시 말하면, 허공과 같은 현상을 관조하다가 거기서 다시 마음을 돌려 식심(識心)을 관조하였으나 그 식심(識心)도 역시 인연이 나타나는 가상(假想)이며 실제로 존재하는 것이 아님을 깨닫고 심식(心識)이 무상하여 본래부터 없다고 관찰한다.

4. 비상비비상천(非想非非想天)
 <1>. 비상비비상천(非想非非想天)은 이른바 비상비비상정(非想非非想定)을 수행한 인과응보로 출생한 중생들이 사는 천국이다.
 <2>. 이 천국은 욕계, 색계, 무색계의 삼계(三界) 중 가장 높고 수승(殊勝)한 최고의 천국이라는 뜻에서 유정천(有頂天)이라고도 칭한다.
 <3>. 번뇌를 완전히 해탈한 성불(成佛)의 세계가 아니기 때문에 미세한 번뇌가 작동하며, 미세한 상념(想念)이 없지도 않기

때문에 비비상(非非想)이라 이름한다.

<4>. 상(想)이 없지만 또한 상(想)이 없는 것도 아니기 때문에 비상비비상(非想非非想)이라 이름한다.

<5>. 이와같이 비상비비상천은 삼계(三界)의 정수리에 위치하는 천국이고 복력이 뛰어난 중생들이 사는 곳이기도 하지만, 그 중생들의 마음이 번뇌에서 완전히 해탈한 것은 아니기 때문에 역시 범부(凡夫)들이며 윤회(輪廻)의 굴레에서 벗어나지 못한 것이다.

91. 아수라(阿修羅)의 세계

<1>. 아수라의 세계는 지옥계, 아귀계, 축생계와 더불어 4가지 나쁜 세계에 속한다.

<2>. 매우 부유하고 다복한 세계다.

<3>. 이들 아수라는 진심(瞋心)이 많아서 성을 잘 내며 싸움을 잘하는 중생이다.

<4>. 이들은 전생(前生)에 진심(瞋心)을 많이 내어 다른 사람들을 괴롭게 한 과보로 이곳에 태어난다.

<5>. 아수라의 세계는 우리 인간계에서는 상상할 수 없을만큼 호화찬란하며 많은 복덕을 누리는 세계다. 하지만 이들은 한번 성이 나면 걷잡을 수 없이 포악해지며, 그 진심(瞋心)은 어느 세계의 중생과도 비견될 수 없을간큼 극심한 까닭에 문자 그대로 수라장(修羅場)을 일어키는 업(業)을 짓는다고 한다.

<6>. 그러므로 일시적인 복락(福樂)이야 받는다 해도 나쁜 업(業)을 지을 때는 한없이 지어 미래세계에는 나쁜 과보를 받는다.

<7>. 용모가 단정하지 못하고 추루(醜陋)하며 특히 여자는 미녀(美女)가 많지만 남자는 추남(醜男)뿐이다.

<8>. 술(酒)이 없는 세계다.

<9>. 모든 환경이 천국과도 같지만 성격이 사나워서 항상 제석천(帝釋天) 등의 천국과 전투하기를 좋아하기 때문에 전투하는 신(神)에 가까우며 천인(天人)이 아니라는 것이다. 이러한 의

미에서 아수라의 세계는 천도(天道)에 속할 수 없다고도 한다.

이상으로 '화두선 요결'의 강설을 마친다.

아미타불 관세음보살
문수보살 문수사리보살
남방화주 대원본존 지장보살 지장보살 지장보살.

화두선 요결

佛紀 2548年(2004)　2月　25日　初版 1쇄 發行
佛紀 2560年(2016)　6月　30日　初版 2쇄 發行

ⓒ 지은이 이　수　경
　 펴낸이 이　규　택

발행처 경　서　원

110 - 170 서울·종로구 견지동 55 - 2
登錄 1980. 7. 22. 제1 - 37호
☎ 02) 733 - 3345~6
FAX　722 - 7787

♣ 파본은 바꾸어 드립니다,　　　값 20,000 원
　ISBN　89-85101-48-3